中国传统村落调查

湖南凤凰卷

丛书主编　段超　田敏

本卷主编　李吉和
本卷副主编　龙宥蓁

湖北省公益学术著作出版专项资金
Hubei Special Funds for Academic and Public-interest Publications

长江出版传媒
湖北人民出版社

图书在版编目（CIP）数据

中国传统村落调查. 湖南凤凰卷 / 李吉和主编. —武汉：湖北人民出版社, 2023.8

ISBN 978-7-216-10354-1

Ⅰ. ①中… Ⅱ. ①李… Ⅲ. ①村落—调查研究—凤凰县 Ⅳ. ①K928.5

中国版本图书馆CIP数据核字（2021）第264383号

总 策 划：马 骏
　　　　　徐 艳
责任编辑：黄 沙
封面设计：刘舒扬
责任校对：范承勇
责任印制：肖迎军

中国传统村落调查. 湖南凤凰卷
ZHONGGUO CHUANTONG CUNLUO DIAOCHA HUNAN FENGHUANGJUAN

出版发行：湖北人民出版社	地址：武汉市雄楚大道268号
印刷：湖北新华印务有限公司	邮编：430070
开本：787毫米×1092毫米 1/16	印张：27.5
字数：423千字	插页：11
版次：2023年8月第1版	印次：2023年8月第1次印刷
书号：ISBN 978-7-216-10354-1	定价：108.00元

本社网址：http://www.hbpp.com.cn
本社旗舰店：http://hbrmcbs.tmall.com
读者服务部电话：027-87679656
投诉举报电话：027-87679757

米坨村禾若自然村村貌(凤凰县住建局　供图)

火炉坪村远景(龙中森　摄)

绿意盎然的塘头村芭蕉冲(侯喆　摄)

拉毫古村落(龙宥蓁　摄)

老洞苗寨与易地搬迁全景图(黎红斌　摄)

黄沙坪村村貌(龙宥蓁　摄)

老家寨村村貌(李吉和　摄)

凉灯苗寨(图片来源:视觉中国)

舒家塘村古堡寨城墙遗址(范强　摄)

火炉坪村境内三门洞景观(龙中森　摄)

扭仁村地潭江(黄婷婷　摄)

老家寨千潭湖(李吉和　摄)

拉亳营盘古城墙
（龙宥蓁　摄）

竹山村石板路和石墙（张丽美　摄）

扭仁村麻家弄(黄婷婷　摄)

火炉坪村传统民居(张丽美　摄)

舒家塘村传统院落格局（凤凰县文物局　供图）

老洞村传统民居风火墙(范强　摄)

高塘村传统民居(范强　摄)

拉毫村保家楼(龙宥蓁　摄)

扭仁村椎牛合鼓图(黄婷婷　摄)

背篓(侯喆　摄)

纺线车(张丽美　摄)

石臼(黄婷婷　摄)

织布机(黎红斌　摄)

塘坳村村民在演奏唢呐(杨琳　摄)

六人鼓舞(黄婷婷　摄)

身着苗服的米良村村民在话家常，右一为该村第一代鼓王(杨琳　摄)

苗族妇女在做苗绣(李吉和　摄)

米坨村禾若自然村村民在制作苗衣(黎红斌　摄)

芭蕉冲一位身穿苗服的老奶奶
坐在火塘旁烤火(侯喆　摄)

老洞村八十高龄的隆老太太演示苗族传统织布(黎红斌　摄)

身着苗服的竹山村村民在织花带
(张丽美　摄)

总 序

传统村落，又称古村落，是指村落形成较早，拥有丰富的传统资源，具有一定历史、文化、科技、艺术、社会、经济价值，应予以保护的村落。2012年4月，住房和城乡建设部、文化部、国家文物局、财政部联合发出开展传统村落调查的通知。经各省(区、市)相关部门组织专家调研与评审，全国汇总的数字显示，我国现存具有传统性质的村落近1.2万个。2012年9月，由建筑学、民俗学、规划学、艺术学、遗产学、人类学等领域专家组成的专家委员会，评审出中国传统村落名录。2012年12月17日，住房和城乡建设部、文化部、财政部等部门发通知公示第一批中国传统村落名录，全国共有28个省(区、市)646个传统村落入选。此后，又分别在2013年、2014年、2016年、2019年、2022年进行了中国传统村落的评选。截至2023年3月19日，一共公布了六批中国传统村落名录，共有8155个村落入选，并实施挂牌保护制度。2022年、2023年，住房和城乡建设部、财政部连续两年公示了传统村落集中连片保护利用示范县名单，我国在探索传统村落长效保护利用机制上迈出了新的步伐。

传统村落是现存村落中历史文化价值和农耕文明遗存最丰厚，村庄格局形态和民居传统特色风貌保存最真实和良好的典型代表。传统村落被誉为农耕文明的“活化石”，拥有丰富的历史信息和文化景观，也是传承中华优秀传统文化的宝贵“基因库”，维系着中华民族最浓郁的“乡愁”。保护好、传承好、利用好传统村落，对弘扬中华优秀传统文化有着重要意义。

住房和城乡建设部、文化和旅游部等六部门在2012—2023年公布的8155个传统村落,已经成为世界上规模最大、内容和价值最丰富、保护最完整的农耕文明遗产保护群。2017年乡村振兴战略提出后,传统村落保护成为促进脱贫攻坚的重要措施,是乡村振兴战略的重要组成部分。

党的十八大以来,以习近平同志为核心的党中央高度重视传统村落的保护工作。习近平总书记指出:“农村是我国传统文明的发源地,乡土文化的根不能断,农村不能成为荒芜的农村、留守的农村、记忆中的故园。”“乡村文明是中华民族文明史的主体,村庄是这种文明的载体,耕读文明是我们的软实力。”在如何发挥好传统村落在乡村振兴中的作用方面,习近平总书记指出:“搞乡村振兴,不是说都大拆大建,而是要把这些别具风格的传统村落改造好。”可见,传统村落的传承保护对于弘扬中华优秀传统文化、建设生态文明、发展乡村旅游、实现乡村振兴,都具有重要意义。

湘西土家族苗族自治州(以下简称湘西州)位于湖南西北部,以其悠久的历史、深厚的人文底蕴和独具特色的民族文化著称于世,也是中国传统村落最集中的地区之一。该州的传统村落申报与保护工作一直走在全国前列,截至目前,六批次共有178个村被列入中国传统村落名录,2020年被评为全国传统村落集中连片保护利用示范州。

中南民族大学作为国家民委直属综合性民族大学,一直以来把服务民族地区作为学校的使命,特别是学校的民族学学科更是成为直接服务民族地区经济社会发展的排头兵。学校民族学学科自20世纪50年代开始建设,经过数代人的努力,已经发展为我国民族学学科的重镇,学科建设水平处于全国前列,在最近两次的教育部学科评估中均位列A类。长期以来,学校与湘西土家族苗族自治州保持着紧密的联系,开展了多方面的合作,成为校地合作的典范。

2019年,经与湘西土家族苗族自治州有关方面协商,中南民族大学民族学学科启动该州中国传统村落调查项目,计划对湘西州8县(市)的中国传统村落进行一次全方位、深入的民族学、人类学调查，旨在通过专业的田野调查，进行系统的记录，形成一套完整的湘西州中国传统村落民族志丛书，为中国民族学积累来自田野的第一手材料。以湘西州8县(市)为单位，总项目下设8个子课题，各子课题根据对应县市列入中国传统村落名录的情况，遴选出118个重点传统村落开展调查，占湘西州中国传统村落总数的66.3%。

本次调查，遵循民族学、人类学学科的田野调查规范进行。在调查开始前，即对田野调查总提纲进行了反复研究讨论，确定调查总提纲后，又对参与调查的人员做了集中培训。按照统一的调查提纲，各子课题调查组(主要以中南民族大学本科生、硕士研究生为主)，在指导教师的带领下于2019年暑假开始第一次田野调查。2020年暑假再次组织以硕士、博士研究生为主的调查。参与调查的师生来自中南民族大学绝大部分学院，包括民族学与社会学学院、经济学院、公共管理学院、教育学院、法学院、文传学院等，以及参与了第一次调查的管理学院、马克思主义学院、外语学院、美术学院、体育学院、资源与环境学院、生命科学学院、药学院、化学与材料科学学院。两次调查耗时两个月以上，参与人员达100多人，访谈对象上千人，获取的第一手材料上千万字。此次对湘西州中国传统村落的调查，堪称中南民族大学学科史上调查规模最大、参与人员最多、持续时间最长、调查对象最广泛的一次民族学、人类学大调查。

以第二次调查成果为主要依据，课题组编写了“中国传统村落调查”丛书第一辑八卷，分别为:《中国传统村落调查·湖南吉首卷》《中国传统村落调查·湖南凤凰卷》《中国传统村落调查·湖南龙山卷》《中国传统村落调查·湖南永顺卷》《中国传统村落调查·湖南花垣卷》《中国传统村落调查·湖南保靖卷》《中国传统村落调查·湖南古丈卷》《中国传统村落调查·湖南泸溪卷》。丛书各卷原则上以村分章，按照村落概况、文化遗产、自然资源、历史事件、村规民约等分类梳理，内容涵盖传统村落的地理生态环境、村落来源与历史、村落人口、物产与特色产业、经济社会发展状况、物质文化遗产、非物质文化遗产、自然资源与景观、重要历史事件与人物、村规民约等。丛书的编写，力求在铸牢中华民族共同体意识理论的指导下，将中华文化及各民族交往交流交融的视角融入写作过程中，系统、完整、全面、客观地呈现各传统村落的全貌，既重点梳理其历史人文脉络，又注重关照其当代发展与变迁。在写作方式上，按照民族学、人类学民族志的撰写方法进行，除文字外，各卷均配有大量田野实景图片，使文本更加生动直观，且更富有保存价值。

丛书由中南民族大学段超教授、田敏教授担任总主编，各卷分别由中南民族大学民族学学科多位博士生导师担任分主编，他们是：经济学院陈祖海教授（吉首卷）、中华民族共同体学院李吉和教授（凤凰卷）、民族学与社会学学院田敏教授（龙山卷）、教育学院康翠萍教授（永顺卷）、民族学与社会学学院柏贵喜教授（花垣卷）、法学院潘红祥教授（保靖卷）、中南民族大学副校长段超教授（古丈卷）、公共管理学院吴开松教授（泸溪卷）。各卷还根据工作情况另设有副主编。

本课题的调查工作自2019年暑假启动至今，历时4年多，其中一段时间受疫情影响，遇到许多现实的困难，历经反复，今天终于基本完成，丛书即将正式出版，可喜可贺。要感谢湘西土家族苗族自治州各有关方面的大力支持，是他们的帮助，使得本课题调研工作得以顺利开展。特别要感谢湘西州8县（市）和乡镇相关领导干部，他们对课题具体的调查工作给予了大力协助，使调查人员能够顺利进入村寨开展调查，收集资料。更要感谢各传统村落的干部群众，他们的热情好客、纯朴善良，给调查人员留下了深刻印象，大家心存感激。值此丛书出版之际，向以上所有领导、干部、群众对本课题的支持与帮助表示衷心的感谢！

丛书的出版，得到了湖北人民出版社马骏副社长、综合编辑部徐艳主任和编辑们的大力支持与帮助，出版社为丛书申请到湖北省公益学术著作出版专项资金的资助，为丛书的出版锦上添花。编辑团队来到中南民族大学，与各位主编和作者进行面对面的研讨交流，指导书稿的修改完善，确保了书稿的质量，感谢你们。

新时代新征程，以铸牢中华民族共同体意识为民族工作的主线，民族地区乡村振兴正如火如荼地开展。我们希望丛书的出版能为进一步传承和保护中国传统村落历史文化遗产,赓续地域特色鲜明的人文底蕴,为进一步铸牢中华民族共同体意识,加快推进乡村振兴发挥积极的作用,做出应有的贡献。

编 者

2023年6月19日

目录

第一章　舒家塘村

舒家塘横卧在凤凰县西南部与贵州相邻的深山间，地处湘黔要冲，“西托云贵，东控辰沅”，历来是兵家必争之地。曾经，这里是苗族聚居区一个重要的军事堡垒。舒家塘不但历史悠久，而且文化内涵独特。根据相关历史文献资料记载，舒家塘是由北宋时杨家将后人所建立。村落境内山清水秀，有着独特的自然风景，土家文化历史悠久，民风淳朴。明清时期的古堡建筑群保存完好，石额匾内容丰富，其木雕石刻、柱础、窗花、彩绘等多姿多彩，特色鲜明。如今，舒家塘已成为一个蕴含着丰富历史信息的自然村落、生活家园。舒家塘村是传统村落空间历史遗存的一个缩影，凝聚了土家族劳动人民的勤劳和智慧。2006年，舒家塘村被确立为全国重点文物保护单位。2012年12月，舒家塘村被列入第一批中国传统村落名录。

一、村落概况

（一）地理生态环境

舒家塘村位于湘西土家族苗族自治州凤凰县阿拉营镇西南部，距镇政府所在地10公里。西与贵州大兴毗邻，东与王坡屯交界，南与亭子关接壤。舒家塘村背枕双凤山，该山山势向东西延伸呈半月状环抱城堡。属丘陵地貌，一般海拔在500～700米，平均海拔为600米。整个舒家塘村域面积为3.7平方公里，全村辖舒家塘、毛坪两个自然寨，共7个村民小组，其中属于传统村落的舒家塘为第一、二、三、四、七组，毛坪为第五、六组。有耕地面积1348亩，其中稻田1060亩，旱地288亩。舒家塘村属亚热带湿润季风气候，全年四季分明，光照充足，雨量充沛，无霜期长。

舒家塘传统村落由上寨、中寨、下寨组成。整个村庄大致呈三角形，三面环山，顺山势依次而建，形似喇叭状。村庄周围群山逶迤，地势起伏较大，主要山脉走向与区域构造方向基本一致。岗地和山丘主要用作林地和园地，平地为农田和村庄建设用地。山上植被茂密，森林覆盖率达65%。舒家塘古城堡东、南、西三面有山溪环绕，溪流清澈见底。村寨内没有河流经过。主要用材林有杉、松、柏、椿、柳杉、樟等；主要经济林有油桐、油茶、漆树、核桃、板栗、山苍子、柑橘等。

（二）村落来源

据村中人介绍[①]，舒家塘原有一个带书卷气息的名字，叫“书架堂”，因村寨文风昌盛、家藏万书、人才辈出而得名。按村民的说法，“书架堂”是“书架子放在堂屋中间”的意思，寓书香门第，藏书丰富之意。由于刚开

① 以下内容由访谈人叙述。访谈人：杨ZZ，男，土家族，舒家塘村会计；杨Y，男，土家族，舒家塘村原党支部书记。访谈时间：2020年7月12日。访谈地点：舒家塘村委会。

始迁到这里的大多是武将，他们的文化素养相对较低，重武而轻文。所以，为了大力提倡文武并用，选用了“书架堂”的称谓，后来这里培养的文官也逐渐增多。舒家塘历代十分重视教育，根据相关文献记载，从宋末到清末，舒家塘一共培养出了30多位文臣武将。后来，村中曾经有一位姓“舒”的教书先生，因当时村中文化没落，也没有再出秀才、举人等，便把“书架堂”改名为“舒家塘”。虽名为“舒家塘”，但迄今为止村中没有一户舒姓。

据考证，早在唐末就有人居住于舒家塘地区。而村中代代相传的《杨氏族谱》里的记载是，北宋皇祐四年（1052年），杨家将后代杨六郎（杨延昭）的第三个儿子杨再思（又名杨怀玉、杨文惠）奉旨带兵平定南方叛乱，经过此地。发现这里是湘黔两地的交通要道，往西入黔山高水险，往东入湘地势平坦，是一个军事要塞，而且石料丰富，风景优美，于是在这里安营扎寨，并安顿随军女眷，一方面作为屯兵驻防之所，一方面作为后勤基地。舒家塘便逐渐成为军事重地——屯兵之营。战乱平息之后，皇帝封杨再思为龙虎卫大将军，世守南方，此后其便在这里筑墙建堡，屯兵长驻，舒家塘便成为杨家将后代在凤凰的生息之地。

明万历年间，南方苗族群众再次起义，朝廷为镇压起义军，特拨白银万余两，驱赶民众6000余人，开山凿石，历时4年，重新筑造加固了舒家塘及周围的古营盘。后在此基础上逐渐形成村落。直至清朝，舒家塘依旧是军事重镇。根据相关专家学者考证，从现存的墙基遗址可断定舒家塘古城堡距今至少已有800年的历史。

（三）村落人口

1. 概况

舒家塘村主要民族有土家族、苗族、汉族。其中，土家族约占50%，苗族约占20%，汉族约占30%。舒家塘村现有320多户，1339人。其中，属于中国传统村落的有220户，950多人。主要姓氏有杨、滕、田、龙、吴、蒋、周、王、黄、张等。

2. 舒家塘杨氏

舒家塘村90%的人姓杨，村中人介绍，杨姓是北宋杨家将的后代，具有几分传奇色彩。根据《凤凰县舒家塘杨氏族谱》① 记载："姬姓系先杨侯爵始。"杨姓源自姬姓，属于周武王姬发的孙辈。周武王姬发死后，周成王姬诵继位。周成王封其弟姬虞（唐叔虞）于唐地，杨氏源于叔虞的二儿子，晋侯燮父的弟弟。晋武公（叔虞十一世孙）时，封次子于杨（山西平阳，今山西临汾），称杨侯，后为杨氏，是杨姓人的受姓始祖。之后，杨氏便以此代代相传。

"我杨氏乃汉太尉伯起公之后。""唯我杨氏，郡属弘农，派绍关西。"到东汉，舒家塘杨氏先祖为杨震，字伯起，弘农华阴（今陕西华阴东南）人，东汉时期名臣，通晓经籍、博览群书，有"关西孔子"之称，官至太尉，为官清廉。杨震调任东莱（今属山东）太守时，曾有人向其行贿，说现在是深夜，没有人知道。杨震拒绝行贿者说："此事天知、地知、你知、我知，怎么说没人知道呢？"后世遂称杨震为"四知太守"。"汉称震为夫子，宋封业为将军。前有二人以肇其基，后生余贤以绍其统"。

至北宋，舒家塘杨氏视杨家将杨业为其先祖。杨业，号令公，生于太原，初仕河东，骁勇善战，当时人称"金刀杨无敌"。到了宋太宗太平兴国四年（979年）八月，被封为代州刺史，授予左领军卫大将军。雍熙三年（986年），奉命征讨契丹，后来被奸臣陷害，虽竭力抵抗，终被擒拿。被擒后三天不吃东西，最后身亡，誓死捍卫疆土。

杨业的第六个儿子杨延昭（杨六郎），久经沙场，智勇双全，镇守边关二十余年。宋真宗景德二年（1005年），升任保州防御使。宋真宗大中祥符七年（1014年），杨延昭去世。他一生智勇善战，深受军民爱戴。

杨延昭有三子，其第三个儿子杨再思，于宋真宗天禧五年（1021年），

① 由舒家塘村原党支部书记杨Y提供。

率领士兵征伐白沙州白沙县(鄱阳湖东南)。宋仁宗明道二年(1033年),征古州八万(今贵州境内)等处。所到之处的诸多少数民族没有不归顺的。杨再思东征湖广沅州(治所在今湖南洪江)至江西界;南征至玢州广西交界;西征靖州(今湖南境内)至贵州都匀;北征至四川播州酉阳所。杨再思的计策颇多,谋略奇特,奉命镇守苗族聚居区,当地的苗族群众没有不诚心拥戴的。当地原来没有耕地可种,多为刀耕火种。杨再思便教当地民众开垦田地,种植五谷,教以礼乐知识,逐渐化民成俗。后朝廷加封其为龙虎卫大将军威远侯。

从杨再思之后,历代后人继续奉命镇守边关,直至其后十五代至杨再福,因边防多事,失其袭封。杨再福相传受张三丰真人之教,能够呼风唤雨,安定"蛮夷",在元顺帝至正十九年(1359年),敕赐元帅之职,执掌地契,管理黔楚交界的地方。

杨再福之孙杨通寿,信道教,相传精通道法。杨通寿喜欢老虎,家里也喂养老虎。后来他因为脚背生疽,让老虎舐其毒,老虎将其伤害。病终的时候,杨通寿让妻子陈氏把他的书拿来,想要把书中画密传给后代,但陈氏却将书焚毁,并发誓说:"吾后子孙若有习巫者,定绝嗣!"

杨再思的后人,每朝都有当官的,到舒家塘时杨家已不再辉煌。相传,明朝时期,朱元璋和陈友谅打仗,杨家人跟了陈友谅,田家人跟了朱元璋,杨家人打不过田家人。后来陈友谅战败,杨家人便被田家人追着打,一直打到舒家塘避难。整个明朝时期,杨家人并没有抬头,一直到清朝杨家人才有起色。

从杨通寿开始,杨家后人便世居于舒家塘,舒家塘杨姓即为杨通寿分支。

舒家塘杨氏一共有七个字辈:再、正、通、光、昌、胜、秀。七个字辈周而复始,循环往复。该村同一个字辈基本为同一世系,若与周边其他村落相比,有的可能为同一字辈,但世系不同。例如,同是"通"字辈,有可能一个是第三十八世,而另一个是第三十一世。舒家塘杨氏从杨再思开始为第一世,杨通寿为第十七世。现在村中最老的字辈为"秀"字辈(第三十五世),只有十几位老人家,约占杨姓的1%;其次为"再"字辈(第三十六世),多为七八十岁的老人;字辈最小的为光字辈(第三十九世),多为小孩。村中现在最多的为"正"字辈(第三十七世)和"通"字辈(第三十八世);目前还没有"昌""胜"字辈。

村中原建有杨家祠堂,祖宗神像用木头雕刻。后来祠堂在破"四旧"时被人用火烧掉了。目前村中已规划重新修建杨家祠堂,祠堂暂时设置在旧学校内。规划的新祠堂,有祖先挂像和祖宗牌位。挂像依次供奉杨震(左)、杨再思(中)、杨再思夫人(右)。每到先祖诞辰之日和逢年过节,杨家后人便会来祠堂中祭拜先祖。

3. 杨、田、王三姓之争

据村民讲述,相传原有杨姓、田姓、王姓三人,被朝廷派来此地抗击当地民众起义。其中,姓田的是文官,姓王的是武将,姓杨的文武双全。后来,抗击起义取得胜利,就把起义的人赶到了山江、腊尔山那边。之后杨、田、王三个官员便留下来管理此地,三人都想要占领一方土地,便开始争夺地盘。姓王的在田地、山里到处打木桩做标记,以表明是自己的地盘。姓田的在姓王的木桩上贴草标表明是自己的地盘。姓杨的则选择放火烧,他说火烧到哪里,哪里就是他的地盘。最后其他两姓被赶到别的地方,只留下杨姓。

(四)物产与特色产业

由于地处相对偏僻的农村,舒家塘及周边村民基本沿袭了原有生活方式,目前还没有工业开发,因此生态环境很少被破坏,基本保持了典型的湘西农村的原始生态风貌,舒家塘的生态环境是凤凰县生态系统的重要组成部分。

舒家塘村传统产业主要是农业。村内地质土壤主要以黄壤为主,土层较深厚,结构疏松,保水保肥性较好,有机质含量较高,利于农作物或其他植物的生长。村内以种植水稻、玉米、大豆、花生、辣椒、姜、蒜、鱼腥草等作为主要产业。其中,水稻、玉米主要为村民自己食用,花生、辣椒、姜、蒜、鱼腥草等主要为经济作物。

2020年7月数据显示，该村水稻每亩年产约1000斤干稻谷，每斤约1.5元，每户可收入约5000元。玉米每亩可产1000～1500斤，除自留食用外，主要是喂猪、鸭、鸡等牲畜。驻村工作队为当地建档立卡贫困户引进了迷迭香、鱼腥草种植。迷迭香是一种中药材，加工后既能入药，还可做面膜，村内现种植有100多亩。每年收两次，5至6月份收一次，12月至次年1月份收一次，每亩可收2000斤，每斤可卖1.5元(2019年价格)。种植户都与固定公司签订合同，成熟后有公司收购，合同保最低单价为每斤1元。还有几户种植鱼腥草，每户种植面积50～60亩，其中有1户种植20～30亩。鱼腥草可卖到6元一斤，价格根据市场变化而变动。

村中原有一个著名的铁匠铺，老板姓黄，当地人称其为黄铁匠，其妻子为舒家塘人，自祖辈迁来舒家塘已有100多年的历史。其孙子在父亲去世之后未将铁匠铺经营下去。

以前还有一个卖烧酒的铺子，酿酒师傅姓杨，酿酒的技术是从当地杨姓祖辈传下来的，一般用玉米、稻谷烧制。一直传到“秀”字辈，后面就没有再做了。

(五)经济社会发展状况

村中现已无学校，历史上曾经有私塾。村里原有一所小学，据说是由一个法国人出资修建的。村里的孩子从幼儿园到小学五年级都是在村里读书，后来转变为从幼儿园到小学三年级在村里读书，2010年撤点并校后，村中小学撤销。

原来的村小学，现为杨家祠堂(范强　摄)

村里有一个卫生所，小病基本可在村里看。村中也有几位“土郎中”，会给别人看一些小毛病，像被蛇咬、小孩肚子痛等，都能医治一二。但是现今很多人觉得看“土郎中”自己熬药很不方便，所以大多数人看病还是去村卫生所或者镇上的医院。

曾经有一段时间，村里搞过旅游开发，但后来因村中基础设施不完善，各项服务不配套，游客稀少，收入不高，便有所停滞。随着经济社会的发展，村中80%的年轻人都选择外出打工。村中老年人居多，一般60岁以上的老人都在家。2019年，村民人均年收入5000～6000元。

2014年，为了保护好舒家塘古城堡，充分挖掘古城堡的文化旅游价值，凤凰县委、县政府结合国家传统村落保护、文保单位修复及危房改造工程，组织实施舒家塘传统村落暨危房改造示范工程，对舒家塘古城堡内住户实施整体搬迁。其中，按照统一规划、统一建设，在舒家塘村东修建舒家塘新区，建有安置房和文化广场。从寨子中搬迁出约50户，200多人。

二、文化遗产

（一）物质文化遗产

1. 王坡屯堡

王坡屯堡位于舒家塘村东北面王坡山顶上，海拔约700米。东与茨岩

王坡屯堡城墙(凤凰县文物局　供图)

乡寸金村接界，西与川岩村、大岔村毗邻，南与舒家塘村相连，距舒家塘古堡寨约1000米。从中观地理环境来看，王坡屯堡所在山峰为此处最高峰，十分险要，有道路与周围村寨相连，对其起到保护和控制作用。屯堡四周山势环绕，西北、西南、东北、东南皆有高峰，植被茂密，西南侧山坡开有梯田。

王坡屯堡始建于明嘉靖三十三年（1554年）。城堡平面似椭圆形，呈鞋底状，总面积约6390平方米，东西长约90米，南北宽约40米，现遗存屯墙一周，用青石块垒砌，底宽约3米，顶宽1.2～2米，外墙面高4～6米。屯墙上设有箭垛并建有两座炮台，基址清晰。内墙面局部基本与地表持平，便于登墙。墙顶高出地表的地方作为踏步，一端插入墙体，一端悬出，简洁实用。开设东、南、北三门，屯门石料巨大、厚实，整块竖立或横架，门框内侧设有上门闩的卯口。南门有石阶通往山下，东门路险，现已封阻。仅北门因坡势稍平缓，可以步入，其余两门均陡峭如悬，可谓“一夫当关，万夫莫开”之地。屯堡内有一处营盘遗址，基址清晰可辨。更奇的是营盘内有两条20余米长的岩石，褶皱蜿蜒，恰似两条巨龙雄卧山顶，头向东方；距石龙3米处又有一石，形如飞凤，栩栩如生，欲向东北方展翅腾飞。王坡屯堡选址于高山之上，群山环绕，其选址强调与周围山峰的对位关系：北门朝向西北方向对山的轴线，东门朝向东北方向对山的轴线，南门朝向东南方向对山的轴线。这种精巧的布局体现了传统风水思想在屯堡选址中的应用。

王坡屯堡北门（范强　摄）

王坡屯堡明朝时期属于重要军事据点。清代，王坡屯堡是凤凰地区区域性防御体系中具有代表性的一座；清代中后期，随着形势的稳定，驻军等逐渐迁出，该屯堡因地处险峻山顶而逐渐被废弃。民国时期，屯堡为村民躲避土匪所用。现屯堡遗址保存较为完好，具有较好的历史真实性与完整性，为全国重点文物保护单位。

王坡高冠众山，站在王坡山顶往四周眺望，只见群山起伏，莽莽苍苍，如大海波涛，美丽的景象尽收眼底。天气晴朗时可西见贵州省的梵净山、六龙山，东见泸溪的八面山和麻阳的西晃山。其气势无比宏伟壮观，令人神思飞扬，不禁联想到南方长城中兵营、城墙、碉堡、古屯及烽火台唇齿相依、缺一不可的关系。而更值得一提的是，王坡屯堡与其西边不远的舒家塘古堡寨有着十分密切的依存关系。两者相距仅1000米之遥，王坡屯堡主要为军事防卫之用，而舒家塘古堡寨主要是军士家属生活居所，遇到危险时可退到王坡屯堡避难避险，在功能上有着明显的互补关系，而且这种关系是明清时期屯防制度的具体实证。

王坡屯堡较为完好地将明清时期的历史风貌保存至今，对于整个凤凰区域性防御体系的类型完整性具有重要的意义。同时屯堡遗迹保存较为完整，对于研究明清时期凤凰地区军事建制和屯堡的形制具有实证价值。

从屯堡的选址来看，首先，王坡屯堡选址于山地连绵处的最高峰上，视野开阔，易守难攻，扼守整个山区，符合我国传统军事理论中对军营选址的要求，对研究我国古代军事思想具有一定的实例参考价值。其次，屯堡北门、东门、南门分别朝向西北、东北、东南方向高峰的轴线，充分彰显了中国传统风水思想，具有较高的村镇规划研究价值。王坡屯堡与舒家塘古堡寨之间密切的军事防卫关系，对研究凤凰地区区域性防御体系中不同防御设施的布局关系及防御机制也有着重要的参考价值。此外，现存屯墙、屯门、踏步清晰反映出了明代“边墙”军事设施的建造工艺与特点，对于研究凤凰地区区域性防御体系中屯堡的性质和建造特点具有一定的研究参考价值。从整个屯堡的变迁过程来看，王坡屯堡从明清时期重要的军事据点到后来被废弃，反映了明代后期及清代初中期湘西苗族与朝廷的关系由激烈冲突再到逐渐缓和稳定的历史进程，也是各民族不断交往交流交融的重要历史见证。①

---

① 以上部分材料由凤凰县文物局提供，在此表示感谢。

2. 特色民居

传统民居风火墙(范强　摄)

舒家塘古堡内建筑保存情况较好,周围的历史环境未有大的改变,能够反映当地军事布局及民居的原始风貌,具有较高的艺术价值。堡内有大量的明清时期的建筑,约四分之三的古民居保持着传统风貌,保留有四五十栋明清古建筑,对部分古民居进行了翻修、翻建。

从现存的传统民居可见,房屋均为硬山顶穿斗式砖木结构建筑,平面多呈“凹”字形合院式(也称三合院)格局,房屋的建筑细节丰富考究,屋基用大石块,以石灰和糯米浆作为砂浆黏合,墙体用板石垒砌,墙面用细钻加工修饰,平整美观,坚固牢实。小青瓦坡屋顶带有浓郁的地方色彩。房屋两边的山墙是风火墙,也叫作马头墙,墀头正面都有花卉图案。门窗雕刻工艺精湛,有“四边来蝠(福)”“福禄寿喜”“渔樵耕读”“喜鹊噪梅”“松鹤延年”“梅兰竹菊”等窗花,造型栩栩如生,多为典故以及吉祥动物和植物图案,精美生动。

传统建筑通常做成场院形式,场地作为晒谷和室外活动的场所。用低矮的围墙围合,考虑到风水原因,设有一个大门,大门朝向风水好的方位,或不与堂屋正对,避免对堂屋风水造成影响。民居主入口处理成凹口,称为“虎口”。房屋大门一般用整块条石做门框,称为“石槽门”。门楣上都嵌有石额匾,石额匾内容多为求进、求利字语,均反映出礼学养廉的社会习尚。其房屋构建也显示出古代中国的民俗文化之风韵,特别是湘西独特的多民族人文氛围。

传统建筑外墙(范强　摄)

新中国成立后修建的传统风貌新民居,同样就地取材,木结构、板石、青瓦屋顶,与村寨的风貌协调统一。建筑布局较为紧凑,集中成片,是村内风貌的主导部分。舒家塘村内建筑分为一层、二层、三层,以二层的传统民居建筑为主。

舒家塘村内建筑最大的特色是窗、撑拱、雕花。

窗:堡内传统建筑的窗户为木制窗,按其开启方式及分布位置主要为平开窗,少有横披。平开窗因经济实用而被广泛采用,通常分为左右两扇,扇叶大小和材质因屋主的喜好而定。横披多用于高墙的门窗上方,因墙壁过高而加设,一般不能开启。窗户棂格的装饰图案由各种基本样式相互嵌套衍生而出,形式丰富多样,各户不同。

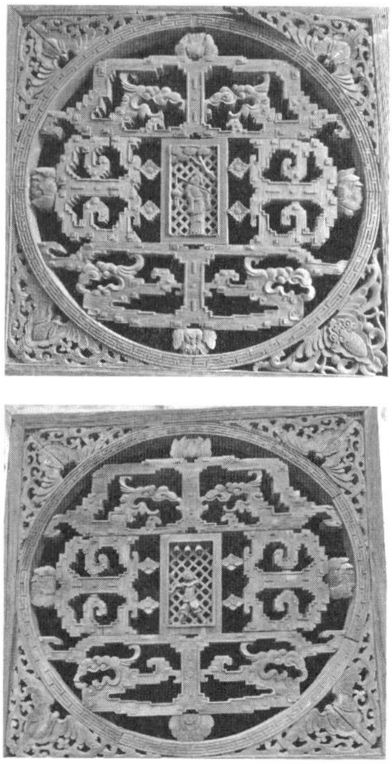

传统民居精美窗扇
(黎红斌　摄)

撑拱:传统建筑的撑拱为支撑屋檐的结构,其图案多以抽象的花纹为主。撑拱的装饰简洁有致,以一种图案为主体,将木材简洁加工使之有曲线的外形,强调形体线条的流畅和整体的效果。其实用性强于装饰性。

雕花:雕花造型古朴大方,雕刻精致,显示出舒家塘丰富雅致的生活情调,多以质地细密的木材制成。内容多以卷草纹、云纹为主,转角边缘等次要部位饰以曲线,以柔化直角的刚硬线条,体现吉祥如意的愿望,颇具特点。舒家塘城堡现存民居的门窗扇大多为木雕装饰。其雕刻图案大多以民间劳作生活、花鸟为题材,雕刻构图简洁通俗,雕刻手法精美细腻,具有很高的艺术水平。

(1) 石门匾额

舒家塘村是石头艺术的殿堂,城中现存十三户石制大门,皆由整块条石建成,门匾上有“礼严捍卫”等题词。这些石门最简单的为三条青石搭就而成,不设窗,不具备应有的防御功能,而是界定不同领域的标志。

“动出万全”匾额(范强　摄)

一户民居为三合院格局,石槽大门,门上面有一方匾额,刻有“坦荡常履”四个字。这四个字的意思是,一个心地纯洁、胸怀坦荡的人可以长久地在社会上行走。这个行走当然不是走路,不是旅行,而是指的从事各种职业,能长久地与人交往。

“居仁由义”匾额(黎红斌　摄)

一家三合院的匾额是“动出万全”四个字,其含义是提醒后人,凡事要考虑周到,三思而行,以求万事周全。隔壁家的匾额是“居仁由义”,这是一个成语,意思是内怀仁爱之心,行事遵循义理。最早是孟子说的,后来宋代诗人韩维也说“居仁由义吾之素,处顺安时理则然”。

有一户匾额上刻有“礼重师严”四个字,是从《礼记》的相关内容引申出来的。这个“礼重”不是讲礼貌,而指的是典章制度强调尊重老师,“严”在这里的意思应该是“受到尊重”,所以欧阳修说“古之学者必严其师,师严然后道尊”。除此之外,表示相同意涵的匾额还有“周旋中礼”等。

还有一家匾额上刻有“模范修严”四个字，指的是要严格要求自己，做道德修养的模范。还有的匾额为“克勤养德”，是告诫后人要克勤克俭，培养良好的道德品质。

有一户的匾额是“出入是门”，还有一户为“常由个中”，另外一家的则是“清白家声”，这些话都是要后人记住，要传承和维护杨家将的忠孝、信义、清廉的家风和声誉，不要因为自己的丑行、恶行玷污了杨家将的一世清白。

这些格言、警句为什么要镌刻在大门的匾额上呢？应该说杨家将的先辈们用心良苦。一方面，杨家将的子子孙孙每天从大门进进出出，抬头就会看见这些格言警句，时时刻刻都能记住这些祖训，从而提醒自己、约束自己。另一方面，也显示了杨家将子孙们的自信，他们敢于向世人公开自己的价值观和行为准则，勇于接受世人的检验和评论。外面的人走进舒家塘，看到杨家将后代们一家一户的匾额时，不由得感觉到一股书香之气扑面而来，同时也领会出杨家将后代们的为人准则和处世哲理。这就是身处崇山峻岭之中的舒家塘古堡寨所具有的独特的人文内涵和文化魅力。

杨Y老宅（范强 摄）

杨XC老宅（范强 摄）

（2）典型民居

杨Y老宅，明清时建筑风格，从其爷爷辈开始居住在此地，有一百多年历史。现分给其叔叔，已不再居住。房屋门窗雕花保存完好，一只猴子手指着天上的太阳和几个马蜂窝，其寓意为“指日封侯”。房屋经统一修葺，整体保持原状。院前原为一戏台，杨Y爷爷兄弟分家后，在院旁另起一座二层建筑。

杨XC宅，位于古堡东门第一户。建于清朝时期，六间房，二层建筑。开间有22米左右，高5米左右。十二扇门雕刻精美，每扇门的雕花均不相同，多雕刻有各种鸟兽。

杨ZZ祖宅，为其昌字辈太奶奶所建，约建于清朝时期，原为其爷爷三兄弟所居住。太奶奶把全部嫁妆卖掉后修建了此宅，修建了两年建成。五间两层结构。进入大门之前原有一门厅过道，过道前建有一门，转过过道又建有一门，加上正大门共有三道大门。房屋门扇保留完好，两边厢房还建有比较有特色的“幺门”，人在家时可将其关闭。中间堂屋为客厅，两边厢房用于居住。厢房内保留有旧时的木床、家具和一些农具。灶台保留完好。最边上一间房还保留有一舂碓，用于舂打谷物等。比较有趣的是，与邻居房屋间隔有一条不到半米宽的空隙，互不打扰，互不侵占，可见当年两家关系比较和睦。

传统民居内的“幺门”
（范强　摄）

从古堡寨现在保存较好的民居可以看出，它们都展现了考究的建筑细节与高超的建筑技艺，还有合院式的空间布局，反映了当地的居民是从中原迁移而来，仍受到中原文化的强烈影响，在西南山区形成了与中原村寨十分相似的独特生活聚落。

3. 舒家塘古堡寨

舒家塘古堡寨始建于明朝，作为凤凰区域性防御体系西端一个重要的军士家属驻扎点，随着驻守“边墙”军士及家属的增加而发展起来，形成今天的规模。从地理环境来看，舒家塘古堡寨襟山带塘，所在凤屯山山坡视野开阔，西与贵州大兴毗邻，北与王坡屯交界，南与亭子关接壤，背枕凤屯山，寨前环绕48个水塘。四面环山，植被茂密。城堡居高临下，易守难攻，俯瞰扼守着堡下的道路、池塘、溪流和田地，占地面积约12000平方米。

舒家塘古堡寨城墙墙面（范强　摄）

(1) 古堡概览

舒家塘古堡寨依山而建,西高东低,略呈圆形。南北长约200米,东西宽约80米。古城堡周围由构筑恢宏的古城墙环绕,城墙体曲折蜿蜒,极富变化。最初用土石筑墙一周,叫作屯墙,后来又在屯墙外面用青石块加修了一道寨墙,总长约1500米。从现存墙基考证,城堡距今至少已有800年历史。古城墙高约8米,墙厚2米,另有女墙高1米多。分上下两层,可供人行走或跑马,每隔3米有一个瞭望口。城堡城墙修筑均利用当地产的大块条青石,最重石块达750千克,用石灰和糯米浆灌缝砌成,坚固耐用。城墙的砌筑工艺及地方材料的应用,便于就地取材,是南方苗族聚居区城墙建筑的代表作。从遗址各元素的保存现状来看,寨墙采用竖立干砌的砌筑方式,结构稳定,墙体上设有箭垛,同时在屯墙和寨墙顶上修建土、石连体的哨楼,以增强防御功能。现在能看到的寨墙残长约150

①东门入口(范强　摄)

②南门入口(范强　摄)

③北门入口(黎红斌　摄)

舒家塘古堡寨入口

米，残高3～5米。古堡寨分设三个寨门，雄踞东、南、北三方，其中以与王坡屯遥相呼应的东大门规模最大。据村民讲，村中有红白喜事时，只可从东、北两个门进出，不可从南门进出，此风俗保留至今，具体缘由未可得知。

舒家塘古堡寨背山面水，坐西朝东，其东西轴线穿过背后两峰，指向东部山谷。其东门朝向东南面山峰轴线，南门朝向南面山峰轴线，北门朝向东北面山峰轴线，这种精确的山水对位关系，体现了传统风水思想对屯堡选址的影响。古堡寨位于山腰之上，山下为农田，形成了堡居山上、田环山下的田、山、屯分明的布局模式。根据不同耕种与防御条件合理安排生活、防御、生产空间，农田位于山谷间平地，堡寨位于山腰，加强防御能力，居高临下统摄整个聚落生活空间。这种独特的聚落形式是在明清时期当地传统屯田文化思想与军事防御思想共同影响下形成的。

舒家塘古堡寨内建筑规划合理，平面布局紧凑，建筑风格十分独特。城中巷道错落有致，全部用青石板铺就，走在上面有“嗡嗡”的回声。主要街道呈“T”字形，与寨内巷道相互连接，错综复杂，成三横、三纵的街道格局，通往全城上、中、下寨，各寨之间并无界碑标记。城内街巷90度一转角，30米一拐，50米一弯，两旁为高房石墙，各段路貌十分相似，相互连通有如棋盘，上上下下，加上周围房舍，庭院深深，看上去似是而非，七弯八拐，颇有“迷宫”之韵味。外地人和游客来此地访亲和旅游时，常常在街巷中迷失道路，惊叹不已。古堡寨背枕山

舒家塘古堡寨内街巷（范强　摄）

峦，清溪环绕，据老人回忆，堡寨外面有48口水塘，分层次、按方位排列，很像八卦阵。水塘与城墙外护城河相通，护卫着整个堡寨，既有防御功能，又可满足军民日常生产生活的需要。

舒家塘古堡寨有着十分丰富的军事内涵，是凤凰古军事城堡群的重要组成部分，凤凰古军事城堡群组成了一条完整的冷兵器时代的军事防御体系，是明清时期湘西地区“边墙”系列军事防御工程体系中保存最为完整的建筑。城堡修建与各类军事机构有机结合，也是明清时期军事战略与布阵的一个重要成分，具有重要文物价值，为研究明清时期（尤其是边疆少数民族地区）的军事、政治及职官制度提供了重要的实物资料，也为研究我国民族传统文化和独特的建筑体系提供了丰富的内容，在建筑史上占有重要地位。

明清时期，舒家塘古堡寨成为南方长城防御体系内的军事屯堡，随着守军及家属的增加而发展起来，逐渐形成现在的规模。清朝中后期，随着战乱的平息，社会日渐安定，堡寨也逐渐从军事屯堡转变为民居村落，堡寨内民居的建筑风格也在变化，呈现出鲜明的建筑特色。

（2）局部建筑

①古堡大门。舒家塘古堡寨规模最大的门为东大门，与村东面的王坡屯遥相呼应。东大门有前后两道门，在军事上称为重门保障。大门的门框用整块的条石做成，门墙用大块青石以石灰拌和糯米浆作为砂浆砌筑，墙面用细钻加工，牢固平整。门宽3米，门洞深4米，高2米多，头门后面两边门墙上还保存有两个碗口大的门闩卯口。同时门墙顶上还建有敌楼，曾有驻兵守卫，可以想见当年大门是多么牢固，易守难攻。寨内军事设施完整齐全，显示出堡寨建造时十分突出军事防御需要，现在还有火药仓库及碉楼遗址。

舒家塘古堡寨东门保留门闩
（范强　摄）

②古旗杆夹。在村寨前面湘黔古道旁的平地上,建有一个四方形的石座,石座上面还竖立着两块像碑一样的石头,这是舒家塘古堡寨一个值得称道的标志。这两块石头叫作旗杆夹,是用来夹住一根旗杆的,这根旗杆叫作"功名旗杆",顾名思义,这是取得功名的人特别竖立的一根旗杆。旗杆夹上可以清晰地看到一块石头的正面刻着"光绪癸巳岁"(即光绪十九年,1893年)五个大字,另一块的正面刻着"恩科举人杨济川立"八个大字。这两行文字的产生背景是,光绪十九年(1893年),杨家将后代杨济川考取了举人。这个功名旗杆既展示了杨家将后代能文能武、考取功名的荣耀,也为后人树立了学习榜样。①

旗杆夹现状(黎红斌　摄)

③其他建筑。村中原有一座庙,庙里供奉有多位神像,后庙毁,还未重修,神像安置在村委会旧址,这里还堆放着一些村中公用的杂物。

舒家塘古堡寨与山头、农田构成的堡居山腰、田环山下的田、山、屯结构分明的山地聚落景观,是明清时期湘西地区因屯田养民、依山筑城以卫民的军防文化特殊需要而形成的独特传统聚落景观的代表;同时,这一类型传统景观的主要维系因素是当初的军事防御需要,在现代社会受到生活与出行便利要求的巨大冲击,这一传统景观变得难以维系,因此这一堡寨格局对于展示与保护这种传统聚落景观具有重要价值。

首先,从军事防御思想角度来看,舒家塘古堡寨选址于山坡之上又被水塘环绕,居高临下,易守难攻,反映出了民用堡寨的防御机制。寨内寨

① 以上部分资料由凤凰县文物局提供,同时参考凤凰县住建局提供的《凤凰县阿拉营镇舒家塘村传统村落保护发展规划(2014—2030年)》。

墙、寨门、火药库、碉楼等军事设施完整齐全，也显示出村寨建造时十分突出的军事防御需要。

其次，古堡寨落选址襟山带水，背枕山峦，三面环塘，几十块水塘接续连绵成一条“护城河”；寨内街巷布局大体呈三横三纵结构，错综复杂，神似八卦迷阵，这些都体现出了我国传统风水理论的深远影响，具有较高的城镇规划价值。另外，古堡寨现存寨门、寨墙及保存完整的明清民居建筑，充分展示了民用堡寨和当地民居的建造工艺与特点，具有很高的艺术价值。

最后，从整个古堡寨变迁的历史过程来看，舒家塘古堡寨从明清时期军士及家属的驻地逐渐转为民用村落，这一独特的聚落形式与发展历程，是明清以来湘西地区社会政治、经济、文化方面格局变迁的特有产物，具有重要的实证价值。

4. 古井

古堡寨北和寨东有两处水井，为堡寨水源，均有百年以上的历史。其中村东的古井，是清咸丰九年（1859年）八月由村民们捐钱捐地修建的，水井旁还立有一块功德碑，一直保存到现在。功德碑上书“巩固千秋”四个大字，碑文依稀可辨。根据碑文记载，凡以耕地为生，靠土地吃饭的人，必须凿井而饮用井水，满足人们的饮水需求。村中为解决饮水问题，特向村中各户集资捐款来修建水井。上面还详细地记有每家每户所捐款额。其中较有特色的是记载了杨通训捐井地长五丈，宽一丈一尺。落款日期为：咸丰九年八月初一。在功德碑旁还有一座壁龛，逢年过节，村民会来此摆上酒、肉等，烧香火、纸钱祭拜祖先。这口古井还是当年凤凰三大秀井之一，被称为“活堂井”，水质优良，保持到现在已有160多年了。两个水井都有三个水池，一般第一个池中的水用于饮用，第二个池中的水用于洗菜，第三个池中的水用于洗衣服，人们世世代代遵循先人留下的这个传统。

村民在古井旁洗衣、洗菜

古柏树(范强　摄)

5. 古树

村中还有多棵古树,都有百年以上的历史。一棵古柏树有近300年,属于国家二级古树;水井旁的银杏树有近200年,属于国家三级古树。这些古树像是一个个守护者,守护着这里的人;也像是一个个见证者,见证着村落的变迁和发展。

(二)非物质文化遗产

1. 传统舞蹈

摆手舞是土家族古老的传统舞蹈,主要流传在鄂、湘、渝交界的酉水流域。土家摆手舞无论是形式还是内容都十分古朴,主要反映土家人的战斗、劳作、生活场面,如狩猎舞表现狩猎活动和模拟禽兽活动姿态。包括“赶猴子”“拖野鸡尾巴”“犀牛望月”“磨鹰闪翅”“跳蛤蟆”等十多个动作。摆手舞的基本动作有“单摆”“双摆”“回旋摆”,其基本范式为:手脚同边,下不过膝,上不过肩,身体下沉而微有颤抖。从形式上看,因举办时间、举办地点和祭祀主体的不同,又分为“大摆手”和“小摆手”两种。

“大摆手”一般为“三年两头摆”,地点大多在“摆手堂”举行,祭祀主体主要是“八部大王”“大摆手”规模气势恢宏,在摆手坝的中央设置丈余高的“龙凤大旗”,还要在摆手场的四周插上许多旗幡,以此烘托和营造庄严、肃穆的氛围。

“小摆手”则是以村寨或姓氏为单位每年都举行的祭祀活动。主要表现民族迁徙和生产生活画面等,舞姿轻柔而细腻,表演时很少运用道具,不受服饰限制,但所反映的内容十分细致,如栽秧、薅草、打蚊子、抖蛇蚤、牛擦背、打糍粑等。

2. 传统戏剧

傩戏为土家族传统戏剧,又叫“傩愿戏”“傩堂戏”,它源于原始社会的傩祭。到商代时期,形成了一种固定的用以驱鬼逐疫的祭祀仪式,这就是傩舞。傩戏是在傩舞的基础之上发展形成的戏剧形式。傩戏表演的主要特点是角色都戴木制假面,扮作鬼神歌舞,表现神的身世事迹。村中原有老人会唱,现已失传。

3. 民俗

(1) 赶年

土家族要比汉族提前一天过年,谓之“过赶年”。关于其来历的说法很多。一说是在明嘉靖年间,正值年关,朝廷突然下圣旨,调湘鄂土家土兵赴东南沿海协同抗倭。按路程计算时间,不等过年土兵就得出发,才能按时赶到目的地。为了让出征官兵过完年再走,当地就决定让已集中的官兵提前过年。土兵出征后,立下了“东南第一战功”,后人为纪念这次战争的胜利,祀祖颂功,每年过年都提前一天。另一种说法是土家族的祖先家境贫苦,大年三十都不休息,为了全家团圆,就提前一天吃了年饭。现基本与过春节时间一致。

(2)“四月八”

土家族把“四月八”称作“牛王节”。相传,土家族先民在一次战斗中打了败仗,被赶到河边,恰逢洪水猛涨,十分着急。这时一条大水牛游了过来,于是,土家族先民就拖着牛尾巴过河,脱离了险境。以后,为了感激牛的救命之恩,土家族子孙到这一天就让牛息耕一日,并喂以精饲料,怀念牛王功德。这天杀猪宰羊打粑粑,亲朋好友相互邀集庆贺节日,高挂犁耙,让牛休息,给耕牛喂鸡蛋、白米饭等,同时也预示一年农事即将开始,此习俗一直沿袭至今。

(3)“六月六”

“六月六”,在土家族看来,是纪念英雄覃垕的日子。相传湘西北土家山寨出了位英雄覃垕,他出生时背上便有两条龙。覃垕因反抗封建王朝压迫,在六月初六惨遭杀害。就在覃垕殉难之时,京城上空乌云翻滚、飞沙走石,云中两条金龙张牙舞爪长吟不息。皇帝大骇,急忙宣召宰相,宰相将覃垕被斩首之事如实禀告，皇帝听后即传旨赐龙袍给覃垕。这一天，土家族家家备酒肉，打豆腐，亲朋邀集跳摆手舞，举行祭祖仪式。至今，当地仍流传为覃垕洗晒战袍（故称“晒龙袍”）的故事。当地人有“六月六”翻晒棉袄、棉絮的习俗。

（4）“七月半”

土家族的“七月半”，其实是农历七月十四日。传说远古时期，由于战争的原因，土家族部分祖先流入云南，终身不归。当农作物成熟的时候家人就用酒、肉和新鲜稻谷、苞谷祭祀亡灵，供奉祖先，俗称让祖先“吃新”。从农历七月初到十四日，土家族人每晚在神龛上“烧香”，家里禁吵架，忌赤身裸体，忌坐大门栏上。十四日傍晚，在家门前烧纸钱，到离家较远的地方撒稀饭，表示祖先要赶“云南大会”去，家里给他送一些路费。①

除以上节日外，一些普遍性节日也会过，例如端午节、中秋节、重阳节等。每逢过节，都会杀鸡、宰鸭、打粑粑来纪念或庆贺。其中，村内比较有特色的是，当地人会在立夏这天用白水煮鸭蛋，拿给老人和小孩，意图有二：一是避暑，二是增强他们的免疫力。

近年来，随着村中老人的逝世和经济社会不断变化发展，土家族一些传统节日和习俗仅有部分保留，大多已失传，对土家族民族文化的传承和发展有待进一步加强。

三、村规民约

舒家塘村村规民约

一、热爱祖国，热爱中国共产党，热爱集体，学法知法，遵纪守法，同一切犯罪行为作斗争。

① 资料来源：《舒家塘村传统村落档案》，参见凤凰县住建局提供的《凤凰县阿拉营镇舒家塘村传统村落保护发展规划（2014—2030年）》。

二、爱护公共财物，不得损坏水利、交通、通信、供电、供水、生产、休闲场所等公共设施，未经批准，不私自安装用水用电设施，节约用水用电，严禁偷水偷电，发现违规人和事，要积极制止并及时向村委会报告。

三、团结友爱，相互尊重，相互理解，相互帮助，和睦相处，不打架斗殴，不诽谤他人，不造谣惑众，不拨弄是非，不仗势欺人，建立良好的邻里关系。

四、提倡社会主义精神文明，移风易俗，喜事新办，不铺张浪费，丧事从俭，不搞陈规旧俗，不搞宗族派性，反对家族主义，反对封建迷信及其他不文明行为，树立良好的社会风尚。

五、做好公共卫生，维护村容整洁，做好人畜分离，垃圾不乱倒，粪土不乱堆，污水不乱流，柴草不乱放，房前屋后不积水，檐沟处处要疏通。

六、依法使用宅基地，服从乡村建房规划，不损坏整体规划和四邻利益。

七、严禁私自砍伐国家、集体或者他人的林木，不准在村附近或田边路旁乱挖土，严禁损害庄稼、瓜果及其他作物。

八、护林防火，人人有责，加强野外火源管理，严防森林火灾发生。

九、自觉养路护路，维护道路畅通，不准在村道、主道旁搭建违章建筑，堆放废土、乱石、杂物，不准在道路上乱挖排水沟，不准在路肩上种植作物，侵占路面。

十、计划生育，晚婚晚育，优生优育，男女平等，尊老爱幼。

十一、村积极培育和发展志愿者服务组织，村民积极参与志愿服务活动，壮大志愿者队伍，村指导开展服务活动。

十二、村经常开展便民利民的志愿服务，关爱空巢老人，关心儿童成长，关心残疾人生活。

舒家塘村古城堡管理与保护公约

一、全体村民要努力提高认识，以大局为重，充分认识到保护古老建筑和历史文物是关系到我们子孙后代的大事，具有十分重要的意义。

二、村民要服从政府和村委会的领导，严格按照国家政策办事，坚持"下级服从上级，少数服从多数，个人服从集体"的原则和民主集中制原则。

三、全体村民要加强学习法律法规，知法懂法，依法办事，严格遵守国家法律法规，不做违法乱纪的事情，多做有利于村寨发展和村民生产生活的事情。

四、全体村民要提高保护意识，加大对古老建筑和历史文物的保护力度，严禁随意撤除古老的建筑，变卖和破坏历史文物，禁止在古城堡内修建现代楼房，已经修建好的，要进行仿古装修，保持古堡寨的完整和协调。

五、属古老建筑户的村民要随时观察房子的损坏情况，一旦发现有安全隐患或濒临垮塌的，一律不能自行撤除，要及时报告村委会和保护领导小组，还要提高消防意识，认真做好防火工作。

六、村民需要修建现代楼房的，一律在临近公路边修建，村委会和保护领导小组将在宅基地的调整和审批及修建资金上给予关心和支持。

七、村民要加大对主要街道和文物的保护力度，严禁在保护区内乱拆乱建、乱堆乱放、乱刻乱画，影响通行和毁坏文物。

八、村民要加强对自己家和街道的卫生管理，各自打扫好屋里和院子及厕所的卫生，及时把垃圾倒掉，严禁随处乱倒垃圾和污水，要把屋里和屋外面的各种物品摆放整齐。

九、各家各户要管理好自家饲养的牲畜，对牛羊猪鸡鸭等一律实行圈养，要注意保持环境卫生，不准随意放出，确实要放出去的，一定要有主人跟随，并负责打扫牲畜排出的粪便。

十、我村将积极争取上级主管部门的支持，并在保护的基础上进行合理利用，努力开发旅游产业，多渠道筹集保护资金，按照实际情况分期分批对本寨古老建筑和文物进行维修和保护。①

（本章由范强撰写）

① 资料来源:《舒家塘村传统村落档案》,参见凤凰县住建局提供的《凤凰县阿拉营镇舒家塘村传统村落保护发展规划(2014—2030年)》。

第二章　塘坳村

刚到塘坳村，一下车就被眼前的溪流吸引了，溪流是薄薄的，在溪底石块间泛起白白的水花，几只鸭子扑腾着翅膀尽情地嬉戏。溪水不急不慢地流泻，仿佛正在从容地思索和安静地诉说，诉说着塘坳村的历史与文化……塘坳村是九重岩省级自然保护区的核心地带，也是湘、黔两省的吉首、怀化、铜仁三地接壤之地，一直以来因为群山层层阻隔着与外界的沟通和交流，许多村民还保持着古老的风俗习惯。塘坳村曾被称为“三不管”“神秘金三角”“神仙保密的地方”“最后的湘西部落”“世外人家”“凤凰的西伯利亚”，这使塘坳村多了一份神秘！2016年12月，塘坳村被列入第四批中国传统村落名录。

一、村落概况

（一）地理生态环境

塘坳村位于凤凰县茶田镇，有着悠久的世居历史，有着古老的田园风光，有着独特的乡土人情。这里山川秀美，空气清新，溪水甘甜，鸟语花香，人杰地灵。

塘坳村地处茶田镇西南，距镇政府所在地27公里，北接茶田镇和平村，东挨麻阳县，南与贵州省铜仁市碧江区九龙洞自然景区为邻，西和贵州省铜仁市碧江区云场坪镇接壤。全村总面积27平方公里，南北宽3公里，东西长9公里。全村属亚热带季风温润气候区，四季分明，气候温和，年平均降雨量1808.1毫米，年平均日照为1266.3小时，年平均气温15.9℃。

茶坪界是塘坳村几个寨子里唯一一个处在山顶的寨子，这里夏天更凉爽，冬天更冷，气温要比山下新地溪寨子的气温低5℃~6℃。

（二）村落来源

塘坳的历史起源据说按时间可以分两个阶段。第一个阶段是黄帝战败蚩尤后，随着第一次少数民族大迁移来了一些人群，大部分迁移而来的苗族后来西迁到贵州万山和松桃去了，只留下少部分人在塘坳过着刀耕火种的生活，现在还能在窄岩坑和花马洞以及竹坳凼找到一些古人居住的遗迹。另外两个地方——苗屋场和梁家屋场，很久以前苗族人也居住过，只是现在已找不到居住的痕迹了。

第二个阶段是清军入关后，从江西迁徙来了一些人。塘坳村的蒋姓人家就是如此，他们的祖先从江西搬迁到了现在的塘坳所在地，其中三位蒋姓兄弟觉得此处不错，便选择半山腰的少量平地定居，经过一代又一代的不断发展，形成了村落。之后又陆续搬来一些土家族人，再加上村内居民与汉族通婚，也慢慢吸引了很多汉族人来到塘坳村安家，所以今天的塘坳村呈现出文化多元性，无论汉族、苗族或土家族，文化或信仰都几乎无差别，一体性很强。

关于村名的由来，当地流传着两个不同的说法。其中一个说法是，在一个高高的山坳上有一口面积3亩多的旷世未干、永不结冰、从未积雪的天然山塘，水深3米左右。这口塘因地势很高没有地表水流入，所以水质非常清澈。村民们眼见这口塘并没有水流入，但却能终年有那么多水，认为这个地方一定住着神灵，于是便选择在这口塘的附近安家，而因为这口塘在坳上，所以取名塘坳。第二个说法是，塘坳寨子里面的房子以木结构为主，以前经常发生火灾，当地的村民就请巴代来“搞”一下，巴代以水来治火，寨子前面恰好也有三口塘，就用塘来命名，以避免火灾，从此以后这个寨子就叫塘坳寨。在湘西，一般会选择村落管辖的某一个自然寨的寨名来命名村庄，塘坳村就是因塘坳寨的寨名而来。

（三）村落人口

塘坳村目前有348户，总人口1548人，是一个多民族聚居村。塘坳村的每一个自然寨都有一个主姓，茶园山寨几乎全部为冯姓；桐乡溪寨以杨姓和覃姓为主，因为桐乡溪寨在新中国成立前由两个挨着的寨——杨家寨和覃家寨组成；干溪坑寨全是曾姓；茶坪界寨以李姓为主，杨姓、曾姓、阙姓穿插其中；塘坳寨和新地溪寨都是以蒋姓为主。

主要的世居民族有汉族、苗族、土家族，是多民族聚居的村落。

（四）物产与特色产业

经济产业主要以农业、林业、畜牧业为主。经济作物以水稻为主，大豆、玉米、花生、红薯、油菜次之。

塘坳村境内地貌以中低山和丘陵为主。北部为山区峰峦竹林；南部为山区丘陵梯田、沙土，部分木林和竹林；东部为山区丘陵，部分梯田、沙

蜂农养野蜂的岩屋(杨胜佳　摄)

土,部分林木;西部为山区丘陵,部分田地,部分林木,部分竹林。塘坳村有田地1032公顷,耕地5010公顷,村内产竹笋、板栗等农特产品。

塘坳村半山腰有许多大大小小的岩屋,这些都很适合野生蜂的生活习性。所以在塘坳还保留着现在罕见的养野生蜂的习惯。因为野生蜂有依靠岩壁悬空建筑巢穴的习惯,为了迎合其习性,当地蜂农将蜂桶放在有岩石遮蔽的角落,上有岩石遮蔽不怕雨淋,下用木架支撑着悬空,需要观察这些野生蜂时,蜂农便沿着陡峭的羊肠小道走到岩屋。

有的人家养羊也是这样,长年累月让羊自己在野外生活。这些放养的羊会自己在山林中找草吃,喝山泉水,在岩屋睡觉。以这样的放养方式养的羊远离寨子里的庄稼,不用担心羊吃庄稼,而且也不用家粮喂养,主人需要时再去野外将羊抓回来。

塘坳村现有一个澳洲淡水龙虾养殖基地,位于新地溪寨。这里的水质好、日照时间长等特点,适合澳洲淡水龙虾对生长环境的需求。这个基地占地50余亩,虾年产量可以达到10余吨,产值可达70余万元,也吸纳了一些当地人就业。这里养的淡水龙虾比一般的小龙虾个头大,一般为2~3两,最大的可到1斤左右,出肉率高,可达70%;再者,这里的淡水龙虾营养价值高,虾青素含量是小龙虾的9倍,含多种矿物质。淡水龙虾市场价格每斤30元,除去成本,每亩每季收益在4000元以上,养殖两季,纯收入可达6000元以上。

(五)经济社会发展状况

塘坳村有6个自然村寨,分为10个组,分别是一组的干溪坑,二组、三组、四组的新地溪(塘坳村村部所在地),五组的茶园山,六组的茶坪界,七组、八组的塘坳,九组、十组的桐乡溪。

新地溪是塘坳村最大的自然寨,但是它的历史最短,解放后由几个地方合并而来,其中包括马田溪、竹坳坡、长岩屋和大岩屋(长岩屋和大岩屋现在叫"血泪洞",解放前为了躲避土匪,老百姓住在位于半山腰的岩屋里,解放后曾被作为红色教育基地),这也是新地溪姓氏比较杂的原因。解放后人们生活和生命财产有了保障,安居乐业了,大家便搬到了便于生产生活的地方——新地溪。全村经济较为落后,但资源丰富,长期呈现空心化、老龄化状态。

二、文化遗产

(一)物质文化遗产

1. 特色民居

塘坳村处于山地半山腰,夏季高温多雨,雨热同期,冬季低温少雨,四季分明,冬夏时间略长于春秋。这样的气候特征对农业影响较大,也影响居民的房屋建筑形式。气候特点和土壤条件适合林木生长,森林资源丰富,森林覆盖率达到70%,有大量红松木、杨木、柳木、柏木、松树、杉木等分布,是中国南方重要的林区之一,这些可以用作建筑材料的树种为传统村落形成与房屋建造奠定了重要的物质基础。塘坳村也因此形成了上

处于山腰的塘坳寨子(杨琳　摄)

瓦下木的建筑风格。村落多依山而建,参差错落,层次丰富,并且可视范围大,通风条件优越,雨水不会堆积,借山势作屏障。塘坳的古民居面向塘和古井,极具风水意义,塘具有聚宝拢财的寓意,水井是当地绵绵不绝的精气所在。行走在古民居之间,可深深体会到李约瑟所说的,“再也没有其他地方表现得像中国人那样热心于体现他们伟大的设想‘人不能离开自然’的原则”。塘坳寨子处于山腰位置,行走其中,只见云雾弥漫在山间,路径房舍在云雾之中若隐若现,宛如步入仙境一般。此刻,重重叠叠的山峰在云腾雾荡中影影绰绰,雄伟而壮观,神秘而清爽,就如一幅美丽绝伦的风景画卷。

从古民居的外形看,房屋没有一定要坐北朝南的讲究,房间和院落都比较随意。这里的古民居多是一层平房形式,用柱子作承重骨架,木板壁作墙身,青瓦作屋面。这种木构的古民居壁面为木材精细拼装而成,壁面无其他多余装饰,木门为一块块平滑的木板,木窗分隔简洁,从而形成粗犷、质朴之美。塘坳古民居的木架结构主要是穿斗架结构,由柱、穿、挂构成。一个穿斗架可设三柱、五柱、七柱,具体数目根据房屋的进深大小决定。穿在结构上主要起着联系柱子、稳定构架的作用,这样柱、穿、挂便能形成完整的结构排架。在当地看到的古民居多以五柱八挂或三柱六挂居多。

2. 庙宇

(1) 土地庙

塘坳村的每个寨子的入寨道路边都有土地庙,土地庙有的修得规整一些,有的是随意用石板搭的。当地人认为这些土地庙能够保自己这一方平安。当地的土地庙分荤庙和素庙,荤庙一般以猪肉等祭拜,素庙一般以糍粑、酒和茶水祭拜。在当地过年过节一般先祭拜荤庙,再祭拜素庙,按照顺序来。

(2) 小型道观

在塘坳村山旁的郊外路边有一个小型道观,里面祭祀的是王灵官。王灵官是一位重要的道教神仙,他身披金甲、三目怒视,形象十分威武勇猛。据当地人介绍,在这里供奉王灵官主要是为了辟邪祛灾,农忙时节许多人家做农活做得晚了,容易带“野鬼”回家,有王灵官在还未进寨子的路边镇守，可将“野鬼”吓跑，走夜路回寨子的人们可以干干净净地回家。

3. 古道、古井、古桥

（1）古道

塘坳村有一条古道叫塘麻古道，全长6.5公里，现在从塘坳到新地溪、羊奶子树到杉木坳、竹坳凼到大坳坡三段路还比较完好地保留着。路面用不规整的石块一步一阶顺山路铺成。路面狭窄，两个人相遇的话必须一个人侧身相让。这条塘麻古道千百年来形成了不成文的规矩：下坡让上坡的，空手的让挑东西的，少的让老的，男的让女的，不急的让急的。塘坳到新地溪这段古道最繁忙的时候是村里有小学和中学的时候，路那头有三个寨子的孩子要到新地溪这边上学，早晚必须走一趟。孩子们结队而行，一般是一个院子的一队。听村里的老人们讲，当年红军曾有部队从这条古道上经过。今天有了公路，人们几乎不走古道了。①

（2）古井

塘坳寨子里的古枫树林中有一口古井，这口古井是天然形成的，井水甘甜可口，井上常年扣着一个碗，以方便路过的人取水喝。这口井连接着一口大水塘，可以蓄水，水塘的水满后就会溢出到自然形成的沟渠中，再经由沟渠去浇灌下面的农田，如同大坝一样，区别在于一个是人工修建，一个是大自然的鬼斧神工。

（3）古桥

在养山塘，当地人叫“两山塘”的上游有一座古桥，此桥有100多年历史了，更早之前它是一座木桥，后来才改为石桥。古桥前面是养山塘，是马田溪和毛毛溪汇集的地方。养山塘的水从未干枯过，在当地人看来是灵气之地，传说中秋月圆之夜到塘里洗浴能增强功力，早日得道成仙。关于这座古桥的来历，有一个蜈蚣精的传说。传说在一个中秋月圆夜，一条蜈蚣精和一条青蛇精分别从对面的山上猛冲到塘里，由于冲得太快，快到塘边的时候，

---

① 塘麻古道的材料由塘坳村村民杨胜佳提供。

青蛇精将蜈蚣精的腰撞断了，后来蜈蚣精经常到那里惊扰村民。于是村民们就在那个地方架了一座桥，把蜈蚣精的身子接起来，蜈蚣精这才爬走了。

4. 土家族传统粮仓

土家族传统粮仓（杨琳　摄）

现在茶坪界寨子还保留了一些传统土家族粮仓，这种粮仓是纯木质结构，上下四周全密封。一般需修筑在房屋旁有坡度的地方，以利于排水通风。粮仓底部与地面中间有一段悬空的距离，防止地面的潮气影响储存效果。这种粮仓能有效防潮和防鼠。塘坳人将晾干的谷子等粮食储存在里面，还将其他已晾干的怕潮的食物放在里面，如当地美食绿豆面，需要时可随时取一些出来食用；还可将熏好的腊肉放在粮仓里，随取随用。

5. 传统渔具

旧时的塘坳村经济落后，人们“喜渔猎，不事商贾”，生活方式比较原始。现在在塘坳村，很多村民依然喜欢捕鱼，在龙门溪，捕鱼是塘坳人的乐趣之一，龙门溪给这里的老百姓带来了许多生活的乐趣。现在塘坳村里大多数人家依然有传统的捕鱼工具——川筒。

龙门溪不仅景美，也是一条很独特的小溪。两岸差不多高的稻田依偎着溪流；溪水清澈见底，随处可见鱼儿在田坎脚下水里的石缝边窜来窜去。溪流里的鱼种类很多，有叉事公鱼、白线鱼、趴趴鱼、鲫鱼、草鱼、鲤鱼、羊角鱼、鲇鱼、角角鱼、团鱼、千年鱼……龙门溪水里的白线鱼和叉事公鱼特别多，如果大大小小一起算的话，一平方米水面下的鱼绝不会少于10只，为了捕龙门溪里的鱼，塘坳人结合龙门溪的特点和溪里鱼儿的习性发明了川筒这种独有的捕鱼工具，体现了塘坳人的智慧。当地人介绍说，这是专门为捕龙门溪里的白线鱼和叉事公鱼而量身打造的一种渔具。

把川筒放在水里，拿石头压住，相当于给鱼儿设置了陷阱。捕鱼的第一步是砌滩，也叫码滩或者修滩，也就是用大大小小的石头、石子和沙子垒成一道坎，滩的形状有很多种，塘坳人一般喜欢用顺滩（“V”字滩）和倒滩（倒“V”字滩）两种滩捞鱼。川筒捞鱼有两种捞法：顺捞（捞顺滩）和倒捞（捞倒滩）。捞顺滩就是把川筒安放在顺滩里面，人顺着水流把鱼捞进川筒里去；捞倒滩就是把川筒安放在倒滩里面，人逆着水流把鱼捞进川筒里面去。至于选择捞顺滩还是捞倒滩，就要视具体情况而定了。是夏天捞还是秋天捞，是要把鱼从深水地方往浅水地方捞，还是要把鱼从浅水地方往深水方向捞，或者根本就是在浅水地方把鱼捞进川筒里面去……一般情况是春夏捞倒滩，秋季捞顺滩，这样叉事公鱼和白线鱼更喜欢往川筒里面钻一些。①

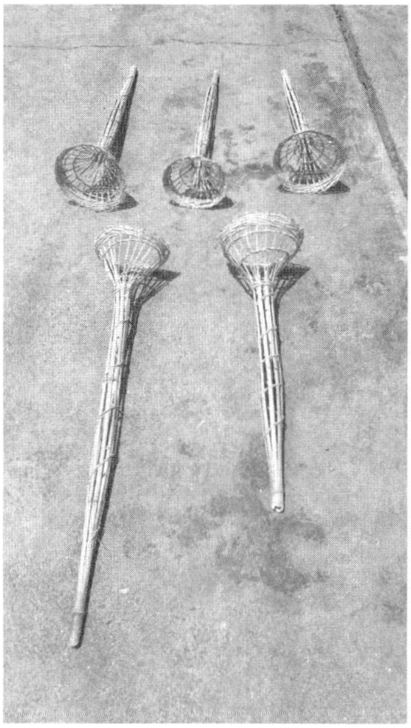

川筒（李成友　摄）

龙门溪每年最适合川筒捞鱼的季节是一年中最后一次端午水退去后到当年的重阳节这段时间。这段时间的气温、水温，以及溪水的深浅度和溪水的流速都适合人们在溪水中玩耍。

川筒捞鱼是塘坳所特有的一种捕鱼方法，也是塘坳一道独一无二的风景，更是塘坳一项其乐无穷的活动，既能锻炼智力、体力和陶冶情操，又能让人享受满载而归的乐趣。

塘坳盛产竹子，几乎每家每户都会用竹子来制作生活中的常用工具，抓鱼用的这些手艺是祖祖辈辈流传下来的。川筒是纯竹子做成的，竹子不能选得太嫩，老的竹子比嫩的更结实。制作时需要把竹子节节劈开，然后做成竹片，最后做成一根根竹丝，就可以编织成川筒了。

① 传统渔具的材料由塘坳村村民杨胜佳提供。

（二）非物质文化遗产

1. 传统音乐

（1）霸王鞭

霸王鞭是一种民间社火形式，因为表演者表演时需要手持道具“霸王鞭”，所以人称霸王鞭。但是这个霸王鞭确切地说是棒或者棍，舞蹈的时候用霸王鞭围绕舞蹈者身体的主要关节撞击，发出声响，伴之以上身的拧、摆和双脚的跳动，形成各式舞姿，呈现一种刚毅矫健又婀娜多姿的姿态。

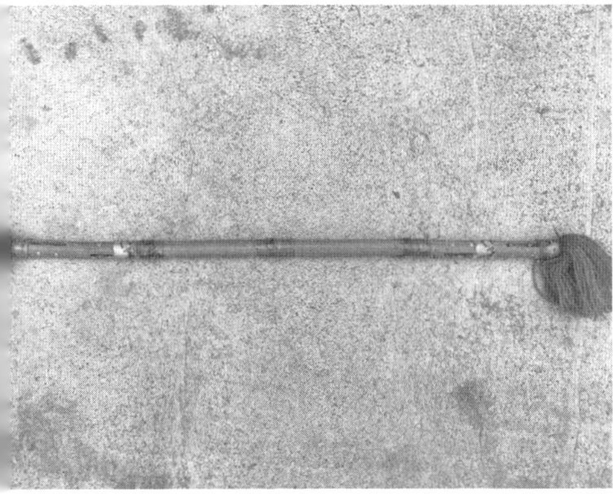

塘坳村的霸王鞭（杨琳　摄）

霸王鞭的两端系着小铃铛和彩色穗条，舞动起来的时候叮当作响，顶端的彩穗飞转飘扬，十分好看。霸王鞭一般选用白杨木制作，白杨木的特点是直，也寓意表演者刚正不阿的气节。

很多时候完整的霸王鞭表演是多人表演，并以唢呐和锣鼓伴奏。表演时节奏时断时续，时缓时急。在慢节奏时，动作舒缓，抖肩摇头；快节奏时，舞蹈者成双成对地扭腰摆胯，以鞭相击，给人以斗志昂扬之感。

（2）唢呐

在塘坳还流行着唢呐这一乐器，当地老百姓家中做红白喜事时，唢呐是不可或缺的。唢呐的结构主要由哨片、气盘、芯子、杆和碗构成，杆上一般有8个音孔，前面7个，后面1个，错落有致地排列在杆上，杆的上端有一个芯子，一般是铜质的，芯子上套气盘和哨片，杆的下端设一个碗。

在塘坳，结婚时要请唢呐，一般请两对唢呐，共四人组成，新郎方请一对，新娘方请一对。在新娘子出娘家门时会吹奏，在新娘子进新郎家门时会吹奏，在迎宾时会吹奏，在新娘家的席间会吹奏，一般从婚礼第一天的下午三四点钟到夜里十二点多，席间吹奏一般时吹时停。

葬礼上唢呐的吹奏仅限于喜丧，也就是年龄在60岁以上的老人去世时才请唢呐,年轻人去世是不请唢呐的。

唢呐在塘坳当地人眼中是一种代表着吉祥热闹的乐器。唢呐的音量大、传播远也是当地人喜爱它的原因之一,好似在寨子里唢呐声音一响起就表示主人在向周围人家告知“我家里有喜事”。

(3) 铜钹

因为傩戏曾一度在塘坳村流行,所以和傩戏相关的乐器在当地也一直传承了下来,如铜钹就是以前傩戏常用的一种伴奏乐器,而在当地广泛用于各种演奏场合中。铜钹可以使一首曲子更加动听,作为打击乐器的一种,铿锵有力和爽朗是它的音乐表达特点,它能让婚礼仪式中多一份热闹、欢腾的喜悦情绪。铜钹的打击手法包括侧击、正击、重击、边击、磨击等,根据敲击的速度体现不同的音乐语言和音乐情绪,有时呈现突然响起、慢速而响亮的声音,有时呈现快速的敲击。在塘坳村的迎亲队伍中,铜钹一般不可缺少。铜钹虽然没有固定的音律,也无法加快速度演奏乐曲,但它以金属响亮的音质能让一首曲调达到高潮,表达或喜庆或庄重的情绪和氛围。

村民在表演铜钹(杨琳　摄)

当地人玩傩时使用铜钹,也与其发声原理有关系。因为铜钹的声音以明亮和有力见长,这种带一些噪声性质的声响会让人心烦意乱,同样,“邪灵”听了也会避讳几分。

2. 传统戏剧——傩戏

傩戏,是一种古老的祭祀舞蹈,用来驱瘟避疫、娱神。傩戏曾经在塘坳流行也和这里的环境有关,那时人们生活条件不好,生活环境艰苦,希望得到上天的恩赐、神灵的护佑。在塘坳将唱傩戏称作“玩傩”，在当地流行的傩戏主要有三大类型：滩傩、屋傩和台傩。滩傩主要是集体性的祭神活动，20世纪80年代当地常举行，主要由组长带领，为整个村庄祈福，祈求上苍保佑风调雨顺。屋傩主要是在家户中的堂屋举行，在过年的时候，正月十五前举行，主要作用是帮助家庭驱除晦气，保佑一切顺利。过年期间，几个人一起，各自戴上傩面具，扮演各自角色，到各家各户跳傩戏，嘴里会念一些祝福的话语，跳完傩戏之后主人随意酬谢，或给表演者几个粑粑，或给其他东西。台傩在20世纪80年代主要是当地比较富裕的家庭请唱傩戏的演员到舞台上表演，如庆祝自己家顺利生了孩子。在塘坳曾经流行的傩戏，融合了当地的花鼓、锣、唢呐等乐器。现在村里玩傩的不多了，偶尔有的人家会请人玩一下。

塘坳村里有好几个名叫“傩生”和名字中带“傩”的村民，就是因为唱傩戏那一年出生而取名。

3. 民间医药

塘坳人在千百年的实践活动中，在跌打损伤用药方面总结出了许多行之有效的方剂方法。塘坳人会根据不同的伤选择不同的药物和用药方法。有消肿止痛的，有通筋活络的，有活血化瘀的，有凉血止血的，有续筋接骨的，有强筋壮骨的，有行气行血的，有补气生血的……有的药还会有专门的炮制方法和独特的使用方法。有的人用单方，有的人用组方，有的人用独特秘方。塘坳人在跌打损伤的用药手法上也多种多样，五花八门，有泡酒喝的、炖肉吃的、擦的、敷的、用酒揉的，煎、煮、熬，有的还要配合拔火罐、放瓦针、点酒火，塘坳人对于跌打损伤方面所用的药材，各自有各自的习惯用药，但是有一条相同的就是到山上去挖、去采。这些药用起来不但经济实惠，效果还特别好。

4. 民俗

(1) 民间信仰

塘坳是个多民族聚居的村庄，多种文化和民间信仰在这里并存。走在村里的几大自然寨，当地人都十分自豪地称“我们塘坳……”而对于各自民族的文化则强调相对较少。在塘坳，能看到苗族的文化、汉族的文化，也能看到土家族的文化等，多民族文化在这里共生共存，各自找到自己的生存空间，形成独具特色的塘坳地域文化。

在民间信仰方面，塘坳当地存在三大文化——佛教文化、道教文化和巫傩文化。就塘坳而言，佛教文化和道教文化都是“舶”来文化，巫傩文化是本土信仰、文化，是湘西人在长期的生产生活及与恶劣的自然环境作斗争的过程中所产生的一种信仰，这与当地的历史背景也有很大关系，体现了湘西人民对自然、对生活、对命运，以及对生产活动的种种思考和应对。在塘坳，三种文化形成一种兼容并包、兼收并蓄的格局。

佛教在塘坳也有较深的渊源。现在一直被叫作和尚屋的地方，是一个纯天然的岩屋，位于半山腰，据说新中国成立前一直有和尚居住在这里。新中国成立后，这些和尚都还俗了，共同参与社会主义建设。据当地人介绍，塘坳早就得到佛家青睐的原因还在于它的山体自然轮廓。站在村庄的最高端，映入眼帘的就是一座座相连的大山，山与山之间的轮廓就像一尊仰卧的睡佛，在塘坳，随便找一个稍高的位置远望，那些山坳轮廓连起来看就像一座座睡佛和一尊尊卧着的罗汉。

塘坳后面的岭叫作庙岭，右正前方有座坡叫庵堂坡，“血泪洞”上面的第二层崖壁上有个溶洞叫观音洞。竹坳凼在老人口中一直叫作庙凼，马田垅里有个地方叫老庵堂，还有条垅叫庵堂垅，这些都是真实地名，可见塘坳村与佛教的不解之缘。庵堂垅在新中国成立之前一直有尼姑在此居住，只是后来毁掉了。

塘坳也有信仰道教文化的传统。道教“崇尚自然、顺应自然本性，实现人与自然统一”的宗旨与巫傩文化有些许相通之处，当地先人就从很大程度上接受了道教的思想，并在实际生活中使两种宗教信仰巧妙地融合在一起，成为当地人独特的宗教信仰。在塘坳村体现得最明显的道教信仰就是丧葬仪式，当地人办丧事时用到的祭词，描写的便是道教中的太上老君，他们也将其奉为上祖。

(2)丧葬仪式

在塘坳的丧葬仪式中,闹丧沿袭至今。这里的闹丧是指在抬丧过程中的一些活动。抬棺材的人叫丧夫,没有固定人选,一般选村里身强力壮的年轻人。在抬丧的过程中,丧夫们和护丧的人以及孝子们有时像蚂蚁搬家一样齐心协力,通力合作,一方在前拉,一方在后推;有时像牛打架一样互顶,僵持在田间地头;有时转悠在开阔的平地;有时你来我往地前后交替着,呈现在眼前的就是后面的人推得前面的人东偏西歪,跟着前面的人转过身来推得后面的人手忙脚乱,哪头的人占了上风就会取笑占下风那头的人,你来我往地反复进行。护丧的人和一些孝子们也在前后两边呐喊的呐喊,帮忙的帮忙,故意帮倒忙的也不少,旁边的人看到哪头不行了也会去帮哪头。遇到水就互相溅水,遇到泥巴就互相溅泥巴。就这样要闹上几个小时,闹出原定路线的几里开外。闹丧主要是丧夫们互闹,也有护丧的人故意逗起丧夫们闹,自己在旁边看热闹。总之,据参加过闹丧的当地人介绍,闹丧是一场超强的体力消耗活动。在闹丧的路上,放炮仗的人也不间断地在前面和后面放着。送丧的人和舞花圈的人以及拿工具的人可以直接到目的地等待抬丧的队伍,护丧和举引路旗的人必须随棺而行。闹丧有一条原则是无论怎么闹,要保证棺木不能掉到地上。丧夫们可以提出休息,休息时将棺木放在凳子上。休息时孝子孝女要给丧夫们发烟发红包,说些感谢的话,放炮仗的要放炮仗。至于休息几次要看孝子孝女的人数多少及家庭经济情况而定,孝子孝女少,经济条件差就少休息或者不休息,可一口气到达目的地。遇到平时不孝顺的儿女,丧夫们可能就会故意多休息几次,甚至换班来休息,换班来闹。其实也是想借机教育一下不肖子孙。所以从闹丧的过程中也可以看出这户人家的经济状况和平时是否孝顺老人。

闹丧途中有道师唱闹丧歌,闹丧歌调子都差别不大,歌词多半是即兴发挥的,根据逝者的生平经历和对逝者生前的了解用唱的方式表达出来。塘坳的闹丧还要“打哦吼”,一个人带头先打,其他抬丧和护丧的人就跟着打,都是用自己最大的声音附和的。

闹丧在当地有其存在的意义。首先,在出殡途中的欢呼雀跃主要目的是给主人家的生者以生存的鼓舞和慰藉。其次,塘坳的闹丧行为需要找寨子里年轻的男性帮忙当丧夫,大家互帮互济,这样有利于延续和衷共济的精神,有利于增强村子的凝聚力。再次,闹丧是一种有意义的仪式活动,传递着当地人尊老孝老的传统美德。

(3) 祖先崇拜

塘坳的神龛摆放的位置有讲究,只能摆放在堂屋(家里客厅)的正中间,人们进门口正对着的墙上,这是塘坳人表达对列祖列宗的敬畏、尊敬及怀念。逢年过节,村民都要去神龛烧香,希望能得到列祖列宗的保护。

(4) 寄拜习俗

苗族万物有灵的观念表现之一就是将植物神化,在塘坳表现得最明显的就是寄拜的习俗。在当地人的心中,古树的坚硬和茂盛的生命力也是长寿且富有灵性的寓意,因此,在当地,有的人会把自己的孩子“过继”给古树,祈望孩子也会像古树那样长寿、坚韧且无病无痛。寄拜的时候,家里人领着自家的小孩,到将要寄拜的古树面前说明寄拜的原因,并磕头“认亲”。在寄拜时需要准备酒、肉、粑粑等作为贡品,在古树上贴上红纸鞋,具体找哪棵树寄拜,一般是根据小孩子的生辰八字来考量。

(5) 饮食习俗

如果说湘西菜自成一派的话,那么塘坳人家的菜肴就像塘坳本地方言一样,有自己的独到之处。塘坳的村民喜将麻、辣、酸的味道集于一体,可能是因为当地气候环境及其生产生活方式影响而形成的。塘坳的腊肉也是自成一派,腌腊肉的作料包括盐、花椒粉、白酒、木姜子粉等,先用这些作料把肉腌好再熏制。熏肉讲究慢熏慢炕且一气呵成,多柴混用,肉熏出来油而不腻,清香细嫩还色泽金黄。塘坳人的腊味也不仅仅局限在肉类,还包括米豆腐、血豆腐、魔芋豆腐等。最具代表的腊味还包括三味腊肠,即以猪肉、去骨鱼肉、羊肉、牛肉等混合制作的腊肠,并根据个人喜好搭配,以小辣小麻做底味,让人的味觉顿然灵光。

在塘坳有吃社饭的习俗,社饭在当地是祭祀土地神的日子吃,一般是立春后的第五个戊日。人们用社饭祭祀土地神，祈祷五谷丰登、家运祥和。社饭一般由大米、腊肉和蒿叶等做成。第一步，先将蒿菜采摘回来后洗净剁碎，然后将苦水揉尽后在锅里烘干；第二步，将烘干的蒿菜与切成颗粒的腊肉拌胡葱一起炒；第三步，将一定比例的黏米和糯米蒸熟；第四步，将炒好的菜放进锅里搅拌均匀，再盖上锅盖焖30分钟。蒸煮出来的社饭融蒿香、饭香、腊肉香于一体，馨香入鼻。一顿吃不完还可以下顿炒着吃，越炒越香。社饭不仅有着浓厚的宗教色彩，也凝聚着湘西人食药同源、药食同理的智慧结晶。

在塘坳，可能也找不到哪户人家没有酸菜。有一首湘西童谣，“酸菜酸，酸菜咸，吃起酸菜像过年；酸菜辣，酸菜麻，吃了酸菜走天涯；酸菜脆，酸菜甜，一年一年又一年；酸菜香，酸菜醇，不吃酸菜没精神”，就是对塘坳人钟爱酸菜的真实写照。正所谓“三天不吃酸，走路打䠊蹿”。简单的一个柴火锅巴配上少许油炒酸豇豆，锅巴的香味与酸豇豆的咸香完美融合，唇齿之间“咯嘣咯嘣”带着香味满嘴串。

塘坳还有一种特色面食，当地人叫绿豆面。用黏米、红苕粉、绿豆、蒿菜等做成，佐以葱姜、韭菜、芹菜、大蒜，有活血行气、熄风平肝、解毒解暑的功效。做法是：第一步先将原材料打磨成不稠不黏的浆；第二步用旺火蒸，蒸到一定时间即可出屉；第三步将面片晾在竹篙上。绿豆面可蒸煮烫炒，也可干拌凉拌，可以根据个人口味配不同的汤料，吃到嘴里香柔细软。塘坳人逢年过节时常制作绿豆面，将干的绿豆面存放起来，待到吃时再拿一些出来煮。

(6) 生产生活习俗

塘坳属于多民族聚居的高寒偏远山区，山多地少，生产力较为落后。塘坳人的生产工具使用最多的是锄头和刀，生产方式主要是靠人或人畜合作，运输和搬运形式主要还是靠肩挑和人抬。农田都是沙质土壤，防渗防漏功能差，好多农田都是靠天吃饭的。人们为了尽量减少旱灾的损失，每年栽秧前，都要对农田进行几次翻耕犁耙，有的农田还要冬犁(当地叫犁冬)。牛、犁、耙要配合使用，先用犁把田或地犁松，再用耙耙平播种。耙主要是搅和泥巴的，让大块的泥巴变成小块的泥巴。插秧是季节性很强的农活,时间短、任务重,人和耕牛的劳动强度都非常大,一天需要很长的劳动时间。在抢播抢收的季节里,塘坳人都是靠提高劳动强度和延长劳动时间来完成农事的。

走在塘坳随处可见在山间行走的农民后背用刀盒别着一把刀,有时别镰刀,割草用;有时别柴刀,砍柴用。有的时候可以随手砍一些柴火回家,有的时候可以顺手将小道旁的杂草清理掉。尤其在山林中穿梭时,更需要带一把刀清理山道上的杂草和藤蔓植物;走在山林里遇见山泉水,口渴了,还可以随手砍一截林中的竹子,盛一竹筒山泉水喝,有山泉水的甘甜,有竹子的清香,沁人心脾,回味无穷。

用刀盒别着刀的村民(黄婷婷　摄)

塘坳人充分利用大自然对他们的恩赐,沿溪流而居的人家将流动的溪水作为自己的“天然冰箱”。夏天李子熟了,摘下来放在溪水中,能保存一个月之久,想吃的时候在小溪里拿上几颗,凉爽极了。

三、自然资源

从凤凰县城到塘坳村虽然路途漫长,且还是很多螺旋式的盘山路,但走进村庄,那缓缓的清澈见底的溪水和那青翠的绿色的山林,以及村子里清新的空气会让人的疲劳全消，立马给人一种置身世外桃源的感觉。近年曾经有调查队在塘坳村做过空气质量检测，这里的空气负离子颇高，空气质量居湖南省第二。

塘坳的美在于它的山峦之间常常蒙着流动的雾，美丽的晨雾就像大山的女儿，亲吻着母亲的脸庞。流动的雾犹如从天际垂下，使得青山似隐似现，宁静而雅致，温柔而亲切。她流动着，变幻莫测，给这山与山之间增添了无穷的魅力。近处，则是翠林如海，藏黛凝重。

新地溪寨子地处山脚，它的炊烟常常以灰色或灰白色于早晨和傍晚时分笼罩在寨子上空，在有雾的天气，新地溪寨子的炊烟常常和山中的雾混合在一起，雾中有烟，烟中有雾，慢慢浸润着整个塘坳，犹如天上人间。

（一）九重岩

九重岩坐落于凤凰县南端的群山之中，因山分九层，每层皆是高数十米的绝壁，故名九重岩，当地人叫作“九层岩”。九重岩省级自然保护区，成立于2005年，是以保护中低海拔原生态动植物环境为目的而成立的保护区。保护区东西长约11.2公里，南北长约14.3公里，总面积达85平方公里。而九重岩的核心地带就处于塘坳村。九重岩在塘坳村境内的部分山顶叫阳雀坳。据当地人介绍，由古至今还没有人从九重岩的正面上去过或下来过。每层皆是绝壁，每层都长满了翠竹和青松。正是因为九重岩的险峻，当地人有许多关于它的传说，其中人人皆知的就是九重岩的山顶阳雀坳的凤凰涅槃的传说。阳雀坳有一只阳雀在修炼，它不食人间烟火，口渴了就喝香油湾的香

九重岩（杨胜佳　摄）

油，饿了就吃蛇仔岭的蛇，火焰冲为凤凰涅槃提供火，这些元素恰恰为阳雀提供了修炼条件。阳雀修炼成功了就飞到南华山，化身成一个凤凰的形状，也是传说中凤凰县名字的由来。

阳雀坳中的阳雀具体是什么鸟当地人也不知道，只知道每年春天它会在阳雀坳这个地方叫，叫的声音听起来像是“归贵红”，很高亢的叫声，整个村子都听得见，但是也没几个人看到过这种鸟。而阳雀修炼时待过的阳雀坳、香油湾、蛇仔岭、火焰冲这些地方一直都留存在塘坳人记忆中，一代一代流传下来。

当地居民还流传着一首顺口歌谣：“九重那个岩呀啊，神呀那个秘得很。阳雀那个坳喔哟，神鸟来修行哎哎。一条龙门溪呀喂，流入十八坪嗯嗯。天之华并地之灵，赢得神鸟来修行。阳雀坳下蛇仔岭，毒蛇成堆又成群。神鸟日食五百蛇，口渴只饮香油湾。最毒不是五步蛇，是那金环和银环。不痛不痒拘性命，制造悲剧在民间。人畜见到都害怕，神鸟因此看不惯。专吃毒蛇解祸难，日积月累毒成患。神鸟依然不间断，最香不过九朵兰。正人君子品格全，天心塘水煮成汤。又饮又泡能成仙，天机早已安排好。并非神鸟之夙愿，神鸟一心为人间。努力活了五百年，渐觉自己寿已终。纵身飞入火焰冲，此举感动了上天。许为金身得涅槃，玉帝欲招大宫去。途中经过南华山，凤凰心里暗盘算。吾本但愿人间好，愿把美丽留人间。于是坠地化为景，遗为世人共观瞻。”

九重岩山体的背面有一个洞叫花马洞，传说以前花马洞下面有一个地方叫马田，马田在很久以前住了一些人家，其中有一户人家的庄稼常常在没人看见的时候被吃掉，主人问是谁家的牛或羊吃掉了，大家都说没看见，这户人家不信，于是晚上便去田边守着看到底怎么回事，结果发现一匹花马在田里吃庄稼，于是主人便去赶，花马一溜烟跑到洞里去了。传说花马进洞后，洞就被堵上了。

九重岩的“九”让人很容易与古代帝王的“九五之尊”相联系。当地人觉得九重岩不仅是一个神秘的地方，还是一个集天地灵气、日月精华的地方，有极强的风水意义。据塘坳人杨胜佳介绍，隔江对岸就是九龙洞、六龙山，还有回龙溪、龙门溪等以龙命名的地方。

（二）龙门溪和新地溪

龙门溪绕新地溪寨前而过，新地溪是龙门溪的守望者。龙门溪流域的上端就是九重岩自然保护区，龙门溪全长约9公里，经过18道拐，9次大落差，进入和平村，汇进锦江，出了龙门口就一路平缓了。关于龙门溪名字的来历，主要是因为溪水快进入和平村的时候，要经过一段又长又窄又深的峡谷，当地人把这段峡谷叫作龙门，流经这里的溪水于是就叫作龙门溪。从形状上来看，龙门溪溪水七拐八弯就像是一条盘绕在坡脚山涧的巨龙。比较特别的是，不管再怎么干旱的年份，龙门溪从来不会断流。每年端午节前后，龙门溪一般会涨几次水，当地人叫作涨端午水，待到最后一次端午水慢慢退去之后，龙门溪也就进入一年一度的枯水期。龙门溪每年的枯水期大概从农历六月到第二年的春雨来临之前。

从猫猫溪的“咚咚响”和马田溪的吼水坎到发电厂的高通潭这一段里程，是龙门溪捞鱼的黄金地段，全长有4～5公里。这一段溪流虽然弯拐得特别多，但是没有落差，河床非常平整，水流也很柔缓。这段河床表层的石头也是以碗口粗和拳头大的居多，间杂着手拇指粗的河沙。

塘坳村境内的溪水从茶坪界源头流下来，蜿蜒着，好像飘在山间的一丝淡淡的烟缕，更如缠绕在山林中的一条洁白的丝带，一路上唱着“汩汩”的小调蜿蜒而来。经过吼水坎从坡上流下来，形成一个小瀑布，飞溅起团团水雾。然后变缓，溪水纯净如镜，五颜六色的鹅卵石被溪水映衬得极美。尤其在夏季的夜里，夜阑人静，月洒清辉，清晰的溪水声使得周围更加幽静，如盘的月影静静躺在溪底，洁白如玉，溪水边的树丛中飞舞着星星点点的萤火虫，这时的小溪更加静谧了。

龙门溪水系里的螃蟹很多，这些螃蟹肉质紧嫩，少腥多鲜。夏日的夜晚三五好友拿上手电筒和洗衣桶去龙门溪抓蟹，一直到现在都是当地人的乐趣所在。溪流在高山间流淌着，汩汩地流向远方，光着脚丫慢慢地走在凉凉的溪水里，浪花一阵阵扑过来，溪流打在小腿上，静静地听着溪水咚咚咚的声音，宛如钢琴家弹奏的钢琴曲。螃蟹喜欢躲在石块下面，但搬开石块却不总是有螃蟹的，找螃蟹也得有经验。石块只有稍稍扁平才可以为螃蟹提供容身之所，或者石块边沿处有泥沙被掏出来形成一个洞穴，这样的石块下面十拿九稳是有螃蟹的。找到了螃蟹把它抓上来是一项技术活，因为一不小心会被它的大钳子夹住。因此，抓螃蟹时，要一只手在螃蟹前面引诱它，另一只手从它后面偷袭，只需食指和拇指捏住它背后的硬甲，它的钳子纵然再怎么厉害也只能乖乖地束手就擒。抓起来的螃蟹可以用油煎出来吃，也可用绿茶或红茶烹出来，还可用自家菜园里的红青椒和本地西红柿炒锅底，放少许苏麻叶一起，再淋上特制红油来食用。

（三）“咚咚响”

紧挨塘坳寨子有一个地方叫“咚咚响”，只要人走到那里，普通的脚步走路，就会发出“咚咚”的响声。于是村里人猜测，这里是古代的有钱人或君王埋葬的地方，因为此地风水极好，有水、有山、有龙脉，还是龙头，很有可能古墓就在此地。传说当有人穷困了，去那里写一个借条，把自己需要借多少钱写在纸上，放在那里，第二天再去，那里就会出现想借的钱，但这些钱并不是白借的，得在一定的时间去还。若有人借钱不还，或有钱的人还去写借条，“咚咚响”就会失效。那里就有两个弯，一个弯是可以借钱的，另一个弯是还钱的通道，由于两个地方挨得较近，因此有了“欠钱不还咚咚响”的传说。

（四）岩屋和“血泪洞”

塘坳的土匪多，一方面是因为崇山峻岭，树多、坡多，方便土匪躲避；另一方面还因为九重岩下面有一个渡口，从麻阳来的土匪到了寨子里抢了东西可以马上从水路运走。

新地溪村民的重要组成部分是长岩屋和大岩屋的先民，长岩屋和大岩屋现在叫“血泪洞”。为什么叫“血泪洞”？这便和整个塘坳的抗匪历史息息相关。塘坳村地处湘、黔两省的吉首、怀化、铜仁三地区接壤之地，旧时称“三不管”之地。正是因为如此，这里便成为土匪常常出没的地方。塘坳的历史文化中无不渗透着抗匪的历史。老百姓为了抗匪，保护自己的生命与财产，便选择在这些岩屋居住。岩屋内有天然的山泉水，可以解决村民的吃水问题。住在岩屋时，村民们白天下山干农活，晚上要将牛羊赶到岩屋上来。岩屋的地理位置选择都十分精妙，一般上面要有几百米绝壁，下面要有陡坡，两边也是悬崖峭壁，仅仅留一条弯弯绕绕的路通到岩屋，住在岩屋视野开阔，有易守难攻之势。

大岩屋和长岩屋两排岩屋中间有股山泉，四季长流。大岩屋以前住的是没地、没山的农民，长岩屋住的是有些山和土地的地主。由于此处地势过于险峻，现在几乎没人上去了，但是这里的村民说起“血泪洞”都记忆犹新，他们小时候经常上去玩。据村民们讲述，岩屋两边跨度有1000米左右，保留有石头砌的墙、大门、灶台、桌子等，长岩屋石墙上还砌有枪眼和炮口。为了忆苦思甜，感恩共产党带来的幸福生活，当地人把大岩屋改名为“血泪洞”。20世纪六七十年代“血泪洞”是周边有名的红色教育基地，附近一些企事业单位经常组织团队来参观，当时塘坳村生产大队还专门派讲解员为他们讲解。现在“血泪洞”三个石灰大字仍然在岩壁上，只是经过半个多世纪的风雨侵蚀，“泪”字已不太清晰了。

“血泪洞”远景（李成友　摄）

“血泪洞”上面的第二层崖壁上有个溶洞叫“观音洞”，之所以叫“观音洞”，是因为这里有一个“趁热快吃观音粑”的传说。传说人们还住在岩屋的时候，每年农历七月，就会从溶洞那个方向下来一个女人，向村民家里借一种竹编的工具——米筛，每次还米筛的时候都会送粑粑给住在岩屋里的人们，让大家趁热吃。若是村民没有及时吃,这些粑粑就会变成石头。

塘坳的茶园山寨子也有自己的抗匪故事。据当地人介绍,在湘西土匪横行的时候,土匪很难攻进寨子,因为寨子里有好多个神枪手。茶园山寨子周围都用竹篱笆围起来,只要土匪碰到篱笆,篱笆有响动,寨子里的神枪手就能击中土匪,或者土匪在寨子周围观察时点火抽烟,神枪手也能一枪将其击中。现在一名冯姓神枪手的后代介绍起这些神枪手的枪法之准、事迹之英勇,还充满自豪。据他讲述,有一次来了5个土匪偷牛,他的父亲正在犁田,刚好在这个时候天上有几只乌鸦飞来啄田里的蚯蚓吃,神枪手父亲举起枪,乌鸦就被打下来了,吓得来偷牛的土匪落荒而逃。

塘坳的茶坪界寨子绝大部分人姓曾。据70多岁的曾姓老人介绍,他爷爷的爷爷是从铜仁搬到九重岩,然后从九重岩搬到麻子坳,又从麻子坳搬到天心塘,最后从天心塘搬到现在的茶坪界寨。这个搬迁的过程其实就是一个躲避土匪的过程。茶坪界寨百姓为了防止土匪进村,在寨子背后修建了碉堡。据几位老人叙述,自己的祖辈有枪法很好的人,在茶坪界有这些神枪手保护再加上寨子后面的碉堡,土匪就很难攻进来了。现在茶坪界寨子非曾姓的其他人家,是后来跟随搬过来的,也是为了躲避土匪,见茶坪界防范土匪的效果很好,便也定居下来。

(五)植物资源

塘坳村气候适宜,雨水充足,土壤肥沃,非常适合树木生长。塘坳全村共有受湖南省挂牌保护的古树200余棵,还有许多未被列入保护的古树。这些树种类以楠树、青冈栎、枫树、柏树等居多。

其中新地溪寨子有一棵古闽楠树,树龄570多年,是湖南省现存最大的闽楠树。树高25米,树径1.5米。这棵古楠树在历史上曾被小孩捉迷藏时不小心点燃了,但是仍然存活了下来,现在还能看到树干中空的被火烧过的痕迹。楠木的属性就是坚韧刚贞,遇火难烧,经水不腐,淡雅清香,所以,素来有地方向朝廷进贡楠木的历史。湘西地处武陵山脉腹地,是历史上著名的盛产楠木之地，现在塘坳村记载在册受保护的楠木和未记载在册的楠木依然很多，据说当地老百姓也不知道树名贵与否，不经意间砍伐了很多古树，直到近年来挂牌保护，大家才有了保护意识。明清时期，湘西与外界连通的道路仅有三条，从湘西运输楠木到京城必走水路，即西水—沅水—洞庭湖—长江—京杭大运河水道，一次进贡要花四五年时间。明代贺仲轼在《两宫鼎建记》中记载，“照得楠杉大木，产在川贵湖广等处，差官采办，非四五年不得到京”。

新溪地国家一级保护植物——古闽楠（杨琳　摄）

塘坳寨子前有一片古枫树林，这里有很多古枫树，据当地人介绍，之所以以前的人们要在塘边种这些枫树，一来是因为枫树是苗族崇拜的神树，二来是因为这里塘多，对于小孩子来说比较危险，栽种枫树，取其谐音，意欲将塘“封”住，避免小孩被淹。

四、历史事件和人物

走进塘坳，令人陶醉的不仅是优美的山光水色，还有淳朴的风土人情、淳厚的民风。这里的民居没有紧锁的大门，没有垒砌的院墙。每年每家农作物丰收时，习惯将农作物放在二楼，而这二楼四周并没有墙，外人很容易进入。在塘坳，常常听到“院子”“一个院子的”等词汇，这个“院子”其实是指寨子，而并不是通俗意义上的用围墙或栅栏围成的屋前的院子。这种将寨子看成一个大家庭的观念，可看出塘坳人的开阔胸襟和大气品格。

塘坳人的骨子里有着崇军报国的情怀。20世纪60年代，塘坳是广州军区后勤部驻军之地，驻军的目的，一是帮助当地剿灭土匪残余，二是帮助当地建设基础设施。部队在塘坳修建了一个小型电站，使得塘坳在20世纪60年代就领先周边的寨子通电了。当地老百姓耳濡目染部队带来的生活上的改变，渐渐形成崇军报国的风气。在这种风气的驱使下，从塘坳村走出了好几位在湘西比较有影响力的军人，比如湘西州首位联合国维和警察蒋学旺等。

20世纪70年代，有一次寨子里起了大火，当时一位名叫丁金华的妇女，自己家的什么东西都没救，唯独从火海中抢救了国家财产——一挺机枪，被评为劳模。

塘坳村还出过一位“铁人”李代夏。塘坳修公路时需要打山洞，在开山放炮时，为了节约国家财产，他把炮的引线做得短一些，导致许多石头溅到他的背上，被评为劳模。

村民蒋中友，为了修水利，从早到晚挑担子，一次能挑300多斤，被评为劳模。

还有抗美援朝时的塘坳人蒋代友、刘大友、蒋昌华。

周天颂是20世纪70年代塘坳的知青，离开塘坳后，80年代末出任凤凰烟厂的厂长，将塘坳作为他的第二故乡。他帮助塘坳村修建安全饮水设施，改变了村民靠挑水过日子的生活，还帮助塘坳村修建了道路，塘坳的村民若有困难找到他，他能帮助的都会竭尽全力帮助。

（本章由杨琳撰写）

第三章　米良村

米良村地理位置偏僻，整个村寨的进寨公路于近两年才修建完成。由于山路险峻，交通不便，长久以来，米良村跟外界交流甚少，村民多用苗语交流，很多人不会讲普通话，老年人更是听不懂普通话。正因如此，米良村保留了一些较为原始的湘西苗族文化特色。至今，村里的老年人都还穿着苗族传统服装，有保存较完好的苗族鼓舞，大多数人会唱苗族山歌，会吹木叶、吹苗族唢呐，村内还保留着一部分苗族传统建筑。2016年12月，米良村被列入第四批中国传统村落名录。

一、村落概况

(一) 地理生态环境

米良村位于凤凰县禾库镇西北部,距凤凰县城72公里,距禾库镇15公里,交通不便。它靠近山顶,与附近大山脚下的村庄遥相呼应。在靠近山顶的地方设置寨子虽然会给当地人的生活带来不便,但是在土匪横行的年代能够满足防御之需。因为在这种地势条件下,能够居高临下,利于攻守。从凤凰县城坐车绕过一弯又一弯,翻过一山又一山,总体走向是由县城逐渐往山上爬,行车两小时左右到达禾库镇。而禾库镇到米良村大概需要40分钟车程,米良村是禾库镇最偏远的村庄之一。

(二) 村落来源

1956年建米良公社,1984年撤社复乡,生产队更名为村民委员会,乡原名“米良坨”,属苗语片村名。村前有农田一片,周围山清水秀,风景秀丽,苗语称之“米良”,故名。

米良村整村由两个村民小组构成,分别各属一个自然寨,二组与一组相隔有一段距离,而且二组与一组的祖先分别来自不同的地方。二组主要来自花垣县和凤凰县柳薄乡,100多年前为躲避战乱集体搬迁到现在的米良村二组所在地,搬来之后便修建了二组现存的保家楼和寨墙。

(三) 村落人口

米良村村民多为苗族,村内有两个大的姓氏:龙姓和隆姓。前者俗称大龙,一组居多;后者俗称小隆,二组居多。其余只有3家石姓和4家吴姓人家。湘西苗族有五大姓氏,即吴、龙、廖、石、麻。这五大姓氏当年迁到湘西来时,因为势力较其他部落强,所以在湘西发展成为大姓。苗族多习惯聚族而居，一个家族集合于高山上或河谷中，建成寨子。在米良村当地的龙姓和隆姓其实属于同一支宗族，因为苗族有同姓不通婚的传统，所以为了避免同姓通婚的问题，部分人将龙姓改为隆姓。

（四）物产与特色产业

米粮村全村共有214户，873人，其中外出务工153人。经济作物以水稻、烟叶、黄豆、玉米为主，养殖业以家庭养牛、羊、鸡、鸭为主，无重点经济产业支撑。全村总面积2874.51亩，耕地面积有1461.9亩，其中水田714.9亩、旱地747亩。

现在米良村二组有两户人家在种烟叶、烤烟叶。烤烟主要卖给烟草公司。据烟农介绍，种植烟叶也需要科学知识。第一要培育出高质量的高茎壮苗，否则烟苗栽到地里也活不好；第二要做好烟叶地的管理，注意除草，防病防虫要跟上；第三要注意采收烘烤，即要做到抢采下部烟，稳采中部烟，迟采上部烟，不采生烟，不留熟烟。同时，烘烤烟叶也是一项需要技术的工作，根据当年当季的实际情况，比如雨水多少，烘烤的方法也不一样，如针对湿度比较大的烟叶首先要高温低湿脱水，针对水分少的烟叶，高温保湿变黄，变黄阶段的湿球温度宜稍高，最后高温转火，加速定色。秋后烟叶要保温保湿变黄，缓慢升温；烟叶充分变黄，慢速定色；要求烧火稳中加大。总之，烤烟要达到两个目的：一是要脱水，二是要变黄定色。

（五）经济社会发展状况

米良村村内现在没有学校，村里的孩子从幼儿园开始需到禾库镇上学。村里有一个卫生所位于一组，卫生所的医生以前主要使用苗医草药治疗，现在懂得的西药知识多了，很多时候也用西药治疗。医生自己家种植了一些常用的草药，寨子里人们的一些常见病如腹泻、发烧等常用房前屋后这些草药来治疗。

由于米良村面积小、交通闭塞，村庄中除了非常小的小卖部，没有稍大的超市，所以通常村子里的人们喜欢“赶场”，置办一些日用品，一般去禾库镇，每月逢1日、6日赶场，每隔五天赶一次。连接米良村和禾库镇之间的公路除了赶场日，也基本很冷清，这条唯一的公路蜿蜒盘旋于山崖中，沉浮于群山之中的绿海清波中，远远看去犹如铺在绿荫中的一条白丝带，飞舞在山与山之间，连接着村与村、村与镇。

米良村北部毗邻叭仁，南面与吉乐连接，西面紧靠着观音堂山，东面是断崖，通组公路于2012年修建。

二、文化遗产

（一）物质文化遗产

1. 传统民居

米良村整个村庄坐落在接近山顶的地方，远方重峦叠嶂。100多年前米良村的先民们搬迁到这里，将寨子修建在群山之间陡峭的山顶，想必也是考虑了抵御外敌的因素，找寻一个安全的领地，现在的米良村正是处在这种被群山包围的易守难攻之地。米良村处于一块快到山顶的相对低缓的盆地中，平坦的田地相间分布在村落中，构成了村、山、田相互交融的整体格局。基于村庄的地理位置和环境条件，当地百姓因地制宜，以自然青山为基底，以民居建筑为载体，以历史与文化为内涵，记录了湘西苗家人独特的人文景观。

无论是以前的旧房子还是近年来重新建造的土砖砌筑的房屋，米良村的民居基本是以土砖青瓦为主色调，使村寨呈现出一种不事雕琢的古拙、质朴的美感。

首先，从当地房屋的选址来说，反映了米良村先民们的生态观念。米良村的房屋修建主要是背山面水，背山可以有效阻挡冬季北向寒风，面水可以迎着南向的季风。在当地流传着“屋对坳”的说法，“屋对坳”的意思是村落或者房屋前面要讲究视野开阔。因为米良村位于快到山顶的一小块盆地中，村内地势较平坦，四面环山，建筑群呈弧形排列，村内的房屋布局呈现出不规则的特征，自由朝向，并没有一致的坐南朝北的要求。这种自由自在、随心所欲的分布格局也体现在当地民居的房间和院落上，当地民居的房间不要求方正。

明清时期石质民居(杨琳　摄)

米良村当地还保留了一处明清时期留下来的石质房屋，现在仍然是当地一户人家的住宅，但主人只是过年时回来住，平日在外地打工。这座房屋的下半截石质墙是明清时留下来的，上半截墙是近年来改造过的。从院墙的细节处可以看到，当地人建的这种石质房屋采用的是"干砌"工艺。所谓干砌，就是在建造过程中不采用砂浆和石灰，靠着匠师们的手艺将石块堆砌而成。这种结构的房屋能经历上百年的风吹雨打，可见其坚固程度。据当地人介绍，这种干砌的建筑方法所采用的一般是质地较好的青石，内部的主体框架和现代房屋相差不大。但为什么这类房子不用水泥能保存这么多年？其中很重要的一个原因是，房屋内部上面顶梁的重量通过顶梁柱来支撑。稍大的房屋一般需要5根柱子支撑，稍小的房屋需要3根柱子支撑。5根柱子一般是中间那根最长，从这个中柱开始依次向两边递减。

当地的传统民居建造长久以来都持"就地取材"的理念，同时也表现出一种量力而行的作风，都是选用最自然和朴素的材料构建而成。若当地的山体没有太好的青石块，就采取典型的竹木结构来修建，即侧墙用竹子编成架子，然后糊上牛粪、秸秆、泥巴，屋顶用青瓦。用竹子编成墙体架子的原因，也和防御土匪有关，竹子的弹性好，相比木头不容易被土匪踢打致破坏。这种土砖房屋的最下方一般需用石头垫一定高度,这是因为当地雨水多,此方法能更好地防潮。这种泥土房屋,由于近年来政府实施危房改造工程,已改造得差不多,现在米良村剩下的泥土房仅有两座。

传统民居(一) (杨琳 摄)

米良村的院落由房屋与院坪组成,部分院落有低矮的院墙。寨子里的房屋朝向不固定,大多是根据等向的道路布局的,房屋前面的院落一般也不封闭,当地人称晒谷坪,顾名思义就是晾晒谷物的空间。院落一般有两种类型,一种是单体型的院子,另一种是拐角式的院子。单体型的院子由一个正房和两旁附属房组成,附属房主要用作厨房或厕所等。拐角式的院落使正屋与厢房呈直角形状,有的正屋会比厢房稍高些许,但是内部空间是相互连通的。

传统民居(二) (杨琳 摄)

这里的正房一般是三开间的形式,正房内一般有二层,用来储物,中间设堂屋,两边为侧屋。单间房屋的进深为7～10米。正房内部的屋与屋之间无墙,只是在侧屋的后部与堂屋之间有很短的一段木板来做分隔。这里的民居开合有度、公私分明。通常堂屋的门是全部打开的,有利于房屋的采光,其他的侧面房屋开窗一般都很小,有的甚至不设窗户。有的在卧室侧屋的屋顶设几块亮瓦。但总的来说,当地的居民对房屋的采光要求不高。堂屋在正房正中,内部摆设较简单。侧屋的功能一般分前后两部分用,后半部分一般放置挂有不透光蚊帐的床和衣柜,其中一侧屋子的前半部分设厨房,另一侧设火塘。具体哪一侧设厨房,哪一侧设火塘,根据姓氏的不同而不同,米良村的龙姓和隆姓居多，他们的火塘一般设在进堂屋门的左侧，厨房设在右侧，而吴姓和石姓的人家则恰恰相反。考虑到通风排气的需要，火塘的上方一般不设二层阁楼。底部房屋一般会做30厘米左右架空的底层来阻隔湿气。火塘在当地一方面用于煮烤食物，尤其是熏烤腊肉；另一方面还能在冬季御寒取暖，因为米良村属于腊尔山地区，冬季低温常常低至零下几摄氏度。各家各户虽然都有厨房，但是火塘对各家各户来说也是不可缺少的。对于火塘，当地也有一些讲究，如不能踏越火塘，围坐火塘时座位有次序的讲究。由于当地空气湿度大，所以居民们有终年围火塘“向火”的习惯，火塘在当地人心中有一种“家”的含义。

2. 保家楼

米良村一组现存一座保家楼。一组的这座保家楼旧时是私有的，由当地比较有钱的龙姓人家修建。据当地人介绍，100多年前一个女人嫁到戈务村，嫁过去之后这个女人不喜欢新郎，还是喜欢住在米良村这个保家楼的龙姓男人，于是便逃到这家和龙姓男人生活在一起。戈务村的前夫十分生气，便带了几十个土匪前来报仇，想杀掉米良村的龙姓男人，结果这个龙姓男人依靠自己家里的保家楼与几十个土匪作战，最后土匪没有办法，只能落荒而逃。

二组保家楼（杨琳　摄）

米良村二组现存的保家楼，是100多年前二组的先民们刚搬来时集体修建的。那时候也正是湘西土匪最猖獗之时为了防御土匪而修建，是现在二组所在地的防御系统的重要组成部分。寨子的防御系统还有一个重要的组成部分是寨墙，而寨墙现在几乎看不到遗迹了。据当地人介绍，光是寨墙就分为内外墙，位于米良村二组的寨墙属于外墙，位于叭仁村的寨墙属于内墙。米良村的先民们在守寨时发现土匪，第一时间通报村民，村民们接到通知后便各就各位,有时会增加守寨的人数,有时会藏入保家楼,有时会藏于自己家中。

这种保家楼的防御强势在于垂直防御,二组的这个保家楼里面有三层楼,楼高10米左右,在保家楼的上层可以居高临下,观察敌情,下层有地下密道,可以在内躲避。保家楼的中间则是高墙和枪眼,现在依然可清晰看见墙体的枪眼。选择建保家楼的地址也十分讲究,一般选择在可望到入寨关卡的较隐蔽的地方,前方通常还有一些民居,以达到迷惑土匪的目的,让土匪难以察觉。

这座保家楼现在只剩遗址,据当地人介绍,当年这座保家楼是有地下密道的,但地下密道的入口很隐蔽,一般人很难察觉。地下密道在当时可供老弱妇孺躲避,也可供寨子中的男子窥视敌情;还可供全村人遇到困难情况时躲避。这些防御用的遗址让我们现在也能清楚想象出当时当地的苗族先民们是怎样运用自己的聪明才智和团结一致的精神来对抗匪患的。

3. 古井

古井位于米良村一组,通自来水之前是寨子里的主要生活用水和饮用水来源。现在主要供附近的住户偶尔使用,主要用来洗衣等。在这口井的旁边还有一口天然的山泉水井。

(二) 非物质文化遗产

1. 传统音乐

(1) 苗族鼓舞

湘西是我国重要的苗族聚居区之一,米良村由于自然环境因素,在湘西属于苗族文化底蕴较深厚的地区之一。其中苗族鼓舞这种历史悠久的苗族民间娱乐活动在这里一度盛行。凌纯声、芮逸夫的《湘西苗族调查报告》中说,"如《山左金石志》《南阳汉书像汇存》诸书,均载有汉代鼓舞图像。看图读赋,则汉代鼓舞,宛然在目。南阳石刻鼓舞图像二幅,与今日红苗鼓舞极相似。可见鼓舞由汉代传入苗中之说,十九有信”①,从而可以推断出苗族鼓舞有非常久远的历史。鼓舞在不同的场合有不同的作用,如庆年时要打年鼓;祭祀时在祭祀活动中要表演鼓舞,主要作用是请神;结婚接亲时也要跳鼓舞。不同类型的鼓舞,动作或柔美或灵巧或风趣或豪放,反映了苗族人民勤劳勇敢、热爱生活的品质。

苗族鼓舞形成的原因有以下几个方面。一是与历史经历密切相关。从苗族古歌的唱词可知苗族鼓舞与苗族的大迁徙有关系,尤其在近代的反封建反侵略斗争中,苗族鼓舞在号召民众方面起着巨大的作用,有助于形成民族凝聚力。二是与民间信仰相关。苗族的祖先蝴蝶妈妈传说是枫树生出来的,苗族先民们认为祖先的老家在枫树里面,因此,最开始只用枫树所制的木鼓也成为他们崇拜的对象。三是与自然环境相关。在湘西,苗族聚居区大多为山林区域,长期与山林中的动物相处于同一自然环境中,再加上封闭的地理环境,对他们的娱乐生活产生了重要的影响。四是与湘西苗族的生计方式相关。生活在湘西的苗族是以农耕为主的民族,发展到今天的苗族鼓舞,尤其是米良村当地人称作“劳动鼓”的鼓舞,全部与生产劳动动作密切相关,将劳动鼓的动作进行分解,就是由模仿耕田、插秧、打稻谷、晒谷子、挑谷子、上山、下山、织布等一系列动作组成的。如鼓舞中“犁田”的动作,便是将鼓槌竖着往前推;“插秧”的动作便是将鼓槌竖立,向左下方、右下方和身体前方做插秧的动作;“扯草”的动作是将右手由左至右滑动,经过鼓面,直到胸前;“挑谷子”的动作是将左手的鼓槌搭在左肩,同时将身体往后倾。

米良村鼓舞所用的鼓大多是大鼓,或称花鼓,由整段原木挖成,两端以牛皮围之。这种鼓从鼓心到鼓边,通过鼓槌敲击不同部位,可发出不同的声音。鼓槌也根据敲击不同的部位由不同的木头做成,敲鼓边的主要用杂木,敲鼓面的主要用梧桐木棒,敲鼓边的鼓槌要比敲鼓面的鼓槌稍长。米良村鼓舞所用的大鼓一般需要置在鼓架上敲击,鼓架一般需要1.4米左右。

---

① 凌纯声、芮逸夫:《湘西苗族调查报告》,民族出版社2003年版,第152页。

第一代鼓王(杨琳　摄)

米良村村民封有自己村的鼓王。这里的鼓王，通常是指不仅打鼓打得好，还乐于教授其他村民的鼓手。米良村第一代鼓王，是一位80多岁的龙姓老人，如今她依旧能熟练地打出成套的鼓舞。

米良村比较盛行的鼓舞有单人鼓、双人鼓、六人鼓等类型。单人鼓主要是由一人手持两个鼓棒敲鼓边伴奏，由另一名舞者持两个鼓槌合着敲边的节奏，击打鼓面起舞。双人鼓一般是二人一起击打一面鼓，由一名鼓手敲击鼓边，其余两名舞者位于鼓面的一端，同时击打鼓面，一名舞者用左手击鼓，另一名舞者用右手击鼓，两人或面对面，或背对背，向相反方向舞。六人鼓主要是六个人同时边击鼓边舞，这种鼓舞对鼓音、鼓点节奏、舞者动作的一致性要求较高，动作的缓急要一致，并根据鼓点不断地更换位置，六名舞者按顺时针方向绕圈换位，但变而不乱。准确有力是打好苗族鼓舞的要领，鼓舞者在跳鼓舞时既是舞者也是打击乐器演奏者，鼓舞者们身体舒展挺拔，在旋转或者跳跃时，一边可以有效伸展身体，一边可以准确有力打击鼓面。所以一般苗族鼓舞要求开阔的场地，让鼓舞者们有足够的活动空间。

双人鼓舞(黄婷婷　摄)

六人鼓舞(黄婷婷　摄)

在米良村流行的鼓舞有“劳动鼓”“猴儿鼓”等。表演者们脚上步法灵活，带动腰部的扭动和头部的摆动，身体的舞蹈动作能很好地抒发情感。跳鼓舞者手执系着红绸的鼓槌，一边打鼓，一边起舞，配以明快的节奏，双手交替击鼓，双脚轮换着跳跃，不停扭动身体，整体动作给人以舒展大方之感。尤其是六人鼓或更多舞者的鼓舞，场面更加宏大，舞步多轻松活泼，鼓舞者步子豪迈，有腾踏起飞之感，整体呈现奔放豪迈的气场。

在米良村，还有一些中年男子喜欢跳鼓舞，其中在当地比较著名的一名鼓舞者叫吴中华。吴中华从拿起鼓槌到现在已有50多年了，他最擅长跳的是“丰收鼓”的单人鼓舞，一般也是由一个人敲边鼓，一个舞者表演。男子的鼓舞相对于女子的鼓舞更加粗犷、更加有力，节奏更加欢快活泼。在吴中华表演的具有代表性的男子鼓舞“丰收鼓”中，除了与女子鼓舞相通的“插秧”“打谷子”“砍柴”“推磨”等动作外，还加入了武术元素，将苗族武术的精、气、神融入鼓舞中，动作干净利落，凸显男子气概。

湘西许多苗族村寨流行着各种类型的鼓舞，而米良村由于自然生态环境，背靠高山，树林丛生，催生出了“猴儿鼓”。“猴儿鼓”，顾名思义是因为其对野生猿猴神态动作的模仿而产生，融鼓乐的表演特征与苗鼓的叙事性于一体。历史上在米良村这样的深山中，苗族先民们面对恶劣的自然生态环境，唯有与自然和谐相处，才能在自然环境中得到宽慰。猿猴作为其中一种与苗族人一起生活在米良村深山中的动物，因其与人类相似的形态和神态引起当地人的兴趣，猿猴好动、活泼的特征也恰恰与当地苗族先民在恶劣的自然环境中活跃精神、寻求乐趣的需求不谋而合。

“猴儿鼓”通过富有戏剧性、嬉戏性的表演，融入代表着猿猴性格特征的动作和一些生活场景，体现出浓浓的叙事性特征。正如当地传说最早的“猴儿鼓”源于一个具体的生活场景：在山林中有一个破旧的古庙，有一天突然蹿出来一群猴子，它们哄抢着庙中的贡品，一不小心触碰到了庙旁边的堂鼓，鼓的响声吓得猴子们四处逃窜，但过了一会儿，当发现并没有其他声响时，它们又回到庙中。这时它们发现了庙中的鼓，试着敲了敲，觉得并不可怕，还挺好玩，便开始肆意地嬉戏着这面鼓，最后，当有人到来才使得这群猴子一哄而散。当地的“猴儿鼓”传说只是湘西苗族众多关于“猴儿鼓”传说中的一个，“猴儿鼓”也正是基于这些传说和故事，构成了它独有的鼓点组合模式，展现了从碰鼓、惊鼓、试鼓、戏鼓再到嘻鼓的过程。

值得一提的是，“猴儿鼓”的动作具有明显的动作特征，如躲闪逃跑、左右察看、单立察看、抓痒、攀藤等。猴子的这些单体动作正是“猴儿鼓”的基本套路，不同的“猴儿鼓”，正是重新组合这些单体动作而成。从节奏性来说，“猴儿鼓”具有较强的律动性，将鼓点与这些动作配合起来，便是完整的“猴儿鼓”表演。模仿猿猴的舞者必须在充分的鼓点节奏中来完成体态动作的表演。米良村的“猴儿鼓”现在常常在各种场合或传统节日庆祝活动中表演，且现在的“猴儿鼓”多是女子表演，一群人表演，不着猴装，只是在舞蹈动作上能够一眼辨认出在模仿猿猴，比如模仿猿猴啃吃玉米、看鼓、试鼓、惊鼓以及相互嬉戏的动作，模仿猿猴的舞者可以以拳击鼓，也可用鼓槌击鼓。“猴儿鼓”因为起源于模仿猿猴的动作，且具有一定的戏剧性和情节性，所以整体呈现一种灵巧多变、风趣幽默的氛围。

(2) 唢呐

唢呐在湘西凤凰较盛行，而米良村的唢呐拥有较长历史。据村中长者吴兴称自述，他的唢呐技艺是从爷爷辈传下来的。当地吹奏用的唢呐，由管身、芯子、管哨及喇叭口组成。管身多采用当地的桐木所制，呈上小下大状，管身上开有七个眼，孔眼与黄豆一般大小。在唢呐的最上端有一纯铜制作的铜嘴，嘴心有一片铜盘，在嘴上系一根被处理过压成扁状的水茅铜管，最下端的喇叭也是由纯铜制作，吹奏者吹扁状的水茅铜管，唢呐即可发出嘹亮的声响。在米良村，唢呐一般是成对演奏，曲牌有300多首，有“正牌”和“耍牌”之分，“正牌”一般用于婚、丧、喜庆仪式中，“耍牌”一般在娱乐活动中使用。在当地，曲牌使用有严格要求，拿婚礼来说，各个环节有专用的曲牌，如送亲有送亲的曲牌、迎宾有迎宾的曲

唢呐(杨琳　摄)

牌,互不交叉使用。

(3) 苗歌

苗歌是苗族语言中最生动的组成部分,苗族人民常常以苗歌来表达自己的思想感情。而米良村因为处于湘西苗族聚居区的深山及中心位置,村寨中的绝大部分村民、都会唱苗歌。尤其是20世纪80年代之前出生的当地人,当时男人不会唱苗歌找不到媳妇,女人不会唱苗歌找不到丈夫。

苗歌的内容十分丰富,题材十分广泛,并且有严密的格律。虽然苗歌讲究的是即景即情、即兴发挥,但并非东拉西扯、信口乱唱。这种严密的格律表现在腔调方面,腔调的洪亮低沉、尾音的延长度都讲究格律。在米良村,村民们唱的苗歌都用纯苗语歌唱,歌唱的声音往往由低渐高,很多苗歌的开始部分还多用鼻音,而且在整个演唱过程中注重虚词和虚声的运用。据当地人介绍,在唱对答歌时,有严格的要求,如歌词词义要不同,但韵必须相同,而且要求对歌者用相同的比喻、拟人或拟物的修辞方法。在米良村,现在仍然常唱的苗歌类型包括歌颂党的歌曲、迎客歌、婚嫁歌、对唱歌、情歌。

拿对歌来讲,在20世纪80年代及以前,米良村的青年男女都是以歌交友、以歌传情。当地青年的婚姻一般不受父母干涉,讲究自由恋爱。青年男女一般在赶场时或者节庆时相会,常常以男女各结成小群体的形式,以能歌善言者为主恋人,男女群体之间经常性的活动就是唱情歌。每逢赶场的日子或者重大节日,当地青年男女到场中寻觅,遇到了理想的异性,一般年轻男子主动,千方百计打听相中的女方所在的寨子和姓氏,散场后叫上几个同伴追赶着女方群体并用挑逗性的苗歌试探对方心意,如果女方在对歌中给予了同样积极的信号,则双方一般会约好下次相会日期。双方群体若有意再相会,则会在之后的对歌中将自己的才能、技艺、品德充分地借着歌词表达出来,双方群体在一次次充分了解后会逐渐形成一对对恋人。

(4) 吹木叶

在米良村,当地的中年人都会一种天然的乐器——木叶。当地村民用木叶演奏曲子，就叫“吹木叶”。不过并不是所有树叶都可以用来吹奏，只有柔韧适中、不嫩不老、光滑且有一定厚度的树叶可以用来吹奏，可以选择橘树、柚子树、杨树、枫树、冬青树等的叶子。吹奏者将木叶的正面横向贴于唇上，右手手指扶住背面，拇指反向托住木叶的下缘。通过吹奏者的吹奏技巧，如对嘴劲、口形、舌尖的控制及对手指松紧的掌握，改变木叶的振动频率，从而发出高低不同的声响。青年男女在以前经常通过木叶声传递爱慕之情。

2. 传统服饰和绣花

米良村的自然环境使其与外界处于半隔绝状态，除了传统的乐器方面保存较完整外，走进村庄，随处可见穿着苗族传统服饰的老年妇女。在当地，妇女多用青黑色的头帕裹住头发，头发不外露。夏日的头帕稍短一些，天冷的时候头帕要加长一些，裹住耳朵直到脑后。米良村的传统苗族服饰是胸襟式的挑花服饰。衣服腰较宽大，衣袖大而短，袖口和胸口常绣花。衣服全是满襟式，没有对襟式。裤子较短，裤脚较大，裤筒边缘绣花，一般裤筒的绣花与衣服的绣花相同。

现在米良村的年轻女性基本不再自己绣花制作这些传统服饰了，但中年及老年妇女中都还有自己绣花制作服饰的习惯。没有文字，苗绣就是这样在当地口口相传。苗绣的图片一般来源于日常生活，但也不是一成不变照搬大自然的动植物，大多是以比较夸张的手法对大自然中的生命形象进行创作。在当地，我们看到的苗绣大多是取自大自然的题材，如喜鹊、鸳鸯、孔雀、牡丹花等，这些图案中透露着苗族人民敬畏大自然的思想。自制的苗绣一般嵌在衣服的领口、袖口、裤筒边等部位，米良当地的老年妇女一般着蓝色、蓝青色衣服为主，刺绣的底部也以黑色、蓝色为主。以

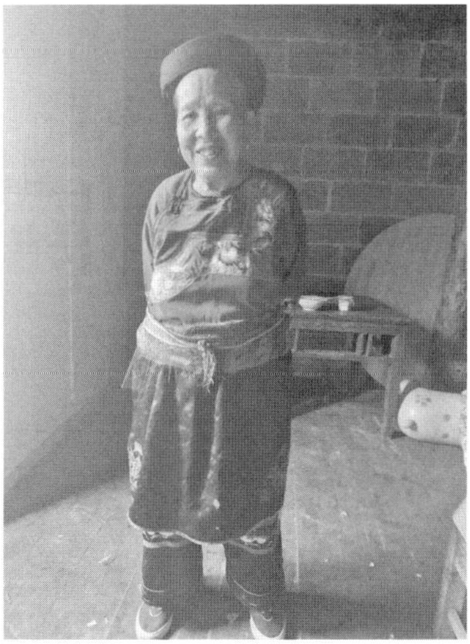

身着传统服饰的村民（杨琳　摄）

前当地流行这样一句俗话，叫“人比人，花比花”。“人比人”，指比歌舞；“花比花”，则指比服饰上的织绣染。当地的姑娘们从七八岁起，就开始学习挑花刺绣，到了十四五岁，就已掌握了相当成熟的技术。传授方式一般都是母教女、姐教妹和互相学习，没有拜师学徒的习惯。

3. 竹编工艺

整个湘西苗族的大迁徙历史和其所处的自然环境特点，造就了他们将自己的居住、生产及生活器具与自然环境相结合的习性。米良当地的竹林茂密，所以人们充分利用这些丰富的竹木资源，手工编制斗笠、竹背篓等工艺生活用品。当地人赶场时会背背篓，背小孩会用背篓，包括网鱼用的工具也是手工竹制品。

制作这些手工竹制品，第一步需要选好竹材，一般选择毛竹、刚竹、慈竹、桂竹以及青皮竹等生长了3年左右的竹子。之所以有这些讲究，是因为要避免韧度高、硬度大的竹子，而以上种类的竹子有弹性好的特点，可用作竹编。第二步是选好材料后将浸泡好的竹子进行晾晒直至完全晾干。第三步是将竹子的卷节部分削平，以使竹子的竹节贯通。第四步是用特定的工具将竹子表面青色的一层刮掉，以让其易于染色。第五步是将竹子劈成大小合适的竹片，之后才开始进行编织。

竹编的工艺多种多样，在米良村，大家还是倾向于随机编织的方法，也就是人们根据自己的经验和编织程序随意地编织，虽说是随意编织，但也需要在心中打好腹稿。以背篓为例，背篓从底部开始编织，接着编织花窗，然后编织喇叭口，最后安装口箍。现在依然在当地流行的竹编用品有箩筐、斗笠、簸箕、鱼篓、鸟笼、背篓及竹制椅子等。背篓是各家各户自制最多的竹制品，因为用途不同造型也各异，如背谷米用的背篓、洗衣用的背篓、背小孩用的背篓、打柴割草用的背篓形态都不一样。背小孩用的是花瓶形状的背篓，轻巧耐用。

可以说，竹子的清新自然、温润青翠的天然美让竹编作为一种手工技艺多了一份自然美和恬淡的意蕴。

4. 民间信仰

(1) 祭司巴代

“巴代”是苗语的音译,是指专门做法事的祭司。在湘西苗族聚居区,巴代能主持祭祀活动,可以说每场祭祀仪式都需要巴代主持。当地人都相信巴代具有超自然的力量,在遇到不顺利的时候,相信巴代能够通过法事帮助化解。巴代一般要求“传男不传女,传内不传外”,有祖传的也有拜师的,米良村现在仅有的还在村里做法事的巴代已经是第四代传承,现在他的儿子也传承了他的巴代职业。

(2) 祖先崇拜

米良村的村民普遍盛行祖先崇拜,认为自己家族的列祖列宗灵魂不灭,他们只是在另一个世界,经常祭祀祖先可以保佑家庭幸福安宁。在米良村村民家里是没有神龛的,每户人家的房屋中都有一个专门的空间用来祭祖,这个祭祖的空间一般与火塘同在一处,在墙上偏下方的位置设置,但是具体的方向,据当地人介绍是根据祖先来自的方向不同而不同,如龙姓和隆姓都在进堂屋大门的左边,吴姓和石姓在进堂屋大门的右边。逢年过节或者农历初一、十五,人们都会放入祭祀用的食物,燃香,祭祀祖先。如龙姓人家,他家的祖先就供奉在入堂屋最左边两根承重的木头柱子中间靠墙的区域。米良村祭祀祖先的位置在房屋中一般是不易察觉的,没有标志物,只有主人自己心中清楚。

(3) 土地神崇拜

土地神是米良村人信奉的保佑村寨平安的地方神祇。村落中的土地庙一般是用石块砌成,规模一般不大。村寨的人祭拜这些土地庙时,一般祭拜离自己家最近的那座。逢年过节,村民都要拿肉拿酒去祭祀土地庙,一般要等到家里人祭祀完土地庙,待“土地公公”吃完后全家再开始吃饭。当地人视土地公公为自己的乡土保护神,认为神灵各司其职,而土地公公就专司本乡本土的事务,祭祀土地庙能够保佑家庭平安。

(4) 三王崇拜

在米良村还存在三王崇拜,有三王庙专门祭祀三王,三王也可叫作白帝天王、天王。当地人遇到凶险时，如兵灾、匪患、生病等，需要诉阴状，向天王许愿。当灾去后或病愈后，必须还愿。米良村所在的镇——禾库镇有一个三王庙，每逢赶场时，米良村和禾库镇其他村庄都有到三王庙祭拜的习俗，有的是求平安，有的是去还愿。禾库镇的三王庙是在20世纪80年代恢复的，当时三王庙中供奉的佛像只有三王、龙公、龙母。而现在能看到的玉皇大帝、托塔李天王、观音菩萨等都是后来渐渐加进去的。

（5）古树崇拜

苗族的原始宗教组成部分之一就是万物有灵的观念，其中树崇拜即万物有灵的重要体现。相传苗族的祖先"蝴蝶妈妈"是由古枫树变成的，正如苗族古歌所唱："还有枫树干，还有枫树心，树干生妹榜，树心生妹留，古时老妈妈。"其中，"妹榜妹留"是苗语，即汉语的"蝴蝶妈妈"的意思，"蝴蝶妈妈"则是苗族的祖先。故枫树成为苗族先民们的图腾崇拜对象。后来枫树崇拜演变成长得茂盛的古树都可成为崇拜对象，而不仅仅局限于枫树。

米良村背靠的山坡上有棵古树已有100多年的历史，因为大树常年茂盛，所以被认为是健康与平安的象征，每当过年时，村寨中有小孩的家庭便络绎不绝前来烧香祈福，祈求古树保佑小孩平安健康。被祭祀的古树属于"风水树"，不能随意砍伐，即使这些"风水树"自然枯死，树枝断落在地上也不能随意去碰。

5. 传统节日

（1）"六月六"

米良村当地村民有过"六月六"的习俗，这里的"六月六"源于苗族英雄天灵的传说。传说天灵经过三年苦练，功夫了得，一箭可射到京城天子的宝座上。功夫到家那天，为养精蓄锐，天灵早早就睡了，叮嘱母亲在鸡叫头遍时叫醒他。但没想到老母亲半夜后簸米，不小心拍响簸具，"啪啪"之声引起鸡叫，天灵闻听鸡叫后急忙爬上将军山（此山在贵州松桃、铜仁与湖南凤凰的接壤处），弯弓对准京城方向就射。箭射中了天子的宝座，但天子尚未登殿。天灵因此被害，据说被害这天是农历六月初六。于是，每逢此日，苗族同胞便聚集在凤凰山下，吹唢呐、唱苗歌、跳鼓舞，祭祀先辈，祈祷吉利，祈祷幸福，祈祷未来。

“六月六”在当地也叫赶歌节，是苗族情人节，在禾库镇以前主要是借对歌让青年男女结识。赛歌是“六月六”的主要内容。节日当天，小伙子们演奏芦笙、唢呐、笛子等乐器奔向歌场。姑娘们穿戴绣满名花、彩蝶，镶着宽大花边的衣服，佩戴精美的银饰，相伴来到歌场。以村寨为单位的集体对歌，各自找对手比赛，形式多样，经由反复较量，最后产生“歌王”。歌王在当地广受爱戴。现在的“六月六”更加拓宽了庆祝的范围。

(2) 赶秋节

当地人将赶秋节叫作“赶场秋”，“赶”意为聚拢，“赶场秋”意为大家聚在一起庆祝丰收。具体的时间是立秋及后四天。这个时期正是稻谷和玉米慢慢成熟，丰收在望的时期。当地的村民穿着民族服装，聚集到球场开展跳鼓舞、荡秋千、赶边边场等活动，庆祝丰收。

传说一位名叫巴贵达惹的青年，有一天他在上山打猎时射中一只过天鹰，随之掉下来一只做工精良的绣花鞋，巴贵达惹决定去找这个绣鞋的人。他设计了可容纳八人的风车，这个风车形似秋千。在七月七日立秋这天，他邀请乡亲们来打这个秋千，最终在打秋千的现场找到了绣鞋的人，是一位姑娘名叫七娘，他们通过对歌传情最终结为夫妻。自此，每年立秋之时，青年男女为了选择配偶，会身着盛装来赶秋场，参加或观看文艺活动。

总之，赶秋时一般恰逢赶集，米良村处在大山深处，长久以来交通不便，当地村民在赶秋活动中满足了集聚、社交的需求。赶秋节作为一个为青年男女提供谈情说爱机会的节日，也因此被传承了下来。

(3) “接龙”仪式

龙，是苗族的崇拜对象之一，关于龙，不同地区的苗族有不同的传说。湘西苗族传说认为龙是由龙王演化而来的，故湘西苗族常常视龙为自己的保护神，这也是湘西很多地方依然保留着接龙的原因。

相传很久以前，苗族的太阳山上有48条真龙，在这些真龙的保佑下，苗族生活的地方风调雨顺、五谷丰登。后来有一个自称“真龙天子”的皇帝,不想与苗山的48条真龙共称龙,于是派兵出征,以斩断龙脉,在这之后当地年年受旱。于是村民便去向风水先生寻问解决办法,风水先生告诉他们龙到洞庭湖中去了,要大家协力将龙请回来,具体做法就是用碗到洞庭湖中盛一碗水回来放在中堂地下。于是“接龙”的习俗就这样代代流传下来。

米良村的村民常到禾库镇参加“接龙”仪式。“接龙”仪式是湘西苗族古老的一种习俗,是为保佑氏族兴旺、人丁兴旺而举行的一种祈福仪式。当地人认为可以通过“接龙”仪式获得龙神的庇佑,风调雨顺。

“接龙”习俗起源于人们对祖先的缅怀和对雷神的祈求。主持祭祀的巴代一边吟唱神辞一边手摇铜铃,唱词的内容大多是祈求雷神不要与龙作对,让龙能大显神威。这种祭祀发展到后来,演变成由巴代祭祀龙神,请龙神下凡。所以,人们在巴代的带领下组成接龙的队伍,跳起欢快的接龙舞。

“接龙”仪式有以村或镇为单位的大型接龙,还有一种以户为单位的小型接龙。以户为单位的家庭“接龙”仪式一般是一大清早开始,首先是收祚,巴代收祚时默念神辞,不出声,边念边作手诀。这就预示着法事马上要开始了。接着是铺坛、摆祭品、设神座,一般要摆红、黄、黑、白、青五匹彩布和五色彩纸,首饰,五颜六色的服装以及卧在彩布条之上的糍粑做成的龙。在东南西北中五个方位插五色彩旗,彩旗的下面摆上“龙粑”,摆一张四方桌为祭坛,当一切准备好后,巴代开始祭雷神,祭祖先和龙神。差不多到中午时分,开始接龙和安龙。接龙一般是从东方道上去,从西方道上回,经过的一路都要插五色彩旗。巴代带着一对对身着传统服装的男女去水边将“龙”接回来,一路上巴代手摇铜铃在前面领行,扮演“龙女”的主妇跟在巴代身后,紧接着还有乐队,其他参与的人牵着布条尾随着。接龙的队伍一到家,男主人便点鞭炮迎接“龙”的到来。巴代绕着房屋走三圈,然后用石板把“龙”盖在从井里取来的水中,位置一般选在堂屋的正下方,意为安龙。

如今“接龙”更多地呈现出一种展演的性质,如米良村的妇女们到禾库镇参加接龙舞。她们穿着苗族的节日盛装，人数众多，围成圆圈状，人们在队伍中缓缓向前，蜿蜒如龙，场面十分壮观。参加者都迈着半圆形的步伐，整体看起来似游龙。在接龙舞中，接到“龙”后，人们情绪高涨，队伍中的舞者一一撑开青布伞，形成伞伞相接的态势，然后有起伏地旋转着伞，这时的队伍看起来犹如龙腾欢跃。伞立起来，预示着风调雨顺。

（本章由杨琳撰写）

第四章　米坨村禾若自然村

禾若自然寨① 坐落于大山深处，四周群山环绕，树木丛生，到处都是深山老林，隔绝了外界的尘嚣，是山林中一个具有浓厚苗族文化气息的传统村寨。人们原为躲避战乱不断迁徙，后逐渐在此生存，村寨以其独特的历史文化、风土人情和民风民俗繁衍至今。寨子的修建充分考虑到安寨保民和军事防御，走进禾若村寨犹如走进迷宫一般。寨内至今遗存有古屯堡、明清时期建筑、蚩尤坛、土地庙等传统建筑，保留着苗族的巫傩文化和苗族传统服饰等文化遗产，是苗族村寨文化的缩影。2019年6月，米坨村禾若自然寨被列入第五批中国传统村落名录。

① “禾若自然寨”即“禾若自然村”，“自然村”重在行政定义，“自然寨”则更符合历史和实际，本文二者交替使用，所指含义一致。

一、村落概况

(一)地理生态环境

禾若自然村现隶属凤凰县禾库镇米坨村。禾若村原隶属柳薄乡,2016年行政区划调整,撤乡并镇,由原米坨村与禾若村合并组建成现米坨村。

禾若自然村位于禾库镇西北部,距镇政府8公里。地处腊尔山台地,云贵高原之东端,武陵山脉之西端,相对湘西其他地区,这里的海拔平均要高出400~600米。所谓台地,实际为山地,相对四周高山较为平坦,地形以山地为主,平均海拔700米。禾若自然村气候宜人,温凉湿润,空气清新,四季分明。年平均气温为14℃,无霜期240天,冰冻期10~18天,年降水量1167.4~2650.1毫米。整个米坨村村域面积为6.2平方公里,全村辖米坨、禾若2个自然寨,8个村民小组,耕地面积2095亩。其中,禾若自然寨属米坨村六、七、八组,占地约2.5平方公里,耕地面积720亩,其中稻田356亩,旱地364亩,人均耕地面积1.45亩。

村内的"河干河"(范强 摄)

村庄坐落于山林之中,四周群山环绕,树木丛生,翠竹青青。四周山脉从东北向南依次有尖沟包子(东北方向)、尖沟迪拜(北方)、包沟路(西北方)、尖沟八沟(西方)、苟炅(西南方)、苟西甬(南方)。① 主要河流有村西的油麻河,村东的两岔河环绕而过。从米坨到禾若进村前有一条河,叫"河干河",每年7—8月雨

① 以上名称均为苗语表述,当地苗语称山为"尖沟""苟"。

季会有水，平时干涸，因此当地人称“河干河”，河道于2019年加固修整。从米坨通往禾若有一条公路环绕，禾若自然寨中多为石板路和部分水泥硬化的小路。

寨中原有四个堡门，东南西北各一个大门，其中最大的一个门叫“砸子门”，位于村南面。有堡门的防御，即便土匪来了，也很难打进村。寨子地势由南向北，海拔由低向高依次分布，中间地势较低，四周地势相对较高。村域面积不大，村民依据地势修建房屋。依据地形地貌和周边环境，每个地方都有具体的地名称呼，约有11个具体地名。从东北向西南依次为“包碉登”“高低摆”“寨鸟干”；学校附近为“板垄”（西南方），变压器旁为“砸子门”“帮地斗”“沟六过”（由西南向南）；池塘附近叫“拔东”；水井旁为“锅了偶”“老早当”；中间为“满中间”（以上称呼均为苗语）。每个地方均有十几户人家。

（二）村落来源

禾若自然寨伴随着苗族的历史迁徙而形成，根据村中老人叙述①，第一个来禾若村的人，名叫“各各早”（苗语，很老的意思），隆姓，取村名为“禾若”，苗语译音为大山深处的古老丛林的意思。这也正说明此地原先无人居住，到处都是深山老林。禾若自然寨的先祖随着苗族的迁徙而定居在此，选择禾若易于避难，明朝时只有七八户人家。村落形成于清代，当时有57户，已是当时远近闻名的大寨子。民国时期已有71户，246人。在建村历史进程中，苗族先人首先考虑的是安寨保民，于是修筑了禾若古屯堡这样的防御建筑。后来，村寨为求稳定发展，祭祀先祖，鼓舞士气，又修建了蚩尤坛、土地庙等历史建筑，充分体现了苗族先人求生存、图稳定、谋发展的建村智慧。

① 由访谈人叙述。访谈人：吴CC，男，苗族，禾若自然村村民，访谈时间：2020年7月10日；隆XG，男，苗族，禾若自然村村民，访谈时间：2020年7月11日。

（三）村落人口

米坨村现共有331户，1381人，其中禾若自然村共有3个村民小组，138户，535人。村民主要由隆、龙、吴、麻四大姓氏组成，大多为苗族。其中，隆姓最多，有98户，约占全村总人口的三分之二；龙姓有22户，吴姓有16户，麻姓有2户。虽为苗族，但语言与其他地方略有不同。

根据村中老人回忆，第一个来禾若村的人（即上文所述“各各早”）生了3个儿子，此后便在此定居。隆姓最早从禾排5组迁来，距今已有300多年的历史；龙姓从花垣县迁来，有近200年的历史；据禾若自然村村主任讲述，吴姓从他爷爷辈开始迁来禾若，从邻近的花垣县猫儿乡迁来，距今已有100多年的历史；麻姓迁来最晚，有50年左右，也是从花垣县迁来的。

村中具有较大影响的历史人物有隆清术（1830—1900），官至太爷（旧时对知府、知县等官吏的尊称），因只知道他的外名（官名），当地人称隆太爷，掌管着方圆数十里几十寨人。隆清术过世后，由该村名人隆明强接任。

（四）物产与特色产业

因特殊的气候和地貌条件，禾若村适宜耕作的土地面积很小，农业生产发展受到很大的限制。明清以前苗族先民们多采用刀耕火种的原始耕作方式，以传统农业来维持生计。主要种植水稻、玉米、黄豆和烤烟，其中水稻、玉米、黄豆多作为食物，部分用作饲养牲畜，剩余则可贩卖。村内主要养殖有牛、羊、猪、鸡、鸭。历史上每家都曾养殖一头牛，用作耕地，现有牛约10头、羊30多只、猪20多头。

2019年数据显示，该村水稻每年可收约3000斤，约1.8元/斤，可收入5000元左右；原每户都种植黄豆，每年一亩可收200斤左右，可收入600多元；20

村民种植的烤烟（范强　摄）

世纪80年代开始种植烤烟，当地主要种植品种为“云烟87”，一亩年收入3000元左右，现有两户种植，每户约50亩，年收入可达15万元左右。在当地扶贫和其他帮扶政策的引导下，2019年开始种植油桐树，三至五年后产生收益；2020年开始种植迷迭香。

（五）经济社会发展状况

随着时代变化发展，大量青壮年外出打工，村中老人居多，部分妇女到禾库镇上或凤凰县城陪读，顺便打工，人均年收入在4000~5000元，家有外出打工者人均年收入可达近万元。①

村中现有一小学，原与村部合建，办学历史悠久。学校原来开办在农户家，多为私塾，解放后开始修建学校，村中60多岁老人都曾在村中学校读书。

原禾若村卫生室（黎红斌　摄）

村中原有一卫生所，2016年合村后取消，现村民看病多到禾库镇上或凤凰县城。

禾若自然寨注重传统村落的保护和民族文化发展，村里专门规划一片地方——新禾（地名），位于村西南边，从米坨到禾若进村之前，作为村民修房之用，在传统村落保护范围内尽量少修现代建筑，以便保护传统苗寨的完整性，同时还鼓励和支持民族文化传承与发展。

① 以上部分数据材料多由禾库镇政府办公室提供，其余从访谈人讲述中得知，在此表示感谢。

二、文化遗产

(一)物质文化遗产

1.禾若古屯堡

禾若古屯堡坐落于禾若自然寨北部约200米远的尖沟迪拜(山名)山顶上,沿山顶的山势而建。屯堡墙全部由千层岩石砌成,墙面整齐,错落有致。屯堡墙顶宽1米,底宽约1.5米,东南西三面山势较缓,其外墙高有4~5米,北面因山势陡峭,其外墙高只有3米。屯堡占地面积约5亩,为整体平地,内墙的平均高度只有1.5米,建有墙垛,屯堡东面有一座堡门。据当地村民介绍,屯堡内中间有一块巨大的自然岩,岩石上有形如龙背的岩纹,故此被当地村民称为桌子山、龙脉山。20世纪六七十年代,当地村民将屯堡的部分岩石拆下来修建田地保坎及房屋,加上年代久远,未曾修缮,现在仅存有明显的屯墙遗迹。

禾若古屯堡南面城墙(范强　摄)

禾若古屯堡约修筑于清乾隆十五年(1750年),属于域防寨防的防御体系建筑。屯堡由全寨数十户族人耗用三年零八个月时间完成,是明清时期湘西地区屯田养民、依山筑城以卫民的传统军防文化代表。屯堡的修筑,最初可能是军事防御的需要,属于防卫设施,具有传递信息的功能。禾若屯堡在湘西苗族抗匪斗争中,起到了防匪的重要作用,保障了村民的安全。当土匪来袭时,全村人可进堡避匪,然后把山石从堡内滚下来砸土匪,有效地抗击了土匪的入侵。

2. 蚩尤坛

蚩尤坛位于禾若自然寨东面最高山山顶，高4～5米，共有三层，一层为自然石板，二层为砌石方梯，三层为圆柱椎顶，全部用自然青石块垒成。除了祭洞外，没有任何雕琢，毫无粉饰，有着原生态的外形。

蚩尤坛（村民吴CC　供图）

顾名思义，蚩尤坛为祭奠蚩尤而设。蚩尤被当地苗族人奉为祖先，相传，蚩尤部落先前在黄河中下游和长江下游济水、淮河流域一带活动，他们刀耕火种，开垦拓荒。后来，部族之间为争夺土地展开了厮杀。蚩尤最后战败而逃，扶老携幼向西南方向的崇山峻岭之间大规模迁徙。据史书记载，"蚩尤，九黎之君也"。他是管九黎土地，管九方地盘，管九九八十一个支系的人文始祖。从蚩尤坛所在的山顶往山下有着九条天然石头形成的石脊，自山顶延伸到山下各处，似九条龙脉，又似蚩尤圣祖与九黎兄弟，为使龙脉不飞走，又为祭奠祖先蚩尤，村民便在此处建立蚩尤坛。

蚩尤坛又称"觉凳炯"。其中，"觉"是苗语东部方言的数字符号，相当于汉语的"九"字。"凳"，并非汉语"板凳"的"凳"，而是指"土地"或"地方"的"地"；"炯"，是苗语血缘关系中的专用名词，相当于汉语"宗支"的"宗"和"祖宗"的"宗"。

逢年过节，农历每月初一、十五，当地村民会来到蚩尤坛，烧纸祈祷。一些大的节日，村中会请巴代组织村民祭祖祈福。

这种最简单的建筑设施，实际上是一种精神偶像和诚心标志，反映苗族人民生存的危艰、迁徙的动荡，是最原始生态的文化载体。①

---

① 参见杨元崇《蚩尤文化今犹在》，《湖南日报》2018年1月6日，第6版。

3. 土地庙

禾若自然寨土地庙位于村西南方，用岩板和石块砌成，由台基和庙两部分组成。台基高约0.5米，宽1.6米；庙身高约0.85米，宽1米。

当地村民认为土地爷为一村的主宰，每个苗寨中，一般都有一座土地庙，大多用岩板或石块砌成。相传土地生时精于卜卦，有很多信众，但凡民间有人家要造房或者有其他大事，多请土地拣选吉日。虽然土地爷一世卜卦，但所选的日期总会有不利之处。为了给自己盖造房屋，土地爷想选一个没有破败的吉日，但却到去世也没能选出来。后人为了纪念土地之德，可怜他没有房屋可住，便砌一个矮屋作为土地庙。

逢年过节，农历每月初一、十五，或是遇上瘟疫流行，有蝗虫灾患发生，家中有人头疼脑热，小孩夜哭不止，村民都会来土地庙敬香，杀猪祭拜，烧纸祈祷，以求平安。

4. 传统建筑

禾若自然寨传统建筑风格独特，因村子位于大山之中，村民们依山而居，房屋大多依山而建，排列错落有致，民居建筑风格为明清时期青瓦石、砖木结构的吞口屋，寨中的小路全由石板铺就而成，小路把各家各户相连在一起，纵横交错。村中有村道护墙，家家相连，户户相通，一般不设院墙和大门，也有几户建有宅门。很可惜的是，村民为了方便车辆出行，将村内部分石板路和村道护墙拆除，并硬化为水泥路。

村内石板路（黎红斌　摄）

村内现保留的传统建筑，大多始建于清代。传统建筑的保护状态良好，据统计，村内传统建筑占地总面积71500平方米，建筑面积11200平方

村道护墙(一) (范强 摄)

村道护墙(二) (范强 摄)

米,共有412间房屋,均为一层建筑。

禾若自然寨传统建筑一般为土木结构,采用穿斗式构架,木材以杉树为主。大小以五柱八挂一栋三间最为普遍,也有一间、五间、七间为一栋的,也有采用三柱四挂或六挂、五柱六挂的。房屋高度一般为一丈以上二丈以下,最高不能超过一丈八尺八寸,即6.27米,传说因鲁班盖房最高是一丈八尺八寸,超过这个高度不吉利。如建一栋一间房,必须要有木柱两排,二间房必须要有木柱四排,依此类推。房屋四周多用土砖、岩石封砌或筑土墙,一般人家大多用岩石和土砖,家境较殷实的会用烧砖。有的也用木板装壁,或者用竹编围护,屋顶一般以青瓦盖顶。苗族房屋较为宽大,富裕人家也有修筑七柱十一挂、三合院、四合天井院。左右两间正面各开一扇窗,堂屋开大门,远看宛如“左右龙瞪眼,中间龙张口”。

青瓦屋顶(范强 摄)

青石砌墙(黎红斌 摄)

房屋一般坐南朝北，但也会根据山势走向来建，一般三间房，中间为堂屋，多做休息使用（客厅），后墙上通常会贴海报、画像、照片等，左右两边厢房置床，为卧室，用于居住。因湘西地区比较潮湿，有的人家会铺一层木地板，起到一定防潮作用。屋中会有一处空间用于祭祀祖先。据传，过去苗族人祭祖是在火塘旁边，在位于现在卧室内的火塘靠山墙的一角，即山墙中柱的下面供奉祖先的神灵，火塘中有用来放置锅的三脚架，被视为神物。山墙中柱和火塘之间是家中最神圣的地方，家族的祭祀活动就在这里进行，具体方位根据不同姓氏、祖先迁来的方向而确定。屋内灶台的设置也有一定讲究，一般隆姓灶台在进屋的右手边，其他姓氏则多为左手边。

传统民居吞口屋样式（村民吴CC住宅）
（黎红斌　摄）

吞口屋，一般三间房边上两间凸出，中间堂屋会稍微凹进去一些，整个房屋形状就像一个“凹”字。

五柱八挂，也就是五根柱子、八个挂子。建屋时一般一排落五根柱子，五根柱子之间有四个空间，每个空间上方会安有两个挂子，一共八个，所以叫五柱八挂。

①村中修建最老的房子为龙XW家。该屋位于禾若自然寨六组，坐北朝南，始建于清乾隆四十年（1775年），属全木结构，屋面铺筑小青瓦，民国初年加修青石屋墙。一层五间，总占地面积为170平方米，建筑面积140平方米，保存状况良好。因其屋檐较低，伸手即可触到，所以判定其修建年代较远。村长形象地形容其可飞檐走壁，一翻身就可跳至屋顶，但想要偷盗也比较困难，因每挂之间距离较远，伸手够不到，所以很难逃跑。

龙XW宅院（黎红斌　摄）

龙ZF宅院(黎红斌　摄)

隆XG家火塘(范强　摄)

隆CZ家宅门(范强　摄)

②龙ZF家位于禾若自然寨六组,坐北朝南,始建于清乾隆五十一年(1786年),属土木结构,小青瓦屋面。一层三间,总占地面积为130平方米,建筑面积95平方米,保存状况良好。

③隆YC家位于禾若自然寨八组,坐北朝南,始建于清嘉庆十九年(1814年),木结构,小青瓦屋面,火砖墙面。一层五间,总占地面积为180平方米,建筑面积155平方米,保存状况良好。

④隆XG家位于禾若自然寨八组,坐北朝南,始建于清光绪十二年(1886年),木结构,土砖墙,小青瓦,后来墙面用水泥修缮。一层四间,总占地面积为150平方米,建筑面积120平方米,保存状况良好。隆XG宅内,进门中间为客厅,左手边房为卧室,铺木地板,修有火塘,火塘上方有挂钩,用于挂放需要熏烤的腊肉等,右手边房修建灶台。

⑤隆CZ家位于禾若自然寨八组,坐北朝南,始建于清宣统三年(1911年),木结构,青石、土砖墙体,配有外厢房及宅门。一层三间,总占地面积为130平方米,建筑面积100平方米,保存状况良好。

⑥隆KY家位于禾若自然寨六组,坐北朝南,木结构,小青瓦,房屋始建于1921年。一层三间,开间宽15米,高约5米,总占地面积为110平方米,建筑面积90平方米,保存状况良好。家中有一座粮仓,高约3米,宽2.5米,保

存较好。

⑦隆BJ家位于禾若自然寨六组，坐东朝西，木结构，青石墙体，一层三间，有厢房一间，房屋始建于1924年。总占地面积为110平方米，建筑面积90平方米，保存状况良好。

隆KY宅粮仓（范强　摄）

⑧隆BQ家位于禾若自然寨八组，坐北朝南，木结构，屋面铺筑小青瓦，烧砖墙面，大门的彩绘门窗雕花保存完好，呈边长约为1米的正方形，房屋始建于1937年。一层三间，开间宽11米，高3米，总占地面积为120平方米，建筑面积100平方米，保存状况良好。

隆BJ宅（黎红斌　摄）

⑨隆ZC家宅门保存完好，高约3米，宽约2.8米。修建年代不详。

隆ZC家宅门
（范强　摄）

（二）非物质文化遗产

1. 民间故事：会飞的禾若人

禾若自然寨的先人祖祖辈辈，勤劳淳朴、睿智仗义。相传在晚清及民国年间，湘西匪患猖獗，禾若自然寨及附近的十里八寨多有匪患，而禾若自然寨基本太平。相传，在民国六年（1917年）左右，从外地来了一拨十几个人的彪悍土匪袭扰禾若寨，土匪进村后，村民就高喊“土匪来了！土匪来了”，土匪到处东奔西跑，但由于村中路线复杂，看不到村民，也找不到出路。村民在村东路口扳倒三个土匪，又在村中的交错路口放倒两个土匪，这些土匪见势不妙，急向村西头逃走。这时，村里有个叫隆边的大个子小伙拿起长矛紧追不舍，当追至离村西2公里处的柳棍坡时，土匪见追者只有一人，于是将其围打，隆边自己手拿一根长矛，土匪个个凶悍，双方形成对峙局面。隆边不慌不忙，一边迎战，一边思考退路，无奈被逼至绝路。到了柳棍坡顶斜坡的一片小竹林边，他顾不了许多，抓起几根竹尖顺着斜坡连溜带滑。这个坡有200米高，隆边滑到山脚因为从上而下有藤条及茂密竹林顺压而毫发无损。他又起腰亮起嗓子吼道：“你来，你来啊，你们有本事过来，老子砍死你！”此时土匪望而生畏，不禁感慨，禾若的人都能飞了，从此不敢再打禾若的主意了。再加上禾若自然寨村墙严实，还有屯堡防范，民众彪悍勇猛，从此再无匪患。不仅如此，附近十里八寨如有匪患，只要说有亲戚在禾若，土匪就不敢抢了。①

2. 传统音乐

苗歌演唱历史悠久，内容丰富，题材广泛，有着严密的格律。禾若自然寨现有约三分之一的村民都会演唱苗歌。一般在婚嫁、起落新屋、赶场、男女恋爱等场合会演唱。每逢喜庆场合，苗歌演唱者会根据实际情况，现编歌词，出口成歌，高声演唱，一气呵成。苗歌有其固定曲调，演唱者会按照所处情境选取不同曲调，腔调有高有低，嗓音洪亮，首尾音均有所延长，形成一定的韵律。歌词常常通俗易懂，但又寓意深刻，演唱者会依照情境选取不同的题材组织内容，绝非东拉西扯，信口乱唱。传统苗歌的歌词形式一般为七个字编为一句，两句又组成一联，两联又称为一首，俗称为七言四句体，发展到后来也有六句至数十句的。歌词讲究平仄押

① 以上故事根据访谈人、禾若自然村村民吴CC讲述，并参考其提供的传统村落申报材料整理而成。

韵，起承转合，叠韵叠句、回文倒句等形式。例如，唱单句时讲究每联上句末尾的第七个字，要有相同音韵；若要成一首，句子不限定多少，但最少要四句，而且上联下联的韵脚要相互押韵，即每句最后一个字的字音要相似或相近。苗歌演唱时大多用苗语，有的也会兼用汉语，一般会采用问答和对答的形式。

村民在演唱苗歌（范强　摄）

调研访谈时，村民吴CC为我们现场展示了几首自己编唱的苗歌，请我们观看了其妻子在赶场时唱苗歌的视频，又为我们现编歌词，现场演唱了一首苗歌，欢迎我们来到禾若苗寨，演唱时为苗语，歌词翻译为：

起步来到我的寨，辛苦你俩就不管

调查传统古村落，招待不到别见怪

每句的最后一个字韵脚相同，如果我们回唱或者对唱的话，要承接之前的演唱内容："感谢热情的招待……"

现在村中年轻人还会将一些流行歌曲用苗语来翻唱，歌词含义与流行歌曲歌词相对应，也可视为一种对传统苗歌的继承和发扬。

3. 传统服饰

走进禾若苗寨，游走寨中，不难发现村中许多妇女至今还穿着传统苗族服饰。传统苗族服饰款式多样，尤其是女装，色彩斑斓，精美复杂，上着花衣，下着百褶裙。改土归流后，清政府指令"服饰宜分男女"，但上装式样差别仍然不大。

女装上衣通常过腰不过膝，腰大而长，衣袖大而短，袖口大约有一尺来宽，袖长仅仅齐过手腕，胸前及袖口要绲绣花边，加上阑干花瓣等图案。还

精美苗服展示(一) (范强 摄)

精美苗服展示(二) (范强 摄)

有开衩和放摆,前后两面的边缘都有刺绣点缀。纽扣通常安五颗。一般都为没有领子的满襟式,没有对襟式(一般为右衽)。下装改百褶裙为裤子,裤筒短并且裤脚大,裤筒边缘绲有绣花边。苗族女子还喜欢用青黑等颜色的头帕包头,从额头顺着耳朵一直包到头后。头发不外露,平正不偏斜,头帕缠绕,折叠多层。头帕有长有短,最长的有三尺多。此外,苗族妇女还喜欢佩戴各种式样的银饰,有项圈、耳环、手镯等。

现村中妇女平时一般都会穿着苗服,而且村中老人多会自己制作苗服。首先依照原先衣服样式和尺寸在布料上画好,然后将布料进行裁剪,接着再将裁剪好的布料进行缝制,一件苗衣便初步成形。缝好后再加上自己绣的或者集市买回的绣片、纽扣及银饰等装饰,完整的一件苗服便制作完成。苗衣制作人还热情地拿出给自己儿媳妇制作的一套精美苗服给我们展示,并且请我们试穿。

4. 传统医药

米坨村龙氏苗医,家学渊源,世代入苗医,而且博采众苗医之长,闻名整个湘西,是凤凰苗族医药的代表之一。龙氏苗医对癫痫病有系统且独特的治疗方法,苗医药(癫痫症疗法)被列入国家级非物质文化遗产代表性项目名录。目前已传承至第十五代。

龙老正,米坨龙氏苗医开创者,约生活在明末清初,结婚六年,虽夫妻感情很好,但就是没有后代。某天晚上,已去世多年的祖父龙华武托梦,说想要儿孙满堂，就要学医行善，任何时候都不能放弃。第二天龙老正把祖父托梦要求学医的情况说给全家听，得到全家人的支持。于是龙老正克服千难万苦，访遍整个腊尔山地区，每到一地，就想方设法给当地名医做学徒，学医术，经过长时间的学习摸索，终于集百家医疗技艺于一身，创立了米坨龙氏苗医法，并首创癫痫病疗法。从龙老正开始，米坨龙家后面每一代，只要是男孩都要学医，传承祖训，不敢松懈。世代为医、行善救人的龙家人一直兴旺不衰。

龙玉年（1935—2016），苗医药（癫痫症疗法）国家级代表性传承人，是龙家医技的第十三代传人。其子龙绍文在他的教导之下，深得真传，成为很有实力的苗族医技传承人。现传至第十五代，以龙玉昌、龙玉山为代表。龙玉山医技精湛，曾任凤凰县中医院院长，被评聘为主任医师，现还在凤凰县城一家医院坐诊。

米坨龙氏常用苗族药物多至数百种，主要有黄鼠肉、鬼箭羽树、铁灯台、白茯苓、钩藤、大血藤、五香血藤、石菖蒲、大菖蒲、血灌肠草、三棱核桃、芭蕉心、猪心、朱砂、青荚、旱莲草、芹菜、南星、水牛角、一朵云、土大黄、马兰丹、田边菊、竹叶草、羊藿、鸡屎藤、苦瓜蒌、雪冻花、茜草、接骨木、笔筒草、三两银、铁马鞭、水杨柳树、细叶金鸡尾、巴岩姜、五月泡藤、夜交藤、牛黄等。

组方原则是用有舒筋活络、活血化瘀、开窍定惊、镇静安神、祛风熄风功能的药物。

米坨龙氏苗医治疗癫痫病特色十分鲜明，主要有以下几个方面。一是处方以苗药为主体入药。二是把癫痫病患者分为两个年龄段。一个是11岁至成人以后叫大龄年龄段，第二个是从幼儿至10岁以内叫幼儿小龄儿童年龄段。根据两个年龄段人体组织结构和生理变化的特点，特制定了两个有针对性的药方对癫痫病患者进行有效治疗。三是用猪心做药引。四是治疗成年患者，服药期间须戴药帽。其他如煎物、服药、治疗时塞鼻孔等均独具特色。

5. 民俗

(1) 贸易习俗:赶场和赶边边场

①赶场。凤凰地域辽阔,苗族聚居区村寨相对分散,旧时交通不便,城市和乡镇相对较少,苗族群众距离县城近则几里,远则数百里,周边都没有贩卖商人和杂货商店。人们想要购买物资却没有地方,在城中的商贩们想要卖掉物品也没有办法,买、卖都存在一定困难。然而每日吃穿用度,必不可少,一有短缺,人们就需要到城中购买,来回往返不仅费时,而且费力。后来,一些有识之士便想出办法,选择一些周围交通方便、远近适中的大村落和镇子,组织市场,方便人们购买物资。刚开始设立市场是当地人要求试创,后来经过一段时间,市场颇具规模,赢得各方表扬和赞许,人们就开始请求政府批准,并加以保护,且出示公告,规定赶场的日期,一般为五天一次。禾库镇场期为一六场,即逢农历初一、初六、十一日、十六日、二十一日、二十六日赶场。这种习俗一直延续至今,每逢赶场日,人们都会集中到镇上购买自己所需的物资。

身穿苗服赶场的村民

②赶边边场。苗族称“会姑娘”为“赶边边场”(苗语称“冒帕”)。据《湖南风物志》记载,湘西苗族,每逢佳节良宵,有跳月之风,童男少女,纷至森林山巅,唱歌跳舞,此唱彼和,至情投意合,虽不相识,可相约订婚。赶边边场是苗族男女恋爱的一种方式,据村民吴CC介绍,村中50岁左右的人大多是赶边边场认识并结婚的,自己和爱人相识结婚也是通过赶边边场的方式。

每逢场期,苗族未婚青年男女便身着盛装一起相邀去集市赶集会友。名义上是去赶集,实则有一个更重要的目的,就是寻找自己的意中人。通常男男、女女一起相约,三五个小伙结成一团,五六个姑娘组成一群。小伙子如发现中意对象,会跟上姑娘拉一下对方衣袖,或者以“提醒掉东西或讨吃”等方式与之搭腔,姑娘如果装作没听到走开,表示她不想交往或心有所属，如果主动搭腔或递上东西，双方可以继续交流。之后，双方会通过相互对歌进行试探、交流，因往往会选择场边的树荫下、小溪边、草坪等地，所以被人们称为“赶边边场”。随着时代的发展，现在赶边边场已经成为苗族人心中一段美好的历史回忆。

（2）还傩愿

还傩愿，苗语称“撬弄”。凤凰县境内苗族将傩公傩母视为拯救、繁衍人类的祖先。如家中遇到久病不愈、久婚无子、生活不顺，或者祈求家中终年平安无事、家添喜事等情形，有求傩神保佑还傩愿的习俗。还傩愿的时间一般会在农历九月、十月、十一月、十二月四个月中的一个月。

还傩愿对联和花吊挂（黎红斌　摄）

此项祭祀需请巴代完成。有单愿、双愿的区别，单愿需要猪、羊、鸡各一只，双愿需要猪、羊、鸡各一对，前后一般历时三天。第一天需由法师布置神坛，将房屋洗扫干净后，一般在正房中间设坛，排放方桌两张，上摆香米、酒杯、粑粑等，傩公傩母神像并排立于方桌后方。坛后放置法师用五色纸扎的牌楼、香案，牌楼上书“五岳中宫”。房顶梁及柱上要贴大小花字吊挂。大门上也要贴大小花柱，两旁门柱贴对联为：“洒扫礼门迎圣驾，展开仪路接君王。”布置好后，第二天正式做法事，巴代戴法冠着法衣，在还愿人家堂屋设的傩公傩母神像前载歌载舞，吹牛角，打锣鼓，放鞭炮，擂鼓三通，吹角三声。献茶奠酒，并唱诵祝词。第三天送傩。白天在堂屋作法，晚上在大门外搭台唱“傩堂戏”。傩愿戏发展到后来，完全脱离了巫师的参与，消解了酬神还愿的宗教色彩，纯粹成为一种戏剧形式。

现在，禾若村还保留有还傩愿仪式，据了解，米坨现在还有两位巴代法师。我们调研时，一户人家之前刚举行过还傩愿仪式，具体缘由主人没有细说。①

(3) 节日节庆

村中比较隆重的节日为重阳节，即农历九月初九，现被定为老人节。古时，重阳节要登高佩戴茱萸，饮菊花酒，做重阳糕。由于重阳节时水稻收割基本完成，农事繁忙季节已过，当地居民非常重视此节，农村家家都做蒿菜粑，杀鸭子为肴，饮苞谷酒，庆祝丰收。每年村中会统一过重阳节，举办一些活动。

除重阳节外，春节也是一个比较隆重的节日。进入腊月，村中各户杀猪、腌腊肉、酿甜酒、打糯米粑、做桐叶粑。家家户户贴春联、门神、喜笺，在门窗、猪圈牛栏、碓和磨、衣柜和各种农具上贴红纸钱。中午过后，摆上最丰盛的年夜饭，先祭祀祖先，燃放鞭炮，阖家团圆吃年饭。村中也会举办一些节庆活动。

寨内中秋节和端午节一般不过。因为这两个节日农事正忙，正值插秧和收割，所以现在村中一般不过这两个节日。

三、村规民约

禾若村同建同治村规民约

为搞好本村卫生，使大家有一个干净整洁的居住环境，更好地促进同建同治工作开展，特制定此村规民约。

第一条　环境卫生人人有责，每家每户须将自家屋内房前屋后、墙边地脚打扫干净，院落杂物堆放整齐有序。自觉保持村

① 以上内容参见凤凰县地方志编纂委员会编《凤凰县志(1978—2001)》，方志出版社2015年版，第661～669页；石启贵《湘西苗族实地调查报告》，湖南人民出版社1986年版；凌纯声、芮逸夫《湘西苗族调查报告》，民族出版社2003年版。

容清洁卫生,积极配合村支“两委”搞好公共场所卫生。

第二条　落实“懊徘叭”(包卫生、包秩序、包美化)责任制,生活垃圾定点存放填埋,禁止乱扔、乱倒,公共场所由村支“两委”干部定期清扫。

第三条　禁止向公路、村内主要道路、公共区域及河道、溪沟乱扔、乱倒垃圾。

第四条　逢年过节、红白喜事所产生的垃圾,村民要自行清除干净。

第五条　公路上不能乱停车辆,须停在指定的区域内。

第六条　村民要教育、监管好子女,使其养成良好的卫生习惯和社会公德。

第七条　每个村民要自觉搞好自家门前屋后的卫生,村内城乡同建同治巡查小组进行不定期检查,若发现村民的门前屋后没有搞好,马上责令村民进行打扫整改。如果巡查小组通知三次以上,村民的房前屋后的卫生还没有搞合格,国家的各项优惠政策(如低保、扶贫政策、危房改造等各种优惠政策)全部取消,直到把卫生整改好为止。

第八条　实行大评小奖。每月由村同建同治小组进行检查评比,每村每组评出10户左右的文明卫生户,进行奖励。

(本章由范强撰写)

第五章　高塘村大塘

远观大塘,四周群山环抱,山高壑深,风光旖旎。高耸的山峰、幽深的峡谷,以及山间流淌的溪水,潺潺的水声陪伴着蜿蜒曲折的乡间小路和山林掩映的苗家村居,加之村庄四周水塘环绕,风光秀丽,宛然一幅浑然天成的美丽画卷。大塘环境优美,气候宜人,同时,受地质条件的影响,山里分布有许多天然溶洞,也产生了独特的自然景观。大塘境内的传统建筑仍然保留着古朴的苗寨建筑风格,保留有较完整的传统风俗习惯。历史上的众多传说和故事今天依然流传着,还有保存至今的“边墙”遗址,更是苗寨历史的见证。2016年12月,原大塘村被列入第四批中国传统村落名录。

一、村落概况

（一）地理生态环境

大塘村原隶属两头羊乡，2005年行政区划调整，原火炉坪乡和两头羊乡合并到吉信镇。2017年行政区划调整，大塘村与高山村合并为高塘村。原大塘村现隶属凤凰县吉信镇高塘村。①

高塘村位于吉信镇西北部旯都洋片，距镇政府15公里。境内山高谷深，地形地貌属于丘陵、山地，海拔600～1000米，为吉信镇地势最高的村。整个高塘村村围南北长3.5公里，东西长2公里，村域总面积为7平方公里。全村辖原大塘和高山，共有7个村民小组，8个自然寨；总耕地面积2288.06亩，其中水田1256.06亩，旱地1032亩；有生态林14144.5亩，退耕还林1551.3亩。属传统村落的大塘为高塘村一至四组，一组叫鬼塘，二组叫麻旧寨，三组叫板明塘，四组叫大塘，共有5个自然寨，占地面积约4平方公里，耕地面积约1320亩，其中水田积约700亩。高塘村属亚热带山地季风湿润气候，温差明显，光、热、水资源比较丰富，降水充沛，无霜期长，有利于农、林、牧、副、渔的全面发展。年内平均气温16℃～18℃，年降雨量在1200毫米以上，自然资源丰富，生态环境优美。

大塘的村落格局为"八山一水一分田"，即按照村落整体面积来算，有80%为山地，10%为水面，还有10%为田地。说明此地山很多，四周群山环绕，其中最高的山为听啸山，有800多米高，位于四组。与听啸山相连的还有一座山叫"各就江"，两座山连接禾库镇和腊尔山镇。山上有原生态非人工种植的生态公益林一万多亩，山清水秀。

村内岩溶泉水丰富，可直接灌田。大塘境内一共有4个水塘（库），分别

① 为更完整、客观反映传统村落大塘的基本情况，本文将其融入现在所属的高塘村，作为高塘村不可缺少的一部分加以介绍。

消水沱水库(黎红斌　摄)

为消水坨水库、板明塘、“鬼塘”、流苗塘。其中消水沱水库是规模最大的一个,为国家小Ⅱ型水库,位于四组。鬼塘为天然形成,占地面积约15亩,水深1.5米,位于一组。最深的水塘为流苗塘。在四组听啸山那边修建有7.5米宽的旅游通道,为省级旅游线路,通往八公山。从两头羊来到大塘,属于八公山旅游区的范围。

大塘是两头羊省级自然保护区的腹地,植被丰富,森林覆盖率达95%以上。由于大塘有着良好的生态环境,当地村民经常看到有野猪在村中出没,一见就是一大群。野猪会破坏村中田地,有的都快进到村民家中了,其中村民见过最大的一头有三四百斤重。村中禁止村民捕猎,村民曾尝试将野猪轰走,但还是没有轰出去。

(二)村落来源

关于大塘的由来,有一个美丽的传说。传说很久以前,村里住着一户人家,男人叫布挪,女人叫米林,他们生有两个儿子。一家四口相依为命,男耕女织,年复一年。

这家人住房下面就是一块很大的平地(大约有15亩),他们在这块地里种上苞谷、棉花和蔬菜。男人白天在这块地里干活,女人在家纺线、织布、带孩子。他们家中喂有一只母鸡,母鸡每天会下鸡蛋,他们靠卖鸡蛋生活。每逢赶集,他们会拿鸡蛋到集市上卖钱来换油盐,一般卖到腊尔山那边。他们靠着自己勤劳的双手也算吃得饱,穿得暖,年复一年过着平静的生活。

不知过了多少年,有一年七月的一天晚上,皓月当空,一家人在熟睡中,米林因眼皮跳怎么也睡不着。半夜时分忽然听到了鸡叫声,米林用脚踢醒了布挪，说："老头子，不好了，怕是有贼偷鸡了。"布挪一跃而起，准备点火把去看，但火把却怎么也点不燃。他便叫米林帮他打火把，自己操起枕头边的一根木棒跑到鸡棚边，只见一只大花野猫正叼着半死的母鸡往外跑。布挪大吼一声："畜生，看你往哪里逃。"他紧握着木棒追了过去，那野猫叼着鸡直往屋前的苞谷地里逃。布挪紧追不放，野猫跑到苞谷地中央忽然不见了行踪，布挪急呼家人："老娘子，快打起火把来。"不一会儿，米林打着明亮的火把也到了苞谷地，两口子四处寻找，突然，在苞谷地中央发现了一个土洞，洞口还掉有几根鸡毛，是野猫拖着鸡钻进洞里去了。这时天还没亮，布挪守住那个洞口，叫老婆从屋里背着一口铁锅把洞口盖住，心想等到天亮了，把野猫熏出来。他们将洞口堵好之后就回去了。两口子回到屋里坐着，此时天还没有完全亮，不一会儿天上乌云密布，霎时间电闪雷鸣，下起了倾盆大雨。等到天亮了，雨也停了，两口子走出来一看，傻了眼——门前的苞谷地不见了，但见一片茫茫水塘。原来苞谷地被水淹没了，不时还能看到鱼儿在欢跳着。

当天晚上，布挪做了一个梦，他在梦里说："野猫把我的鸡叼去了，我没有鸡了，以后也没有鸡蛋了，买盐也成问题了。"这时，梦里出现一个穿一身白衣服的老爷爷，跟他讲："你不要慌，以后你可以打鱼为生，有了水，就会有鱼。"之后这家人就靠打鱼来换盐为生。①

"鬼塘"(范强　摄)

从那之后，这片苞谷地就变成一片水塘。当地人便把这个寨子称为"大当"，也就是大塘，原大塘村的名字也是由此而来。当地人又把大塘叫作"鬼塘"，那是因为很多年来这片水塘逢天旱不消，逢下雨不涝，

① 以上内容由访谈人讲述。访谈人：吴YX，女，苗族，高塘村党支部书记兼村委会主任；吴ZQ，男，苗族，原大塘村党支部书记。访谈时间：2020年7月14日。

村民使用的渔网(网内挂有铅块)
(范强　摄)

一直如此,非常神奇。有时,就算下十天半个月的雨,水塘也不会涨大水,就算涨一点也不会溢出;或者遇到几个月的伏旱天气,水塘里的水也不会干,非常神奇。现在水塘的泥巴中还有大量铅块,当地村民把铅块拴在渔网上面,成为捕鱼工具。

根据乾隆版《凤凰县志》记载,明万历年间就有人在此居住,后来人们多为躲避战乱,在此繁衍生息,逐渐形成村落。

(三)村落人口

高塘村现共有341户,1549人,主要是苗族。其中属于传统村落的大塘,有191户841人。村中主要姓氏有吴姓、欧姓和龙姓,其中吴姓和欧姓较多。最早迁来的是吴姓,其他姓是后面迁来的。

根据村中吴老支书介绍,听他父亲讲,村中吴姓最早从禾库镇龙角村迁来。迁来时四周都是大山,两边还有大峡谷,古时候很封闭,最开始迁来的是两位亲兄弟,起初在这里烧炭,后面逐渐定居于此。算到吴老先生这一代,吴姓在村中已迁来十六代,现已发展至第十八代。吴姓苗语叫“代肖”,也分为几个不同部落,即代斗、代噶、代麻、代住等支。

其中代斗和代噶支最多,吴老支书属于代噶支。

欧姓最早从麻阳迁来,祠堂在麻阳,主要分布在高山的3个寨子。起先,欧姓家主带领3个儿子来到麻阳老家田,以烧炭为生。有一年,欧姓与吴姓争山,发生矛盾,双方互不相让,相互打架。后来欧姓死后埋在老家田,他的3个儿子分别搬迁至3个不同的寨子,一个搬到了高山,一个搬到了关山坪,一个搬到了麻咕咚。高山的全部欧姓,就是从麻阳老家田来的。

（四）物产与特色产业

大塘的传统产业以农业种植为主，也发展养殖业、渔业。村内土壤以黄红壤为主，土质肥沃，有利于农作物和其他植物的生长。村中主要粮食作物有水稻、玉米，经济作物主要有烟叶、生姜、油茶等。其中水稻主要为自己食用，玉米一部分用于食用，另一部分主要用于喂养鸡、鸭、猪等牲畜。

村民在水稻田中耕作（范强　摄）

大塘烟叶种植已有三四十年的历史，一亩可收1800多斤，收入一万多元。但有时由于雨水较多，烟叶受灾面积较大，收益会有所影响。

传统经济作物还有生姜，生姜收益一般比较好，一窝能挖到5斤左右，一斤可卖7元。生姜有固定商贩来收，或者拉到镇上去卖。当年卖的是头一年的姜，当年挖出的姜需放入姜洞（地窖）储存一年后才可卖。储存温度要求较高，不能太冷，也不能太热，如果储存不好，会影响收益。

生姜种植（范强　摄）

油茶从2019年才开始种，还没成气候，略有收益。

主要养殖有山羊，出栏量在600只左右。

村中还发展渔业，水塘和水库中都养鱼。村民自筹资金买鱼苗回来放养，之前驻村工作队也有投入一部分。2020年7月，村里开始开办农家乐，“钓鱼”即作为吸引游客的一项活动。

村内水塘(黎红斌　摄)

(五)经济社会发展状况

村中原有一小学,撤点并校后合并至两头羊中心完小。该校离大塘有十几公里,老人日常接送小孩路程遥远,非常辛苦。

村中有一卫生所,还有十几位苗医。村民一般头疼脑热会在卫生所或者当地苗医家医治,大病会去镇上或县城医院。

村民收入主要以种植、养殖、外出务工为主。年轻人一般都选择外出打工,全村外出务工人员有431人。还有一些50岁左右的人都到吉信镇或者凤凰县陪读了,不在家干活。现在有的村民外出务工,在浙江萧山区的树苗场挖树苗,比较辛苦,但收入很高,平均一天能赚400～500元,也有更高的一天可收入600～1000元。一般一个家庭出去挖苗,每年纯收入可达20万～30万元。全村人均年收入在5000～6000元。①

① 以上部分数据材料由高塘村村委会提供。

二、文化遗产

(一)物质文化遗产

1. 苗族“边墙”

明万历年间在湘西苗族聚居区修建的“边墙”,经过大塘四组,以险治塞,沿天星峡谷到乾州,如今还保存完好的有100多米遗址,留有垛口,“边墙”最高处有5米多高。

大塘苗族聚居区“边墙”遗址(一)
(龙中森　供图)

大塘苗族聚居区“边墙”遗址(二)
(龙中森　供图)

2. 传统民居

传统村落内基本保存了原来的建筑风貌。整个村寨依山而建,大部分居民在山坡居住,只有少数散户分散到周边其他地方,村中传统建筑群保存较为完好。寨子新起了三栋楼房,新建建筑主要分布于村寨外围,传统村落内不允许建新房。

村寨内绝大多数的传统建筑建造于明清时期,占85%左右,大多为湘西民居,集中成片,是村内风貌的主导部分。现存建筑分为一层、二层,以二层的传统民居为主。村内部分建筑之前被土匪烧光了,有的房屋是20世纪五六十年代才开始逐渐新建的,但整体风格仍然保持传统样式。

传统建筑是具有典型苗族特色的石板泥砖木构建筑,建筑基础由石板垒砌而成。石块和石板由下至上码,码得非常整齐、美观,体现了苗族

村内街巷(一) (范强　摄)　　村内街巷(二) (范强　摄)

工匠的高超技艺。墙体由黄泥砖构成,青瓦屋顶,古朴自然。建筑朝向自由,倒也构成别具一格的乡村景观。

房屋格局多为湘西传统苗族建筑“吞口屋”样式,一般为三至五间。中间堂屋为客厅,两边厢房多做卧室。屋内建有火塘和灶台,火塘的位置根据不同的姓氏有所不同。一般而言,只有龙姓的灶台修建在进门的左手边,进到家里看到火塘在左手边的是龙姓。吴姓的火塘在进门的右手

传统建筑(一) (范强　摄)　　传统建筑(二) (范强　摄)

边，欧、刘、张、石四姓的火塘也都在右边修建。

房屋修建位置及室内功能布局有一定的讲究，要根据八卦方位口诀来判断，八卦方位口诀即由八卦方位加口诀组成。例如，北方：坎十绿、天、五、祸、绝、延、生；东北：艮十五、天、生、延、绝、祸、绿……

口诀共有八句，修建房屋时就根据该口诀确定灶台、厕所、磨房、主人床位应该建造的位置。

“天”代表天医，“五”代表五鬼，“祸”代表祸害，“绝”为绝命，“延”是延年，“生”为生气。其中比较吉利的方位为天、延、年，煮饭的地方一般布局在天、延、年；祸，一般修建厕所；五，摆置推磨。可根据“大游年”来看房屋凶吉。

火塘（黎红斌　摄）

灶台（范强　摄）

堂屋布局（黎红斌　摄）

（二）非物质文化遗产

1. 民间传说

(1) 三王爷传说[①]

当地苗族群众多信奉和祭拜三王爷，三王爷的来源与大塘有着密切关系。传说三王爷的出生地是在两头羊，三王爷的父亲为龙王三太子，母亲是原大塘村人，三王爷是他们的三个儿子。他们的外公外婆就居住在大塘的流苗塘，三王爷从小在外公家长大。

玉皇大帝得知三兄弟小小年纪就神通广大后，便想设计除掉这三兄弟。后计谋失败，三兄弟现形变成了三条白龙，知道是玉帝设计陷害，决定向玉帝讨回公道。于是三兄弟一鼓作气，直飞天宫。天宫中的柱子，

① 本故事内容详见本章最后附录“三王爷传说”。

被这三条白龙盘住，缠得整座宫殿“嘎嘎”直响，东倒西歪。玉帝知道这是三兄弟来报复了，坐卧不安。后来三兄弟被玉帝封为三天王，简称三王。天王一天可吃三十六餐。玉帝管地，管地一天只能吃三餐。为了纪念他们，他们的龙身仍然可缠在天宫的柱子上，但不能缠到平民百姓家。

(2) 鬼神传说

高塘村境内有三个山洞：“婆惹”（苗语）洞、牛魔洞、“咯哈咯咕”（苗语）洞，天然形成，由于洞内阴森，人们通常不敢抬头观看。

当地人认为人有三魂七魄，过去一旦有人病重，且久病不愈，是因为有鬼怪把人的魂魄捉去了。捉去以后会过三道关。第一道关会被关到当地叫“婆惹”的山洞中，如果魂魄被关到那里，人们可以请法师作法，念口诀，杀猪，杀羊，杀鸡，烧纸钱去那里把魂魄赎回来，病人的病就好了。若病还是不好，经法师掐算时间，魂魄就可能被送到第二关——牛魔洞。如果魂魄被送到了牛魔洞，基本上有七成的魂魄赎不回来，因牛魔洞里的鬼怪基本有七成的魂魄不会放，只有三成的魂魄会放回。即便请法师作法，杀猪、杀羊、烧纸都赎不回七成的魂魄。如果人的魂魄被捉到最后一关，“咯哈咯咕”洞，就意味着判死刑了，就连魂魄都回不来，这个就是过去鬼魂传说的三道关。

传说30多年前村里有一个人生病了，不能下床，能吃一些饭，能说话，家里从腊尔山请了法师帮忙看，法师说魂魄被捉到“婆惹”去了，主人家请法师作法，念口诀，杀了一头羊去赎魂魄，作了一天的法。“婆惹”洞里的鬼怪说要再商量一下要不要放魂魄，让他们半个月以后再来看一下，但过了半个月之后，魂魄就被送到了牛魔洞，后面魂魄一直没有被赎回来，病人就去世了。

关于牛魔洞内的鬼怪，也有一个传说。牛魔洞对面是山江凉灯，凉灯原来有一个法师叫陈发羊，相传为太上老君的男徒弟。还有两个是太上老君的女徒弟，叫花莲姊妹。花莲姊妹后来教了很多女徒弟，俗称“草鬼婆”（女巫，会放蛊害人生病），小孩子让她抱一下就会生病，让别人生病她自己就会舒服一些，被“草鬼婆”害了的人要靠陈发羊的口诀来解除。有一次，陈发羊从腊尔山那边帮人做法事回来，路过牛魔洞，就想试试看牛魔洞里面的鬼怪力量有多大。于是，他便念口诀与牛魔洞中鬼怪比试，这时外面便刮起大风，从牛魔洞中飞出许多马蜂，蜇坏了他的下巴，结果终身治不好，可见牛魔洞中鬼怪力量之大。

(3) 抗击土匪

大塘境内有多个天然洞穴，其中，有几个被当地人称为“千人洞”。千人洞为村民躲匪藏身之处，当土匪来的时候，村民把粮食、衣服等值钱的东西搬入山洞，并躲入洞中。现在千人洞内还保留有石床、石椅、土炕、土灶，可感受到当时村民在千人洞内避难求生的艰难。有一次当土匪跑到对面山上的时候，听到洞中有小孩的哭声。洞特别大，又很阴森，土匪不敢贸然进入，便从村民家中找来风车，点燃辣椒，制造烟雾，用风车将烟雾吹向洞中，洞里的村民害怕土匪不敢出来，结果全部被熏死在洞中。

当年，土匪驻扎在大塘，从外面进入比较困难，周边都是大峡谷。土匪在附近抢东西，抢衣服、被子、粮食，看到漂亮的女孩子也要抢。凤凰县顾家琪(顾统带)，为“湘西王”陈渠珍的部下，带兵前来剿匪。土匪在两头羊地带设有两道关卡——旧关卡和新关卡，大部分的土匪驻守在这两道关卡，后方防守也就相对薄弱。顾统带带兵打过来时，没有从正面两道关卡直接攻打，而是由当地村民带路绕道叭仁，从防守相对薄弱的后方包抄打进来，只用了半天时间便成功捣毁土匪窝点。从此，土匪不敢再在两头羊地带驻扎，只好跑到天星山一带去了。

传说中飞机失事的山谷(范强　摄)

(4) 飞机失事

根据当地老人回忆，1949年5月，国民党一架满载金银财宝的飞机从村子上空经过，这架飞机被后面几架飞机围堵攻打，直到看到这架飞机冒烟后才返回。被攻打的飞机从吉信飞到蜡烛山附近的时候，机翼掉下来一只，又飞了100米左右，飞机便掉落到大峡谷里坠毁了。当时许多村民亲眼看见飞机掉落，原大塘村五至七组村民曾跑去飞机坠毁地查看，捡到了很多银圆。当时有一个人穿了两条裤子，看见有很多银圆，便脱了一条裤子将裤筒扎紧，装满银圆后正扛着回家，半路上看到还有，便将先前装满银圆的裤子藏了起来，回家又拿袋子来装，装的银圆他自己扛不了，还找了人来帮忙。第二天，老人的父亲去的时候，发现银圆已被捡完，他捡回一块机翼部分的残骸，后来用它做了四五个锅铲，目前还剩一个。

根据县志记载，1949年5月24日下午，国民党政府的一架飞机，运载10万银圆由广州飞往兰州，坠毁于维新乡(今两头羊)一个叫“苟苗”的地方。坠机后，旧政府借追缴银圆之机，对当地百姓变本加厉盘剥搜刮，弄得不少人家妻离子散，流离失所。

(5) 水塘大鱼

传说在大塘的水塘中有一条大鱼，比门板还要大、比铺床的竹席还要宽。人们发现后，保长就让每家每户用竹篾编成围鱼的网，每家编制4排，编成约两丈长的竹排网，让大家一起来围鱼。村中30多人一起将鱼围到中间，看到大鱼游来游去，当时正是6月，太阳很大，天气很热，而水塘上面却出现一片乌云，不一会儿便开始下雨，更奇特的是，只有水塘中间围鱼的上方下大雨，周围还是大太阳。雨水打在人们身上很冷，保长便让大家上岸休息一下。人们上岸后，大鱼便将围鱼的竹排推倒。等到云散雨停后，人们继续下水塘围鱼，但再也找不到那条大鱼了。

2. 传统医药

苗族医药，是我国医药史的重要组成部分。苗族医药的药学理论、疾病分类、治疗方法等，是对我国医学的一大贡献。苗族医药的发展是人与自然、人与疾病斗争的结果。苗族医药经济便宜，简单有效，能为困难群众排忧解难，具有十分重要的社会价值。大塘村中现还有十几位苗医，村内群众若有一些疑难杂症难以医治，仍然会寻求传统苗医的帮助。

村中一位老苗医吴老先生，今年70多岁，因自己的父亲是苗医，十七八岁的时候就开始学习苗医。开始是跟自己的父亲学习,后面也跟其他师父学习。主要能够医治肾炎、跌打损伤、消化不良等疾病。

吴老介绍说,苗药主要使用的也是一些传统中药材,只是药方有所不同。自己会加工一些草药,例如自制治疗皮肤病的药。吴老常使用的中药材包括以下几种:三两银,为一种消炎药;木通,治肾炎;苦皮,用于治皮肤病,防止感染。吴老家的中药材有三分之一是买来的,有三分之二是自己在山上采来的。主要有石斛、陈皮、肉桂、羊毫(治疗血栓)、红花、白术等。

随着现代医学的发展,吃药打针已很普遍,但具有民族特色的苗医苗药依然保存下来,费钱较少而且见效快。当地苗族民间苗医现在多以中、西结合的方法来治病,互为补充,效验更为提高。

3. 节庆习俗

(1) 传统节日

大塘是苗族聚居地,现在仍然保留有苗族的一些传统节日。例如,每年农历四月初八是当地苗族的传统节日"跳花节"。该节是由纪念苗族英雄亚宜发展而来的。每逢节期,苗族同胞要蒸制花糍米饭,聚集到固定的地方吹笙,跳舞或对唱情歌。"五月五"龙船节,是苗族的一种水面划船比赛的传统节日。每年农历五月初五,流行划龙船,是以赛龙舟为主要内容的节日,场面非常热闹。"六月六"对歌节,在每年农历六月初六,男女老幼都着盛装艳服,齐集歌场,或吹唢呐,或打花鼓,或唱苗歌。一天尽情歌舞,以纪念自己的祖先吴八月起义。"九月九"是重阳节,家家户户杀鸡宰鸭,打糍粑,在当地,过重阳节像过年一样热闹。过年时,家家户户都要杀年猪、打年粑(打年粑时,小孩子用竹条做粑粑花,放干后火烤爆出花,吃起来又香又脆),还要杀鸡宰鸭,鱼更不能少,象征年年有余。吃饭前先祭祖,过年时是不能吃牛肉的,因为牛是农家的半家主,吃的都靠它。自产的猪肉很少拿去售卖,都制成味道鲜美的腊肉。另外,"七月七"情人节、八月十五中秋节则很少过。

当地一个比较有特色的节日叫农贤节(苗语,意思是春天播种后,快要通新了,也称“通新节”,凤凰话叫“呷新”)。农贤节主要是祭拜三王爷和大自然的生灵们。

在三王爷传说中,三王爷被毒死在小河边时,正值仲夏时节(一般是农历六七月间),天气特别热,是大自然的生灵呵护了他们,才使遗体免于腐坏。村民为了感恩生灵,决定将三王爷死后的12天,作为大自然生灵的祭日,12天内全部吃斋,不得吃荤,在斋期内看到动物,更不能喊出动物们的名字,比如说看见鱼,只能叫作“把压禾”(鱼尾巴像划船的桨划水,当时鱼是用尾巴扇风的)或叫“攀东”(树皮子)。12天期满还要请法师设坛祭拜,祭坛上摆放猪头、羊头、鱼、蟹、虾之类,作为供品,祭完方可开戒。

每年的12天斋日有一定的算法,从二十四节气中的“夏至”那天起,往上推,遇十二地支的“辰”日算起(这天苗语叫“叉合”,也是说从今天起开始吃斋)。据说“叉合”这天若是下雨,那么就会有12天下雨;若是晴天,同样也会有12天晴天。在这个斋季里,村民最怕遇到晴天,因这时田间最需要的是雨,相反田间地头的庄稼就没指望了,这是农村用来预测天气最原始的方法。一直往上推,一个周期过后,遇十二地支的“巳”日,就是斋期的最后一天(这天苗语叫“沙合”或“松合”,就是说过完这天,斋期已过,又可以开荤了)。然后又从这最后一天算起,再往上推,推到十二地支中的“卯”日,此日就是“农贤”之日,但这天必须要在“小暑”和“大暑”之间,若尚未遇“暑”,那再往上推到第二个“卯”日。至今村中一直流传有这种说法,“农贤”之日必须夹“暑”。

“农贤”这天,各家各户都休息一天,全家老老少少共同庆祝“农贤”。妇女们就在家里办生活,去田里抽禾苞、弄苞谷,家里有几个人就得抽几根禾苞和苞谷,蒸在饭里面,小菜炒新茄子、新辣子,这就意味着通新。荤菜为男人们从河里带回的小鱼和小虾。晚饭一般都在下午5点左右,晚餐比较丰盛,一家人围在餐桌前,每人前面装一碗大米饭,米饭上面分别放一份蒸熟的禾苞和苞谷。等家长祭拜完祖宗后,“农贤”就开始了。大家美美地吃上一餐,最后小孩子出门燃放鞭炮,说明这家已吃饱晚饭,并祈求能有好收成。

(2) 传统习俗

①婚恋习俗。当地村民恋爱时，一群小姑娘和小伙子在马路上走，走累了就坐下来唱苗歌，你唱我和并约好下次再见面的时间。如果对方不想再继续约会，会唱拒绝约会的山歌。其中有三个日子，即五日、十四日、二十三日，据说不吉利，因此一般不会在这三天约会。有些姑娘会将这三个日子编进歌中，会约这几个日子来见面，小伙子就会回她，你怎么会挑这三个日子啊，这三个日子不好呀，不能用来谈恋爱呀，实际上就是委婉拒绝约会的意思。约完会后会相约一起去赶集，一起吃饭。等男女双方感情特别好之后就会结婚。

结婚时人们会装作别人不知道，或者瞒着强烈反对的女方家长，这叫"偷亲"。婚期会选一个比较吉利的日子，村民吴某当年结婚选的就是1988年8月8日。结婚时，大家都身着盛装，要设拦门酒对歌，吹唢呐，擂鼓迎接客人。晚上苗歌对唱通宵，歌意主要是恭喜主人家的一些吉利话，现在一般都是三天两夜。"偷亲"是苗族青年争取婚姻自由、反对封建包办婚姻的一种形式。若女方父母强行反对这门亲事，他们就只好采取"偷亲"的办法。据说在"偷亲"的那天晚上，姑娘预先把日常用的东西拿到离家约半里路的地方藏起来，然后在家里等待男方到来。大约午夜时分，姑娘的情人和要好的朋友如往常一样到她家里。不用多久，男方告辞，姑娘装着依依不舍的样子送哥出门，顺便去将先前藏好的东西取出来，便一同到男方家去了。第二天女方家里才发现自家的姑娘已被男方"偷走"啦。第三天，新郎会委派一位德高望重、知书识礼的长老带着"三只洗脸品"(即鸡、鸭、蛋各一只)作为礼物，去女方家向其父母报信、说情、赔礼道歉。如果女方父母收下礼物，说明在这种情况下他们已基本同意了，那就再商量举办婚礼的事；如果拒绝收礼，婚礼也就不再举行了，他们只要到政府部门进行有关的结婚登记手续，待以后有了小孩回娘家走亲戚时，再以较重的彩礼向父母说情就是了。

结婚时还会算时日，看什么时候进门比较吉利。现在多为自由恋爱，好多习俗都已不再保留，比较简单化，但结婚时还会跨火盆，有红红火火的意思，也会有拦门酒、拦门歌。

②丧葬习俗。办丧事时，会请道士作法，村中现已无道士，两头羊乡还有。一般在人去世以后会请道士来招魂，会做道场。大塘的人一般会请单个道士来做招魂，比如有几个子女，每个子女会送多少东西，请道士“带上去”，做一个交接；也有一些会请一伙道士做法事，法事持续三天三夜或者七天七夜。孝帕也比较有特色，从孝帕长度可看出戴孝人的身份，孝帕最长的是亡者的直系亲属，中长的是旁系亲属，孙子辈的头上都要贴一点红纸。一般客人不戴在头上，而是捆扎在手臂上。戴在头上的孝帕还有一个特点，两条帕尾都不打结表示这个人的双亲都过世了，打一个结说明这个人双亲中有一个过世，两个都打结的就是双亲都健在。

③祭雷公。立春的第一声雷响，不管是白天还是晚上，大塘村村民都要去祭拜。患重病及天旱无雨，或久雨未晴也会祭拜。大祭用牛，小祭用猪，都要请法师来主持。将猪肉、猪头煮熟，要淡的，不能放盐，如果有盐味，就会有遭雷劈之祸。法师念口诀，烧香，摆五碗酒，摆豆腐，摆糍粑祭拜。在场观看的人，不能乱说话，不准信口说盐与鸡，因为盐和鸡都是雷神所厌恶的东西。如果有人误说了，必属犯禁。

④祭土地。相传土地爷有9个兄弟，其中最大的一个就在大塘寨子里。祭土地一般有固定时间，农历二月初二和八月初二，要去土地庙祭拜。两三年或四五年要大祭一次，通常由寨子里的人集资买东西，比如牛、猪、公鸡等，还要打糍粑，请法师念口诀。一般要祭一天，祭完后晚上大家一起吃饭。逢年过节自己家小祭的话，一般是买点肉、烧点纸。

⑤求雨。当地如遇天气干旱会求雨，要请法师。在高坡或深洞设坛，村中人一般去牛魔洞、“婆惹”洞，去比较近的地方求。据说，有一年天气干旱，有20多天没有下雨，村中原来有个法师会求雨，村民便请他来求雨，牵了一只羊，要杀羊敬献。那天太阳很大，他做了半天法事，念口诀、杀羊、作揖、烧纸钱，随后便下了一场雨。

⑥洗房。新房建好后要先洗房，意为把房子洗干净，洗去原来在这里住

的鬼怪，让接下来居住的人家家业兴旺。洗房要请法师，地点不论正屋侧屋，只需在屋内，面对门外，布置一张桌子，摆酒五碗、猪肉五块、米粑五堆、豆腐五块；青布六尺，摊在桌下地上，布上放铜钱一两串；用公鸡一只，结两翅系于桌子脚上；不用黄蜡，只用线香三支，插在米粑上。法师执筶摇铃，立在桌子前面念咒语，大意是：现在预备好了酒、肉、雄鸡、粑粑、豆腐、青布、清水、现钱来洗屋，要先请主人的祖宗，听我叫声，快些下来，快来受领祭物；再请以前房客的先人，主人恐在此不得平安，所以请我来洗屋，我带了许多兵马而来。用水来洗屋，先洗火床，再洗火塘，洗屋的左右厢房和屋的前后门，洗三次。以后主人住了，要大发大旺，财源茂盛，五谷丰登，六畜兴旺，作怪之鬼，现已送出门外，以后永保平安。法师做完法事后，将桌上的酒喝了，又把所有祭祀的鸡、猪肉、粑粑、豆腐、青布、铜钱一并取去。

洗完房后要举行接龙神仪式。苗家堂屋地上，一般在正中有龙室(龙岩、龙宝)，是供奉龙王的，有龙王在家，家道才能兴旺。苗族为求家道兴旺，许愿于龙。接龙时请两个法师做法事，由母舅接龙，族人帮忙。主人要到村口迎接母舅并送酒两碗、包封一个。做法事时锣鼓齐鸣，号筒唢呐齐奏。中午时分，由法师领主妇和母舅同去接龙。主妇头戴银帽，穿绣花衣裙，同去的妇女全部盛装，鼓乐齐鸣，燃放鞭炮。接龙回来时，在家的男子各拿纸香，由另一位法师带领着在村口恭迎。第二天在堂屋内抠一个小坑，放置一罐朱砂和白酒，封好后埋在地下，用岩板盖上，基上置一卵石，称作龙室。法师摇铃念咒，家中男女绕龙室三周，燃放鞭炮，然后用土掩上仅露出卵石上端，以作标记，法事方算结束。逢年过节的时候要烧纸敬神。

苗族有禁忌，若夫妻二人到家里来做客时，不能睡在一起，同住一间屋子，不可同床睡。

苗家堂屋内的“龙室”(范强　摄)

三、自然资源

蜡烛山(范强　摄)

大塘四周多高山峡谷,自然风光秀丽、独特。村内有众多山峰和天然溶洞。

(一) 蜡烛山

因形状酷似一支燃烧的蜡烛,所以当地人称之为"蜡烛山"。有来村中游玩的客人发现,当从一个侧面观看蜡烛山时,又像一位仙女,有鼻子有眼睛,还有下巴,所以蜡烛山也被人们称作"仙女石"。

(二) 情人洞

在蜡烛山上,还有一个山洞。这个山洞里面又有两个洞,两洞相通,一边通往蜡烛山对面的小山,另一边通往悬崖。当地年轻人经常在此地谈恋爱,所以叫"情人洞"。洞内石乳、石笋林立,千奇百怪,形态万千。穿过情人洞,悬崖一处,抬头有一瀑布,下面有一小溪,沿着山沟流向远方。

(三) 斑豹洞

斑豹洞为一天然形成的溶洞,因其位于斑豹山,所以称其为"斑豹洞"。洞内有许多天然形成的钟乳石,有的神似佛像,有的像苦瓜、八爪鱼等。斑豹洞为当地村民放羊时偶然发现,还未开发,但洞内一些石像被外地人偷偷敲走了。

斑豹洞内天然钟乳石(村民吴YX　供图)

(四) 牛魔洞

牛魔洞位于大塘四组,是一个天然形成的洞穴,曾是一个古战场,也是当地村民躲避土匪、自卫反击的地方。这里占据地理优势,易守难攻。

(五) 冰花

冰花实际上是风从植物秸秆中吹过形成的一种状态。一般冬天夜里气温在零下几度,又吹大风,第二天早上如果晴天就会形成冰花。

冰花
(村民吴YX　供图)

四、村规民约

吉信镇高塘村村规民约

为了建设社会主义新农村、倡导乡风文明、推进男女平等,促进村庄和谐发展,依国家法律法规,合我村实际情况,制定高塘村村规民约。

第一章　公民道德篇

第一条　全村村民应当遵守公民道德基本规范:爱国守法、明礼诚信、团结友善、勤俭自强、敬业奉献。

第二条　树立社会主义荣辱观和科学发展观,自觉成为有觉悟、有文化、懂经营、会管理的新型农民,积极参与社会主义新时代文明建设,并做到:率先发展、率先文明、率先致富。

第二章　村庄事务管理篇

第三条　根据《村民委员会组织法》,按照民主程序选举产生村民委员会,作为村民民主管理机构。

第四条　村委会要依照宪法和法律,支持和保障村民开展自治活动、行使民主权利。

第五条　村委会成员应积极学习、宣传、执行国家各项法律法规和政策,认真完成上级下达的各项任务;全体村民应遵纪守法,诚实守信,积极参与村内各项集体活动。

第六条　凡村内大事要事,必须经过村民大会或村民代表(村民代表由村民小组推荐,村民大会选举产生)大会讨论通过。

第七条　村务和财务每季度公开一次,接受民主监督小组和全体村民监督。如有异议可向村委会提出意见,直至提交村民代表大会讨论审议,审议结果要符合法律的规定。

第八条　村委会成立民事调解组,积极调解民间纠纷,做到大事不出村,小事不出组。

第三章　集体资源管理篇

第九条　本村土地,包括宅基地、耕地、荒地、坑洼地和公共设施建设用地等归村民集体所有,村委会依照国家相关法律政策统一管理。土地承包者和依法使用者只有使用权,没有所有权。

第十条　村委会要依法管理好本村集体所有的土地及其他

财产,教育和引导村民合理利用自然资源,保持生态平衡。

第十一条　村民建房用地实行统一规划,尽量使用原有宅基地和村内空闲地。

第十二条　村民应爱护公共财产,不得损坏水利、消防、交通、电力、生产等公共设施。严禁私自砍伐集体或他人林木。严禁损害庄稼、瓜果及其他农作物。

第十三条　保护村内道路,不得私自占用路面。严禁在路面上打场晒粮、堆放杂物,确保大路小路畅通。

第四章　促进男女平等篇

第十四条　鼓励妇女参政议政。在换届选举中,女性当选村民代表的比例不少于三分之一,女性当选村组干部的比例不低于30%。在推荐的入党积极分子中,女性比例不少于40%。

第十五条　纯女户、有儿有女户的子女婚居自由。男到女家、女到男家均可同等享受本村村民待遇。

第十六条　夫妻在家庭中地位平等,反对男尊女卑。夫妻双方平等参与社会生活,共同承担家务劳动。严禁家庭暴力,特别是针对妇女的家庭暴力。

第五章　落实计划生育篇

第十七条　全体村民和流入本村的外来人口应自觉执行计划生育政策。

第十八条　育龄夫妇共同履行计划生育义务,享受生殖健康服务。

第十九条　反对人为选择胎儿性别,违反者上报计生部门给予处罚。

第二十条　计划生育女儿户,优先享受各项优惠政策和措施。

第六章　倡导文明新风篇

第二十一条　定期评选“五好家庭”,条件是:遵纪守法好,邻里团结好，男女平等好，勤劳致富好，家庭卫生好。

第二十二条　移风易俗，提倡文明节俭的婚礼。提倡殡葬改革，葬礼力求节俭。[亲戚以外人员随贺礼最高不超过200元；宴请招待最高不超过20桌(200人)]男到女家的婚礼及纯女户老人的葬礼，村委会应该提供适当支持。

第二十三条　提倡子女姓氏自由，随父姓、随母姓或者父母双姓均可。

第二十四条　夫妇应平等对待双方老人，子女应尽赡养老人的义务，并平等享有继承家产的权利。

第二十五条　子女或其他赡养人不得以赡养等名义，强迫老年夫妇分开居住、赡养。

第二十六条　老人所享有的各种保障金、补助款等，由村组干部直接发放给老人。

第二十七条　村委会积极组织村民开展文化娱乐活动，提倡健康文明的生活方式。

第七章　搞好环境卫生篇

第二十八条　保持村庄清洁卫生，实现村庄环境的美化、绿化、净化。

第二十九条　严禁乱砍滥伐树木，严禁焚烧秸秆。不得乱挖土、开渠、随意排放污水。

第三十条　保持庭院和室内卫生，生活垃圾须倒入垃圾池内，做到房前屋后无垃圾、无污染物。

第三十一条　加强家畜、家禽及宠物管理，因管理不善给他人财产和人身造成危害的，当事人应该主动承担责任，赔偿损失，情节严重的依法追究责任。

第八章　执行与修订

第三十二条　全体村民自觉遵守村规民约，村委会负责执行村规民约的具体条款。执行中如遇到纠纷，首先由村委会协调解决;协调不成,可召开村民代表大会最后裁决。裁决结果不得与法律冲突。

第三十三条　违反村规民约规定,视情节轻重,可由村委会采取批评教育、写检查、赔偿损失、赔礼道歉、适度罚款等方式解决。

第三十四条　村委会、三分之一以上村民代表或十分之一以上村民有权提议修订村规民约。

第三十五条　本村规民约经村民会议表决通过之日起公示,公示期7天,公示期满无异议,即日生效,同时上报乡镇政府备案。

本村规民约的解释权归本村村委会。

附录　三王爷传说

当地苗族群众多信奉和祭拜三王爷,三王爷的来源与大塘有着密切关系。传说三王爷的出生地是在两头羊,他们的外公外婆家就居住在大塘的“流苗塘”,三王爷从小在外公外婆家长大。

外公龙氏,是个大户人家,家有良田万顷,牛马无数,但很勤俭。老两口只有一个女儿。其女长得端庄秀丽,十六七岁时已是亭亭玉立,周边村寨上门提亲的人络绎不绝,无论媒婆怎样甜言蜜语,都打不动姑娘的芳心,姑娘死心不嫁,要守候二老,老两口也拿她没办法。一年夏天的一天,老两口早早吃完饭,带上一壶凉水就下地锄草,因年迈体弱,经不起夏日的太阳烘烤,还没到晌午,老两口就在树下喝水乘凉。老爷子装了一杆烟,吧嗒吧嗒地边抽边看这片苞谷地,自言自语道:“这片苞谷呀,光靠我们俩要到猴年马月才锄完?”尽管声音很低,还是被老娘子听到了,“是啊,这又能怪谁呢,要你请几个工,你硬是不肯,这下可好,不累死你才怪”。老娘子接着又用责怪的语气说:“都是你养的丫头不听话,不肯出嫁,要是听话,我俩不是又多一个帮手。真是拿她没办法了,唉……”老头子见老娘子唉声叹气又带有点抱怨的意思，也不示弱："是我养的不是你养的！哼？"老娘子见老爷子生气了："算了算了，还不是为这些忙不完的农活，值嘛，真是的……"老爷子还是个通情达理之人，见妻子真有点生气了，圆场说："别怪了别怪了，这都是天意，你看看我们家的苞谷长得那么好，应该高兴才是，你说对不对呀？"老娘子点了点头又说："老爷子，你看看啊，如果这片旱地要是有一股水那多好，我们把它开成田，栽水稻岂不是可节省好多时间，这样我俩又不要这么苦了。""哈哈哈，"老爷子笑出声来说，"你做梦吧，你美吧你！"无奈，老两口只好继续到地里锄草去了。

有一天，老爷子做其他活没和老娘子一起锄草，老娘子一人更没劲，锄锄歇歇，干脆到大树底下坐坐。常言道"大树底下好乘凉"，老娘子坐着坐着，有点睡意，朦胧中看见一小伙子正向大树走来，她睁大眼睛看眼前这位后生，很眼生，从没见过，长得英俊、帅气，老娘子打心里是这么想的。小伙子走近树下，主动与老娘子打招呼："老人家，你在这休息啊？""嗯！"老娘子应答后反问："小伙子，你是哪个寨子的？要去哪里？怎么从来没见你路过这呀？"小伙子笑着回答说："老人家，我是山那边的，今天走亲戚路过这里。""哦！"老娘子点了点头，"唉！小伙子！现在天色还早，坐下来喝口凉水吧，歇歇脚再走！"

小伙子见老娘子这么热情，也就停下休息，看看这一大片苞谷地，说："谢谢老人家，我不渴！这么宽的苞谷地都是你家的吗，那你家有几个人呀？""是的，我家只三个人，我和我老头子，还有一个妹崽。"老娘子高兴地介绍了家庭情况。"老人家，见你都这把年纪了，经你这么一说，不是劳动力很紧张，还要种这么多做什么呀？"小伙子这么一问，把老娘子的话匣子打开了："我也不知道，反正是农民嘛，不做这些又做不出哪样，这不，前两天我还和我家那个说，做做做，做那么多累死你，我还说，如果这里有水源那多好呀，就可把这些地开成稻田了，我家老头说要我做梦去吧……你看，我老糊涂了，这些话也跟你说。"老娘子不好意思地说。此时小伙子故意琢磨一下说："老人家，我要是能帮你找出水源来，你二老都这么大年纪了，还有决心开田吗？"老娘子回答说："小伙子啊，你这不是白天讲梦话吧，拿我老人家开心，这是伤天害理的哟。再说了，这里祖祖辈辈都没有水，你能找到水?”老娘子的脸一下子由晴转阴，有点生气地瞥了一下小伙子。

小伙子见老人家有点生气，忙笑着说：“老人家，我不是开玩笑的，我说真的。”听到小伙子这么一说，老娘子用怀疑的眼神盯着小伙子说：“我不信，你真的就有这天大的本事，如果能找出水来，我就……”“就什么?”小伙子也不示弱地追问道。“我就把我们的妹崽嫁给你！”老娘子赌气地说。她心想，反正你也找不出水源的。谁知小伙子很自信地说：“老人家，我若是找出水源来，你真的把你们的女儿许配给我吗?”

“真的！”老娘子也爽快地回答。

“那我们一言为定！”

“一言为定！”

这是小伙子和老娘子的最后对话，说完小伙子就起身赶路了，身影渐渐地消失在茫茫的崇山峻岭之中……

老娘子收工回家，晚上在饭桌上对着父女俩说了今天遇见小伙子的事，包括对话从头到尾说了一番，也就不当一回事，累了一天，都睡得很香。第二天早上，女儿先起床开门，被眼前的一幕惊呆了，马上回屋叫醒父母：“爸！妈！快起来看，快起来看，我们的苞谷地真有大水了！”听到女儿的叫声，二老马上起床，来不及穿鞋子就往门外冲，真的有水从苞谷地流过，二老又惊又喜，自言自语道：“天意呀，这是天意！”突然间，老汉眉头一锁，心想：“不对呀，昨天太阳大大的，昨晚又没有打雷下雨，怎么会出现这……苞谷一根也不坏，难道说是昨天老娘子遇见的那个小伙子做的好事?”几乎是同时，老娘子也预感到了什么，就背着女儿对老公说：“老爷子，如果是昨天那小伙子做的好事，那我答应的事得兑现呀。”“兑什么现呀，人家是哪里人我们也不知道，再说了我们的宝贝女儿又不肯嫁人，如果人家找上门来再说，不找就算了。”老娘子也没更好的办法，只好说：“那就依你吧，我这妇道人家，你说了算。”这天早晨，一家三口饭也不做，就逆水寻源，一直向西走，走完苞谷地，大约有两里路，有一潭清澈可见的水，这就是水的源头了。几天过去了，仍然没见到那小伙找上门来，时间一长，二老对承诺的婚事也就慢慢地淡忘了。水对于这里山高水低的地势来说，简直是雪中送炭，十里八寨的人们可来这里洗澡洗衣，夏天这水特别凉，冬天又特别暖，后来村民们把这潭水起名叫"根流苗"(苗语)，意思是说这潭水是大水井，水又清又秀。这年秋收后，老汉请了很多人帮忙把这片旱地改为良田，和村民一样过着幸福的生活。

第二年的农历七月初七，这天是老汉一家永远也不会忘记的日子。清早，女儿和以往一样做完早饭，见父母还没收早工，就提着一竹篮子去"根流苗"洗衣服。父母收工回家，不见女儿在家，知道她是去洗衣服，也就不当一回事，早饭后很久了也不见女儿回来，这下二老有种不祥的预感，于是匆匆赶去"根流苗"看个究竟。到那边看到的是青石板上放有尚未洗完的衣服和一双放得齐齐的鞋，突然，二老眼前一暗，昏倒在地。不知过了多久，有一妇人也前来洗衣发现两老，于是叫醒他们问是咋回事，二老人哭告知女儿掉进水里了。好心妇人回寨找人帮忙打捞，因水太深无法下到底，打捞不上来，结果是生不见人死不见尸。老两口只好听别人劝，收起东西回家，往后的日子老两口不知怎样过，但还得过，相依为命，共度余生……

又一年过去了，这过去的一年对老两口来说是多么漫长。有一天早上，老娘子正在家做早饭，突然听到有人在叫："爸！妈！煮熟早饭没，我们看你们来了！"老娘子听到这熟悉的声音，迫不及待地走到堂屋看个究竟，眼前站着两个人，一个是自己的女儿，另一个不正是去年和自己打赌的那个小伙子吗？老娘子心里非常高兴，赶忙说："快进屋！快进屋坐！"一边喊着一边从女儿手中接过一个竹篮子，篮子上盖着一块红毛布，包得严严实实的，老娘子以为是女儿给他们二老带的礼物，很高兴地说："你能回来，我们高兴都来不及，还带什么礼物呢？"于是小心翼翼地把这篮子放在堂屋的四方桌上。"你们俩快坐，我叫你爸回来"，老娘子说完就走出大门放开嗓子大喊："老头子！快回来，妹崽回来了，快回来啊！"老头子听说妹崽回来了，高兴得脚也不洗，两脚泥巴从田里匆匆地回来了，到家后，看见女儿身边还有一位英俊的小伙子，女儿预感到老爸的意思，不等老爸开口问，就羞答答地说："爸，这是你的女婿！今天我们是回娘家来了！"小伙子这时也甜甜地喊了声："伯父！伯母！"老汉听后高兴地对老娘子说："老婆子，还愣着干什么呀，赶快把那几条干鱼炒来做下酒菜，我和女婿喝两杯！饭后我好通知亲戚今晚来我家喝喜酒。""哎！"老娘子才回过神来高兴地回答，然后就到厨房忙去了。这时老汉有点责怪地问起女儿："妹崽呀，你一走就是一年多了，你怎么走也不讲一声？我和你妈都想死你了。"女儿回忆那天发生的事，原原本本讲给父亲听："那天早上，我做好饭，你和妈还没收早工，我就去'根流苗'洗衣服，鞋子放在一边，打着赤脚戏水洗衣，边洗边想，这水又清又凉，洗呀洗，不知怎么搞的，手镯掉进潭里了，来不及多想，就顺着手镯往下摸，由于水深，我身体失去平衡，就掉进潭里去，当时只感觉一直是往下沉，心里想，这下可完了，再也见不到你们。不知这潭有多深，也不知沉了多久，忽然被眼前热闹的画面惊呆了，好多虾兵蟹将排成两队，敲锣打鼓夹道迎接，中间有一个特别英俊和帅气的小伙子上前跟我说：'娘子，我来接你，今天是我们成亲的大喜日子。'没办法，我只好认命。后来才知这位小伙子就是龙王的三太子，他们全家人对我非常好，只是好想你和妈妈。今天是我们生的同胞三兄弟满月，我邀夫君一起回门来了。""三兄弟，莫不是我的外孙？"老汉愣愣地说。女儿欣喜地回答说："对呀，就是你的外孙！"听到这里，老汉只是点了点头不说话，他想起去年老婆子跟他讲遇到小伙子的事，有时他俩还在想，怎么不见小伙子上门来提亲呢，现在知道这小伙子就是龙王三太子，是一桩人仙奇姻。"那我们的三外孙现在在哪？"老汉定了定神问女儿。女儿指着堂屋四方桌上的红篮子说："就睡在篮子里。"老汉顺着女儿手指的地方，看见红布包得实实的篮子，再也不敢多问，也不敢去看外孙，只是"哦"了一声。这时老娘子端着热腾腾的饭菜上桌了，大家围上桌有说有笑地边吃边聊，老汉和女婿喝了两杯，饭后老汉说："我出去通知一下亲戚，今晚都来我家热闹热闹，女儿和女婿好好休息。"说完就出门了。

乡亲们听老汉说女儿今天回门，要大家今晚都不在自家做饭，一起来喝杯喜酒，乡亲们都高高兴兴前来帮忙，也想见见老汉的女婿长得什么样。太阳快落山，老汉家里摆了几桌酒席，男男女女，老老少少，有的对着新客人喊“伟”（女婿），有的叫“比求”（姐夫、妹夫），纷纷敬酒，但怎么也灌不醉新郎官，自以为在村子里喝酒也算是角色的人，今夜难不倒“比求”了。新娘子对兄弟姐妹们说：“你们想要灌醉他呀，必须在酒里加酸汤，这样他才能醉，要不你们是喝不过他的。”姐妹们照办，结果新郎官真的被灌倒了，大家于是把他送到床上休息。在当地的习俗，晚饭吃后，半夜还要吃夜宵，一切准备就绪，年轻人就到床前大声喊：“比求！比求！旭老农历夺忙！”（姐夫！姐夫！起来吃夜宵！）还没听到姐夫回答，小伙子们就掀开蚊帐，发现床里躺的不是新郎官，而是一条白色的龙（三太子现形），“啊！”小伙子们发出尖叫，声音惊醒了新郎官，新郎官知道是自己现形惊吓了他们，失态了，没脸再见亲戚，一溜烟飞回“根流苗”，从此以后再也见不到英俊帅气的“比求”了。本来这次喜事，大家都高高兴兴，发生这种事，一下子全扫兴了，亲戚们走的走，回的回，只剩下几个好姐妹，硬要看看新娘子的孩子，无奈之下，新娘子把包好红布的篮子拿到姐妹们面前说：“你们刚才已见到他们爸是什么样子了，不要害怕。”众姐妹同声道：“我们不怕，姐姐！”这时新娘子把红布慢慢揭开，篮子里躺着三条白色的小龙，众姐妹见这情况，不知说什么好，干脆都不说话了。说来也巧，半夜鸡叫后，这三条白色小龙就变成三个又白又胖的男娃娃了。天亮后，母子四人就搬到“根流苗”边建房居住，期待有一天孩子他爸能回来团聚。由于他们爸是龙王三太子，不知姓什么，这三个娃娃只好跟母亲姓龙，老大取名叫龙福金，老二叫龙福银，老三叫龙福雅①，这三个娃娃见风就长，很快就长成后生哥。三个小伙子长得帅，又勤学好读，个个能文能武。

话说有一年，他们的外公家有一匹母马下了一匹小马，只有三只脚，这本就是一件怪事，但这匹小马从一生下就躺着，吃喝拉撒都不站起来，但同样在长大。在外公八十高寿生日那天，外婆去“根流苗”通知女儿和

① 隆名骥先生撰写的《苗学探微》一书中，详细介绍了三王爷的名字。

外孙们回家和外公一起过生日。到了外婆家后,外婆说:“今天是你们外公八十高寿生日,我不准备什么好菜,计划把这匹怪马杀了当菜用。”三兄弟问道:“外婆,为什么要杀马呢?”外婆把这匹马的来历一五一十说了出来,于是这三兄弟就到马栏看个究竟。开始看时,马还是躺着,调皮的三弟顺手拿起一根野百合的秆子往马身上抽,嘴里还念道:“看你起不起来,看你起不起来!”结果这只三脚马真的站起来了。三兄弟见马站起来了,就去跟外婆说:“外婆! 不要杀这马了,这马是神马,我们骑它去买肉,你们在家煮饭等我们!”话一说完,三兄弟就骑着马往西边方向走了,老三还是拿那根野百合的秆子当马鞭,这马跑得飞快(现在还可以在吉信镇两头羊村、山江镇凉灯村和大马村见到这匹马留下的足印),当他们三兄弟买肉回来,外婆家饭还没有煮熟。一个时辰后,生日宴开始了,外公高兴,邀三个外孙一起喝酒,三兄弟也就听从,同时举杯敬外公酒,祝外公生日快乐,从此之后,这三兄弟与酒结下了不解之缘。这三兄弟有了这匹神马,如虎添翼、如鱼得水,有一天三兄弟悄悄议论说:“我们骑上这神马去皇帝住的地方看看,不知这神马能行不?”“那我们可以试试,不过我要踏着云去。”这话是神马说的。三兄弟高兴得不得了,便道:“那我们就试试!”神马说:“来吧!”于是三兄弟就坐到马背上,踏上祥云直奔皇帝住的地方,到那里游了一整天,晚上又回来。他们经常去皇宫游玩,时间久了也熟悉了皇帝身边的人,便和皇帝一起下棋。每天都是早出晚归,皇帝问他们三兄弟:“你们天天如此,那你家住哪里? 坐什么来的?”三兄弟答道:“我们家住在‘根流苗’边,是神马骑祥云而来!”皇帝听说骑神马来,便问道:“你们的神马拴在什么地方?”“就拴在皇宫大门前的大树下。”三兄弟回答说。皇帝便招呼侍从到门外看看究竟是什么样的神马,侍从打开大门一看,没有看见什么神马,大树下只见一片祥云,侍从如实地汇报给皇帝。

有一天是晴空万里,下棋到中午时,太阳直晒棋台,皇帝自言自语道:“这太阳也太晒人了。”“没关系,我们自有办法!”三兄弟说。于是就把皇宫的大门移动,专门挡住了太阳光,棋继续下到傍晚,这三兄弟的棋艺和皇帝是平分秋色,不分上下,只能第二天重来。三兄弟回到家后,把在皇宫和皇帝下棋以及在皇宫里吃香喝辣的事情一一讲给母亲听。

再说皇宫今夜也不安静,侍从在皇帝耳边悄悄地说:“皇帝,我看这三兄弟来头可不小呀,小小年纪这么神通广大,将来对您可能要有威胁之灾啊!”皇帝听后也觉得侍从说得在理,想想这些天这三兄弟的各种动作,也让他更加不安,起心想干掉这三兄弟,于是便把除掉这三兄弟的计划交给侍从策划。第二天三兄弟早早就来了,和往常一样把马拴在大树下,继续和皇帝下棋,下午快要回家时,皇帝对这三兄弟说:“你们三兄弟棋艺高超,我和你们分不清胜负,我由心里佩服,今天你们回去,我特赠送你们一瓶好酒带回家,但千万要记住,此酒不能在途中饮,只能到家喝。”三兄弟高兴地从皇帝手中接过酒说:“皇帝,放心吧,我们记住了,回到家再喝!”说完这三兄弟飞身上马,扬鞭回家了。在三兄弟回家的路上,皇帝赠送的这瓶酒不慎漏了一滴,正好滴在马鞍上,马鞍就被砸开成两半。来到小河边,三兄弟小憩一下,老大说,这酒有这么厉害,等我来喝一口看看。哪知老大一口酒下肚,就倒地身亡。老二见状便说道,大哥不行让二哥来,老二连喝两口,也和大哥一样倒在地上不再动了。老三见状,心想我们三兄弟平时的酒量都是差不多的,怎么喝这一两口就倒下了呢,带着气愤和冲动,就把剩下的酒一口气喝完,老三在死前挣扎了一下,倒在河里。老大喝得量少,脸色不变;老二多喝两口,脸色呈红色;老三喝得最多,脸色全变成黑色了。说来也巧,老大和老二倒在平地,被那些飞禽走兽,特别是蛇精心呵护,十二天都没腐化;老三在水里,又被鱼虾们用尾巴扇风,十二天也同样没腐化。因人死身未腐魂还在,这三兄弟现形变成了三条白龙。他们知道皇帝送的这瓶酒是毒酒,决定和皇帝讨回公道。

于是这三兄弟一鼓作气,直飞皇宫。皇宫中的柱子,被这三条白龙盘住,缠得整座宫殿“嘎嘎”直响,东倒西歪。皇帝知道这是三兄弟来报复的,坐立不安,马上召唤三兄弟:“你们三兄弟快现身下来吧,造成今天这样子,都是我的错,我想弥补过失,决定封你们为王,快快下来吧!”三兄弟听后说:“下来就下来,你若再玩什么花招,我们不会饶过你的。”“好好好,快下来吧,我再也不敢了!”皇帝诚恳地邀请。三兄弟下来现了身,听候皇帝封王。皇帝说:“你们三兄弟,从今天开始,让你们来管天,封为天王(三兄弟为三天王,后简称三王),天王一天可吃三十六餐。我管地,管地一天只能吃三餐。为了纪念你们,你们的龙身,仍然可缠在皇宫的柱子上,但不能缠到平民百姓家,你们三兄弟意下如何?”三兄弟听后非常满意,连连向皇帝道谢:“谢谢皇帝!谢谢皇帝!”谢毕,三王回家主事去了……①

(本章由范强撰写)

① 由吴ZQ讲述,报道人龙中森整理并提供文字材料,在此表示感谢。

第六章　火炉坪村

火炉坪村坐落在有“天然动物园”和“天然药材宝库”之称的腊尔山高原台地。火炉坪村历史悠久，村落中民居构造独特，苗族文化厚重，拥有以苗族祖先为名的各种山头，有苗族祭祖“圣地”合鼓坪，有为了“椎牛合鼓”而建的雚兜古城，有全寨村民合力抗击土匪的龙凤庵遗址。寨中流传的民间故事、民间传说更是丰富多彩，是一个民族风情浓郁的古村落。2016年12月，火炉坪村被列入第四批中国传统村落名录。

一、村落概况

(一)地理生态环境

火炉坪村位于凤凰县吉信镇西北部,与镇政府所在地相距15公里,东面与大塘村相连,西北与禾库镇天星村毗邻。2017年与由扳初、东就、岩口3个自然村寨组成的岩口村合并,村名仍为火炉坪村。全村行政规划总面积10平方公里,其中耕地面积1716亩、旱地面积1563亩、退耕还林面积845.7亩、生态林面积8560.5亩,共382户1464人,是苗族聚居地。被列入中国传统村落的是与岩口村合并之前的老火炉坪村,以下文中提到的"火炉坪村"指的就是这个意义上的火炉坪村。

火炉坪村一隅(张丽美　摄)

火炉坪村四面环山,辖4个自然村寨:黄腊坨、江山坨、火炉坪、老营寨。4个自然村寨相对独立,又互为一体。有的村寨建在半山腰,坐北向南,徐徐而上,每一个缓坡都有一户人家,村道从寨子后门沿山而下,与X090县道即火禾公路相会。有的村寨建在山脚下,背靠山脚,面向X090县道,坐西向东或坐东向西,分布在火禾公路两侧。各个自然村寨相对集中,是典型的苗族聚居村落。

火炉坪村平均海拔700米,属温带季风气候,夏季温热多雨,冬季寒冷干燥,四季分明。村域面积4平方公里,村庄占地面积460亩,耕地面积1082亩,其中稻田865亩。虽然起点在高塘村,终点在旯都洋村,全长9.5公里的两叉河流经山脚,但是火炉坪村山高水低,水资源仍然比较紧缺。

（二）村落来源

传统村落火炉坪的名字，是沿用自然村寨火炉坪的名字而来。自然村寨火炉坪所处之地，像3只老虎落在山丘上，有“虎落平阳”之意，当地人称为“虎落平”，后来慢慢改成了火炉坪。

关于火炉坪名字的由来，有另一种说法：民族文化研究者隆名骥先生认为，火炉坪以前叫“火略坪”，是古代苗族椎牛合鼓的圣地，“火”在苗语里是“合”，“略”即苗语里的“鼓”，“坪”苗汉同义。1958年，全国掀起大炼钢铁运动，坪中建立炼铁炉，为了适应当时形势而改名为“火炉坪”，自此沿用至今。

火炉坪是因为什么原因由“火略坪”改为“火炉坪”，此事无法考究。火炉坪古驿道旁至今仍然保存的修路石碑碑文可见，清朝末年，该村就已命名为“火炉坪”。凤凰庵山脚下湘黔古驿道旁有两座石碑，分别立于清同治八年（1869年）和光绪十九年（1893年），碑文中介绍村落路况时，均刻有“火炉坪”字样。

建筑专家根据火炉坪民居结构，认为火炉坪始建于明代。但是，隆名骥先生认为，火炉坪是古代苗族椎牛合鼓的圣地，不仅有合鼓坡、合鼓坳、合鼓堂遗址，还有盘瓠山、辛女峰、雷公山、蚩尤山、驩兜山等以祖先命名的山脉，足以证明这个地方很早就有苗族人居住。只是目前保存下来的建筑是明清时期的格局，但并不足以证明其建寨时间是明代，应该比明代要早。

（三）村落人口

火炉坪村民主要为苗族，目前有147户人家，658人。村中有龙（隆）、吴、欧三大姓。一些人把“龙”认定为苗语中的姓，把“隆”认定为汉语中的姓，所以出现了“lóng”姓人在不同情况下书写姓氏时，写出两种文字的情况，久而久之出现了“龙”“隆”两姓，实际上都源自“龙”姓。寨中老人欧安林介绍，龙姓先祖在明朝时期从禾库迁入火炉坪，是火炉坪的建寨始祖。欧姓先祖从麻阳迁入，吴姓祖先从禾库迁入。这些先祖迁入火炉坪的原因有三个方面。一是苗族先民迁入湘西后，刚开始居住在峡谷险滩洞穴之中，后社会稳定，人们开始择地而居。随着人口慢慢增长，资源有限，后代子孙开始外迁，其中部分人口迁入火炉坪。二是为了躲避战乱。黄腊坨寨的龙姓人家是清末为了躲避战乱迁来的。三是商业交易迁入。火炉坪是湘黔古驿道的必经之路，吸引了部分人口由外地迁入。

（四）物产与特色产业

火炉坪四周的山上有很多野生动物、珍贵药材、野花野果，其中就数野樱桃最为著名。每年的3、4月份，成片分布于四周山上的野生樱桃花，粉白如玉、美不胜收，慕名到此观景的人络绎不绝。其果清甜，有开发的价值。

火炉坪的居民普遍种植西瓜和生姜，供自己食用之余，还可拿到集市换钱。2015年精准扶贫工作中，帮扶公司给火炉坪村民提供烤烟、迷迭香、油茶和猕猴桃幼苗，进行种植技术指导，负责销售，如今，这些扶持的种植业已经发展成为经济收入可观的特色产业。

野生樱桃花（龙中森　摄）

（五）经济社会发展状况

现在的火炉坪，村落公共设施比较完整，有远近闻名的培民小学、培明事迹陈列室，还有村卫生室、电子合作商店、便宜店、古树、古井、古道、古庙,是现代与传统相糅合的传统村落。

1.培民学校

1951年,火炉坪属于大田乡管辖的一个村,在自然村寨火炉坪对面山脚下,建立了火炉坪片区小学。1985年,火炉坪乡成立,火炉坪片小改为火炉坪学区,后改为火炉坪乡中心小学。在时任湖南省委副书记郑培民的帮扶下,2000年,当时的火炉坪中心小学完成了男女生宿舍建设、观礼台修建、完小教学楼的改建、食堂改建,成为一个设施健全的现代乡村小学。为了解决贫困学子读书问题,在郑培民的组织下,建立了1000亩学生果树基地。2004年7月,为了纪念人民公仆、优秀共产党员、火炉坪脱贫致富帮扶者,同时也是火炉坪中心小学扩建者郑培民同志,火炉坪乡中心小学更名为“培民学校”。

培民学校(张丽美　摄)

2000年以来,培民学校始终谨记郑培民“敬业奉献、教育育人、推行素质教育、培养四有新人”的教诲,非常重视学生的思想政治教育、素质教育,重视师风学风建设,重视校园文化建设,教学效果很好,硕果累累,先后获得县级以上奖项30多项。

2.培民事迹陈列室

2004年,在湘西土家族苗族自治州委的牵头组织下,火炉坪村成立了“培民事迹陈列室”。陈列室为一层三间开的青砖瓦房,紧挨着原火炉坪乡乡政府,前后绿荫环绕,干净整洁。室内展示内容分三大板块,即“公仆本色”“亲民爱民”“精神永存”,一个板块占据一个房间。陈列室2009年被授予“湖南省廉政文化教育基地”,2015年被授予“凤凰县社会主义核心价值观教育基地”,培民事迹陈列室逐渐成为远近各县、各乡镇进行红色文化、革命文化、中国特色社会主义文化教育的重要基地,也是开展党风党纪教育活动的基地。

从陈列室西侧门出去,可见一竹林小径,沿西南方向的石砌山道,直通小山坡。坡顶有一块略20平方米的天然岩石,在其东侧,几个花篮簇拥着左手挎衣、右手叉腰、身着衬衫西裤、脚蹬皮鞋、笑容满面的郑培民雕像。每逢"六一"国际儿童节、"七一"建党节、国庆节,很多学校、企事业单位会组织人员来此缅怀郑培民同志。

培民事迹陈列馆(张丽美　摄)

3. 火炉坪村卫生室

火炉坪村卫生室的前身是火炉坪乡卫生院,一层独栋砖瓦房,由诊断室、血压检测室、中药房、西药房组成。该卫生室由政府挂牌,属于非营利性村卫生室。

二、文化遗产

(一) 物质文化遗产

1. 民居

(1) 村舍

火炉坪村有4个自然村寨,被山隔开,各成一体。每个村寨都依山而建,层层叠叠,鳞次栉比。民居均以石砖为基,墙壁是土石木混合结构,屋顶用青瓦铺成"人"字形。房屋结构基本上是"三开间、五柱九挂、九柱十二挂穿斗拱梁式"①。一道高1.5米左右的石砌院墙,把各家各户分割开来。院门面向村道而开。村道皆铺了石板,弯弯曲曲,条条相连,盘山而上,犹如迷宫。在民舍中,偶尔会有一两栋青砖修葺的平房,在遍地瓦房的火炉坪显得格外打眼。但是绝大部分民房仍然保持了历史旧样,其地基、布局保持了祖先迁

① 参见2015年凤凰县申报中国传统村落的材料《吉信镇火炉坪村传统村落调查登记表》。

传统民居(一) (张丽美　摄)

来之时修建的模样。土木结构的房子容易损坏,在一代传一代的过程中,避免不了修修补补,所以入目的民居,大多墙体斑驳,比较陈旧,墙砖、瓦片、门

传统民居(二) (张丽美　摄)

村内小巷(张丽美　摄)

窗等用料新旧不一。火炉坪的房子构造带有明显的军事防御功能,石砌地基,易守难攻。每户房屋侧后面均有后门,与屋后邻居的大门相通,遇险时便于从后门穿过邻居家,向后山撤离。

(2) 房屋结构

火炉坪的房子一般是三开间并排而立,中间为堂屋,左右厢房各一间,房前只留堂屋大门进出。火炉坪村民把左右厢房各称为灶房、火炉塘。三间房屋以中间梁柱为界,用木板隔了半壁墙,与外墙一体形成卧室。灶房、火炉塘、堂屋贯通,无墙壁,无挂帘等遮挡物,通过房屋的摆设能看出房间的功能。什么是火炉塘？即在地上挖一个长宽1米左右的坑，用石板作底，石砖做墙，围成像小水塘一样的火炉，可烧柴和炭，是火炉坪家家户户必备的取暖设施，当地人称为“火炉塘”。

火炉坪的房屋结构具有浓厚的民族特色：龙、隆、麻、欧等姓氏的人家，灶房在右厢房，即进堂屋大门的左边，火炉塘在左厢房，即进堂屋大门的右边。吴、石、施等姓氏则与之相反，灶房在左厢房，火炉塘在右厢房。

火炉坪房屋居住格局的分布，充分体现了苗族重孝道的文化习俗。灶房后的卧室，是儿子儿媳的房间。火炉塘后的卧室，是家中长辈的居所，称为“正房”。火炉塘靠墙的一方为尊座，是家中老人的专属座位。正对火炉塘的外墙中间，挖了一个长33厘米、宽16.5厘米的长方形的龛，内置差不多大小的木板或一片瓦，上面扣有两个碗，称为“夯高”，是苗家历代祖先之位。二楼的房子或屋后的吊脚楼，是未婚子女的居所。

(3) 镇宅之双“龙位”

“龙位”又称“家宝”“家龙”“龙眼”，是修建新房时，安置“龙”魂的地方，起镇宅安宁之意，火炉坪村村民称为“龙位”，家家都有。火炉坪的“龙位”很独特，有别于其他苗寨的独“龙位”，每家均有两个。正对堂屋和灶房中间梁柱的“龙位”是苗族的龙位，另一个是汉族的龙位。据说，火炉坪的先祖在“涿鹿之战”失败后，从黄河以北南迁时，与汉族之间相互赠物以作留念，后来安居湘西，在修建房子时，会安置两个龙位，一个代表苗族，另一个代表汉族，象征苗汉是一家，是苗族南迁时与汉族相互赠物的纪念，也是苗汉情感联系的标志。①

“龙位”的安置程序虽不复杂，但是很有仪式感。房子修建好了之后，主人会请法师，沿堂屋与灶房中间梁柱的水平线在堂屋地上挖一个小坑，作为本族“龙位”，在杯子或碗里装入少量朱砂，灌入高粱酒，放置在“龙位”里，用碟子盖住，焚香祷告，再用石板封好即可。苗族人认为，龙喜欢朱砂和银子，所以，经济条件好的人家，在安置“龙位”时，会往朱砂酒里放

① 以上内容由火炉坪村黄腊坨寨老人欧安林口述，报道人龙中森翻译。

少量银子。苗族“龙位”选定后，在其靠堂屋后墙方位挖汉族“龙位”，其设置程序与苗族“龙位”一样。

“龙位”里是朱砂和酒，酒融化朱砂后会慢慢地蒸发，所以“龙位”需要不断地续酒续朱砂。“龙位”在苗族的信仰里地位尊崇而神秘，不可随意触碰，不可任意查看。所以给“龙位”续朱砂和酒，也是需要请法师以祭奠之礼进行的。一般情况下，村民会间隔2～3年请法师进门查看“龙位”状况，如果法师认为“龙位”的酒已干，会择吉日焚香烧纸，进行简单的祭祀后，揭盖，加入朱砂和酒，然后再次焚香烧纸，祷告封位。如果感觉家里有不顺之事时，主人也会请法师到家里查看“龙位”，是不是因为朱砂酒干了，龙魂不在，导致家宅不宁。如果答案为“是”，主人会请法师作法在“龙位”里加酒、加朱砂，其程序与修房安“龙位”一样。苗族人认为，“龙位”里的酒干得越慢，代表这个房子的风水越好，主人越受到龙的保护，家里越平安，万事顺遂，反之则不然。

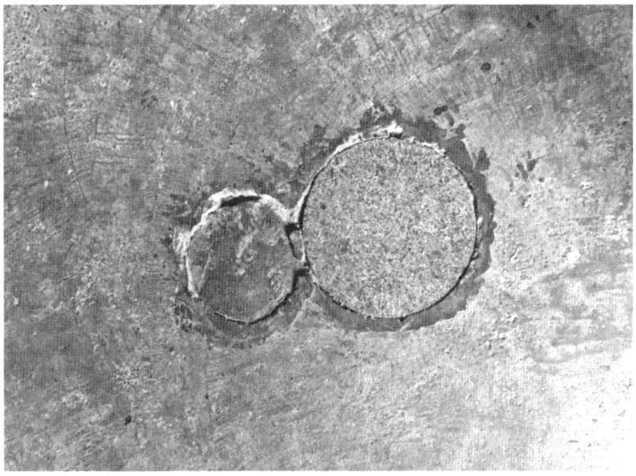

苗家堂屋的“龙位”（张丽美　摄）

（4）能辟邪的镜子

在火炉坪的苗家，偶尔可以看到一户苗家堂屋大门正上方，悬挂着一面镜子，据说是为了辟邪避灾而设。多为两种，一种是一面简单的塑胶镶砌的圆玻璃镜，一种是不锈钢材质的八卦图形镜，镜中砌一面玻璃凸镜。火炉坪地处深山，当地村民认为深山多鬼怪，如果家中

苗家堂屋大门上方的“辟邪镜”（张丽美　摄）

诸事不顺,或者有人长期生病,就会请法师作法,将一面镜子放在大门上框的中间,可以把这些无影无形的鬼怪挡在外面,以保家人平安、顺遂。

2. 驩兜山、石头城与龙凤庵

在火炉坪江山坨寨背后,湘黔古驿道所经之地,是一座拔地而起的高山,地势险峻,与江山坨寨左边的营盘山对峙,苗语称为“高肉崇”,汉语为“崇公山”。《孟子·万章上》记载,舜“放驩兜于崇山”,《山海经·大荒北经》载,“驩头生苗民”。驩兜是古代三苗国领袖,三苗战败,迁居崇山。关于崇山所在地,有多种传说,其中一种传说认为,崇山在火炉坪,火炉坪有驩兜古城,崇山指的就是驩兜山。

关于此山,当地流传着另一种说法:在建城以前,这座山的山形长得像张开的五指,当地人称为“五指山”,后来为了修建防御工事,当地苗族人把山上的“五指”打下来,修成了石头垒砌的房子,人们称为“石头城”。因是祭祀驩兜之地,故称为“驩兜山”。

(1) 军事要地驩兜山

驩兜山山顶有平地,东西相距40多米,南北相距30多米。西面依山筑坎,高达10多米。山顶铺有大岩石板作地面,向悬崖外延伸约40公分。村民们说,这样的设计,如果不走山道,猴子都没办法爬上山顶。东北依山建石墙,高出地面2米多。一条宽20厘米的石板古路沿山南面而建。越往山顶,路越陡,石阶越窄,最宽之处不及成人半脚掌宽。由于旅游开发,参观的人增多,为了安全,近年在石板路边修建了水泥围栏。此路接山下湘黔古驿道。从江山坨寨出发,沿湘黔古驿道而上,到半山腰往右拾级而上,就是通往驩兜山的路。与古驿道分路开始,上山之路共设三道门。过了第一道门,路右边的石缝、石台是战时苗族人的临时避难所。山顶平地上有两座岩石,西为驩兜岩,是驩兜的化身,也是祭祀驩兜的地方,每次进行椎牛祭祖时,第四天会在此处祭祀驩兜。旁边的石屋就是烧香焚纸、杀猪宰羊、法师诵经的地方。驩兜是蚩尤的大将,勇猛无比,深受苗族人崇拜。所以战时,苗族人出征之前,会到此悬挂三面黑底红边的长方形旗帜,焚香烧纸,祭拜驩兜,祈

骧兜山山道(张丽美　摄)

求骧兜保佑战事顺利。与骧兜岩并立的是母岩,苗语称为"乃肉",是骧兜妻子的化身。山顶地面有一暗室,入口被石板掩盖,非常隐蔽。暗室可容纳四五十人,室内设有一小门,与骧兜山中的天然洞穴相连,直通山下。骧兜山山道被攻破时,人们可以从此暗室向山下转移。正如清代严如熤著《总论苗境事宜务为筑保议》中所说,"数百里高山大岭中皆洞屋相连……苗人遇大兵进剿,预将家资老弱搬藏洞里……拒敌不胜,暗行辟匿……"① 苗族人在避难点设置暗门,与洞穴相连,作为逃生通道或者避难所,这在火炉坪并不罕见。

据说匪患严重时,骧兜山山道旁边,茅屋林立,在此避难的人们,有的焚香祷告,祭祀祖宗,有的组织孩子上课学习,传道解惑,骧兜山俨然成为一个抗击土匪的指挥中心、避难所、文化传播地。

(2) 石头城与龙凤庵

民国时期,骧兜山山顶有三栋房子。第一栋是石头城,共两层,第一层是岩石垒砌的,第二层是土砖修建的,每一层都有射击窗口,非常坚固,是传说中骧兜古城的指挥中心。② 骧兜古城③ 是苗族先民为了举行椎牛合鼓盛会,防止外敌趁机侵扰而修建的。骧兜古城范围较大,由7个山头组成,传说所辖面积有999亩,内有3口水井、3个大水塘、3个岩洞、1个悬崖营盘,设东西南北4道城门,大城套小城。大城内有两个小城,称为龙凤山,"龙"即骧兜山,"凤"为骧兜山东面与之对峙的山。指挥中心就在骧兜山山顶,形如碉堡。据说明万历四十三年(1615年),明朝廷开发苗族聚居区时,明军打了99天才攻下来。之后山顶成为朝廷军官驻地,是为"官府屯",苗语称"高

---

① 参见隆名骥《苗学探微》,民族出版社2005年版,第91页。

② 以上内容由报道人龙中森口述。

③ 关于"骧兜古城"结构的内容,摘自隆名骥《民国湘西苗乡纪实》,北京燕山出版社2010年版,第83~85页。

国屯”。当年,明朝修建的南长城沿飌兜古城东面的悬崖绝壁而过,飌兜山成为保卫长城的指挥中心。随着时代的变迁,古城已经泯灭于历史。

龙凤庵(张丽美　摄)

飌兜山上的第二栋房子是佛堂,在飌兜岩西南方向,一层三间屋,比较新,是修建龙凤庵时所建。第三栋房子在飌兜山北面,相传是尼姑龙善凤修的四间两层小楼房。1939年,在此避匪患的小孩有50多人,因而这里曾创办过古城私塾,当时的教师是龙绍英。据说,龙凤庵常因入住的人而改名,和尚上山修行时此庵改名宝峰寺,尼姑入住时名为龙凤庵。

近代中国历经一百多年的战乱,处于朝廷管辖边缘地带的火炉坪,官军之力无暇顾及,且地处交通要道,成为匪患频发之地。当地村民不得不自己组织武装抗击土匪。飌兜山龙凤庵成为这一时期火炉坪村民躲避和反击土匪的重要基地。解放军湘西剿匪之后,龙凤庵的名字便固定了下来,成为火炉坪村民开展祭祀活动之地。“文革”时期,庵堂曾毁于一旦。1996年,由凤凰县宗教局授牌,村民捐资进行修复,于1999年修复还原。庵堂供奉如来和观音,是火炉坪的佛教祭祀地。

(3)飌兜祭坛

山道二门平台入口处有一座守山门的武神化身石像。只见其右手持锏,右脚踏风火轮,身上穿着与汉族武官神像相同的披甲,虽然头上没有汉族武官戴的头盔,但是武将(官)形象毕显。服饰正下方吊有一个很大的锯齿形饰品,类似汉族武官的戏剧服装配饰,估计是苗族人想象中武将的藤盔甲,故而推断为火炉坪苗族的武神像。这座石像应该是受汉文化的影响塑造的,正好切合了飌兜山成为明军守卫南长城指挥中心的历史事件。

剖炯石像(张丽美　摄)

平台中间有一个用石头垒砌的两层小祭坛,是驩兜的神位。驩兜祭坛为什么不在山顶,而在半山二门平台处?相传民国二十三年(1934年),龙凤仙的徒弟龙善凤为了供奉观音,准备在驩兜山修庵。众所周知,观音吃素,而苗族祭祀驩兜时需要杀猪宰羊,与此相冲。为了解决这个问题,龙善凤请了苗族祭司作法询问驩兜之意。一番祭祀后,祭司说,驩兜愿意把山顶让给观音大士修行,自己移居半山二门处。故而二门处有了驩兜祭坛。从此以后,驩兜山就是佛教与巫教共存的祭祀之地。

平台左边靠悬崖处,有一座蚩尤石像,石壁处刻有"剖炯"二字,是苗语里蚩尤的名字。这座石像是2020年由火炉坪几户村民集资修建的。

废弃的砖窑遗址(张丽美　摄)

3. 废弃的砖窑

火禾公路旁,培民学校往村卫生室方向,有一个废弃的砖窑,是20世纪90年代,改革开放初期火炉坪村民创建的。如今砖窑四周杂草丛生,砖窑门口堆积了大量的废弃土砖,已无人问津。

4. 盘瓠神树

火炉坪有一棵古银杏树,至今无专家对该树进行考察,所以不知道树的实际年龄。据村寨老人回忆,第一位祖先迁入火炉坪时,这棵树就已经很粗了,村民推测,应该是千年古树。这棵银杏树,见证了火炉坪从荒无人烟到阡陌纵横;见证了苗族人与封建王朝的争与斗、离与合;见证了当地苗族人联合抗击土匪；也见证了中国人民解放军湘西剿匪；现在正见证着火炉坪的开发和建设。历经千年，时事多变，这棵在苗族人心中犹如神般存在的古银树仍然屹立不倒。2020年7月15日，作者一行去火炉坪调研时，这棵千年野生古银杏树，长在田坎里。根部两侧陈旧的石块垒砌的堡坎，说明曾经有村民砌石以保护它。根部中间暴露在外，是树根成长变粗，石坎被树根挤垮造成的。我们用钢卷尺粗略地量了一下，露在外面的树根最宽之处达2米。古银杏树在离根部4米左右分为3根主干，左边的分枝周长2.92米，中间的分枝周长3.1米，右边的分枝周长3.4米，目测高度有60米左右。中间的分枝又分了两根树枝，由于太高，没有测量它们的周长。据说，在火炉坪村，类似的古树大概有50棵。①

千年古银杏树（张丽美　摄）

千年古银杏树树根（张丽美　摄）

银杏树的苗语叫“东拔果”，与“盘瓠”谐音，故称盘瓠树。旧时当地人会在这里祭祀盘瓠。火炉坪所辖自然村寨火炉坪寨，曾有一棵历经千年的古枫树，当地人称为辛女树。辛女在苗语里叫“东民”，“民”在苗语里是妈妈的意思。传说“枫木高千丈，枝叶护苗疆”。《山海经·大荒南经》记载，“有宋山者，有赤蛇，名曰育蛇。有木生山上，名曰枫木。枫木，蚩尤所弃其桎梏，是为枫木”。盘瓠和辛女是苗族始祖，在苗族的传说中，二人为夫妻，故而，当地苗族人把火

① 参见2015年凤凰县申报中国传统村落的材料《吉信镇火炉坪传统村落调查登记表》。

炉坪的这两棵树称为夫妻树，可惜辛女树已经倒塌多年。

盘瓠的苗语为“妈苟”，是苗族共有的信仰神灵。《后汉书·马援传》在记述平“五溪蛮”时注云：“武陵……皆盘瓠之子孙也。”东晋干宝《晋纪》记载：“武陵……盘瓠之后也，杂处五溪之内。”《荆州记》记载：“沅陵县居西口，有上就、武阳二乡，唯此是盘瓠子孙。”宋朱辅《溪蛮丛笑》载：“五溪之蛮，皆盘瓠子孙。”《魏略》云：“高辛氏有老妇，居王室，得耳疾，挑之，得物大如茧，妇盛瓠中，覆之以槃。”① 民国时期，盘瓠树曾被村民当作与土匪作战的防御工具。三根分枝处可以容纳2个成年男性，树上枝叶繁茂，可藏匿一二十人。因而，火炉坪村民越发喜欢在此祭祀盘瓠。据村中老人介绍，不同时期，在此设的祭坛不一样。古时这里有用石头镶砌的石坛，人称“盘瓠坛”，现在该祭坛已消失，村民们在神树前的青石上行祭祀之礼。在盘瓠树前的台阶上，有很重的香烛纸钱燃烧留下的痕迹，只有经年累月地祭祀才能留下，说明直至现在，当地苗族人祭祀盘瓠神树的行为仍很频繁。

5. 古井

火炉平寨水井（张丽美　摄）

火炉坪建在山腰，海拔700米左右，山高水低，在安装自来水之前，水井成为火炉坪村民的唯一水源。火炉坪的4个自然村寨，每个寨子平均有2口古井。火炉坪的古井构造基本一致，由出水井、洗菜井、洗衣服井构成，有的古井还设有洗用具井。水源主要是山泉水或地下水。位于江山坨寨脚的水井是地下水，出水井井口尺寸为120厘米×150厘米，洗菜井井口尺寸为201厘米×560厘米，洗衣服井井口尺寸为540厘米×450厘米，洗用具井井口尺寸为195厘米×490厘米，呈“一”字形并排而建。位于X090

① 参见陆群《火炉坪苗族村寨宗教祭坛空间分布论析》，《宗教学研究》2017年第3期。

县道，即火禾公路路边的山泉水古井，介于江山坨寨和火炉坪村之间，由出水井、洗菜井、洗衣服井构成，呈“品”字形排列。出水井井口尺寸为193厘米×155厘米，洗菜井井口尺寸为233厘米×171厘米，洗衣服井井口尺寸为238厘米×170厘米。2015年，火炉坪开始修建自来水设施，自来水引自禾库镇，2017年全村通自来水，但这些古井仍是村民的重要生活水源。

6. 八县通衢的湘黔古驿道

在骦兜山下，荆棘丛中，有一条风吹雨蚀的古老石道，自东而来，经过火炉坪所辖4个自然村寨，沿骦兜山向西蜿蜒而去，是古时湘黔重要的驿道。这条驿道上达松（今贵州松桃）、桐（今贵州桐梓）、绥（今贵州绥阳）、靖（今湖南保靖）4县，下通泸（今湖南泸溪）、凤（今湖南凤凰）、乾（今湖南乾州）、麻（今湖南麻阳）4县，可谓八县通衢，被当地人称为“官道”，火炉坪也因此名声大噪。

江山坨寨后的古驿道旁，骦兜山山脚下，有两块修路石碑。其中一块为同治八年（1869年）火炉坪村民吴天福夫妻立的修路石碑，内容如下：

同治八年（1869年）石碑
（张丽美　摄）

盖闻熙朝之治，王道乐乎平平；幽人之占履道，羡其坦坦。一任矩步规行，奚烦左顾右盼。火炉坪者，桑梓乡也。松桃西处，连朝未绝游踪；凤凰南居，逐日偏饶人迹。环村上下就荒，沿路崎岖异致。每值雨洗雪融，泞泥滑足；剧怜往过来续，颠朴（扑）劳神。愚麟趾无闻，螽斯抱恨。惧失俎豆于藐躬，思绵宗支于奕世。旦明猛省，夫妇日虔。爰捐赀以修理，敢昭告夫杳冥。土以石铺，福缘善庆。愿兹僻壤，重奏康衢之歌；鉴我微忱，早符多男之祝。倘得双双玉燕，由是路以投坏；定当瓣瓣心香，望遥天而下拜。兹届功（功）成，不嫌语赘。是为序。

信士小黄茅坪吴天福，同缘廖氏敬修，大田龙老富谢□夏日修立。

同治捌年己巳年六月

大意为：此路通往贵州松桃和湖南凤凰，是交通要道，但是此路崎岖无比，不好走，下雨天或雪融化以后，泥泞不堪，行人容易滑足，来往者都觉得身心俱疲，反省了自己，应该学父辈造福乡里，捐钱修路，特此立碑告知上天，请看在本人携妻诚恳修路的分上，赐以麟儿。

另一块石碑是光绪十九年（1893年）立的，碑文如下：

盖闻周道平坦，原为共由之路，野径崎岖，终非众循之途。想我地火炉坪，上达松、桐、绥、靖，下通泸、麻、凤、乾。历年已久，风雨飘零，霜雪经压，固多朽坏崩颓。往来步履，均叹维艰。愚德浅福薄，善少咎多，年逾五旬，尚无焚香之子，身娶二妻，尤乏应门之童。情愿捐资整修，便官商过行车马，意欲尽力补造，叩神圣降赐麒麟，敢竭鄙诚，用书草序。

光绪十九年（1893年）石碑

（张丽美 摄）

信士江山砣龙久敬，同缘吴氏妹兰、俭

光绪十九年十二月初三日立

碑文大概说的是，火炉坪村村民龙久敬，已50多岁了，先后娶了两个妻子，即吴妹兰、吴妹俭，至今膝下空虚，看到这个通八县的重要驿道，年久失修，路滑道艰，不好走，所以出资维修，希望各路神仙看在自己修路的功劳和善德上，赐下子嗣。

7. 传统生产生活用具

俗话说“靠山吃山，靠水吃水”，火炉坪的村民至今仍然保留着这样的传统——随便走入一户苗家，总能发现各种就地取材的生活用具，有的已经被主人束之高阁，被新的生产工具替代；有的带着历史的痕迹，仍然承载着苗家的生产文化。

①刀匣子。刀匣子是苗家山民必备之物，用木头拼接成刀架，两端各有一根用麻编织的绳子，绳的末端吊有铜钱或其他圆形铁环，铜钱用于辟邪。这种刀匣子一般由男人使用，平时上山时，系于腰间，在前头砍柴或砍割荆棘开路，女人在后面捡拾捆绑后带回家做柴薪。

刀匣子（张丽美　摄）

②野猪套绳。火炉坪一户苗家至今保留着野猪套绳，用麻编织而成，绳子一端系有箩兜，旧时用来捕猎野猪。该户人家的两根野猪套绳积满了灰尘，被烟熏得漆黑，却仍很牢固。

黑竹子拐杖（张丽美　摄）

③黑竹子拐杖。火炉坪有一特产植物是黑竹子，人们喜欢用来做拐杖，称黑竹子拐杖。把竹子连根拔起，剔除竹枝竹叶，斩断根须。根部作拐杖头，另一头嵌一铁质刀柄（看上去更像把弯部截掉的镰刀）作拐杖底，防滑防蛇鼠，备受苗家山民喜爱。

④牛枷。牛枷是农耕的必备物，用牛耕田时套在牛身上的木制农具，与“犁”套用。

⑤柴火。又称柴薪，是农耕社会的生活燃料，包括枯树枝、枯树叶、稻草等。村民偶尔也会砍伐

比较大的树木，劈开晾干，备用于重大节日。柴火成本低廉，付出很少的劳力即可获得，所以，至今仍是火炉坪苗家的主要生活燃料。

⑥扁担及晾衣杆。扁担是竹子做的，用来挑东西。晾衣杆则是用分叉的树枝制作的，不仅可以晾衣服，还可用来翻晒稻草等。

⑦石制农具。石制农具是现代生活用品普及以前农家比较常见的工具，如用石头打造的磨刀石、鸭槽、猪槽、石磨等。

石磨（张丽美　摄）

（二）非物质文化遗产

1. 民间故事①

苗族民间流传着各种传说和故事，这些故事内容丰富，蕴含着苗族人的世界观。

（1）柴火故事

相传，很久以前，火炉坪建寨之时，柴火（燃料）自己主动到苗家供人使用。那时苗家妇女一般在家纺纱，纺纱机放置的地方是柴火去灶房必经之路。有一次柴火进屋时，不小心把纱线踩断了，纺纱的妇女怒斥："你怎么这么不小心，瞧把我的纱线都踩断了。"柴火听后，生气了，再也不主

① 故事（1）（2）由火炉坪村黄腊坨寨老人欧安林口述，报道人龙中森翻译。故事（3）是龙中森收集的故事，结合欧安林口述整理而成。

动到苗家了。从此,人们需要柴火,必须上山捡拾。

(2)黑竹子的故事

相传,火炉坪曾经有一家四口,父母和兄弟俩。这家人很穷,只有一大一小两块地,一头牛,一条狗。父母去世后,兄弟俩分家。分家时,哥哥分到大的那块地和牛。弟弟分到小的地和狗。有一天,弟弟带着狗去耕地,中途坐在田边休息,遇到一个赶着一群牛的牛贩子。牛贩子问弟弟:“你为什么坐在这里?”弟弟说:“我耕田累了,休息一会。”牛贩子问:“你耕田? 那你的牛在哪里?”弟弟指着狗说:“这就是我的‘牛’。”牛贩子说:“不可能,如果狗能耕田,我就把这一群牛都给你。”弟弟一听,就起身套好狗,耕田给牛贩子看,牛贩子看到狗真的能耕田,就把一群牛都给了弟弟。弟弟赶着牛回到家,高声喊道:“哥哥,把门打开,我赶着一群牛回来了。”哥哥一边嘀咕着:“你只有一条狗,一个门缝就可以进来,哪里来的牛,还要我把门打开?”一边把门打开。门开后,看到弟弟真的赶着一群牛,哥哥大吃一惊,就问弟弟怎么有一群牛,弟弟就把经过告诉了哥哥。哥哥听后,第二天带着狗去耕田,坐在田边休息,也等来了赶着一群牛的牛贩子。牛贩子问他:“你坐在这里做什么?”哥哥说:“我在耕田。”牛贩子问:“你耕田,你的牛呢?”哥哥说:“我用狗耕田。”牛贩子不信,说:“如果你可以用狗耕田,我今天把所有的牛都给你。”哥哥高兴地拉着狗去耕田,但是狗不动,牛贩子见状,赶着牛走了。哥哥一气之下,就把狗打死了。回家后责怪弟弟骗他,并告诉弟弟,他已经把狗打死了。

伤心欲绝的弟弟冲出家门,去看死去的狗,准备把它埋掉。结果发现狗的尸体已经不见了。弟弟没有找到狗,就跑回家问哥哥狗的尸体在哪里。哥哥告诉他,就在他的田边。弟弟回去一看,那里没有狗的尸体,但是长出了一根黑竹子。弟弟号啕大哭,一边哭一边摇着黑竹子,黑竹子掉下来很多金银,弟弟就用背篼把金银背回家去。哥哥看到后问他,哪里弄到了这么多金子和银子。弟弟如实相告。第二天哥哥也去摇黑竹子,结果掉下来的都是狗屎,糊了他一身。哥哥一气之下,把黑竹子砍了。回到家后,弟弟问哥哥是否摇到了金子和银子。哥哥气愤地说自己摇到了一身狗屎,已经把黑竹子砍了。第二天,弟弟拿回被砍了的黑竹子,编成了鸡笼,全村的鸡鸭都跑到这个笼子里下蛋。哥哥很羡慕,用剩下的竹子编了一个鸡笼,结果所有的鸡鸭都跑到这个竹笼里拉屎。哥哥一气之下就把鸡笼烧了。

至今,火炉坪苗寨的村民们仍然深信黑竹子是狗变成的。他们说,出门探亲访友时,带着黑竹子,所有的狗都会对着黑竹子摇尾巴。

(3) 野麦子鸟

火炉坪有一种植物,长得很像小麦,人称野麦子,成熟在万物复苏、百花争艳、生机盎然的春天。每当此时,成熟的麦穗上总会站立着一只叫着“那哦那哦”的小鸟,当地人称为“野麦子鸟”,相传是嫉恨哥哥的弟弟,在忏悔中死去后变成的。

传说,湘西苗族先民刚从黄河以北迁来时,住在有河流经过的山洞里。其中就有一家祖孙三人相依为命。年老的爷爷不能劳作,年幼的兄弟俩不会耕种,为了照顾爷爷和弟弟,哥哥主动担起了生活的重担,每天早出晚归地到山脚的河边打鱼。鱼成为祖孙三人唯一的口粮。哥哥年纪不大,每次收获不多,不能满足一家三口所需,所以每次吃鱼时,哥哥总是把肉多的鱼身让给爷爷和弟弟吃,自己只吃没有肉的鱼头。岁月如梭,吃腻了鱼身的弟弟以为哥哥自私,把好吃的鱼头留给自己吃,把不好的鱼身留给他和爷爷,因此怀恨在心。有一天,天空下着倾盆大雨,河水高涨,哥哥并没有因河水太大而放弃打鱼,依然如常而行,不料掉入河中,被大水冲走。

哥哥死后,生活的重担压在了弟弟的肩上。弟弟学着哥哥打鱼的样子,扛着渔具去河边打鱼。虽历经艰辛,但收获甚微。回到家后,煮好了鱼,学着哥哥把鱼身留给了爷爷,自己迫不及待地吃起了鱼头。鱼头入口后,弟弟泪如雨下,泣不成声。爷爷问他:“弟弟,你是不是想哥哥了?”弟弟这才把他以前嫉恨哥哥吃鱼头的事情告诉了爷爷,爷孙俩泪眼相望。

第二天,痛不欲生的弟弟带着悔恨离开了人世。死后的弟弟化作一只鸟,每到春天,野麦子成熟之时,便站在成熟的麦穗上,没日没夜地鸣叫,叫声像“那哦那哦”,声音由高到低,由清脆变得嘶哑,直至声竭死亡为止。“那哦”在苗语里是“哥哥”的意思。当地人认为,这只鸟在呼喊哥哥的灵魂,让他来吃野麦子。

2. 民间传说[①]

(1) 凉水井前辛酸泪

从吉信往火炉坪走,顺万溶江而上,经德胜营老瀑潭,行1000米,要翻一个“几”字形的陡岩坡,村民称之为“摩岫蛟”。“摩岫跤”约100米高,西行50米米有一石崖缝,缝里有一股源源不绝的清泉,味道清凉甘洌。此地因此成为赶路的村民临时歇脚之地,后来因故取名“凉水井”。如今吉禾公路由此经过,“摩岫蛟”被铲平,清泉依旧在,四周荆棘丛生,凉水井早已无人问津。

民国十四年(1925年),湖南继上一年大水后,春荒夏旱,颗粒无收,百姓四处逃生,随处可见饿殍。火炉坪村民阿努的老婆,就在这样的环境下病饿交加而死去,剩下他与儿子阿生、女儿阿妹三人相依为命。家中最后一粒米被吃光后,阿努与儿子阿生商量,决定把女儿阿妹带到吉信镇,卖给一个好人家,既能让阿妹有饭吃,活下去,也可以用卖阿妹的钱供父子二人买粮食,度过危机。于是,父子二人带着阿妹向吉信镇走去。聪明的阿妹早就猜到了父兄的打算,但是却一直默默地跟着父兄往前走。走到“摩岫蛟”清泉边喝水休息时,阿妹大着胆子唱了一支苗歌给她的父亲和哥哥听(苗族忌讳儿女对父母唱歌,忌讳兄妹相互唱歌),歌词如下:

苗 语	汉 语
忆仲恼骆柳禾展,	共同走到凉水井,
尼玛江闪如叭谋,	为父放歌到耳根,
盘保禾嘴苦略很,	含辛茹苦为我们,
典多几浓某妞层。	记得不忘你的恩。
保阿娜道:	告诉咱哥道:
逆锥堆当满齉兰,	黑暗度过必光明,
摆酒摆历妖丢保,	好景若来缺我份,
几多哦昂满掌胆,	此行一去不复返,
尼达堆展阿蓬斗。	如死还见坟一堆。

① 传说(1)(2)根据火炉坪退休教师吴荣生手稿整理而成。

唱完之后,父子三人抱头痛哭。哭完以后,阿努决定听女儿阿妹的,把她带回家,一家人同甘共苦、生死与共。阿妹见父兄被她的歌声感动,不再卖她,非常高兴,同时感谢清泉给她创造了向父兄哭诉的机会,故而给清泉取名为“凉水井”。

吉禾公路修通以前,途经此地的苗乡人总会在此歇息,回忆阿妹自救的励志故事,时不时地哼几句阿妹当时唱的歌。

(2) 苗王的祭坛

清光绪十二年(1886年),大田寨(旧时的火炉坪属于大田寨管辖)一龙氏妇人生下一男孩,取名龙云飞,曾为可老会成员,声名鹊起后成为当地苗王,偶尔得知生父葬于“摩岫蛟”崖下,遂请大法师在此地“大岩石”上作法安魂。后来人们发现一旦此地“大岩石”有迷雾缭绕,第二天就会下雨。久而久之此地就变成了苗族群众占卜断吉凶的地方。传说此地占卜“阳卦必胜,阴卦必败”,引得很多苗族风水先生和大法师勘察,认为“摩岫蛟”崖底是龙脉,成为村民流传至今的“祭坛”。

俗话说:水打千斤岩,不打四两铁。但是,此岩经过130多年的风吹浪打,毫无变化,仍然立于“摩岫跤”下的万溶江中,至今仍受苗族人崇拜。

3. 民间信仰

从考古资料和至今仍然保存完好的祭坛可见,古时候的火炉坪,在湘西苗族社会地位超然。朱元璋认为,火炉坪“肯出强人”与此地风水有关,遂遣人找出强人坟墓龙脉所在地,打眼插铜刀,再灌入锌,然后用土或岩石盖住,压住龙魂,困住龙气。新中国成立之后,四〇五地质队曾在此地龙姓祖坟的龙颈坳上,发现了人为灌入的锌。苗族传说中的祖先,在此都可以找到他们的祭坛,以及神化的山或树。

(1) 椎牛合鼓

椎牛合鼓,在苗语里是“弄业合略”,是苗族最神圣、最盛大、最隆重的祭祖集会。明清时期,朝廷害怕苗族群众利用“合鼓”造反,明令禁止椎牛合鼓集会。后来慢慢地演变成椎牛祭祖,再无“合鼓”之事。

①椎牛合鼓的由来。[①] 盘瓠时代的某一天，水牛嘲笑苗族的后裔阿龙，讽刺他的祖先是狗。阿龙认为水牛侮辱了自己的祖先，恨之入骨，决定在祭祖时把这头牛杀了，作为祭品献给祖先。为了泄愤，他决定雕刻一根有图腾崇拜的柱子，苗族人称为椎牛桩，把水牛拴在柱子上，请娘舅用长矛刺杀水牛。众所周知，在苗族社会里，娘舅的地位非常崇高，重大活动都会请他们做主持人，或者重要宾客，执行某些重要仪式。故而，祭祖这样的活动，需要娘舅参加。

阿龙去请娘舅时，娘舅不在家，他只能退而求其次，请堂舅（即母亲的堂兄弟）参加。到了祭祖那天，阿龙请堂舅把嘲笑他的那头水牛拴到椎牛桩上，请大法师作法。法事结束后，由堂舅用长矛刺杀水牛。堂舅每刺一次，水牛就面对山头跪一下。堂舅不停地刺，水牛不停地跪拜，一直死不了。围观的众人才发现，阿龙的娘舅坐在山上观礼。阿龙恍然大悟，只有娘舅才能杀死这头水牛。阿龙急忙上山请他的娘舅下来帮忙，但是娘舅不愿意。之后，堂舅又继续刺杀那头牛，牛一直不停地给阿龙的娘舅下跪，始终死不了。阿龙心生一计，再次上山请娘舅时，每上一级台阶，放下一文白银。娘舅见此，便起身往山下走，每拾一文白银，就下一级台阶。娘舅下来之后，一次就把水牛刺死了。这就成为苗家十里八乡的祭祖盛典，人称"椎牛"。椎牛手由娘舅及其亲人担任。椎牛的方式，即祭祖时，把寨子里最壮的水牛选出来，拴在椎牛桩上，请椎牛手将水牛刺死。

20世纪90年代，凤凰县进行旅游开发，组织了一次盛大的椎牛合鼓大会。当时把水牛眼睛蒙着，拴在椎牛桩上，很多人拿着长矛去刺它，牛疼得团团转，叫声凄厉。当时的县政府下令，以后的"椎牛祭祖"，用"牛嘴笼"代替椎牛。"牛嘴笼"是用竹子编织的，平时放牛时，套在牛嘴上，防止它吃路边的庄稼。祭祖时，把"牛嘴笼"挂在椎牛桩上，代替水牛，其他流程不变，祭祖完毕，将"牛嘴笼"挂在堂屋和火炉堂中间的柱子顶端，即为祭祖。现在，"椎牛祭祖"仪式逐渐淡出火炉坪苗家人的祭祖之礼，他们更喜欢杀猪祭祖，或宰羊祭祖。

---

① 本节内容根据欧安林口述、龙中森翻译的资料整理而成。

②椎牛桩图腾崇拜。①椎牛合鼓的必备设备椎牛桩，苗语称为“扭业”，是苗族人第一次祭祖时打造的，之后一般由祭司或“头人”保存，需要用时，请祭司拜祭后请用。调查组在火炉坪调研时，在一户人家发现了一对“祭牛”角，左角长49厘米，最宽之处13.5厘米，头颅的骨宽16.5厘米，右角与左角差异不大。这户人家还保存了已被烟熏成黑色的椎牛桩。据该户主人介绍，清朝灭亡后，湘西苗族人在火炉坪的合鼓坪举办了声势浩大的椎牛合鼓庆典，因明清时期都没有举行椎牛合鼓，所以寨中没有椎牛桩，于是，其祖父召集村民一起做了这根总长约3.92米的椎牛桩。椎牛桩由几个部分组成，上面雕刻有寓意深刻的图腾。

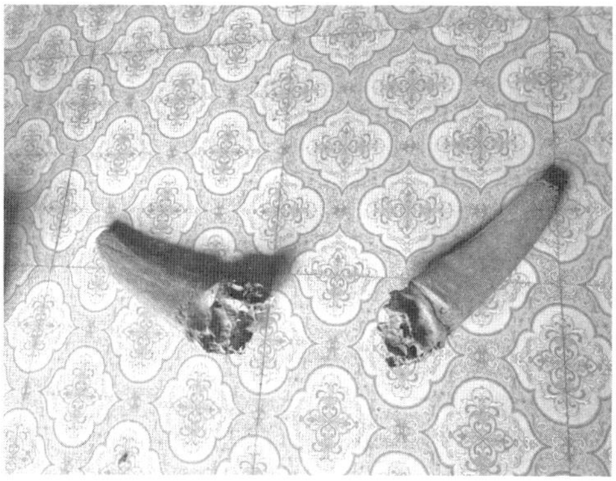

椎牛合鼓祭祖留下的水牛角(张丽美　摄)

椎牛桩(张丽美　摄)

第一，距离底部2.28米处，雕刻了9个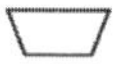，共60厘米。这9个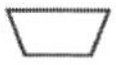代表地，即“国土”。蚩尤是苗族的头领，是始祖，死后自然也是已逝苗族人鬼魂的头领，苗族人称为“总鬼”。鼓社是由蚩尤创造的苗族社会制度，而“椎牛合鼓”的主要目的是“合鼓”。所以9个代表苗族九黎(有人说代表九州)，即代表“土地”或“国土”。

第二，9个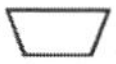上是长10厘米的，代表地球。苗族认为地球是圆

---

① 椎牛桩上的图腾含义，根据龙中森口述的资料，结合隆名骥《苗学探微》(民族出版社2005年版，第46～48页)一书中的相关内容整理而成。

的,才能滚动旋转。国家在地球之中,人们生活在地球上面。

第三,上,是5个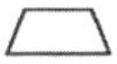,与下面的9个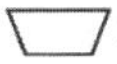相对,共长33厘米。代表氏族,即人。石宗仁翻译整理的《中国苗族古歌》里,苗族有十二宗支,《湘西苗族史诗》记述了苗族在第二次迁徙时“七宗一齐来到占楚”,第五次迁徙时“五宗一齐来到寅河”,一个县不一定有七宗,但是五宗有可能,所以,椎牛桩上的5个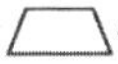代表5个氏族合鼓结盟。火炉坪苗族人就属于第五次迁徙的五宗后裔。

第四,5个上,是一个长42厘米的四方形图案,代表四维,即天体——苗族人认为天体是四方四角的。有苗族古歌为证:“盘古开天的时候,用四根骨头撑天,撑偏了又垮了天,撑歪了又塌了地”;“晴皓用四大鳄鱼撑天,晴皓用四大鳄鱼撑地,这样才分东南西北”①;“钻进龙王屋,运来金和银,打铸撑天柱,才把天撑稳,才把地撑牢”;“还有四根柱,撑天四只角,从此天和地,千年万年牢”②。

第五,椎牛桩顶端是3个,长18.5厘米。代表天,指天理、哲理。苗族祭司信奉道家,认为太上老君是其始祖,而太上老君是老子死后受封的,所以老子的哲学思想成为苗族信仰的经典。老子的哲学核心观点之一是“三生万物”,因而,这3个代表“三生万物”,即为苗语中“物质、精神、力量”一致的生存观。

③椎牛合鼓的祭台。古代苗族社会,多个地区的多个氏族联合举行椎牛合鼓的圣地,称为“合鼓坪”,苗语称为“火略坪”。火炉坪村北部山坳有“合鼓坪”,中间有一块岩石,传说是神的化身,是十里八乡苗族人椎牛合鼓的祭台,本地村民至今不敢去触摸。合鼓坪的四周有合鼓坳、合鼓堂(20世纪五六十年代修成了火炉坪生产队的粮仓,1982年,实行联产承包责任制后,粮仓分给了当地村民建房子)、吹号山、鸣锣山。在合鼓坪的东北有辛女峰、辛女树、盘瓠山、盘瓠坳,南边是雷公山。合鼓坡后的大山上有一块大岩石,称

① 参见石宗仁翻译整理《中国苗族古歌》,天津古籍出版社1991年版。

② 参见田兵编选《苗族古歌》,贵州人民出版社1979年版。

为祖公岩，是蚩尤的祭坛。东边是骦兜山。附近还有神农、土地、天王等祭坛。这些祭坛都是椎牛合鼓需要祭祀的鬼神的物化地。

火炉坪有合鼓坪，有椎牛合鼓需要祭祀的各位祖先和鬼神的祭坛，在火炉坪苗家能找到椎牛合鼓的必备之物“祭牛”角和椎牛桩，足以说明火炉坪就是古代湘西举行大型椎牛合鼓的祭祀地之一。

④椎牛合鼓的仪式。椎牛合鼓按组织方式分为三类：第一类是以“国”为单位组织举办的大型椎牛合鼓，第二类是以地区（县、乡）或者几大氏族合办的椎牛合鼓，第三类是明清王朝下令禁止举行椎牛合鼓之后，清末民初苗族人以户为单位举行的“椎牛祭祖”，失去了合鼓的功能。椎牛合鼓分为三项内容，即合鼓结盟、椎牛祭祖、跳鼓狂欢。现在在火炉坪盛行的是第三类“椎牛祭祖”，其内容也无“合鼓结盟”。①

根据《古丈坪厅志》记载，椎牛合鼓的正式仪式只进行五天五夜：第一天杀牛祭“米鬼”，系母鬼，亦即三苗祖先盘瓠之妻辛女。第二天宰母猪祭雷神。第三天宰雄猪祭祀“阿卜敬尤”，即“祖公蚩尤”。第四天祭祀“保家鬼”，即骦兜。第五天椎牛。这五天中，五祖五宗的头人举行合鼓联盟，议定族规民约，称为大鼓。分支举行的是小鼓，统称鼓社制。从民国时期开始，椎牛合鼓仪式简单化了，平民百姓只进行三天，用于祭祖、祈福、求子、保平安。

（2）接龙祭②

苗族的新春接龙会是规模较次于椎牛合鼓的另一个重大民俗活动。苗族人认为狗是其祖先，同时对龙非常崇拜。传说龙与狗相克、忌讳农历九月，所以狗年和农历九月都不举行接龙大会。火炉坪的接龙大会，一般在春暖花开的农历二月举行。按组织单位来分，接龙可分为三种：一种是以全村为单位，几个头人组织接龙；一种是以组，即自然村为单位，由头人牵头，组织接龙；一种是以户为单位接龙。下文介绍的是按组接龙。按组接龙共需要三天：第一天送蛟龙；第二天在头人家里祭祀，为第三天接龙

① 参考隆名骥《民国湘西苗乡纪实》一书的相关内容整理而成。

② 本节内容根据报道人龙中森提供的影像资料整理而成。

做准备;第三天接龙。以村(组)为单位的接龙祭需要的仪式比较多,持续的时间较长,所以需要的法师至少有5人。

①送蛟龙。在苗族的信仰里,蛟龙是坏龙,所以在接龙之前需要送走蛟龙。在仪式开始之前,请法师为接龙大会择吉日,日子定下后,邀请多位法师进行祭祀,并做好祭祀分工,准备一系列祭祀用品,比如打糍粑,做彩旗、彩伞,买香烛纸钱、鞭炮、衣服鞋袜等。龙喜欢单数,所以准备的祭品都是单数。

第一天清晨,一位法师在村外龙来之地,席地而坐,烧香焚纸,口述接龙由来,标志着接龙大会正式开始。

送走蛟龙的仪式,在村外举行。在离村子稍远的地方,选一块比较宽阔的地,搭建一个祭坛,两位法师带领一队祭祀乐队,在此进行"送走蛟龙"的祭祀。祭祀乐器由竹柝(一节竹筒,外绑一根竹片,用竹片击打,即为竹柝)、摇铃、大小锣鼓、大小钹、大小唢呐等组成。法师及乐队人员全部是身着苗服的男性。雨棚下有一张四方桌,桌上摆着五组糍粑(五个圆形糍粑层叠为一组)、五杯酒、三炷香、若干香米作为祭品。旁边的供桌上只插一炷香(3根为一炷),四周围着五叠为一摞的纸钱共四摞,旁边插一根红烛。五根绿白紫相间的彩青(长条彩色清明纸,祭祀用品)斜靠在供桌西面,紫色、绿色、黄色彩伞各一把插在供桌西面的地上。在彩青与彩色纸伞中间的地上,铺一黄两白三沓纸,每沓纸上放着一个糍粑做的圆盘,盘上放着一条糍粑做的龙。三顶纸伞后方空地,铺一床晒毡,毡上放着一张蓝色的彩纸,纸上摆着两大一小三套苗族衣服,南北方向各插一根彩青,北面彩青下,焚香烧纸。两位法师坐在供桌东方,背靠大山,面对西方,乐手在南侧站立,配合奏乐。坐着的两位法师,右手击打竹柝,一人的左手五指并拢朝天,另一人左手持铃铛,不停地上下摇摆,二人口念经文。祭祀开始后,陆陆续续有人带来猪鸭鸡等生牲畜祭品献上。

"接龙"大会(龙中森　供图)

祭祀仪式进行20分钟左右，“蛟龙”来了。“蛟龙”由两人身着淡黄色龙纹戏服、低腰顶着“龙皮”装扮而成，前面一位身着苗族常服的男性牵着，后面一个戴头盔、身着龙纹戏服、手持竹枝的人驱赶着，到达祭台，表演一段斗龙戏。蛟龙就算从家里送出去了。

奏乐停止，开始杀猪杀鸭杀鸡，把猪血鸭血鸡血接到碗里备用。杀祭祀牲畜时，同样要进行祭祀，一组糍粑、一杯酒、一根香、一根彩青即可。把祭品猪鸭鸡去毛洗净后，就地取一些柴火搭成灶，把血、内脏煮熟，肉或烤或煮，各个部位的肉分别取些许，放在五个碗里(每个碗放的东西都一样)，摆放在供桌上，放一碗辣椒，手持摇铃的法师开始摇铃念咒、占卜。占卜一次，另一位法师向供桌作揖，然后捡起龟卦交给法师，如此循环三次。头人拿着龟卦往地上一扔，如果为吉卦，祭祀立即结束，众人分享祭品——除了上供桌的肉，其他的食物都可分食。

饭后，法师带领乐队一边奏乐，一边鸣炮(用单个鞭炮点燃扔向空中，远听像打土枪的声音，替代炮声)，开始往西走。到达一个比较险要的地方，一位法师左手持铃铛上下摇摆，右手抓着一只公鸡绕场而走，走完一周，另一位法师占卜一次，选定“龙穴”，村民用树枝开始挖洞，法师则左手持铃，右手拿着彩色纸伞在“龙穴”上方画着圆圈，口念咒语，然后将部分祭品及一杯酒放在小洞口，法师将彩色纸伞等置于上面，众人烧香焚纸，奏乐，送蛟龙仪式完毕。

第二天，在头人家里举行接龙祭祀。共祭祀五条龙——东方青龙、南方赤龙、西方白龙、北方黑龙、中央黄龙，五方五位、五大龙神、龙公龙婆、龙父龙母、龙子龙孙。五条龙均是糍粑做成的，每一条龙的前面都有一杯酒、一根红烛、一柄彩色纸伞、一根彩青、一双布鞋、一套衣服。法师和乐队仍坐在供桌四周，供桌上的祭品与第一天送蛟龙的祭品同样，但是四周彩青多了不少，乐队里增加了一个吹螺号的乐手，陪着守龙魂的人是多位穿苗族盛装的妇女，这一天的祭祀是为第三天接龙作准备。

②接龙。第三天早上，简单的祭祀仪式过后，头人在大门口占卜，卜卦为吉方可外出接龙。接龙队伍秩序如下：头人手持彩旗走在前头，后面

紧跟法师及一支乐队;然后是一位男性村民手持彩色纸扎灯笼,身后跟着9位身穿盛装的妇女;紧接着后面是法师和乐队,手持彩色纸扎灯笼,身后跟着13位穿戴苗族常服的妇女,一小队唢呐乐手紧接其后。相隔几十米,缀着两条“龙”和一个拿着竹枝的小丑。队伍绕村一圈,返回村口时燃放鞭炮。

接龙回家之时,大门贴上接龙的对联:“蒙蒙春雨接龙归,踞盘此地保吉祥”,横批“兴旺发达”。将龙接进家里,所有人围着供桌而坐,陪着法师做法事。法事开始,杀猪祭祀。一位老太太和一个小女孩合作“开鼓”,表示接龙到家,大家可以击鼓欢庆,身着盛装,参加接龙的妇女轮流上台击鼓,鼓声不断,共庆接龙成功之喜。

室内仪式结束后,法师带队向村外东边而去,通过占卜,找到“龙穴”,挖一个洞,由法师在洞底先铺红纸,再铺多张黄纸,然后撒些许酒,在一个玻璃瓶子里倒入少量朱砂,灌酒入瓶,直至瓶满,放在洞里,作法念咒。然后用一个空碗反盖住酒瓶。一位法师手持铃铛,带领身着盛装的妇女(其中两个妇女右手各拎着一只活鸭)及部分男性村民,沿着田坎绕场。另一位法师手持铃铛,带着男性村民往相反方向绕场。两队人员手里均执有彩青,两队相遇时,队伍停止前进,并向“龙穴”鞠躬一次,如此循环三周为止。安置“龙穴”的法师率人往洞里焚烧纸钱,同时,绕场法师占卜,占卜一次,作揖一次。后两位带人绕场的法师收走所有的彩青,放在“龙穴”焚烧,其中一位绕场法师念咒语。掩盖“龙穴”,在鞭炮声中,法师带队返回家中。

入屋之后,法师开始焚烧香烛纸钱,参加安置“龙穴”的人各手持一根彩青,在两位法师的带领下,围着供桌相对绕场三周,后面向供桌鞠躬三次,法师收走彩青,就地焚烧。接龙仪式完成。

所有村民到村子一处空旷的坝子里,先观看参加接龙的妇女表演击鼓舞,然后看“舞龙”。苗族的舞龙节目很有特点,一头戴小丑脸谱、身着龙纹戏服的男子,手持竹枝在后面驱赶龙,一身着苗族常服的男性在龙前打拳斗龙。整个过程持续10分钟。至此,接龙大会结束。

(3) 三王爷祭

在火炉坪村江山坨寨南边的辛女井旁边，有一座“天王庙”，庙内供奉三王爷。该庙在“文革”时期曾被毁，20世纪90年代，村民捐资复建。恢复后的三王庙除了供奉三王爷，还有三王爷的父母。三王庙是火炉坪的苗族人“冰释前嫌”之地。据说，苗族人发生纠纷无法调解时，会请头人、族老把双方请到三王庙，刺鸡血滴酒，双方喝后，纠纷一事就算解决了，苗语称为“吃血”。①

三王爷是三个王爷的意思，在苗语里称为“不来剖过”，因反抗封建统治而遭毒杀，死后封为王爷，是苗族人心中的“战神”。火炉坪2.5公里外的三门洞景区的小河一侧有一处悬崖壁，上有三个形如门的洞。其中一个洞喷水，人称水门，亦称阴门；一个洞鼓风，人称风门，又称阳门；一个洞有热气冒出，人称热门，也称圣门。当地苗族人称为“卜来科叭滚”，意思是三门鬼洞，即为三门洞。洞口旁有一个石头垒砌的祭坛，内无神像，看上去非常古老，据说是祭祀苗族古代将军祖神龙福金、龙福银、龙福雅的鬼魂之地，称为“三王爷祭坛”。

关于三王爷的由来，一种传说认为，三王爷是湘西乾城县沙子坳人。当年沙子坳杨老栋官之女穆英洗衣服时，“感波光而孕生下三王”。三个儿子长大后，个个长相英俊，武功卓越，因是龙王后代，被王朝皇帝封为三王神，为其建庙。

三王爷的祭祀活动，分为小祭和大祭。小祭不分时间，苗家人随时去庙里烧香，或供奉酒、肉、果蔬即可。大祭比较隆重，需要请苗族祭司做法事请魂，供奉三盆八碗肉食、三杯酒、三碗米。请法师烧香焚纸，奉请三王爷用餐，祈求三王爷保佑子孙后代身体安康，家宅安宁，风调雨顺，五谷丰收。何为“三盆八碗”？即在祭拜开始时，由专人奉上生猪生羊等，屠夫焚

① 火炉坪苗族群众在庙内解决纠纷时吃的是鸡血，但《凤凰厅志》卷十三“积贮”里记载吃的是猫血，苗族人“遇有冤忿，必告庙誓神，刺猫血滴酒中，饮以盟心，谓之‘吃血’”。

香宰杀，去毛洗净，用锅煮熟。煮熟的肉切成块状，装在三个盆里；煮熟的内脏，包括心、脾、肝、肺、肠、肚，切后混合分装到八个碗里。以上即为“三盆八碗”。

（4）“农贤”日祭①

农贤节，又称“通新”，火炉坪人称为“呷新”，指旧粮吃完，遇到新粮成熟而举行的节庆活动。农贤节祭祀的是大自然的生灵。传说三王爷被毒死之时，正值仲夏时节，天气炎热，小河四周的花草树木虫鱼鸟兽等自然界的生灵，完好地保护了三王爷的遗体。苗家人为了感谢生灵，把三王爷死后的12天，作为大自然生灵的祭日。祭日内，苗家人茹素，不可吃荤，交流过程中，用指代语替代动植物的名字。

农贤节的祭日为12天。从夏至开始，遇到十二生肖的“辰”日，苗语为“叉合”，意为吃斋。7天过后，遇到十二生肖的“巳”日，苗语为“沙合”或“松合”，意思是今天结束，斋戒已过，可以开荤了。从“巳”日开始，遇到十二生肖的“卯”日，即为“农贤”日，而且必须介于“小暑”和“大暑”之间，否则继续往后推算，直至遇到“卯”日方可。这就是苗家人所说的“农贤之日必须夹暑”。“叉合”对于看天吃饭的苗家人来说，非常重要。他们认为，如果“叉合”日下雨，则这雨会连续下12天，如果是晴天，则会连续晴12天。这12天是田里庄稼成长的关键期，需要大量的雨水，最忌干旱。火炉坪山高水低，庄稼用水匮乏，故而直至现在，村民仍很重视农贤节的祭祀。

农贤节举行“通新”仪式，也是苗族人一家团圆之日。“开荤”是对“农贤”日的庆贺，也是对三王爷的尊重。每到这日，男人清晨出门，到峡谷下的河里钓鱼、捕虾蟹，作为“农贤”日晚餐主菜，意为“开荤”。妇女们则到自家菜园，按家中人口每人一份的量，掰玉米棒、抽禾苞（禾苞是水稻未抽穗之前时的状态）作为主食；摘茄子，采辣椒，作为配菜，意为“通新”。

“农贤”日的晚餐一般在下午5点左右举行。晚餐开始，饭菜全部端

① 本节内容根据欧安林口述、龙中森翻译的资料，并结合龙中森发表在《民风》（2016年总第3期）上的《农贤节》一文整理而成。

上餐桌，每人一碗米饭，每一碗米饭上面各有一根玉米棒，一个禾苞。待家中长辈面对“夯高”（是祖宗灵魂所在地，吴姓人家的夯高在堂屋左方靠外墙处，其他姓氏人家的则在相反方向靠外墙处）拜祭祖宗，进行祷告，祷告的主要内容是：家里今年的收成好（差），借农贤节日，竭尽全家之力，摆上最好的饭菜，请祖宗们先用，祈祷祖宗保佑子孙身体健康、家宅安宁、粮食大丰收。话毕，对着餐桌上的酒菜饭吹三口气，宣布“农贤开始”。祭拜仪式结束后，长辈先入座，家中其他人才依次而坐。餐毕，家中小辈在门外放一盒鞭炮，向村中其他人家传递自家已过“农贤”、已用晚餐、已经开荤的意思。

（5）击猪祭祖①

击猪祭祀始祖蚩尤，与椎牛合鼓一样，是苗家人祭祖的重要、古老、神圣的方式之一，一般在农历十月择日举行。“击猪”，苗语为“保巴”，人们常称为“击猪祭祖”。“祭猪”有两头，其中一头提前购买回家饲养。猪是当地比较著名的花猪——黑色毛、尾巴或猪脚带有白毛。另一头是在举行祭祀时，再到市场购买。

祭祀由身负背篼、手持拐杖的祭司主持，请舅姑着盛装，陪同祭祀。祭司口念咒语，邀请始祖蚩尤鬼魂来到“夯高”。请魂结束后，宰杀小花猪，棒杀大花猪，整猪供于桌上，供蚩尤享用。祭祀结束后，开始分割猪身，留下大小猪腿各一条，作为祭品献给始祖蚩尤，其他猪腿给伴祖宾客带回家食用。剩下的猪肉全部煮熟，请宾客当堂食用。

（6）求雨祭②

火炉坪居于半山腰，山高水低，缺水少水，庄稼靠天下雨，村民称他们吃的是“望天饭”，在人不能胜天的情况下，形成了祭拜龙神“求雨”的习俗。火炉坪的求雨祭台，设在合鼓总坛南面的雷公山上，是石头搭建的一个简易祭台，远看像苗族妇女手腕戴的开口银手镯。求雨祭即祭拜掌管

① 本节内容根据调研组在火炉坪收集的资料，结合隆名骥《民国湘西苗乡纪实》一书中的相关描写整理而成。

② 本节内容根据龙中森提供的视频资料整理而成。

雨事的雷公。雷公在中国传统文化之中，是民间信仰里“可扶正压邪”的神，苗语称之为“希送”。相传，蝴蝶妈妈生下十二个蛋，雷公就是从这些蛋中孵化而出的。在火炉坪苗家人的心中，雷公是天的主宰，这个村落流传着“雷公管天，蚩尤管地”的说法。因此，在久旱无雨之时，头人会组织村民到此祭拜求雨。

祭祀之前，请苗族祭司占卦择吉日。祭祀日，从清晨开始，男性村民聚在祭台，为祭祀作准备：杀猪洗净煮熟待用，准备香烛纸钱、酒等贡品若干备用。村民们慢慢聚集到祭坛，来人均会主动捐资，作为祭祀费用，也是给雷公通呈自己的祭拜之情。祭祀开始前，焚香上祭品，摆五碗酒，上香若干，纸钱若干，把猪内脏分切成五大片，分别放在酒碗后的树叶上，准备就绪，请祭司上前祭拜。

祭祀分为两个流程。第一个流程是开场祭祀。由身着传统对襟服的祭司，左手持摇铃，右手拿龟卦，站在祭坛内供品前，口中念念有词，向雷公祷告，祈求下雨，以佑信众。念完以后食指点击左手，摇铃止，掷卦于地。如果卦象不如意，祭司会反复祷告，再掷，这个过程不摇铃，卦象为吉后，则向祭台作揖，如此循环数次。求雨祭所用的摇铃很独特，由一根铁丝圈成，造型像羽毛球拍，只不过圆环上串有五个像铜钱一样的铜铁圈，左右摇晃时发出叮叮的声音。

开场祭结束，祭祀进入第二个流程：祭司带着参加求雨祭的全体村民双膝跪地、祷告、占卜、磕头。卦象呈吉时才会磕头，此时众人用鼻发出“嗡嗡……”的声音，请求雷公开恩降雨，如此循环3次方休。求雨祭不放鞭炮，因为雷公会打雷施雨，如果在祭祀时放鞭炮，就是对雷公的挑衅和不敬。祭祀结束后，众人三五成群地围成一圈，分享祭酒、祭品，以及其他未作祭品的猪肉等。所有祭品必须吃完，切忌有剩余的食物，吃完以后把祭坛打扫干净，以示对雷公的敬意。

（7）上梁祭

上梁祭，指的是房子封顶时，举行的“上梁”仪式。火炉坪传统民居的屋顶是“人”字形的青瓦：房顶一根主梁，横在主墙三角形的顶端，沿着主梁向两边铺瓦架，将青瓦铺在瓦架上，当地人称为“封顶”。放置这根主梁的仪式，称为“上梁”。房子墙体修好之后，在搭建瓦架前，主家请法师选定上梁吉日，并向亲戚朋友发出邀请。上梁的头一日，主家会准备很多糍粑，每块糍粑里面有用塑料纸(旧时用的是菜叶)包裹着的硬币，糍粑外面包着一层塑料纸，放在竹子编织的“筛子”里备用。上梁日，亲朋好友会在吉时前携礼到达，火炉坪村民称之为“吃上梁酒”。旧时大家携带的礼物一般是粮食、布匹等。改革开放之后，大家慢慢地开始送现金。吉时到时，木匠焚香烧纸祭告天地，在主梁上系上红布，和主人娘舅一起，抬着主梁往楼梯上爬，木匠一边口述祝愿词，一边给站在地上的主人扔糍粑，主家夫妻二人，把衣服折成一个篓子状去接糍粑，接得越多，表示好运越多。把梁放在墙顶之后，木匠向四周围观的宾客扔糍粑，众人哄抢，抢得越多，给自己带来的好运也会越多，这个过程，当地人称为“丢糍粑”。丢糍粑结束，放鞭炮庆贺，上梁祭结束。

三、自然资源

“天下第一跨”
(龙中森　摄)

1. 自然景观

火炉坪村内的三门洞景区，位于049县道东侧，与公路直线距离不到2公里。2005年9月，三门洞被纳入凤凰国家地质公园。景区尚未开发，保持了原生状态。站在洞顶，峡谷深不见底，一条仅容1人行走的小路，沿陡峭的石壁而下，直通谷底。因峡谷内有一洞，外形是三个门，故取名三门洞。三门相通，左洞为干洞，中间是水洞，右洞是风洞。三门洞峡谷是湖南省四大江之一沱江的支流，在火炉坪境内长达9公里。洞内风景独特，一步一景。这里有闻名遐迩的“天下第一跨”，是两个陡立的石壁之间形成的缝隙，约80厘米，是世界各地探险者向往之地。著名的“四兄护妹”、桃花瀑布、一线天、檀香木化石等景观得天独厚。“三门洞府”则成为麻冲乡八个村子的求雨“圣地”。

“四兄护妹”(龙中森　摄)

2. 药材资源

火炉坪把“苗医”称为“草医”。草医之名,来自于医生所用之药绝大多数是草药。火炉坪草药丰富,随处可见。在火炉坪草医的心中“只有不懂的医生,没有不能用的草”。在缺医少药、交通不便的年代,草医依靠满山的药材拯救火炉坪村民生命、呵护火炉坪村民身体健康。新中国成立以后,苗族人社会地位提高,生活得到改善,国家注重乡村卫生建设,提倡和发展民族医药,学习草医的人多了起来。20世纪90年代,草医在火炉坪盛极一时。2001年,火禾公路开通,村民们去吉信镇只需20分钟左右,到凤凰县只需1个多小时,交通方便、现代医疗技术见效快,火炉坪村民生病时更愿意去吉信镇或凤凰县求医,加上草医收入太低,火炉坪的药材资源逐渐被人淡忘。

草医吴永庆在自己家的院子中种植了几种常用草药。一是佩兰,苗语称为“小材兰”,高40厘米到100厘米,根为淡红褐色,茎为绿色或红紫色,分枝少。草医主要将此药用于妇科或外伤,作用是消炎。二是沿阶草,根纤细,茎短,叶成丛状生长,呈禾叶状,叶尖锋利,边缘有细锯齿,全株入药,主用于外伤、退热等。三是吊石苣苔,苗语称为“艾拓”,种在金弹子树洞中。据吴永庆介绍,他家的这一窝吊石苣苔是从山上的石崖缝中移植下来的。吊石苣苔属于小灌木,茎可达30厘米,叶片革质,两面无毛,叶中脉下陷,侧脉不明显,花冠白色带紫条纹或淡紫色,无毛,一般生长于300~2000米的丘陵、山地林中、石崖上或树上。草医将其用于治疗跌打损伤。四是红牛膝,又称牛膝,根为圆柱形,土黄色,茎有菱角或四方形,绿色或带紫色,较常见,草医将其用于外伤、关节痛。五是金线吊乌龟,苗语称为“三乌龟”,草质、落叶、无毛藤本，叶呈三角状扁圆，常见于中国南方，块根可入药，有清热解毒、消肿止痛的作用，草医主要将其用于治疗毒疮。

四、历史事件

1. 郑培民到火炉坪扶贫

1997年到2000年，时任湖南省委副书记的郑培民担任火炉坪脱贫攻坚工作队的负责人。其间，他四进火炉坪，走访村民，调查村民的生活状况、村子的产业结构、自然生态状况等，探索火炉坪脱贫致富的途径。他督促筹集资金修通火禾公路，解决火炉坪“断头路”的问题。指导火炉坪用科技兴农的方法脱贫，调整农业结构，发展农作物生产基地，带领火炉坪村解决了温饱问题。同时，郑培民向火炉坪募集了8万多册图书，筹建火炉坪村图书室。建立了1000亩学生果林基地，解决贫困学生的后顾之忧。组织、筹款扩建火炉坪完小，修建学生宿舍，扩建校园，改建食堂，把火炉坪完小修建成了现代化的小学，拥有阅览室、图书室、男女生宿舍、标准体育场等。

2. 黄永玉到火炉坪访问

2004年春天，著名画家黄永玉到火炉坪访问，寻找郑培民足迹。黄永玉来到了郑培民联络户、火炉坪曾经的特困户张来富家，激励张来富实现郑培民同志生前愿望，勤劳致富奔小康。受郑培民精神鼓舞，黄永玉给火炉坪村题词“攻克希望”。

五、村规民约

文明操办婚丧事宜制度

一、弘扬勤俭节约的传统美德。自觉破除大操大办、厚葬薄养、人情攀比的陈规陋习，倡导婚事新办、丧事简办、其他喜庆事宜不办的文明新风尚。

二、提倡婚事新办。结婚彩礼原则上不超过5万元，不哄抬“天价”彩礼（聘礼）和嫁妆，亲戚以外人员随贺礼最高不超过200元，宴请招待最高不超过20桌（200人），办酒席不超过1天。反对组织豪华车队、选择豪华酒店、上高档菜肴和烟酒，反对低俗闹洞房等行为，提倡举办集体婚礼、家庭婚礼、旅行婚礼等有纪念意义的婚礼。

三、提倡丧事简办。丧葬活动严格按照《湖南省实施〈殡葬管理条例〉办法》进行，一般控制在3天以内，不违规摆酒设宴、收受亲戚以外人员礼金。反对在公共场所（除有关部门指定的专用场所）乱搭灵堂灵棚、乱放哀乐鞭炮、搞封建迷信等扰民行为，提倡简化仪式、限制规模、文明节俭的治丧方式；反对乱埋乱葬、修“活人墓”、超标准建墓立碑，提倡遗体火化、节地生态安葬。

四、提倡其他喜庆事宜不办。除婚丧以外的其他喜庆事宜，原则上不办酒席。确需办酒席庆贺的，提倡仅邀请亲戚俭办聚会，不收受亲戚以外人员的贺礼，也不参加他人举办的其他喜庆事宜或赠送贺礼。反对把人情与金钱画等号，提倡健康文明的人际交往方式。

五、实行操办婚礼前、操办丧事后报告制度。婚礼在操办前10个工作日应向村红白理事会报告，说明操办事宜、时间、地点、邀请人数及范围等情况，承诺遵守相关约定，并于事后10个工作日内报告遵守情况。丧事应于事后10个工作日内报告实际情况。红白理事会每月向村党组织报告情况，并在村务公开栏进行公示。

六、发挥党员干部先锋模范作用。村党员干部带头践行和遵守婚事新办、丧事简办、其他喜庆事宜不办的规定，管好自己的家人，教育引导亲戚和身边人员落实村规民约（居民公约），使文明节俭操办婚丧喜庆事宜蔚然成风。

七、成立村红白理事会。明确“宣传、引导、监督、服务”职能,制定婚丧事项操办章程,通过党员、村(居)民代表大会民主选举,把德高望重的老党员、老干部、老教师、老长辈推选为理事会成员,发挥红白理事会在办理婚丧事项中的重要作用。

八、制定奖励惩戒处罚规则。村“两委”、村务监督委员会加强监督管理,对不良倾向和苗头性问题早发现、早提醒、早制止;对不遵守规定、不执行村规民约、造成不良影响的,在全村通报曝光,取消其文明家庭、先进事项等评选资格。党员干部顶风违纪违规的,移交纪检监察机关严肃处理。对先进事迹、模范典型大力宣传、通报表扬,激发正能量。

村规民约

咱们村,是宝地,民风美,人称奇;建设好,人受益,本民约,需牢记;爱国家,爱集体,跟党走,志不移;讲和谐,创业绩,谋发展,同得利;勤读书,多学习,重科学,守法纪;立新风,树正气,不赌博,禁恶习;电与火,要警惕,搞治安,人心齐;搞建筑,经审批,远规划,莫犯纪;爱公物,胜自己,莫损坏,多爱惜;公益事,要积极,讲贡献,不贪利;好青年,勇服役,戍边疆,保社稷;倡晚婚,利身体,生二孩,有福气;嫁闺女,娶儿媳,破旧俗,创新意;丧事简,不挑剔,要火化,省土地;敬老人,尊伦理,爱儿童,细教习;睦邻里,重情义,互帮助,如兄弟;讲文明,行礼义,宽他人,严自己;讲卫生,美环境,护生态,保长利;倒垃圾,不随意,砖瓦柴,摆整齐;此民约,大家立,执行好,都受益;两文明,不分离,求发展,齐努力。

(本章由张丽美撰写)

第七章　苏马河村

苏马河村坐落于凤凰县腊尔山镇的西北部，自古即是湘西苗族居住的核心地带之一，目前主要居住有吴、石、龙三姓的苗族500多户，共2500多人。这里是崇山峻岭间苗族世代生息的宝地，是美丽的苏马河滋养润泽的苗寨，是苗族英雄吴天半的故乡。这里有碧水蓝天的浑然天成，有山间良田的勃勃生机，有苗家老屋的烟火之气，有苗族智慧的世代传承，更有苗族历史英雄的故事和传说。这是苗家人建在高山台地间的欣欣向荣而又具有传统气息的古村落。2019年6月，苏马河村被列入第五批中国传统村落名录。

一、村落概况

（一）地理生态环境

1. 村落的区位

腊尔山镇坐落于凤凰县西北部，距县城约37公里，《苗防备览•险要考》中记载："大腊耳山，城西七十里。高十余里，山势甚大，跨楚黔两省。东之鸭有夯尚，南之栗林有泥，西之亢金嗅脑，北之葫芦箪子坳，俱系此山支脉，绵亘百余里，其上苗寨甚多，故往史称湖贵苗生恤者必腊耳山。其间极险者，在关上下十余里，详道路门。"[①] 腊尔山由贵州正大营绵延至中部山脉，因山脉断层，构成台地。腊尔山上，苗寨星罗棋布。苗族人凭借着山势的险要，守山而居。因此，腊尔山一直是苗族居住的集中地。

苏马河村位于腊尔山台地西北部，距镇政府西面约8公里，村落位于一处"U"形地域的中心处，其中三面被贵州松桃群山环绕，另外一面通往腊尔山镇。随着道路的通达，目前，苏马河村到腊尔山镇的车程只需20分钟，到贵州的边界公路也已实现硬化，交通较为便捷。本地苗族人常常在谈笑中说："我们隔三岔五就跨省到贵州吃饭，跨省到贵州走亲戚！"2016年底，苏马河村与大塘村、务能村合并。

2. 村落的自然环境

境内自然寨分布较为集中，村落地势平坦。土壤以黄、黑、红壤为主，地表土层养料丰富，农田分布集中。苏马河在村落、田间穿行而过，为农业生产和居民生活提供了充沛的水源条件。腊尔山台地东边高、西边低的独特的地理构造，决定了流经台地的水流方向为自东向西。苏马河就是这样一条独特的河流。腊尔山镇段的苏马河全长12.5公里，从叭狗村

① （清）严如熤：《苗防备览》卷四"险要考上"，载《严如熤集》，岳麓书社2013年版，第474页。

流入，途经苏马河村，再往西流出。村寨山林中野生动、植物丰富，苏马河村得天独厚的自然环境为该村的发展建设提供了丰富的生态资源。

苏马河村的地形主要为低山高台地，海拔约800米。全村总面积12.6平方公里，林地14200亩，耕地4860亩，其中稻田2280亩、旱地2508亩。[①]

苏马河村所在的腊尔山镇属中亚热带季风山地气候，四季分明，气候温和，空气湿度大，云雾较多。夏半年受夏季风影响，雨水充足，温暖润泽；冬半年受冬季风影响，降水较少，气候较寒冷。苏马河村年平均气温为12℃～15℃，年平均降雨量约为1400毫米。

苏马河（侯喆　摄）

3. 村落的分布格局

连绵不断的群山静静地环绕村庄，蜿蜒温润的苏马河如丝带般轻轻飘落于群山间。河的一边屋舍俨然，面水靠山，阡陌交通，鸡犬相闻；河的另一边则土地平旷，有良田、玉米、烟草之属。远处亦有群山环绕，连绵起伏，使村落与外界相隔。村落分布集中，人口密集，古道蜿蜒狭窄，石阶整齐堆砌，房屋错落有致，建设和布局极具地方特色。民居建筑就地取材，依山结屋，层叠排列无次第。苏马河村的住房主要以土石为墙，青瓦为顶。烟雨中的苏马河村，恰似那婉转蛾眉的姑娘，淡然甜美，不施粉黛亦倾城……

（二）村落来源

1. 村落的历史演变

腊尔山镇地处湘西土家族苗族自治州的西南部，属于湘西方言的苗

① 数据摘自苏马河村村委公告栏，2020年7月10日。

族聚居区。湘西凤凰县的两大苗族聚居区，一为腊尔山镇，一为山江镇，都是苗族聚居的地方。

苗族是个不畏艰难、不断迁徙的民族。苗族的先民为开拓江南，进入中原，于涿鹿之战中战败，往南拓展疆土。苗族征战迁徙的历史，大致经历了“五次大迁徙”。第一次是九黎后期的大迁徙，第二次是三苗时期的大迁徙，第三次是荆楚时期的大迁徙，第四次是秦汉至唐宋时期的大迁徙，第五次是元明清时期的大迁徙。

相传大约在5000年以前，蚩尤统一了今湘、鄂、赣、皖一带居住的苗族人和今苏、鲁、豫、冀一带居住的东夷，形成了强大的九黎部落。后来，炎帝和黄帝联合围攻，蚩尤在涿鹿之战中被擒杀，九黎部落联盟瓦解。一部分归附黄帝，另一部分败退南归，继续迁徙。

南归的九黎苗族，一边抗击着黄帝的力量，一边建立自己的家园。在今鄂、湘、赣、皖附近地区建立了绵延近2000年的“三苗国”。

至商周之际，三苗后裔形成了大联合、小割据的局面，即史籍记载的“荆蛮”“蛮荆”“百濮”“蛮戎”等。荆楚时期的迁徙可分为主动征战和被动退却两种情况。

到了春秋战国时期，苗族逐渐发展成为楚国的主体民族。武陵山地区，今湘鄂西、渝东南和黔东，近千里的地域，是秦朝时黔中郡的中心。在该地区，历史上早有苗族居住。因此，此地属于苗族的其中一个祖业之地。秦国兼并楚国之后，苗族先民大部分被迫离开江湖平原，向湘西南山区迁徙，进入武陵、五溪地区，即今湘西、黔东、渝东南和鄂西一带。

至唐宋时期，农业、手工业得到了进一步的繁荣和发展。但由于“生界”苗族不受朝廷重视，再加上湘中等地不幸遭遇天灾，苗族人生计艰难。于是，他们纷纷向武陵山区迁徙，移入湘西。

腊尔山镇地处云贵高原的延伸段，为高山台地，也是湘西凤凰县比较偏远的高山地区。从凤凰古城出发，翻山越岭，过乌巢河，即可进入腊尔山苗族聚居区。腊尔山自古就是湘、黔、川、渝边区苗族人聚居的核心地带。自唐宋以后，腊尔山地区逐渐发展为相对稳定的苗族聚居区。湘西的苗族也以腊尔山苗族为核心。

腊尔山镇苏马河村是苗族英雄人物吴天半的家乡。

清雍正年间，朝廷对该地区采取了改土归流的政策，消除了腊尔山“生界”相对封闭的社会环境。苏马河村的苗族开始与汉族发生联系。府、厅、州、县设立后，苗族人交纳赋税，贸易与外界相通。从此以后，腊尔山镇苏马河村苗族人在衣、食、住、行等日常生活方面，以及风俗、文化、信仰方面都产生了历史性的变化。

苏马河村中的苗寨原又称“苏麻寨”“苏马寨”，苗语称为“的果”。人民公社时期，苏麻河、大塘和务能是合并的，称为“苏麻河村”。后来，三个村寨几经分合，现又合并成“苏马河村”。今日的苏马河村，经济社会发展较为迅速。当地苗族人或是外出务工，或是在家耕种、养殖，生活较从前有了很大的改善。作为传统村落的苏马河，需要继承和发扬的是其源远流长的苗族文化，需要保护和珍爱的是风景如画的绿水青山。

2. 村落的形成

据当地苗族人介绍，清朝以前，苗族人原本住在山上的九龙寨。大概在清朝末期、民国初期的时候，寨子被土匪霸占，村民遂迁到现在的苏马河村。[①]花开花落，岁月如梭，山上的房子早已被拆毁变成了田地，昔日寨子的痕迹也已难再寻觅。

又相传，寨子里石姓和吴姓苗族人最先迁入此地。务能村石姓家的牛到了苏麻寨就不回去了，牛的主人于是搬到此地居住。从此，村寨中有了石姓的人家。正在那时，恰逢吴姓祖先从禾库龙角垌几经周折搬迁至此。于是，石姓和吴姓的祖先就一起在寨子里定居。后来，务能和拉忍瓜（苗语）搬来了更多的苗族人，寨子的人口逐渐增多。[②]

---

① 资料来源于2020年7月10日侯喆、张丽美调研组与苏马河村村委会委员、卫计文教专干龙HZ的访谈。

② 参见吴恒忠《一个叫“的果”的古苗寨》，载武陵山苗族网，https://jdmxxh.jsu.edu.cn/info/1021/1202.htm。

（三）村落人口

从户籍情况来看，苏马河村居住的大多是苗族，主要姓氏为吴姓、石姓和龙姓。目前，全村辖17个村民小组，4个自然寨，农业户籍人口505户2503人。其中，纳入贫困户的残疾人51人，管护员16人；护林员8人；贫困搬迁户36户；2014年至2019年危改户108户，其中贫困危改户80户；2019年危改户1户；秋季享受学生补助167人（学前37人，小学初中130人）；高中在读12人，中职在读37人；应缴纳养老保险人数为1178人，享受养老保险人数308人；分散供水504户2503人。①

（四）物产与特色产业

据乾隆本《凤凰厅志》卷十四记载："苗地山多田少，稻谷无几，俱种杂粮于山坡，如芝麻、粟米、麦、豆、糁子、薏苡、高粱、荞麦之属……"②由于山多田少，当地种植大米的不多，都是在山坡上种植杂粮。村民砍伐枯根朽茎，晒干后用火焚烧，然后开垦，这种耕作方式称为"刀耕火种"。耕作三四年以后，就异地而种，因为处理过的土地变得坚硬瘠薄。荒废几年后，再来重新开垦，那时土地又会肥沃起来。

《中国民族志》中记载了湘西地区大致的物产情况："湘西、湘西南、鄂西南、渝东南、黔西北等苗族地区……地形虽称崎岖，但海拔一般在1500米以下……气候温润……植被茂密，林木资源丰富，主要树种有松、杉、柏、楠、栎、青桐等，其中杉的产量很大，是重要的用材林产区。重要的经济林木有油茶、油桐、板栗、山核桃、杨梅、竹、橘、柚等。药材资源有三七、党参、桔梗、吴萸子等。野生动物有猴、熊、野山羊、野猪、野鸡等。矿产资

---

① 数据由苏马河村村委会于2020年7月10日向侯喆、张丽美调研组提供。

② （清）潘曙修，凌标纂：《凤凰厅志》卷十四"风俗"，清乾隆二十三年（1758年）刻本。

源种类多、储量大，著名的矿产品有钨、锑、锡、铅、汞、铁等。”①

苏马河村处在腊尔山高山台地上，中间有平地，外围是山，物产丰富。近年来，随着国家的精准扶贫、对口帮扶及农户无息贷款等优惠政策的落实，村寨的种植、养殖和其他产业发展情况良好。现列举苏马河村的主要物产如下。

1. 种植类

（1）水稻

苏马河村现有水稻种植基地1112亩，该基地是湖南泰美现代农业发展有限公司在腊尔山地区建立的凤凰泰美大米项目种植基地的其中一部分。苏马河村水稻基地种植的品种为“泰优390”。

水稻种植基地（侯喆　摄）

负责建立种植基地的企业资助种子和化肥。待水稻成熟，村民可租用村集体或个别村民家里的收割机进行收割。收割后，公司以一斤稻谷1.8元的价钱包收购。每户农户种植水稻一年收入可以达到两三万元。②

（2）烟草

苏马河村的烟草一般在每年3月开始种植，到7月即可收获。村中的平均气温和日照时数适合烟草生长，且降水量充足，日照、温度和降水量等气候条件较能满足优质烟草种植的需求。

村中种植的烟草有两个品种，均由各家分散种植。一种是大叶的烟

① 杨圣敏主编：《中国民族志》，中央民族大学出版社2008年修订本，第377页。

② 收购价格、农户年收入相关信息来源于2020年7月11日侯喆、张丽美调研组与苏马河村党支部副书记、村主任吴JW的访谈。

草，叫“云烟”，采收后需要经过烘烤方可制成烟。每年7月中下旬，农民将自家烟叶采集后，运到村中的烤烟房进行烘烤。烤烟房设有两排整齐的小房间。每个烤烟房面积不大，大约只有几平方米，呈长方形。在房间里面烘烤烟叶时，废气会从排烟孔向外排出。村民把烟草烤好后，再拿去卖给烟草公司。

烤烟房(侯喆　摄)

另一种是本地的“土烟”，与云烟相比，植株较矮，叶子稍小。烟草成熟后，不需要进行烘烤处理。每到收获烟叶的时间，村民们纷纷适时采割烟叶。采割后，用绳子把烟叶串起，将其晾晒干，再切成丝，用纸卷起即可制成土烟。土烟味较重，偶尔还会带有烟叶的青气，而烤烟则味较淡，口感更为柔和。

苏马河村的村民种烟，也好抽烟。年纪大的老人一般习惯抽土烟。土烟中夹杂着的，是他们一年间起早贪黑的辛劳，是浓厚的乡土气息，还有记忆中永恒的味道。

(3)其他种植作物

村民还种植有玉米、蔬菜、姜、桑树、中草药等，种植作物的品种由各家各户按照自己的需求和喜好自由选择。因辣椒有御寒祛风除湿之效，又可开胃以振食欲，苏马河村民尤为嗜辣，无辣椒难以下饭，所以家家户户都有种。

放羊的村民(侯喆　摄)

2. 养殖类

苏马河村家家户户散养家畜、家禽。村民有养牛、羊、猪的。全村有十一二户村民养羊。每户养100多头羊。苏马河村的村民养羊，主要是在山上放养。农户养殖的收入跟技术也相关。据了解，目前当地市场上1斤毛羊能卖到20多元，一头羊最少也能值1000

多元。

因村落有河流经过，村民尤为擅长养鸭，一般每批次可养二三十只。村民喂养鸡、鸭、鹅，可以作为肉菜食用，也可以捡蛋。村民把禽畜或者蛋带到腊尔山镇上的市场上去卖，或是趁着逢五天一次的赶集，拿到集市去卖，以增加收入。

3. 白酒

苏马河村设有一个酿制白酒的酒厂。酒厂规模不大，设在集体化时期所建的供销社旧址内。

酒厂全景（侯喆　摄）

4. 木材加工

苏马河村共有三家小型木材加工点。据52岁的木材加工点石老板介绍，村民需要建筑房子，会购买原木到加工点进行切割。一根大的松木可切分成十一二根木材，小的也可切分成五六根木材。根据用途的不同，需要把木材切割成木板或木方。一条木方的加工费是4～5角。购置一台切割机需要一万多元。平日做工需要两个人同时配合，有生意就开工，没有生意时可以打理家里的田地。单靠加工木材，两人年收入可达两万多元。①

苏马河村还设有一个木材加工厂。工厂的老板和工人都是贵州遵义人。

（五）经济社会发展状况

苏马河村设有幼儿园和小学。幼儿园设在天半小学内。学前班设有

① 资料来源于2020年7月11日侯喆、张丽美调研组与苏马河村村民石XS的访谈。

一个班，班上有五六十名幼儿。学前班由该村一位村民担任老师，教育和照顾招收的学龄前幼儿。学费为每人900元/学期。苏马河村原来有3个小学，分别设在苏马河、大塘和务能3个自然村。据村民说，20世纪70年代村中小孩读书，是将不同年级分别设在不同村民的家中，后来才建了小学。为纪念该村英雄人物吴天半，苏马河村的小学命名为腊尔山天半小学。

全村设有新型农村合作医疗定点村卫生室2个。其中一个在苏马河，另一个在大塘。苏马河的卫生室较为完备，设有诊断室、药房、留观室和输液处。

苏马河村的道路在20世纪70年代公社化、集体化时已开通并可以通车。村中的道路是在2012年进行硬化的。苏马河村的自来水也已开通。利用电机从地下把水抽上来，经过集中过滤和消毒等净化处理后，再通往家家户户。使用自来水虽然使农户们的居家用水更加便利和卫生，但需要缴纳水费。因此，也有一些村民经常到古井边和河边用天然的水源。

苏马河村建有便民服务中心，含村支"两委"活动室、广播室、通信服务点、村民学校、党员活动室、中国农技推广农民田间学校农业技术培训室、腊尔山派出所苏马河村警务室、儿童之家、党员联系群众之家、金融扶贫服务站。便民中心外还设有宣传公告栏，发布国家的相关政策，进行党务宣传和村务公开。

苏马河村享受的国家帮扶政策包括无息贷款、对口帮扶和科技下乡等。该村在地帮扶主要是鼓励村民种植和养殖。得益于国家的精准扶贫政策，苏马河村的村民每户可以享受4万元的无息贷款用于发展产业。根据村中的实际情况，村民贷款主要是发展种植业和养殖业。原来缺少启动资金的农户，依靠无息贷款，成功购买种子和化肥、农药进行种植，亦或是购买禽畜幼仔，劳动致富。国家的无息贷款政策为村民增加收入、脱贫奔小康提供了颇有成效的帮助。

在引导创业和转移就业方面，凤凰县进行统一协调，安排该村村民向经济发达地区进行劳务输出。苏马河村的村民到浙江义乌等地务工较多。苏马河村是湘西职业技术学院的驻村扶贫点。自2015年来，驻村扶贫工作队及苏马河村支“两委”落实扶贫政策，累计投入资金2000万元，实施了一批产业发展、基础设施、房屋改造、环境整治等扶贫项目，脱贫攻坚取得明显成效

每年凤凰县相关部门都会安排专门的工作人员到苏马河村帮助农户为养殖的牲畜接种疫苗，费用由国家承担。县农业部门专家还为村民开展农业实用技术培训会。

在该村居住的村民收入一般是农作物收入，外出人员的收入则是务工收入。一年的收入最低有2万～3万元，较高的有5万～6万元。较高收入的农民一般从事建筑行业，在工地打工。其他的务工人员则是到各行业当普工。

二、文化遗产

（一）物质文化遗产

1. 特色建筑

（1）特色民居及重要文物

干栏建筑也称“栅居”，据《魏书》卷一〇一《獠传》所载，“依树积木，以居其上，名曰干栏”① 。干栏建筑指的是依靠桩柱支撑，架起而成的楼居建筑。作为古老的居住形式，干栏建筑一般都认为与人类社会早期的原始“巢居”相关联，是重

传统民居(一) （侯喆　摄）

① 《魏书》卷一〇一《獠传》经目录考证，本阙，采李延寿《北史》等书补缀而成，转引自《戴裔煊文集》，中山大学出版社2004年版，第5页。

要的居住形式之一。随着人类文明的发展,这种建筑形式对我国的木构筑体系产生了重大的影响。干栏建筑在我国西南地区仍是多个民族传统建筑所采用的形式,是世界建筑的“活化石”。

苏马河村保留有干栏建筑。这样的建筑既可以应对潮湿的气候,起到较好的防潮效果,又便于搭建适合居住的器具环境。苏马河的村民善于利用当地资源,就地取材,利用土砖、石砖及当地盛产的木材、瓦片进行房屋构筑。无论是在河边较为开阔平坦的土地,还是在山坡之上进行搭建,房屋聚落多是顺应地形,依据山脉走向而建造。

调研组在苏马河村的田野调查中,收集到了该村传统特色建筑的相关资料,下文将对村中富有特色的几所老宅进行详细介绍。

①吴状元大宅。目前苏马河村保存得比较好的建筑是清光绪年间状元吴坤的老宅。该建筑为两层砖木结构。村中传说,吴坤高中状元后,红地毯从京城一直铺到苏马河村的大宅门。吴状元出了家门,上轿进京,村中万人空巷,场面蔚为壮观。宅子原为四合院,后来曾被改建,占地面积遂有所减少。大宅保留有砖砌的围墙。大门的石砖上还雕刻有当地人喜好的精美纹饰。石制门框上刻有插着花的花瓶图样,还有凹凸有致的祥云纹样雕刻。雕工细腻,颇为讲究。门框的左右两旁挂有一副对联,上联是“福宅傍山居延陵蔚起人文秀”,下联为“德门临水辟渤海流来世泽长”。进入大门,中央有一个长方形的天井。天井角落处有排水口,可将屋内的雨水向外排出。大门正对的,是屋宅的主体部分。进门后面朝主屋,右边放置的是圈养禽畜的

吴状元大宅正门(侯喆　摄)

吴状元大宅正门两侧的石雕(侯喆　摄)

吴状元大宅内刻有
“光绪甲午科文吴坤”字样的石碑
（侯喆　摄）

笼子，左边有储物房间。门内现仍存有一石碑，刻有“光绪甲午科文吴坤”字样。石碑放置在宅子一侧的墙根上。碑上的字之前上的红漆仍然可以清楚辨认。石碑上有一方形孔，碑的四周还印有精美的花纹。院子目前已无人居住。由于吴姓后人有的现居吉首，有的外出打工，家族昔日的辉煌与事迹难有后人能讲清道明。

②典型的苗族特色民居。在下图这所一百多年的老房子里，一家子正坐在天井旁闲话家常。老人、儿子、儿媳、孙子，三世同堂。进门的左边是厨房，烧柴做饭的土灶上冒出袅袅炊烟。屋外的阳光悄无声息地从古老的木窗爬进屋子，褪了色的碗柜正好把灶台和储物室隔开。背篓、饭篓、箩筐放在一旁。三五把锄头挂在屋外的木梁上。由老主人亲自组装的电动切猪草机虽因不再使用而生了锈，却依旧还放在储物室门外。厨房和储物室上方二层有一排住人的房间。屋门正对着的，是3个连通的房间。靠左的房间是男主人的睡房。房间正中有一个正方形的火塘。火塘上有用于熏腊肉和挂烧水壶的木架子，床则是靠着房间里面的墙。最中间的房间墙上挂着毛主席的照片，侧边放着一个木制衣柜。靠右边的房间则是储物房间。进门的右边是从前的牛栏。牛栏上方有两层，用于存放杂物。现在主人家不

苗家老屋全景（侯喆　摄）

传统民居(二) (侯喆 摄)

养牛了,便在牛栏里养了一群鸡。牛栏外还有一个大笼子,里面养了兔子。就地取材的石头夯实地基,山林中取来的木材搭建房梁和架子,向上堆起淡黄色的土砖,铺排好整齐的瓦片,拼合而成的,不仅是一家几代人的居住空间,还是他们圈养牲畜、储存粮食、存放工具的场所。厨房的炊烟袅袅,房间的篝火点燃,家禽牲畜在屋中圈养。闲聊声、欢笑声、鸡鸣犬吠声,声声入耳,悠闲自在,其乐融融……苗乡的朴素、简单、随意,在这所百年老屋中尽显无遗。这座老宅所承载的,是石姓主人一家的百年历史,更是传统苗家生活的美好记忆。

③记载着历史的民居。苏马河村的一间民居上印着一些颇有年代感的字样。这间以木头为主体、上盖青瓦的房子,至少也已经有半个世纪的历史了。

(2) 土地庙

苏马河村一共有7个土地庙。村民每逢年节,家家户户都会拜土地庙,祈求出入平安。另外,在苏马河的河岸边,吴天半曾下河游泳的河岸对面也有一个土地庙。其他的土地庙则分散在各处。其中一个“灵官庙”上有一对联,写有“行人过路,旺保平安”。

村民在古井中取水(侯喆 摄)

2. 古井、石梯、石窟、石桥

(1) 古井

苏马河村一共有三口古井。据村民介绍,村中的古井在很久以前就已经有了,可能是在民国时期就已打造,具体年代不详。

沿着苏马河的两侧,有两口隔

河相对的古井。其中一口井靠近村庄一侧,村民认为生活污水会渗入井水中,一般在此取水作为洗衣之用。另一口井在河对岸,靠近农田。该井中的水清澈透明,村民常取之作饮用水,亦用于洗菜。

洗衣服用的水井(侯喆　摄)

目前该村规模最大的古井由一个有遮顶的长方形源头井和三个并排的长方形水井组成。源头井用于接取饮用水。与源头井连接的,位于中间的水井用作洗菜和洗碗。面向源头井左右两旁的两个水井,常用于浣洗衣服、农具等。

(2) 石梯

关于石梯的打造,民间流传有两个版本的说法。

据苏马河村党支部副书记、村主任吴JW介绍,吴天半以前曾经住在山上的寨子里。当时山上只有他一家,为了方便出行,吴天半专门铺设了一条通往山上的石梯。沿山势拾级而上,在山顶可一览流水潺潺的苏马河,鸟瞰河流对岸苍翠欲滴的群山,亦可俯视河岸边的屋舍及农田。可惜当我们寻访至此,上山的路仅剩下短短的几十米,虽然石梯仍清晰可见,但是再往上,早已没有了路。漫山杂草丛生,吴天半的寨子也早已被毁,剩下的只是茂密的山林和斑驳的岁月痕迹。

另一说法是,因苗寨附近皆无相类似的石梯,石梯可能不是通达苗寨的道路。又因石梯的所在位置恰好距离石窟及苏马河仅几十米,有专家认为石梯之上是当时清军主帅的驻扎营地,猜测清军在河边造石梯作为重要的联络通道,打石窟则是为了放置油灯照明。

石梯(侯喆　摄)

石梯所在的山下，延伸的是苏马河的河岸。苏马河流经此地，水面豁然开朗，再往下，转了一个弯，景色由秀美转而变成壮丽，流向下游，便更是一往无前……村中有个传说：吴天半少时，常常喜好在此处下河洗澡和戏水游玩，每次皆弄得水花四起，响声震天。后来终于惊动了京师金銮殿中的皇帝。皇帝诧异无比，向军师打听，闻说湘西出了一位“苗王”。皇帝遂派遣大将率兵来镇压“苗王”吴天半。①

(3) 石窟②

苏马河边上原来有两个石窟。其一因为修石坝已被炸毁，现仅留存一处。村中有传说，清兵来到此地，在石头上打了两个放置灯笼的石窟，用于在蹲守吴天半时进行照明。清兵不分昼夜，一直在此守候。纵使清兵布下天罗地网，吴天半仍趁其不备，纵身跃下河里，逃脱而去。村民认为石窟前的河底一半是水，另一半是干的。因为河底半干，所以吴天半当时才得以从被清兵重重围困的苏麻寨成功逃离。后来，清兵蹲守多日一直没见吴天半的踪影，全军躁动不安，于是撤兵，终于在腊尔山乌巢河遇到吴天半，双方大战，最终清兵将其抓捕回京。

石窟全貌(侯喆　摄)

关于石窟的故事还有另一个版本。传说起义失败了，吴天半躲到苏马河潭洞里，白天睡觉和烧娃娃鱼呷，夜晚就出来烧杀清兵营庄。清兵不晓得潭洞底细，不敢下水捉吴天半，夜晚又怕吴天半出来烧杀，便在河岸边岩壁上，凿起一个个雷钵大的碗，用棉花搓成灯芯，倒满桐油，点了一个通宵。吴天半不知道，半夜钻出潭洞被捉住了，与花垣起义领袖石三保一

① 故事来源于2020年7月11日侯喆、张丽美调研组与苏马河村党支部副书记、村主任吴JW的访谈。

② 访谈中，吴JW指称石上的洞为“石窟”，在其他文章里亦有将此石洞称为“岩灯盏碗”或“石灯座”的。

道,被押往皇帝的行宫杀害。①

(4) 石桥

20世纪60年代,石墙边砌了一座桥,方便村民渡河。石桥横跨在低吟浅唱的苏马河上,连接村落屋舍和田间地头。几十年来,桥上的石板早已被行人的足履磨得光滑,今日的石桥并未因岁月而失色,仍旧坚实无比,可同时容纳两辆货车通行。

3. 代表性的历史遗物

(1) 吴家大宅及炮台旧址

面向苏马河的房子,据说是吴天半后代的。吴家是原来的大户人家,有好几个儿子,每个儿子分家后,都得到一座独栋的大宅。临河而建的几处老宅,背山面水,并排而建,均以大石块夯实地基,用石砖砌成围墙,围墙边上,还开有狗洞。宅子建造的地理位置极佳,是村中的风水宝地。宅子屋舍宽敞,隔岸而远观,颇具大家之气派。

苏马河旁的吴家大宅(侯喆　摄)

炮台遗址(侯喆　摄)

据说乾嘉年间,当地苗族为抵御朝廷镇压,在苏马河边吴家大宅外面的围墙上架起了土炮,双方进行了激烈的对战。清兵到了苏马河对岸,村民在

① 杨昌鑫:《清乾嘉苗民起义民间传说若干特色初探》,《民族论坛》1985年第1期。

吴家大宅石墙上的藏宝石砖
（侯喆　摄）

另一边放炮攻击，使清兵无法靠近。由于现今土炮已无存，原来的石砌炮台有几个炮口已无从考究。炮台亦已被毁，只剩下一小段留有两个炮口的石墙。

（2）藏宝石砖

苏马河边吴家大宅外的石墙上，有一块可以活动的石砖。石砖里面是主人家存放金银财宝的地方。藏宝石砖需使用铁棒由几人同时撬动才可移出。主人先请人把石砖打开，存放好财物，再把石砖放回原处。这样一来，纵使小偷知道石砖内有金山银山，亦无计可施。

（3）农具、渔具等

据清代严如熤《苗防备览》载："苗工所需农具有犁、耙、锄、镰、长柄刀斧、箩筐、背笼、背枷、桔槔、筒车……"① 苏马河村山多地少，村民以农业劳作为业，栉风沐雨，奋力耕耘，种田垦荒，培树植林。古老的农业生产方式在当地延续了多年。直到今天，苏马河村传统农业生产方式仍然得以保留。古老的农具和生活用具，经历了多年，仍在苏马河村民的日常生产生活中沿用。

锄头是当地农民最常用的传统农具，由木棍和锄刀两部分组成，可用于松土、除草、挖土、碎土等，是功能多样的农具。

镰刀是苏马河村民收割庄稼和割草时常用的农具，有的村民直接把刀挂在木制门框上，有的则插在墙壁的铁质挂刀杆子上。

风车是村民给庄稼除杂的工具，其组成部件有风箱、摇手、车斗、漏粮斗

---

① （清）严如熤：《苗防备览》卷八"风俗考上"，载《严如熤集》，岳麓书社2013年版，第565页。

和出风口等。使用时，在顶部的梯形入料仓放入稻谷，依靠右手摇动风车的摇手，扇出风，再用左手控制搁条的档位，可使稻谷从车斗下方的开口处落下。通过风力的作用，杂草和空谷粒等会从出风口被吹出，丰硕饱满的谷粒相对较重，会从漏粮斗漏出，落入箩筐。

风车(侯喆　摄)

苏马河村从前养猪的农户家自制有电动切猪草机。切猪草机的面板可以开合。使用时打开面板，启动发动机后，里面的刀具就会转动，把猪草放入即可自动切碎。使用完后，关闭面板可以节省存放空间。

虾篓是村民们捕虾的工具。所谓“近水知鱼性，近山识鸟音”，苏马河村背山面水，除了农事外，还有渔业和畜牧各业。苏马河村的村民用以钓鱼、捕虾的工具有钓鱼竿、虾篓等。一根长长的竹子加几根短竹子、一个网，就可以做成一个三角锥形的篓子。村民用这个工具在苏马河边捕虾，双手紧握竹竿，把篓子轻轻放到河里，再上下活动竹竿。不出几下，小虾就会被套入网中。苏马河的虾虽然小，但十分鲜美。依靠这个工具，村民可以品尝到新鲜、生猛的小河虾。

村民用虾篓捕虾(侯喆　摄)

(4) 生活用具

背篓(侯喆　摄)

湘西苗族人“篓不离背”，习惯用背篓背东西。他们认为用背篓既安全又省力。背篓不仅是苗族人劳作的工具，更是苗族人脊背上的符号。耕种劳作需穿行于崇山峻岭之间，苗族人借助各式各样的背篓，帮助负重前行。这正是苏马河村民古老的生活和生存方式。苏马河村的村民中，六七十岁的老人用背篓负重十分常见。村民一早上山干农活，会用背篓背上简

斗笠(侯喆　摄)

易的农具;傍晚从田地回家,会把当日采摘的蔬菜放到背篓里,背在身上。习惯用背篓的村民,甚至连开摩托车时都会把背篓绑在车后面,方便装载东西。可见,背篓是苏马河村民不可或缺的日常用具。

苏马河村辛勤劳作的村民面朝黄土背朝天。日出,村民戴上斗笠出门。烈日当空时它可遮阳,风雨交加时它可挡雨。日落,村民回家后便将斗笠挂起来,等待次日使用。

(二)非物质文化遗产

1. 民间文学:《吴天半反清歌》

苏马河村在历史上曾命名“苏麻河”,是苗族英雄吴天半的家乡。《吴天半反清歌》是1981年12月在苏马河村采集所得。此版本歌谣由吴春秋(苗族)传唱,唐凤友(苗族)译讲。1982年5月,向农(土家族)对其进行了整理。2014年3月,吴恒忠对其作了微小的修改。①

《吴天半反清歌》内容大多控诉旧社会的腐朽黑暗,同时歌颂人民英勇反抗的斗争精神。这首民间叙事长诗由“序歌”“蚊葬得子”“荆竹试箭”“举义称王”“火烧猪②妖”“叛卖遭擒”“尾声”七部分组成。叙事诗共有

---

① 《吴天半反清歌》收录于“湖湘文库(乙编)”之《湖南歌谣集成2》,湖南省文学艺术界联合会编,湖南文艺出版社2009年版,第718页;另外,《中国歌谣集成·湖南卷》(第716页)和《湘西民间文学资料》(湘西土家族苗族自治州文化馆编印,第59页)均有收录。《吴天半反清歌》原名为《吴天半造反歌》。本文参照的长歌版本是由吴恒忠在2014年进行修改后的版本,来源于武陵山苗族网,https://jdmxxh.jsu.edu.cn/info/1021/1182.htm,最后访问时间:2020年7月28日。

② “猪”与“朱”(珠)谐音,这里指贵州镇远镇总兵珠隆阿。

7000多字，笔者将内容概括如下①。

“序歌”：苏麻河成了福天宝地，两岸有肥美的良田，周围有物产丰富的大山，苗家日子和美舒心。可恨官府像蚂蟥一样，把苗家的血汗吸干。苏麻河寨出了英雄吴半天，反清除魔苗家方能享太平。

“蚊葬得子”：福保、风英结婚二十载，恩爱度光阴。风英老父从小学会看风水，不幸突然染重病，定要身死后，裸葬犀牛背。葬好父亲遇岩鹰，风英回家有身孕。怀胎三年六个月，婴儿终于降了生。枫树飞来大神鸟，婴儿转眼不见了。三年过后见神鸟，告知苏麻河岩洞可寻儿。欢天喜地抱子归，取名就叫吴天半。

“荆竹试箭”：吴天半逐渐长大成人，来到苏麻河中来洗澡，威武震慑旁人，吴天半削竹箭、做弯弓，射了三箭吓皇帝。皇帝色变派兵来，天半早已无踪影。钦差吩咐兵丁驱赶小孩试射弓箭，引来吴天半，连射三箭掉入河中心。钦差复命瞒皇帝，说是不见吴天半，苗家安分守已不担心。

“举义称王”：苗家不堪压迫准备要翻身，吴八月英勇杀清兵。吴天半和苗家心连心，喝完苞谷烧酒，吹响牛角去出征。

“火烧猪妖”：皇帝派人往苗山，吴天半派出探子查究竟，假扮投诚骗总兵，诱敌深入全打尽。

“叛卖遭擒”：皇帝下旨“剿匪”方解恨，吴天半击退清兵一批批。国师献计用小人，收买苗山吴歪嘴，天半梦里中毒箭，忍痛迎战终遭擒。

“尾声”：吴天半被清兵捉去，在京城丧了身，苗家失去了领头人。

2. 传统音乐

苗族人擅长唱歌。苗歌，可于茶余饭后娱乐百姓，陶冶情操；可于劳作休闲时放松心情；亦可作为节庆聚会时的娱乐。苗歌内容丰富多彩，题材广泛，有专门的格律，腔调有高有低，尾音延长，用苗语演唱，起承转合，虚实相接。唱苗歌者需触类旁通，一唱一和，对答如流。

① 内容简介为笔者根据《吴天半反清歌》的全文内容整理而成。

苗歌按歌唱内容可分为：接亲嫁女歌、椎牛祭典歌、酒歌、秋千歌、情歌、字谜歌等。

接亲嫁女歌中包括主场开场歌、谢媒歌、媒人接歌、唱给新娘的歌、唱给新郎的歌、唱给婆母的歌、唱给小姑的歌、赞扬歌师的歌、收场歌。椎牛祭典歌包括一唱一和的迎舅辈歌，祭主男唱、女客和的追牛鼓舞歌。酒歌包括客唱的歌和主和的歌。秋千歌包括秋主唱、秋客唱的歌。情歌包括挑逗歌、接逗歌。字谜歌包括主人出谜、客人破谜的歌。

苗歌中还有内容丰富的故事歌、还傩愿时歌唱的傩歌和苗语妇孺童谣等。故事歌的内容包括家族故事、傩神起源、民间传说等。傩歌包括唱东家舅辈、唱女儿亲家、唱姐夫妹夫、唱女婿、唱表兄表弟、唱朋友兄弟、唱众亲邻、唱家族、唱主人、主人答谢、唱收场歌等。妇孺童谣包括嫁女谣、叠字谣、鬻女谣、苦菜谣、茼蒿谣、老鼠谣、大姐谣、棉花谣、拜年谣、子规谣、金鸡谣、月亮谣、石榴谣、茉莉花谣、挑水谣、伢儿哭、娘在家、砍树谣、劳动英雄谣等。

腊尔山台地还有一首苗族民歌《迁徙歌》，大意是：古时苗族人住在广阔的水乡，古时苗族人住在水乡边的地方；打从人间出现了魔鬼，苗族人不得安居，受难的苗族人要从水乡迁走，受难的苗族人要从水乡迁去……苗族从水乡迁入武陵、五溪地区，沿河边的陆地找地方，一支来到辰州（沅陵），一支来到浦墟（埔市）；一支去往麻阳，一支去往沅州（芷江）；一支来到保靖，一支来到吉介（花垣）；一支去往坪旷（秀山），一支去往酉阳；一支来到吉斋（凤凰），一支来到料高（松桃）……迁到十二个溪峒，住十二个溪峒（指古五溪地区）。①

现在在苏马河村，会唱苗歌的人已经不多了。村中有喜唱苗歌的村民，他们过节喜庆时会齐聚一堂进行演唱。但是在村里，一般的青年或是小孩，基本不懂唱苗歌。中年人也基本不懂苗歌腔调和歌词，小儿中亦没有传唱苗语童谣的。远古的苗歌，曾在苏马河边传唱，可惜这些年，村中

① 参见石宗仁翻译整理《中国苗族古歌》，天津古籍出版社1991年版，第165～170页。

的苗语语音有所变迁，古老的苗语只有老一辈的人才能听懂，到了中青年这一辈，已觉艰涩，苗歌的传唱便更显困难了。①

3. 苗族鼓舞

苗族鼓舞是苗族先民在长期的社会生产生活中创造的活跃精神、促进身心健康的文化娱乐活动。这种文化延续至今并不断发展，形成种类繁多、功能多样的民族传统文化，在湘西地区的苗族中代代相传。

苗鼓(侯喆　摄)

湘西的苗鼓分为庆年和庆神两种。庆年又称为"年鼓"，每逢农历正月初四到月半，晚饭后，苗族人会一同把苗鼓抬到宽敞的地方，一边按节奏打鼓，一边跳舞，重在娱乐和游戏。庆神又称为"神鼓"，是在秋冬时节，举行椎牛等隆重祭神活动时进行的，目的在于祭祀。

《苗防备览》记载了苗族鼓舞的情景：刳长木空其中，冒皮其端以为鼓，使妇女之美者跳而击之，择男女善歌者皆衣优伶五彩衣，或披红毡、戴折角巾，剪五色纸两条垂于背，男左女右，旋绕而歌，迭相唱和，举手顿足疾徐应节，名曰跳鼓。②

随着苗族鼓乐传承发展和传统文化的弘扬，苏马河村还设有苗鼓队。村委会负责购置和存放苗鼓、提供活动场地、组织大家主动参与。爱好苗鼓的村民则自发组织日常训练。村民不仅在苗族传统节日农历"四月八"、赶秋、丰收喜庆、婚嫁、迎宾客等重大活动里，以鼓乐相迎，锣鼓喧天，而且在国家法定的节日，也积极参加表演，给大家助兴。

---

① 侯喆、张丽美调研组于2020年7月11日与村民石HL进行访谈，她认为苗歌词语艰深、语音古奥，以致难以在村中广为流传。

② (清)严如熤:《苗防备览》卷八"风俗考上"，载《严如熤集》，岳麓书社2013年版，第570页。

包头巾的苗族老人
（侯喆　摄）

4. 苗绣和苗服

自古以来，腊尔山地区的苗族群众习惯包头的人较多，据《苗防备览·风俗考》所载，苗服惟寨长剃发，余皆裹头椎髻，去髭鬓，短衣跣足，着青布衫，间用黑布裤，腰系红布，领亦尚红，衣周边俱绣彩花于边，富者以网巾束发，贯以银簪四五枝，脑后戴二银圈。①

时至今日，苏马河村亦仍可见村民穿着苗服。苗族女性头上戴有深色的百褶纹样的帽子，身穿刺绣精美、镶有花边的苗服和长裤。上了年纪的苗族女性为了劳作方便，日常多穿着现代装束或深色的旧式日常服装，但也仍保留有用深色条纹或格子纹样的头巾包头的习惯。节庆时，苏马河村苗族人皆身穿传统苗服，佩戴银饰，以表隆重。在苏马河苗族服饰刺绣中，不仅包含有民族古老而悠远的神话、民间信仰、祖先崇拜，也包含着他们对天地哲学的理解。当地苗族服饰中包含了兵器文化的英雄特色、花鸟文化的自然和谐、神龙文化的独特审美、五彩繁复的艺术特征。苗绣不但展现了刺绣技艺在民间苗族妇女巧手中的创造和发展，而且至今仍应用于苏马河村苗族人的传统服饰当中，承载着直观的艺术效果，蕴含着深厚的历史文化内涵和意义，历尽沧海桑田而不褪色，极具民族特色。

5. 民俗

(1) 饮食习俗

苏马河村民用餐时间较为随意，正餐只吃两顿。村民一般在早上八九点吃早饭，包括米饭和菜；在傍晚五六点吃晚餐。年轻人到了中午或夜

① （清）严如熤：《苗防备览》卷八“风俗考上”，载《严如熤集》，岳麓书社2013年版，第568页。

晚如果肚子饿需要加餐,也会吃些零食。加餐的情况因人而异。村民平日食用的青菜一般在自家的田里栽种,自给自足;食用的肉类则在赶集时购买,或是吃家里存放的腊肉和家养的鸡、鸭、鹅、兔等。当地村民五天一赶集。凡到了赶集的日子,村民便纷纷到附近的腊尔山镇进行采购。

如今的苏马河清澈见底,波光荡漾,蜿蜒流淌。有的村民在河边捞虾,取一根长长的竹子,加上尖顶的网,制成捞虾的篓子,往水里一放,上下移动,不出几下,即可捞到活蹦乱跳的小河虾。有的村民在河边钓鱼,在一旁的土里挖出蚯蚓,挂在钓鱼钩上,轻轻放入潺潺流淌的苏马河,亦可钓到鲜美无比的小河鱼。当地人很喜欢吃河里的小鱼虾。若是把新鲜捞到的小河虾、小河鱼拿到市集上卖,一斤可卖得30元。

(2)婚嫁习俗

由于苏马河村位于高原山区,村中经济较为落后,当地女性外嫁较多,而嫁入该村的女性则较少。加上当地适婚年龄的男女比例失调,村中单身汉较多,有一两百人。当地彩礼由三四万元到十万元不等。如果两方愿意,也有不收彩礼的。以前村中有媒人,现在已经没有了专门的媒人。

苏马河村民结婚时要摆酒,给点彩礼,买些首饰。摆酒时,哪家院子大就在哪家摆,可以借邻家的院子作为摆酒的场地使用。新娘、新郎穿苗服,穿金戴银,重视传统。

(3)取名习俗

苗族取名之法,或依生时,如生在几月,即以月名,如乾隆苗乱时的苗王名叫吴八月;亦有生在某季,即以季名的;或依婴儿体重,如生下几斤,即名为几斤;又有以猪、羊、犬、牛命名的,他们以为易于养大。①苏马河村里没有关于取名的文字资料,如家谱、族谱。据村民说,之前有的人取名较为讲究字辈,现在则没有这样的讲究,取一个好的名字就可以。有的时候哥哥取了一个字,弟弟也跟着用这个字辈取名。以前有取名如"二哥""二妹"的,现

① 凌纯声、芮逸夫:《湘西苗族调查报告》,民族出版社2003年版,第62页。

在已没有这样取名了。大家都只取一个汉名,没有苗语的名字。①

(4)节庆习俗

大舞台的活动一般是在春节、六一儿童节等节日举办。国家法定假日,村里举办打苗鼓、唱苗歌、跳苗舞等庆典活动,都会邀请该村苗鼓队和村民参加。前些年,村中只剩一些老年人会打花鼓和唱苗歌,当地苗族传统文化濒临失传。近年来,随着国家对传统村落历史文化保护的重视和对非物质文化遗产保护的宣传,苏马河村民逐渐开始重视当地传统文化的传承。除了村里的非物质文化遗产传承人对当地文化进行保护和发展外,苏马河村一部分中青年开始主动学习本民族的传统文化,逐渐成为苗族文化传播的新生力量。平日,村民也会在茶余饭后自发组织训练,学习打苗鼓、唱苗歌、跳苗舞。

(5)葬俗

当地苗族以前多行土葬。人去世后,在坡上挖坑,葬坑或深或浅。家人请法师来做法事,选好吉日,一般三日即可送上山。亲人需要把白布带缠在头上,穿日常衣服。将亡人入葬当日,平日有走动的亲戚都来送别。

当地习惯葬在坡上。各家的山坟比较分散。哪家的人去世了,就埋在自家的地里。下葬后,要夯一个小土丘。土丘上方插一根竹子,竹子上绑有飘带。按照从前的观念,若是寿命达到60岁以上,就被认为是高寿。高寿者亡故三年后,亲人可在其墓地插上彩色的飘带。60岁以下亡故的,或者是亡故未满三年的则均用白布做飘带。有祖坟的家族会把亡故的亲人葬在附近。

平时,村民会觉得到坟地去是一件不吉利的事情。他们害怕去坟地后会遇见鬼魂,担心晚上会做噩梦,因此有忌讳。

当地老人若年寿将近,往往不愿在医院老去,大多数会选择在家终老。他们认为:落叶归根,人亦不能身死在外。只有在家里走完生命的最后一程,才算寿终正寝。

---

① 资料来源于2020年7月11日侯喆、张丽美调研组与苏马河村党支部副书记、村主任吴JW的访谈。

（6）祭祀习俗

每逢祭祀需要，村里人都会到附近的村庄请巴代来苏马河村做法事。祭祀的目的是祈求风调雨顺、祛病消灾。做法事的人在苏马河村被称为“巴代”。以主持仪式的法师类别来进行区分，有苗师傅，也有客师傅。苗师傅被称为“巴代雄”，客师傅被称为“巴代扎”。苗师傅和客师傅都属于苗族祭祀鬼神仪式的主持者，由苗族原始宗教中的巫演化而来。

①苗族对水的崇拜。水是万物的本源，五行始焉。苗族的农事生产和日常生活与水密切相关。因此，水便成为苗族早期崇拜的对象之一。长期以来，苗族人为雨、河、井等与水相关的形象赋予了重要的意义，形成了苗族极具特色的水崇拜。苏马河村有河流经过，亦有古井。每逢过节，村民需要携带祭品到水井及苏马河旁的小庙敬拜，祈求来年风调雨顺，井水用之不竭。

②苗族对土地神的崇拜。从前，苗族人刀耕火种，依赖着土地，通过种植作物，获取粮食，得以繁衍生息。土地不仅是苗族人赖以生存的资源，也是他们居住的地理空间。苗族先民们不断迁徙，在山多田少的崇山峻岭间寻找生活空间。土地崇拜和信仰，随着苗族人对农业收成的期许，早已在历史上形成了。苗族人认为，人死后，灵魂会到土地庙，然后再到祖先共同居住的天上。仙娘送饭的时候，也要先经过土地庙，然后才上天。在腊尔山台地的苗寨土地神信仰中，对于高坡土地神的信仰尤为突出。苗族人认为，高坡土地神比其他的土地神更为通灵，如果村寨发生战事，苗族人就会到最高的高坡土地神处祈求保佑，并在祭坛前喝血酒，吹响牛角，高挂旗帜，即可获胜。

苏马河村的土地神主要起到保护寨子、祈求丰收、保佑平安的职能。全村共有7个土地庙。逢年过节，村民均到土地庙进行祭拜。村民到土地庙祈福的时候，会在土地庙旁边的树上绑上一条红布带，以求各方土地神保佑吉祥如意，风调雨顺，五谷丰登。每逢二月二，村里都会举行祭祀活动，请巴代祭拜土地神，保佑全寨在新的一年顺顺利利。

③苗族对祖先的崇拜。苗族人拜祖先，一般在家里堂屋的中间进行祭拜。祭拜者一边烧纸，一边默念吉祥的话语，祈求祖先保佑家人平安健

康，万事顺利。

清明节，苗族人会上山给先人的坟墓铲除杂草并打上新的草皮。拜祭时，还需在墓地旁挂上花花绿绿的灯笼，带上一些水果、一块四方的猪肉和一些糯米粑等祭奠先人。

三、自然资源

（一）药材

苏马河村群山环绕，自然资源丰富，草药种类丰富多样。适用于外科，治疗跌打损伤的草药有剑叶、踩不死草、土牛膝、沿阶草、寒莓、芒（俗称“疤毛草”）、蓼（俗称“拉料草”）、红白荷等。内科用的草药有马鞭草、土白及、酸模等。用于治疗小儿疳积、惊悸的儿科常用草药有穿心草（又名“灯芯草”）等。

近年来，药材公司到苏马河村进行草药收购。村民纷纷到山上挖土白及、剑叶等草药卖给药材公司。目前当地的野生草药数量急剧减少，多种名贵中药已难在山上觅得。当地土白及近乎绝迹，剑叶也已鲜见。

随着原本丰富的本土野生中草药逐渐减少，当地中草药的保护和发展，以及生态多样性的保护急需引起各方重视。

苏马河村的生态资源丰富，气候潮湿，适合草药生长。虽然该村的部分村民也已经开始尝试中药种植，但该村种植药材并未形成规模化和产业化。苏马河村中药种植产业的发展，亟待各级政府提供更为有利的条件。大力推进生态文明建设和相关配套政策的实施，并为农户提供现代农业技术、生物技术等方面的指导，为当地的中药材生产和销售提供有力的支持，将有利于在增加农民收入的同时，实现野生中草药的替代和规模化种植。

（二）古树

苏马河村有一株古树，为枫杨树，是胡桃科、枫杨属植物。凡提及古木，村中人都知道这棵树。几年前，古树曾于暴风骤雨中，遭到雷劈。虽然树干大部分被烧焦，已变成黑色，但古树顽强地在被毁的树干旁萌发出新的枝叶。一旁潺潺流淌的苏马河，千百年来，默默无闻地滋养着这一株参天大树。

枫杨树（侯喆　摄）

四、村规民约

为建设文明、富裕、幸福、美丽乡村，经村民代表会议通过，苏马河村于2017年制定了“十坚持、十反对、十树立”的村规民约。

一、坚持党的领导，反对无政府主义，树立爱党、爱国、爱社会主义、爱家乡的观念。

二、坚持精神文明，反对丑恶现象，树立团结友爱、健康向上的观念。

三、坚持科学发展，反对盲目蛮干，树立科学发展、劳动致富的观念。

四、坚持普法学法，反对违法行为，树立学法、讲法、严格执法的观念。

五、坚持计划生育，反对无计划生育，树立优生、快富奔小康的观念。

六、坚持保护耕地，反对滥用耕地和抛荒，树立保护耕地红线的观念。

七、坚持安全生产，反对违规违章操作，树立安全第一的观念。

八、坚持保护环境，反对脏、乱、差，树立共建美好家园的观念。

九、坚持移风易俗，反对铺张浪费，树立喜事新办、丧事简办的观念。

十、坚持尊老爱幼，反对虐待老人、子女行为，树立关爱社会、关爱家庭、尊老爱幼的观念。

（本章由侯喆撰写）

第八章　塘头村芭蕉冲

芭蕉冲是廖家桥镇塘头村下辖的自然村,村落形成于清代,是典型的苗寨,现有人口约450人,特色民居约7000平方米。村寨内有如屏的翠竹,似画的浅山,坚实的石板路,朴素的苗家。古井的水,一如既往地细细流淌。芭蕉冲苗家的生活,几百年来依然简单而纯粹。或种几亩稻子,或赶一群羊。日出而作,日落而息。姑娘们绣一身绚丽多彩的苗衣,制一顶亮光闪闪的银帽,唱一首情意绵绵的苗歌。这里是几百年来苗族人安家落户的世外桃源。2016年12月,塘头村芭蕉冲被列入第四批中国传统村落名录。

一、村落概况

（一）地理生态环境

1. 村落的区位

芭蕉冲位于凤凰县廖家桥镇西北方向10公里左右。该村寨原为凤凰县都里乡的自然村，后因都里乡与廖家桥镇合并，现属廖家桥镇塘头村管辖。芭蕉冲位于125乡道上，南部连接王干坪，东部挨着老子坪，东北部与杨柳塘相邻，西部有地潭江穿行而过。

2. 村落的自然环境

芭蕉冲全年四季分明、光照充足、雨量充沛、无霜期长。夏季气候温暖湿润，冬季较寒冷干燥，全年平均气温约为22.5℃，年均日照165~195天，年均降雨量1254毫米左右，年无霜期长。房屋亦依山而建。村寨风光秀丽，满是田园之色，朴实无华。碧空如洗，绿树成荫，芭蕉冲出落于蓝天与青山之间，浑然天成，犹如一幅疏淡空灵的水墨画卷。

芭蕉冲村域面积约6平方公里，村庄占地21亩，地形地貌特征以山地为主，平均海拔约613米。村落建于山坳内，四周都是山，芭蕉冲气候适宜，山林中植物和动物资源较为丰富。据村民说，山上曾有野猪和大野猫等出没。从山窝里往外通的，只有两条路，一条从村口往东走，另一条从村口往南走。往东的，是通向塘头村村委的路。从芭蕉冲到村委会约1.8公里，顺着山脉的方向，沿着蜿蜒曲折的水泥路步行需近30分钟。

古朴而整齐的屋舍
（侯喆　摄）

3. 村落的分布格局

村落有风格古朴、独具特色的民居约7000平方米。今日的芭蕉冲，传统建筑占村庄建筑总面积比例为百分之七八十，只有少数新建的住宅穿插于传统建筑之间。芭蕉冲的传统建筑是具有典型苗族特色的石板泥砖木构建筑，建筑基础由石板垒砌而铺平，墙体由黄泥砖构成，屋顶由青瓦铺成。建筑规整，逐层递进，依山而建，排列整齐，构成和谐统一的村落景观。

梯田(侯喆　摄)

结实的石墙(侯喆　摄)

村内道路纵横交错，呈扇形拾级而上。道路全部都由石板铺砌而成，石缝中偶见苍翠欲滴的野草，道路旁盛放着色彩斑斓的野花。山边茂林修竹，穿插于灰色的石墙与黄色的房屋之间，焕发出勃勃生机和恬淡的乡村气息。

流水潺潺的古井，坐落于宁静的村落与绿意盎然的农田之间。井旁有专门掌管水井的土地庙，后面即是山。山上有村民散种的梯田，山下也有整齐的稻田。

石板路上的行人零星走过，水井旁的村民络绎不绝。要选出村中最热闹的地方，非古井边莫属了。这里有粗犷、朴实的民风，也有乡村生活的闲适。村民们或在房前屋后闲聊，或在自家编织、绣花、忙家务事。

乡间小道上，有闲散游走的鸡鸭，也有从山上饱餐一顿后被放羊人赶着回家的山羊。

几百年的岁月，如一首悠远绵长的苗歌，传唱着芭蕉冲苗家动人的故事。

（二）村落来源

1. 村落的历史演变

从前，芭蕉冲这一带的山林中，长满了芭蕉树，漫山遍野、郁郁葱葱、层层叠叠。野生芭蕉的生命力极旺盛，冬去春来，经沃土润泽，被温暖的阳光一照射，又绿了整片山林。

据严如熤《苗防备览》所载，“苗姓吴、龙、石、麻、廖五姓为真苗，其杨、施、彭、张、洪诸姓乃外民入赘，习其俗久遂成族类”①。又据村里的老人说，清末的时候，吴、龙、麻三姓的苗家人最先来到了群山环绕的芭蕉冲，吴家、龙家是从腊尔山搬过来的，麻家是从大兴镇搬过来的。刚开始的时候，村中只有这三姓共8户人家。他们带领着家人来到温暖润泽、山林秀美的芭蕉冲落地开荒，终于排除万难定居于此。

村中除这三姓外的两姓，都是在此以后才迁来的。洪家是从花垣搬迁过来的。张家原是汉族，清末从麻阳逃难来到芭蕉冲。吴、龙、麻三家先开荒，耕种田地。张家刚来的时候，没有农田，只能给先落地生根的当地人做帮工，以此换来土豆，维持生存。后来，张家的男子跟龙姓的姑娘结了婚②，逐渐在芭蕉冲安家落户，在这一片土地上居住了一二百年。

2. 村落形成的原因

村落形成于清代，关于村落形成的原因，传说有以下几种版本。

其一，芭蕉冲拥有独特的地理环境，环山布局，位置隐蔽，十分适合先辈安生。清朝年间，村民的先辈为躲避匪患，在群山之间发现这片易守难攻的区域，从而决定在这里定居下来。后来，此地逐渐发展为人口兴旺、

---

① （清）严如熤：《苗防备览》卷八“风俗考上”，载《严如熤集》，岳麓书社2013年版，第561页。

② 据侯喆、张丽美调研组于2020年7月12日与村民张ZQ的访谈得知，其父亲的外婆即与张家男子结婚的龙姓姑娘。

田地整齐、房屋搭建层次分明的村落，村内现存有防御工事寨墙。因村落选址区域类似一片长形的芭蕉叶，故名芭蕉冲。①

其二，相传，湘西凤凰苗族英雄天龙相公（龙妹奴）为了反抗朝廷压迫，谋刺帝王失败被杀害。之后，其族人从满江村躲避追杀迁移至此，藏在芭蕉林里。芭蕉冲因此而得名。②

其三，据说，寨子本来不在这里，而是在后面的山上，后来因为发生了一场战争，先辈们才搬到现在这个地方的。③

（三）村落人口

村落中的主要姓氏为龙、麻、吴、房、张，其中姓龙的最多。目前，芭蕉冲有2个组，加起来107户，人口有450人左右，多为苗族，是典型的苗寨。由于青壮年外出打工，芭蕉冲留守儿童较多，一共有20多户共几十名留守儿童。平日在学校，主要依靠老师对孩子们进行教育。每逢放假，家中老人上山干农活，8～10岁的孩子就已经可以给老人帮忙干活或帮带弟弟妹妹。年纪较小的孩子，则三五成群地到山上玩。

（四）物产与特色产业

芭蕉冲村民种植水稻历史悠久。水稻是该村的主要物产之一。据当地村民介绍说，20世纪三四十年代所种植的水稻，用凤凰话称作“红九七”④。现如今，虽然水稻的品种早已改变了，但由于芭蕉冲地处偏僻，交通不便，村民耕种水稻仍跟过去一样，以自给自足、满足日常生活所需为

---

① 参见凤凰县志编纂委员会《凤凰县志》，湖南人民出版社1988年版。

② 此故事版本来源于中南民族大学管理学院张好、冉萱莎、王庆调研组于2019年在芭蕉冲的田野调查。

③ 资料来源于2020年7月12日侯喆、张丽美调研组与塘头村村干部石QF的访谈。

④ 资料来源于2020年7月12日侯喆、张丽美调研组与村民张ZQ的访谈。

主要目的。村中的水稻为一年一造,每年的四五月播种,九十月收割。现在村中的青壮年多外出打工,过年才回家,留守在村里的老人一般耕种两三亩水田,便可满足自家的日常需求了。

芭蕉冲的玉米,在每年二三月播种,七八月即可收成。房前屋后的空地,也有被村民用来散种玉米作为日常食用的。村民喜欢将新鲜的玉米做成玉米粑粑。玉米粑粑做法简单,对于当地人来说却十分美味:把成熟的玉米采摘回来后,把叶子剥下来,再把玉米粒剥出,捣成泥,然后舀到玉米叶上包起来,蒸熟即成玉米粑粑,清淡而新鲜的香气夹杂着玉米的微甜,是一种美味的民间小吃。

除了成片的水田和玉米地外,房前屋后的菜地和山上的菜田,也都被勤劳的村民打理得井井有条。村中的农民日出而作、日落而息,一天又一天地辛勤付出,在自家的田地上播种。菜地中种植有村民日常饮食必不可少的各种辣椒,调味的香菜和大蒜,还有黄瓜、南瓜、豆角和青菜……

屋舍旁的菜田(侯喆　摄)

芭蕉冲的牲畜和家禽有羊、兔、鸡、鸭。前几年村民有养猪的,现在几乎都不养了。村民家中放猪草的石头缸子也悄悄地退出了历史的舞台。村民有养二三十头羊的,每天一早就把羊群赶到山上吃草。据说羊是很难吃得饱的,只要不带回家,就会一直吃。于是,每天过了下午一两点,主人看着时间差不多了,都会一边哼着羊群能听懂的调子"嘿,嘘,嘿,嘘……"一边挥着手中的棍子把羊群赶回家中的羊栏里。

更多村民会在家养鸡和鸭。有的在从前的猪舍里养,有的则在院子里搭建专门的房间来圈养。没有院子的人家,挤一挤,也可以在自家房子内腾出一个房间来养。

芭蕉冲产有桐树。桐树果子成熟后,自然落地。每到这时,村民纷纷来到树下,把桐树果子捡起来,再用工具剥皮,将其打成桐油。从前还没有电的时候,村民打桐油,制成桐油灯,用以夜间照明。现在,虽然已不再用桐油点灯，但有的村民依然会打桐油。据说，当母猪生下小猪以后，用桐油给小猪搽肚脐，有消炎的作用，可作药用。

芭蕉冲的山上，野生艾草繁多。村民早上背着空空的背篓上山，满山寻找，辛辛苦苦地采集回满箩筐新鲜艾草。经过晾晒干燥后卖给来收购的人，每斤2元。即便价格低廉且采摘辛苦，仍然有不少上了年纪的村民为赚取零钱补贴家用而不辞劳苦上山采集。

（五）经济社会发展状况

芭蕉冲原来有一所小学，近年来已被撤销并计划作为他用。目前，芭蕉冲没有幼儿园、小学和中学，3～5岁的幼儿要到都里乡上幼儿园。从芭蕉冲到都里，没有任何公共交通，其间近3.5公里的山路，村民出入往返全靠步行。小学可以在塘头村的小学就读，但这所小学只开设有学前班和一至三年级。从四年级开始，学生则需要到都里读书，周一至周五寄宿在学校，周末回家。

20世纪80年代以前，芭蕉冲的村民在地处偏僻，山多地少的寨子中，过着贫穷、困苦的生活。1982年当地开始实行包干到户以后，生活有所改善，但仍以传统种植、养殖为主要谋生手段。当地村民为了增加家庭收入，大多勤劳刻苦。春耕秋收，大家平日主要忙于务农，种植水稻、土豆、麦子等。在寒冷的冬季，有的村民趁着农闲，上山砍下木头，将木头烧成炭，再趁着逢七天一次赶集的时候把炭背到集市上买，帮补家用。

由于芭蕉冲地处偏僻，道路难行，当地人从前很少外出，几乎全寨子的人都讲苗语。直到20世纪90年代，随着改革开放的逐渐深入，芭蕉冲青壮年男性开始走出村寨，尝试到经济发达地区务工。外出务工赚取的收入比在家务农有所提高。

现在，芭蕉冲的居民收入主要来源于传统种养和外出务工。随着党和国家各项有利政策的实施和对精准扶贫村的大力建设、投入，政府在注重文化和生态保护的同时，大力促进当地的大力发展，芭蕉冲村民的经济条件逐渐发生了可喜的变化,生活水平也逐渐得到提高。

芭蕉冲在1996年前后开始通电。电力网向村寨各家各户输送和分配电能,村民也纷纷在家配置了电灯、电冰箱、电饭锅等家用电器。近年来,移动通信和网络也均已覆盖。2011年左右,进出芭蕉冲的道路铺设了水泥硬化路。村寨虽开通了硬化公路,但是没有公共汽车。村民若想到凤凰县城或廖家桥镇的集市上赶集,就要先走路到都里乡的车站,再乘坐公交车。村寨中已通自来水,是从距离芭蕉冲1000多米外的水源引入芭蕉冲的。此外,村寨中还有三口古井,可供居民日常使用。村民们常常在水井旁洗衣、洗菜、聊天。

芭蕉冲所属的塘头村是精准扶贫村。近年来,政府加大资金投入,重视塘头村的文化和生态保护,规划塘头村的村落保护与发展。通过发展村寨旅游,保护、传承好古村落文化民俗等相关措施的实施,进一步带动当地的经济文化发展。自从被列入中国传统村落名录后,芭蕉冲逐渐受到了社会各界的关注。国家现已在建筑保护、道路修复、村寨照明等方面,着力改善芭蕉冲的居住环境,并取得了良好的成效。

二、文化遗产

(一)物质文化遗产

1. 特色民居

据清代严如熤在《苗防备览》中记载,“苗民依山结茅屋,室苦湫隘,间亦有瓦屋者。每屋三五间,每间五六柱,无层次定向,亦无窗牖墙垣,缭以茅茨,檐户低小,出入俯首。右设一榻,高四五尺,中设火炉,饮爨、坐卧其上,曰火床”①。直到20世纪50年代土地改革后,当地村民分得了住房用

① (清)严如熤:《苗防备览》卷八“风俗考上”,载《严如熤集》,岳麓书社2013年版,第561页。

地和农田。后来，经过大家的努力，芭蕉冲逐渐建起了更多的民居群落。当地村民回忆，土地改革前，芭蕉冲的村民生活极为贫困，饭都吃不饱。分到土地后，村民到山坡上砍下木头，搭成框架，割了茅草，往上一铺，建成简易的茅草房。到了20世纪60年代初，有的村民到山上取来木材，把茅草房搭建成更为结实稳固的木板房。直到20世纪80年代，芭蕉冲的村民才开始用木头、土砖和石板建造房子。①

山上的石砖房（侯喆　摄）

芭蕉冲现存的传统建筑主要为石砌房屋，包括纯石结构和石砖结构两种类型。湘西山地区域多是岩溶地貌，石材资源丰富，易于采集，村民盖房因地制宜，就地取材，形成了独特的石板房屋建筑。用石料堆砌的房屋，与木质建筑相较，防火性能更好，加上石材硬度高，防御功能更强。但由于石材韧性不足，抗拉强度小，房屋跨度受限，利用土砖和木材与石材相结合，正好可以弥补这一缺陷和不足，帮助墙体支撑屋顶的荷载，承担部分的重力。从建筑的演进关系来看，石头建筑是干栏式建筑向地面建筑过渡时期的产物。②芭蕉冲的石建筑房屋的主体仍是木结构，由此可知，此类房屋建筑的源头是木制干栏式建筑。

村内的石砌房屋是利用天然石材砌筑成的，利用干砌技术进行石料堆叠。另外，还有大多数的建筑属于石板泥砖木构建筑。建筑颜色和谐，与天地山野相融，景观朴素自然，焕发着浓厚的乡土气息。从高处远眺，整个村落映入眼帘，房屋建筑布局紧凑：三角形的青瓦屋顶、黄泥色的外

① 资料来源于2020年7月12日侯喆、张丽美调研组与村民张ZQ等人的访谈。

② 延虎城、陈晓明、刘国强：《凤凰县拉毫村古村落民居研究》，《中外建筑》2017年第8期。

墙和浅灰色的石砖，构成恬和、古朴的阶梯式村落。

村中住宅的布局大同小异，体现出典型的苗家房屋布局结构。进入家宅大门，有一庭院、一主屋，主屋左右两旁为厕所和圈养牲畜的房间。

民居院落（侯喆 摄）

主屋又分为三部分，中间是堂屋，进门的左边是厨房，右边是房间。三个区域仅用帘子或柜子简单隔开。堂屋中央设有供奉家先牌位的祭台，屋梁正中安放家龙。厨房的一侧有烧火做饭的土灶和碗柜，另一侧用帘子隔开，摆放床铺。右边的房间也是一分为二，一侧设有火塘，另一侧摆放床铺。

院门之上，往往写有上古世第、武陵世第① 、南阳世第等匾文。个别新建的房屋，也会沿袭旧时的习惯，在门上印有这几个字。

2. 历史建筑

(1) 保家楼

湘西在古代为蛮荒之地，多有匪患。《后汉书·南蛮西南夷列传》记载了汉代湘西地区大规模叛乱："桓帝元嘉元年秋，武陵蛮詹山等四千余人反叛，拘执县令，屯结深山。"② 湘西地区位于湘鄂川黔四省交界处，层峦

① "武陵世第"是部分龙姓人的堂号，"武陵"是古地名，在今湖南省境内。"第"指门第，居所。意思大概是：这家人的先祖曾经居住在武陵。以此为堂号，有不忘先祖之意。

② 《后汉书·南蛮西南夷列传》，中华书局1965年版，第2833页。

叠嶂,多岩溶地貌,密穴绵延,为匪患提供了天然屏障。芭蕉冲位于群山之间,有河流经过,且后有形如老虎的山脉,加上交通闭塞,地处偏远,长期处于管制边缘,导致匪患滋生。

清末至民国时期,政治军事形势变化,社会动荡,为了抵御匪患,防止外敌入侵,苗寨多建设了保护村民的防御堡垒。直到解放前,土匪侵扰频仍,寨子里的村民多齐心对外,保卫家园。历史上,芭蕉冲共兴建了4个炮楼,当地村民称之为“保家楼”。

4个保家楼的建筑方位呈四方形,每个楼都是面向西南方而建。村寨中的村民相信保家楼对于振兴芭蕉冲以及保佑当地子孙千秋兴旺有着极为关键的作用。村民认为芭蕉冲是在形如老虎背的山脉上形成的村寨,而这4个保家楼恰恰犹如一个结实坚固的架子,压着老虎的背。有了保家楼镇住老虎,就能够保护村寨安定。

现如今,4个保家楼由于村民建房用地需要均已被拆除。村民至今仍然认为,保家楼被破坏,对村寨原来的风水造成了不良的影响,只有重建保家楼,寨子才可以永保平安。

(2) 龙姓地主家的屋宅

据村民说,龙姓地主家的房子是芭蕉冲目前存有的最老的房子之一。屋宅为典型的石板泥砖木构建筑。厕所和仓库设在家门的斜对面,面积有普通人的家宅那么大。墙壁上刷了一层白色的漆,上面还留有用红漆抄写的毛主席语录。

(3) 烤烟房

芭蕉冲的村民原来多种烤烟。近年来,青壮年多外出打工,老人只种些粮食和蔬菜,没有再种烤烟。烤烟房现在已被拆毁,只剩下半边瓦面的黄砖房。

3. 古井、土地庙、石墙和石板

(1) 古井

村中有三口古井,分布于村子南侧、东侧和西北侧。2019年,三口古井均已重新修整扩建,为居民饮水和用水提供方便。三口古井都由水井井口、洗菜区、洗衣区和污水出水口组成。古井旁均建有土地庙。芭蕉古井旁边的坡上，原有一棵很大的古树，整修时被砍下。古树所在的坡上则被铺上了一层平整的水泥。

古井(侯喆　摄)

从前的古井，井水清澈透明、清凉可口。寨子里的人都喜欢到此取水。现在，虽然村民家中已通自来水，大家仍然喜欢到古井边浣洗衣服、聊天休息。

(2) 土地庙

芭蕉冲三口古井旁都有一个掌管井水的土地庙。逢年过节，村民们都会拿祭品来祭拜。据闻，掌管井水的土地神不吃肉，只拿豆腐前来祭拜即可。

(3) 石墙和石板路

芭蕉冲地处偏僻，出入不便。居民建房铺路就地取材，到山上采来石材，加工成大小、厚薄各异的石板，物尽其用。大块的长方形厚石板用于铺设道路，小块且薄的石板则用于垒砌成房屋和石墙。农田的四周，均用竖起来的大块的薄石板包围。芭蕉冲村落的地基，也都是由石头夯实起来的。

寨子依山而建，村寨的乡间小路全部都是石板路。石板路由大大小小的长条石块铺设而成，凹凸不平。2019 年，政府出资请人用水泥把石板间的缝隙填补平整，还添加了美观的防护栏，既为村民的日常通行增添了方便，又为留守儿童的安全提供了保障。

石墙和石板路(侯喆　摄)

4. 传统生活用具

(1) 水缸

几百年来，芭蕉冲都是以自给自足的小农经济为主。从前，苗寨里家家户户都养猪。为猪准备粮食，村民需要使用水缸来装猪草和水。现在，很多人家的院子里，都仍放有一个大大的水缸。不过，现在芭蕉冲的青壮年大多外出打工，家里的老人多以养鸡、鸭为主，已没有人养猪了。因此，村民家中的水缸基本已废弃或改为他用。

(2) 古井旁拦牛的石板

从前，水井旁立有几块拦牛的石板，以阻止耕牛到水井喝水。现在，芭蕉冲没有人养牛了，于是拦牛的石板"光荣退役"。村民为了打水更为便利，把原来竖立在其中的一块石板搬到了一旁。

烟杆(侯喆　摄)

洗衣棒(侯喆　摄)

(3) 挡门的铁片

苗家在堂屋的木头门框中央，嵌入一块圆形的铁片，可用来挡门，使门关闭得更紧实，不易被风吹开。

(4) 烟杆

芭蕉冲从前盛产烟草，本地的男人一般也好抽烟，且大多习惯抽土烟。芭蕉冲七八十岁高龄的老人极其爱惜其烟杆，百金不换。

(5) 洗衣棒

芭蕉冲的村民在古井旁洗衣服，搓完洗衣粉或肥皂后，都会用洗衣棒将衣服捶打一遍，借助物理运动的方式，给衣服以外力，通过摩擦，把泡泡水和污渍一起拍打出来，达到去污的效果。

（二）非物质文化遗产

1. 民间传说[①]

（1）与老虎有关的传说

湘西苗族人认为五月寅日需要有所忌讳。据《苗俗记》记载，“每岁五月寅日，夫妇各宿，不敢言，不出户，以避鬼，恐虎伤”[②]。《百苗图》和《诸苗考》中也有相同的记载。道光版《铜仁府志》卷二也载“每岁五月寅日，男女大小，并牲畜，俱收藏……以避鬼祟，恐触犯，致虎伤命”[③]。苗家的这项禁忌与历史上苗族聚居区的虎患严重有关[④]。苗历的马月为农历五月，马月的第一个寅日为“虎场天”。苗族人认为，“老虎鬼”在这天里会到处作恶，最为活跃。因此在这一天，只要是来自不同宗族的异性，都需要相互保持距离。哪怕是已婚夫妇之间，也不能同住，不能说话，甚至不能出门，以免遇到异性的其他宗族的成员。这天必须遵守传统规矩——杜绝一切宗族间的异性交往，否则就会犯忌讳，在五月寅日谈情说爱的青年男女一样，被老虎鬼所吃。[⑤]

传说，芭蕉冲这一带的山脉一山连着一山，绵延不绝。苗族的先人当

---

① 本部分内容均由侯喆、张丽美调研组于2020年7月12日在芭蕉冲采集而得。民间传说由村民张ZQ讲述，侯喆整理。

② （清）田雯：《苗俗记》，见谭必友、贾仲益主编《湘西苗疆珍稀民族史料集成》第23册，学苑出版社2013年版。转引自霍晓丽《信仰、仪式与地方社会——湘西苗疆民间信仰传承研究》，华中师范大学博士学位论文，2017年。

③ （清）敬文等修，徐如澍纂：《铜仁府志》卷二“苗蛮”，清道光四年（1824年）刻本。转引自霍晓丽《信仰、仪式与地方社会——湘西苗疆民间信仰传承研究》，华中师范大学博士学位论文，2017年。

④ 参见霍晓丽《信仰、仪式与地方社会——湘西苗疆民间信仰传承研究》，华中师范大学博士学位论文，2017年。

⑤ 参见李汉林《百苗图校释》，贵州民族出版社2001年版，第105页；刘锋《百苗图疏证》，民族出版社2004年版，第123～124页。

年从这里经过，看见这一片的山像一只威猛的老虎，而对面山的形状恰好正像黑虎洞一般。先人立刻喜形于色，认为这里风水好，能兴旺，于是搬到芭蕉冲开辟天地，兴建房屋，定居于此。

芭蕉冲与黑虎传说有关的禁忌有两个。一是结婚接亲不敲锣、不打鼓。村寨中有传说，寨子所在的地方正是黑虎的腰背，如果结婚时敲锣打鼓，会把黑虎吵醒，引起它的愤怒，不利于保佑村子的平安顺遂。二是有吃鱼的禁忌。旧时，芭蕉冲的村民不吃鱼。相传，有阴阳先生说，芭蕉冲不远处有座山，形如黑虎的头，而附近河流的水，刚好流向那座山。黑虎爱吃鱼。芭蕉冲的人若是在河中钓到鱼，就要马上把鱼放生，送入河里喂给黑虎吃。被放生的鱼顺流而下，直接流向黑虎的大口中。黑虎不费吹灰之力即可吃到鲜美的游鱼。吃饱了鱼，它就不会来侵扰寨子里的居民。由此，大家都可以平安顺利，四季安康。

(2) 芭蕉冲地名由来的传说

拉毫村七里冲和芭蕉冲在地理上相连接。这一片的地形复杂多样，难以进攻，自古以来都是出了名的。听寨子里的老人说，清朝末年时，皇帝派人前来攻打，发现七里冲有一段路，仅依靠一个洞口才能进入。山洞口狭窄且低矮，仅能俯身进入。洞内的路则更为难行，总共七里，官兵们只能趴在地上匍匐前进。这一段艰难跋涉之路，恰恰正是由七里冲进入芭蕉冲的必经之路。官兵们见路途艰辛，纷纷后退折返，放弃进攻七里冲和芭蕉冲。

芭蕉冲苗语为“芭雕春”，“春”指的是把东西放到石臼里用杵捣烂，使其去皮壳或捣碎。“芭雕春”则意为官兵像木头一样，直着身子趴在地上前行，越过七里冲才能进入的地方。

2. 传统音乐

湘西的苗歌种类繁多，包括山歌、故事歌、拦门歌、傩歌、哭嫁歌、扛仙歌、跳香歌、椎牛鼓舞歌等。演唱时可以是单人、双人或多人合唱。苗歌唱腔曲调朴实，旋律平稳，线条流畅。苗族没有自己的文字。苗歌是他们情感流露、文化交流的重要方式。悠远绵长的苗歌，可以讲述苗族的祖先历史、英雄事迹和民间故事，可以用于祭祀、祭神、还愿酬神，可以唱出女儿出嫁的不舍和难分，可以传达青年男女之间相互爱慕的感情，可以在拦门吃酒中展现苗家人的热情待客，可以驱除病魔，可以欢庆丰年和祈求来年风调雨顺……

二三十年前，芭蕉冲的村民仍流传有逢年过节四处集会，到处唱苗歌的风俗。苗家人从一个寨子，唱到另一个寨子。歌声在山间回荡，承载着苗家人的喜庆与欢乐。可惜时过境迁，懂得唱苗歌的人大多都已搬出芭蕉冲。现在，寨子里会唱苗歌的人已经不多了。上了年纪的村民偶有晓得唱一两段的。如今想要在寨子里听一首完整的本地苗歌，已经有些难了。

苗族人的婚恋较自由，可以在赶集中结识伴侣，也可以在对歌中传达情意。恋爱时演唱的苗歌，情意绵绵，大胆直白，表现出苗家人的热情和直爽。苗歌唱得好的，也更能博得对方的欢心。

芭蕉冲的一位50多岁的阿姨，年轻时常常唱苗歌，她家堂屋的墙上还挂有几张旧照。以前谈恋爱时，她会和心爱的男人在自家院子里唱苗歌，唱词大意为：

女：
我来了，你到了吗？
你在哪里等我啊？
我来了，已经在这里等你了。
男：
我家太远了，一时到不了。
你等一下嘛。
现在不是来了么，迟到一点也已经来了。

你一段，我一段，喜欢哪个就跟哪个对苗歌。

苗族的情歌委婉动听，悠远绵长，情至深处，爱之甜蜜，柔情似水，山高水长……

结婚时，新娘子不唱，但姐妹们要唱苗歌，对新郎官唱“你要待我姐妹好一点……”

逢年过节，苗家姑娘盛装歌舞。多声部合唱苗歌是节日喜庆时大家喜爱的民歌演唱形式。每逢春节、“四月八”、“六月六”，大家都会欢聚一堂庆贺。除了歌舞，还会按照节拍打苗鼓，一边跳一边敲，欢欣鼓舞。芭蕉冲的苗家人跟湘西其他村寨的苗家人一样，喜欢热闹的聚会。懂得歌舞的，就报名跳舞、打大鼓、唱苗歌和对歌，不擅长表演的，也喜欢到现场去看看节日的演出，凑凑热闹，感受喜庆的气氛。

唱苗歌、跳舞和打苗鼓都需要有天分，要学音调和节奏。正如当地人说的，“有的人有眼光，学一下就会了。有的人眼光不好，学久了也学不会”。

3. 苗族剪纸

苗族剪纸是苗族传统文化的重要部分，又称“剪花”“苗花纸”“绣花纸”。苗族剪纸多被用作刺绣底稿，花样丰富、题材广泛。从苗族剪纸的纹样来看，形象的选取包括植物和动物两种，作品往往由多种物象共同组合而成，造型生动逼真，活灵活现，寓意丰富，既表现出苗族人对美好事物的憧憬，也寄托了他们对多彩生活的向往。

芭蕉冲的苗族剪纸多选用自然形态中的动植物和以此为基础形成的祥瑞题材，动物造型主要为鸟、蝴蝶、鱼、虾、龙、凤等，植物造型包括桃子、石榴、枝叶、花苞和各种花卉。其中，花鸟有和谐美好之意，鸟雀的眼、喙、羽翼、身形均形象生动，花朵则形象具体，姿态各异，极具真实感。

4. 苗族刺绣和编织

(1) 苗绣与苗服

①苗绣。苗族的竹枝词《鼓舞》中有言：“缠头巾帕巧盘鸦，称体新衣满刺花。曲折不知金钏落，轻腰亦效楚宫娃。”[1] 芭蕉冲的苗族姑娘多擅长刺绣。在苗服的袖口、领口、裤头和裤脚都绣上精美的各色图案，如牡丹花、喜

---

① 石启贵：《湘西苗族实地调查报告》，湖南人民出版社1986年版，第432页。

鹊、蝴蝶等，打上样式各异的花边，颜色五彩斑斓。穿上绣花苗服，再配上头饰和银饰，姑娘就更是标致漂亮了。全手工的刺绣构图巧妙，色彩对比强烈，不仅具有典型的民族特色，更彰显出苗族姑娘的心灵手巧。绣花可以分成剪绣和绘绣两种方式。绣花前先准备好绣线和底布。底布可以是黑色或是其他颜色较素雅的纯色布料。若是做剪绣，则要提前备好剪纸花。先把剪纸花贴到底布上，根据花样的构图和纹饰特征，采用不同的配色和针法。若是绘绣，则是直接在底布上画图后进行刺绣。针脚并列的齐针法相对简单，一般用于刺绣图案中较为次要的部分，如小片的花叶、花枝和鸟类的嘴巴等。而刺绣图样的主体部分，如牡丹花的花瓣和大片的叶子、鸟展开的双翅和身体部分等则较多使用镶针。镶针的针法是把长针和短针相结合，先用单色绣一遍长针，再绣一遍短针，同一个颜色就可绣出两个层次。若在此之上加入另一种颜色，重复镶嵌着再绣一遍长短针，即有四个层次了。这两种颜色相混合，产生出渐变的效果，一深一浅，自然融合，绣出的图样生动活泼，栩栩如生。

苗族女装袖子上的刺绣图样(侯喆　摄)

②苗服。芭蕉冲的苗族姑娘，自己做苗绣、打花边，只为了做一身漂亮的苗服，逢年过节探亲访友的时候盛装打扮。缝制一套传统苗服，除了要手巧，懂得裁剪和绣花，还需要有足够的耐心和恒心。姑娘到集市上买好几十种常用的彩色绣线、心仪的花样和颜色鲜艳的布料。材料准备妥当后，她们要在空闲时一针一线地绣好花，用手工打好四线或者五线颜色混合且排列各异的花边。待准备好全套衣服所需要的绣品和花边后，用这些精美绝伦的花样制作一套衣服，都还需要花费半个月的时间。从前还没有缝纫机的时候，姑娘制作苗服全靠手工。先用剪刀裁好布料，缝制成衣服的雏形，然后依次把领口、绣花和自己手工打的编织带缝到衣服上。要注意一针一针

地绣,有长短针,各色丝线交替,颜色也变化多样。苗家姑娘绣衣服,买到了自己喜欢的花样,看着高兴,绣着也高兴。从前,姑娘们四五岁即开始学习刺绣,不需要拜师。长辈面对面地讲授,手把手地教。一般十四五岁的苗族姑娘,即能熟谙刺绣之诀窍和配色之方法。时过境迁,会做刺绣的手工艺人年纪逐渐大了,从前芭蕉冲的姑娘亦在不知不觉中迈入了中老年。50多岁的苗家妇女中懂刺绣的,大多做好了几身漂亮的苗服收藏于衣柜中,留着日后送给她们的女儿做嫁妆。年轻人基本上都外出打工或求学,没有时间学做苗绣。再者,芭蕉冲的村民到集市上购置布料和绣线做苗服,一套就要几百元,可见做苗服的成本较为高昂。芭蕉冲的苗绣传承和发展需要突破这些难题,有所创新,寻求出路,才能代代传承。

身穿苗服的村民(侯喆　摄)

(2) 花带

苗族的花带,手工精巧,图案美丽,色彩鲜艳,可以用来系围裙、巴裙和袜子,也可以当作礼物送人。花带是用棉质的经纬线织成的,不仅美

花带(侯喆　摄)

观,手感还非常柔软舒适。经线可以分为两种,一种是单经线,即单独的一根线。束经线则需要用三根线。“单经线与纬线同色,做带底,束线用异色线,织花纹。牵带时,经线一上一下,间隔并列,长度一般四至八尺。束经线多寡以带宽窄和花纹繁简而定也。丝线细花纹繁,三十七束左右;棉线粗花纹简,二十五束左右。”① 把经线牵引好理顺后,打上结,套在小木架上,用牛骨削成的板筘来织花带。花带颜色多样,图案或简洁大方,或繁复美丽。花带上可以同时织有花朵、果子、蜂蝶、鱼虾等,也可以织出简单的文字。同一个图案可以重复,也可以织出渐变的颜色。织带上还可以有规律地重复织出几何图案,进行装饰和衬托。最后,再用色线进行收边。织好的花带构图精巧,色彩艳丽,两头留有多色丝线,具有独特的民族风格。芭蕉冲村民用来系围裙用的色彩斑斓的花带和围裙上方的彩色刺绣图案,与纯黑色的围裙形成鲜明对比。在围裙的映衬下,花带更显光鲜亮丽。

5. 银饰

银首饰是深受苗族女性喜爱的传统饰品。每逢佳节或是喜庆的日子,女孩子穿上苗服,戴上闪闪发光的苗族银饰,如项圈、银链、银扣、银花、手镯、耳环、戒指等,华丽中尽显民族特色。

(1) 银帽

银帽又称“接龙帽”,俗称“雀儿巢”。做一顶银帽需要用银子三十两至五十两。银帽由传统手艺人用几十种技法相结合制作而成。由于成本较高,工序又较为烦琐,从前只有富贵人家才能请人制作。因此这种帽子

① 石启贵:《湘西苗族实地调查报告》,湖南人民出版社1986年版,第108页。

多为家境殷实者的女儿出嫁时所佩戴，或者为接龙盛会的时候引龙的主妇所佩戴。

制作银帽，首先需要用黑色的厚块布壳做成帽坯，在上面钉上九块银薄片，然后用银子制作成昆虫、游鱼、飞鸟、走兽、牡丹花、芍药花、菊花、桂花等各种样式，系在银丝的上端，连成一朵朵银花，满满地种在帽坯上。一朵朵花随风跃动，一只只鸟展翅飞翔，一头头走兽生龙活虎……错彩镂金，独具匠心。帽顶上的中央，贴一对银制的长长的羽毛，或者是插上银制的伞状花束。帽檐两边，分别是二龙戏珠或者其他纹饰。帽子前面，用螺旋状的银丝吊着红红绿绿的小花，银帽前方的下面有小银圈连环相扣并连接着一个个尖尖的小圆锥体。银帽后面，也有各式各样的花鸟虫鱼，层层连缀。

苗家新娘佩戴的银帽（侯喆　摄）

新娘子要把头发全部塞到帽子里面去，不可外露，因苗族女子“无论寒暑都包头，以露发示众为耻也”①。帽子套在头上十分紧实。再穿上精心制作的苗衣和绣花鞋，新娘子一颦一笑间，银帽子上的蜂蝶龙凤轻轻舞

① 石启贵：《湘西苗族实地调查报告》，湖南人民出版社1986年版，第122页。

动,红色和绿色的小花也跃动起来,下方低垂的装饰像小风铃般发出清脆的叮叮当当的声音……

(2) 镶嵌在围裙上的花样银片

穿好苗服后,可以用银链子或织带绑在脖子上来佩戴围裙。苗家围裙绣花精美,以花、鸟、虫、鱼、兽等各式花样打成带扣子的银片,镶嵌其中,彩色的绣花配着银光闪闪的装饰,分外耀眼。

围裙上的银饰及刺绣
(侯喆　摄)

无论是剪纸、刺绣,还是服饰、银饰,芭蕉冲的苗族传统手工艺制品中都广泛运用了大自然中的动植物作为其样式的题材。由此可见,苗族人对生命的热情及对自然的向往。花鸟等动植物的自然朴素之美,与苗族传统艺术的生命相融合,细腻形象,焕发出勃勃生机。

6. 传统工艺

(1) 竹编工艺

①竹编艺人。芭蕉冲会竹编工艺的老人一共有好几位。调研组采访了一位近80岁的老爷爷,他从20多岁就开始学习手艺。老人的竹编技术是家传的,他的爷爷就会做竹编。长辈做编织的时候,他在一旁仔细观摩,学了十多天就会了。芭蕉冲的竹编艺人做编织,一般不以此作为主业。他们的主业是务农,编织只作为副业。趁着农闲时做好编织,制成后,竹编者不辞劳苦,早早地从芭蕉冲出发,将成品挑到集市上卖,以帮补家

竹编制作(侯喆　摄)

用。做竹编需要一套用磨刀石磨好的刀具和相关工具，分别有弯刀、砍刀、起子、锯子和给桐油果剥皮用的工具等。备好工具，就要到山上取材了。芭蕉冲的竹子很多，房前屋后，随处可见。竹编艺人上山砍来至少两年生的南竹和笆竹① 作为竹编的基本材料，再经过巧手制作，即可以做成大小不一的筛子、饭篓、背篓、火把、鸡笼、鸭笼、猪笼、牛粪铲子……采集山上的野生竹子，无须成本。但做竹编是个耗时间和体力的活儿。艺人编制一天，才能做好一个筛子。一个筛子能卖十二三元，有时生意好，可以卖到15元。做鸡笼、鸭笼相对稍微快些，一天能做成两个，一个笼子可卖10元。调研组采访的这位竹编老人年事已高，这两年因为患有风湿关节痛，没有再种田了。竹编的副业也就变成了他的主业。

火把（侯喆　摄）

②竹制品。芭蕉冲常用的竹制品包括大筛子、小筛子、饭篓、背篓、火把、笼子、竹铲子等。大筛子在打谷子的时候可用于筛谷子，把稻草和谷子进行分离。小筛子的形状跟大筛子相似，只是竹条编排时所留缝隙较小，可用于分离大米与米粒中的小砂石。饭篓用于保存剩饭剩菜。村民把剩饭放在饭篓里，盖上盖子，再把饭篓挂到屋子的阴凉通风处。饭篓内的食物，即使存放半天亦不会变质。

苗族喜用背篓背小孩，认为背篓安全舒适，方便实用。不管是上山劳作，还是外出赶集，大家都喜欢背上背篓，把需要携带的东西背在背后。竹制的背篓不仅很结实，还可以容纳很多的东西。

芭蕉冲盛产竹子，这里的火把就是由竹子制成的。制作火把，先要用

① “笆竹”为当地苗族竹编老人所称呼的俗名，是小叶子细竹子的一种。

刀具不断地由纵向切割竹子,将竹子细化成条状,然后把竹条裁成一米多长,靠一端对齐,再用柔软纤细的竹条将已对齐的一端捆绑固定。火把制作的技巧要求较高,竹条的细密度和扎起来的紧密度全凭编织艺人的经验来把握。太松散则不耐用,太紧实则容易断火。现在,村里人已不需要用火把来照明,但仍留存有与火把相关的民俗:结婚接新娘时,男方需要提前准备好两把用红纸在中间包好的火把。接亲的时候,一定要由男方家人拿着这两把火把走在迎亲队伍的前面,才可以把新娘接回夫家,寓意红红火火,前路光明。

鸡笼(侯喆　摄)

装鸡、鸭、鹅的笼子要挑选适合的竹子。制作时一般选择柔韧性较好的细竹子,先用刀破开竹子后进行刮青,再做成篾条,然后把篾条编织成鸡笼底部,再向上编织笼身,最后把笼的上部编成圆形,一圈圈地制作好笼顶,笼子就完成了。

制作装牛粪的竹铲子需要先编好铲子,再用竹子做成手把。从前,养牛的村民把担挑穿到两个铲子上,前面挑一个,后面挑一个,一次即可挑起两个铲子,把耕牛的粪便挑走。芭蕉冲如今已没有人养牛了,这个用具仍被村民存放在家里。

(2) 木工工艺

苗家人制作梯子,先准备好一根木材和竹子,木工用镰刀把树皮刮下来,破成两半,打磨平整,再将竹子截断成小节,用竹篾固定在已分成两半的木材上,即可做成梯子。

芭蕉冲村民家中多用木质家具,如碗柜、床、衣柜等。“至祭祝之礼,苗家无祖龛神主,以碗柜为上。故凡苗家者,对其碗柜不可妄渎。”[①] 苗家的

---

① (明)沈瓒编撰,(清)李涌重编,陈心传补编,伍新福校点:《五溪蛮图志》,岳麓书社2012年版,第252页。

碗柜制作尤为讲究，设计简单却别致，边上刻有雕花，雕刻在碗柜左右两旁，相互对称。木雕中常刻有苗族人喜爱的花朵和龙，专门为结婚而打造的碗柜不仅实用，而且工艺精美，有喜庆之意。苗家常见的碗柜，整体为对称结构，上方有数个小抽屉，用来放零碎物品；中间有两扇对开门，旁侧还有两扇单门，用于放菜；底下一层为镂空的结构，通风防潮，用于放碗。现在经济条件改善，芭蕉冲的居民一般会购买冰箱来保鲜食物。碗柜除用来放碗外，也可用于存放其他的物品。

7. 传统医药

苗族传统医药在历史的发展过程中，受地理条件、经济社会发展、自然资源等方面的制约和影响，形成了独特的用药方法和治疗手法。

芭蕉冲也有苗医，擅长用山上的草药给人治病，但苗医年岁已高。

（1）推拿手法①

推拿手法是指以治疗、保健为目的，用手或肢体其他部位，按各种特定的技巧动作，在腧穴、阿是穴或身体的特定部位等进行操作的方法。

村民龙TX，苗族，赤脚医生，82岁，1967年开始做村医，学习并研究草药方，尤其擅长儿科方面。其后代并无从医者。

（2）山间苗医②

张ZQ，1958年出生，是山间苗医，能为村寨里的人治疗简单的疾病，辨认芭蕉冲一带的草药。过去，他常常用苗族医药治疗小孩受惊、跌打损伤等。

芭蕉冲的苗医用医术以利民，少挣钱财。为谋生计，张ZQ也擅长种植，在家辛勤劳作，栽种稻谷、玉米、各种蔬菜等，还精通养殖的方法，掌握羊、猪、鸡、鸭等的养殖技术。

近年来，随着农村医疗卫生事业的发展，当地村民的观念大多已改

---

① 资料来源于中南民族大学管理学院张好、冉萱莎、王庆调研组于2019年在芭蕉冲的田野调查。

② 资料来源于2020年7月12日侯喆、张丽美调研组与村民张ZQ的访谈。

变。他们生病后更倾向于选择寻医问药。当地人如果生小病，会到塘头村村委附近的药店买药服用。如果生了大病，会到都里乡的卫生院，或者廖家桥镇医院、凤凰县城医院看医生。因此，来找张ZQ治病的人日渐减少。如今，他除了偶尔上山采集草药外，也作为村寨中的文化人，关心芭蕉冲传统村落文化保护，呼吁文化工作者重视本村寨的传统文化挖掘和保家楼的重建等，并重视子女教育，鼓励子女读书深造，尽己所能把他们培养成才。

8. 民俗

(1) 赶集

湘西苗族竹枝词《赶墟》[1]中“肩挑背负赛征途，知是乡人竞赴墟”一句生动形象地描述了苗家人赶集的情景。苗族大多居住在大山深处，交通不便，每逢赶墟，只能依靠肩挑背负。虽然路途遥远，负重辛劳，但每到墟日，大家都会背着背篓去赶集，以售卖自己的富余农产品或前去购买日常生活所需。

芭蕉冲一带的苗家人赶集是依照农历的日子来计算的，五天赶一次集。都里乡每逢农历初一、初五、初十、十五日、二十日、二十五日、三十日赶集。有的月份只有二十九天，有的月份是三十天。若是当月有三十的，就把墟日定为三十那天。三十赶集了，初一就不设集市了。若是当月没有三十的，就定下个月初一那天为墟日。廖家桥镇的赶集则为“三八”日，逢农历初三、初八、十三日、十八日、二十三日、二十八日赶集。赶集的日子已定，每逢墟日，风雨无阻。从前的集市上有以物换物的，后来一般都用金钱交易。近年来，手机付款方式逐渐普及，也有用微信扫码付款的。

距离芭蕉冲最近的集市在都里乡，再远一点的集市在廖家桥镇，更远的则是在凤凰县城。由于芭蕉冲地处偏僻，村民如果要赶后两个集，要先步行到都里，再坐车到廖家桥或凤凰县城。有时村民需要打菜籽油或买

---

① 石启贵:《湘西苗族实地调查报告》，湖南人民出版社1986年版，第434页。

大米，也会凑齐几户，一起包车到集市。即使交通不便，村民仍会在每次的墟日去赶集。赶集当天，寨子里的人都会去参加。

都里乡、廖家桥镇和凤凰县城这三个集市都是芭蕉冲的村民平日会去的。都里的集市较小，场地不大，只能容纳几十个摊位。凤凰县城的集市会集了整个凤凰县及周边各地来赶集的人。赶集当天，县城集市周边的重要道路都要封路，不允许汽车通行。县城的集市虽然热闹非凡，但路途较远。因此，芭蕉冲的村民多到廖家桥镇赶集。

廖家桥镇人口较为密集，集市也较大。集市商品种类繁多，占了整整一条街。街道两旁均有固定的商店。这些商店平日也都会开。从售卖商品的种类来分，有卖杂货和日用品、米面粮油的，有卖水果的，也有卖农具的。有民间苗医的小诊所，还有饮食店。饮食店包括饭店和小食店。饭店里可以品尝到当地的腊肉小炒、辣椒炒肉等特色菜。小食店除了提供云吞和粉面外，甚至还有广东的肠粉。

廖家桥镇赶集当天，最热闹的就是集市一条街，除了固定的小店照例开放，道路两旁还整整齐齐地摆放了一顶顶红色或蓝色的帐篷。集市的开放时间一般在墟日的早上六七点到下午一两点。每逢墟日，大家赶着早地来。卖东西的，想要早些摆好商品，好早些开市做生意；买东西的，想要早点到，先挑新鲜的、优质的货品。

玉米粑粑（侯喆　摄）

临时摆卖的摊档中，各色商品琳琅满目：有20元一件、30元两件的饮料，有用三轮车拉来的香蕉，有大小不一、方圆各异的腌菜塑料罐子，有五谷杂粮香酥条……摊档还售卖有各式的衣裤鞋袜，各种农具和刀具，有可以治疗颈椎炎、关节炎、风湿病、痛风、麻木、脓疮等病痛的祖传苗药……卖小吃的老板们在摊前不停地忙活，制作新鲜出炉的食品当场售卖。有的摊主早上来不及吃早餐，待摊档的商品摆放整齐后，才趁着顾客少的时候快速吃上几口以填饱肚子。有的妇女摆摊时抱着孩子，一边卖东西一边带娃。还有的人从家里带来了玉米粑粑，装在篮子里，游走在集市中叫卖。

赶集的村民（侯喆　摄）

芭蕉冲的村民来镇上赶集，有把菜籽拿来打油的，有把竹制品挑来卖的，也有前来购买菜、肉、生活用品和农具的。村民日常生活和劳作所需要的用品几乎都可以在集市上买得到。

商品繁多、车水马龙、人来人往的集市，不仅是这一带村民进行贸易的场所，而且是他们饮食、生活、风俗等方方面面的反映。熙熙攘攘、人头攒动而具有烟火气息的廖家桥镇集市，正是芭蕉冲村民生活必不可少的一部分。

（2）民间信仰

①巴代。以前，芭蕉冲有专门做法事的人，苗语称为“巴代”。现在村寨里已经没有人继承了。哪家有需要做法事的，会到其他地方把巴代请过来。据村民介绍，巴代有两种。汉族的先生，苗语称为“巴代扎”，用汉语念唱。苗族的先生，苗语称为“巴代雄”，用苗语念唱。按照职能来分，阴阳先生也可分为两种，一种是专门做“红事”的阴阳先生，另一种则主管“白事”。

引子桥（侯喆　摄）

②架桥。架桥大致可分为三种。第一种是子孙桥，也叫作“求子桥”。如果夫妻结婚多年仍然膝下无子，即可请巴代在坡上做法事。法事完成后，必须由妻舅进行拆桥。第二种是拦门桥，又叫“打三早”。如果小孩“八字不好”，时常生病，难以养

活，父母就需要在家屋里做法事。第三种是“夫妻桥”。如果家中男子年长，却仍未婚配，即可以架夫妻桥。架桥时，男子的舅父、舅母要坐左右两侧。结婚以后，还需要做拆桥的法事。① 据村民张ZQ介绍，芭蕉冲的村民结婚以后会请巴代帮忙择日求子，请求观音送子送孙。做法事当天，巴代一边烧纸做仪式，一边在家门内放置石板。石板的尺寸是有讲究的：辈分越低，石板越小。每到下一辈，放置的石板规格要比上一辈所放置的小。② 张家进门处的两块石板，靠左边的一块规格稍大，是男主人张ZQ的爸爸结婚后求子时铺的；靠右边的一块规格稍小，是男主人结婚后求子时铺设的。在被问及下一辈是否还会延续这个习俗时，男主人说：“现在都思想解放了，以后可能就不放了。”

③镇宅。芭蕉冲的村民搭建好新房子后，家家户户都会在厅堂正中间安放“家龙”。安放“家龙”当日，要请阴阳先生来家里举行仪式，还要烧纸钱。“家龙”一般都设在堂屋正梁的中间。找准位置后，需要挖一个洞，把酒、米、朱砂、茶叶四样都放到茶杯中，再把茶杯放到挖好的洞里，最后用土填埋。也有的人家不用茶杯装，直接把这四样事先准备好的物品放到洞中，然后再用土盖起来。村民认为，每一户都要做好这一步，才能按住“家龙”，保佑家宅平安。若家中主人外出打工或有其他原因家里较长时间没有人居住，他们回家以后，就会请法师到家里来帮忙做一次法事。法师在堂屋的正梁中间贴上镇宅的符。符上写有“五龙归位人清泰，八将还方六畜兴”，以达到稳住“家龙”的目的。从此以后，村民在家居住时会比较安心，不用时刻担心家宅不宁和有鬼神侵扰。

④贴门神。芭蕉冲的苗族人家有的会在门楣上挂镜子辟邪。门上则贴有汉族也常贴的门神。据说，门神的画像都是村民赶集的时候看到集市上有就买回家的。

---

① 参见霍晓丽《信仰、仪式与地方社会——湘西苗疆民间信仰传承研究》，华中师范大学博士学位论文，2017年。

② 资料来源于2020年7月12日侯喆、张丽美调研组与村民张ZQ的访谈。

⑤祖先崇拜。据清代的《楚南苗志》所记载:“苗人五月中,有祭鬼之说。乃专祀其祖先也……稍有违犯,则云必罹横祸也。”[①] 苗族人在农历五月中的子日、寅日、午日有祭鬼活动。首先,需要提前准备好牛、马、猫、狗、鸡、猪等牲畜,但为了不惊动鬼魂,务必将其放在室外。到了祭祀当日,从未时起,就不能说话,晚上睡觉时,也不能翻身。如果触犯了禁忌,恐怕会引起祸端。可见,从前的农历五月子、寅、午等禁日保持家中安静,是苗家人为了避免惊扰祖先。这项禁忌与苗族的祖先崇拜有关。苗家人敬奉祖宗、祭拜祖宗不仅能寄托感恩与怀念之情,还能祈求先人保佑后世子孙平安康顺。苗族有一对联:“愿好儿孙,须从尊祖敬宗起。欲求富贵,还自答天谢地来。”[②] 可见,苗族对于祖宗和天地的敬重。

芭蕉冲的苗家,在堂屋设有拜祖先的神龛。神龛中间放有香炉,香炉上插着象征自己祖先的一个简易人状物。左右两旁分别放置一个倒扣的碗,用于祭祀时点蜡烛。有的人家里把堂屋的里面设成房间,用布帘隔开,没有设专门的神龛。若是如此,香炉也可放在堂屋左边的房梁上。每家每户都会拜祖先。除了拜祖先,也有人家把观音画像贴在墙上,祭祀时也拜观音。

⑥土地神崇拜。芭蕉冲共有七个土地庙。其中,三口古井旁的土地庙都是掌管井水的。逢年过节,村民们都会拿祭品来祭拜。据闻,掌管井水的土地神不吃肉,只拿豆腐前来祭拜即可。剩下的四个土地庙都建在山上,包括一个掌管井水的和三个掌管土地的。目前四个山上的土地庙中,仅剩一个规模最大的土地庙经村民集资修复保存完好,其余三个已被破坏。虽然如此,逢年过节村民们还是会带上祭品到这些土地庙前逐一祭拜。

(3) 节庆习俗

①过年。苗年是苗族最重视、过得最隆重的节日。湘西苗族一般以

---

① (清)段汝霖撰,伍新福校点:《楚南苗志》,岳麓书社2008年版,第173页。

② 石启贵:《湘西苗族实地调查报告》,湖南人民出版社1986年版,第429页。

“冬至”日为苗历大年，苗语称为“寡冬”，而“春节”被称为“寡建”，“冬至”至“春节”这段时间为年节，故有“寡冬寡建”之称。① 芭蕉冲的苗族每到过年，都会庆祝五谷丰登，祭祀祈求万福和来年风调雨顺。苗家人穿戴着节日的盛装赶年场，走村串寨，一个寨子一个寨子地唱苗歌，载歌载舞，敲响苗鼓，举行欢乐的盛会。准备过苗年时，家家户户打扫房屋，购置年货，贴对联，做糍粑，酿米酒，买猪肉，熏腊肉，打豆腐，缝制或购买新衣服。到了新年，苗家人纷纷走亲访友或在家接待宾客。新婚的夫妇，需要带粑粑、酒肉、糖果、点心、米面等礼品到岳父岳母家拜访。女家的兄弟会准备丰盛的饭食欢迎。回夫家时，女家父母也会送上粑粑和其他礼物作为回赠。年轻男女还会相互对歌或交流感情，或是对歌赶“边边场”，唱响了一个寨子又到下一个寨子中继续新年的欢乐。

②“放兵”和“收兵”的习俗。从前，湘西苗族有“放兵”和“收兵”的习俗。每到年三十，寨子里会进行“放兵”。那一天，大家在傍晚五点前就会吃完年夜饭，然后请巴代念咒语和焚烧纸钱、营旗，告知东、西、南、北的兵马统帅，使其从神坛中放出四营兵马。到了正月十五的申酉二时，巴代通圣、备祭品、戴红帕、拿司刀、口念辞，打卦“收兵”，然后再从堂屋的门到家里下坛的地方安置四营兵马，打卦问及寨子的运势。② 现在的芭蕉冲，大年三十早早吃完年饭后，每家每户都会到寨子中找来寒梅、芒、茜草这三种草，绑成一串，挂在门外和各个窗户上以辟除邪气，祈求平安。此外，苗家人还需要带一碗肉到自家房屋前的岔路口，朝着向西的方向烧香和纸钱。他们相信这些仪式可在新的一年里保佑自己和家人平安、健康，不受侵扰。

③“三月三”。每逢“三月三”，湘西的苗族人集中到歌场上对歌听歌，相互唱和，跳舞观舞，尽情欢乐。“三月三”是苗族的情歌节，由反映苗族青

① 周智谊:《湘西苗年习俗》,《艺海》2020年第6期。

② 参见霍晓丽《信仰、仪式与地方社会——湘西苗疆民间信仰传承研究》,华中师范大学博士学位论文,2017年。

年相恋的“挑葱节”演化而来。传说，农历二月下旬一天，男青年得戈在放牛时遇见邻村女青年得雅在坡地里挖野葱，二人边挖边说话唱苗歌，双方产生好感。回家时，两人约定好再来挖葱的日子。不久，得戈和得雅相爱相恋的故事引起男女青年纷纷效仿，到“三月三”这天，男男女女以挖葱为名相约在一起，以后每年如此。[①] 芭蕉冲的苗家人在“三月三”这天，会参加附近苗寨举行的歌会，庆贺节日。年轻男女也会借着歌会，谈情说爱，表达爱慕。

④“四月八”。湘西苗族流传着关于苗族先祖蚩尤在农历四月初八被黄帝抓捕杀害的故事，因此后人有椎牛祭祀的习俗。又有传说，蚩尤战败，带领苗族子民们到深山老林中躲避，大家隐居于山洞中，蚩尤则亲自在洞口守护，后人为表达感激与怀念，因此加以祭祀。再有一说，《山海经·大荒南经》记载：“蚩尤所弃其桎梏，是为枫木。”晋朝的郭璞认为，“蚩尤为黄帝所得，械而杀之，已摘弃其械，化而为树也”[②]，即今枫香树。苗家人在跳花节清晨带上祭品，祭祀枫香树，祈求先祖蚩尤保佑万事顺利。

农历四月初八还是苗族祭祀先烈“亚宜”和“亚努”的盛典，现为苗族节日，是苗族集会的一种，男男女女来相聚。当天，苗家人齐聚一堂跳舞、唱山歌、上刀梯，举行典礼以缅怀祖先和表达承前继后的决心。

传说古时候，凤凰县龙塘河跳花沟每逢农历四月初八，都要举办盛大歌舞会，苗族男女你唱我和，相伴而舞，自由恋爱。明朝时期，有一年的跳花时节，官家派人前来抢亲，拆散了一对对恩爱的恋人，惹恼了苗家人。凤凰山下一名叫“亚宜”的年轻人，组织起苗家青年，歃血盟誓，联合各寨头人，一起与官府作斗争。第二年的农历四月初八，苗家青年早作准备，在官家派人抢亲时，奋起反抗。亚宜吹响牛角号，苗家青年一拥而上，杀死了官家兵丁。但后来，苗家人遭黄丝桥城衙内官府的血腥镇压，亚宜苦

---

① 参见黄妮《基于景观符号学的芭蕉坪村民俗节事空间景观设计》，湖南大学硕士学位论文，2018年。

② 参见（晋）郭璞注《山海经传》卷十五“大荒南经”，四部丛刊景明成化本。转引自霍晓丽《传承与发展：湘西苗族祖先崇拜研究》，《宗教学研究》2018年第3期。

战三天三夜后，寡不敌众，只好退往贵州方向，与亚努带领的另一支义军会合，又与官兵斗争了一年。下一年的农历四月初八，亚宜、亚努终因寡不敌众战死。

从此以后，每年的“四月八”，苗家人都要举行盛大活动以祭祀先烈。芭蕉冲的苗家人也不例外。

⑤端午节。端午节的当天，芭蕉冲的妇女和小孩都要穿上新衣。当天一定要吃肉，苗家人还会把挂芒和寒梅两种草挂于门户，以驱邪、避瘟。近几年，凤凰古城每到端午节都会举行大型的活动，有龙舟赛、赶鸭子等，芭蕉冲的村民也都会到沱江上凑热闹，庆祝佳节。

⑥“六月六”。农历六月初六是苗族的赶歌节，是苗族的传统节日。关于“六月六”节庆的来源，湘西凤凰的苗族中流传有苗族青年天灵射杀皇帝的传说：苗族青年天灵，经过三年的刻苦修炼，练成了一箭可以射到皇帝龙椅上的神功。功夫练成的这一天，他早早就上床休息养精蓄锐，并让母亲在凌晨听见第一声鸡啼的时候叫醒他。不料母亲半夜起身簸米，不小心拍响了簸具引起了鸡叫。天灵听见鸡叫后赶紧爬上将军山，弯弓对准京城方向射箭。这一箭虽然分毫不差射到皇帝宝座，但时间稍早，皇帝当时尚未上朝。最后，天灵因此被杀害。这一天正是农历六月初六。后来，苗家人吹唢呐、唱苗歌、跳苗舞、打苗鼓，祭祀先人，祈求幸福。芭蕉冲的苗家人也不例外。

（4）婚俗

从前，小伙子、小姑娘逛集市、节日对歌，看对眼了就可以谈恋爱，两情相悦的就可以结婚了。芭蕉冲的女孩子外嫁的较多，姑娘们都想嫁到经济条件更好的地方去。21 世纪以前，还有很多人结婚只摆喜酒，没有领结婚证。现在，寨子里的人结婚，一般都会依法进行登记，也会在家里摆酒席。

①媒人介绍。原来寨子里有媒人，经媒人介绍，更容易找到年龄相仿、条件相当的伴侣。不过近二三十年，芭蕉冲的年轻人基本上都外出务工，就没有人在寨子里当专门的媒人了。

②提亲。男方要是对女方有意,需要带着礼物,提着灯笼到女方家提亲。现在结婚仪式简化,提亲这一步也逐渐取消了。

③对八字。从前,若男女双方关系较好,在定亲前就要对生辰八字。八字相合,父母才同意定亲。现在,芭蕉冲的村民认为,自由恋爱不应受八字所牵绊,一般不会在定亲时对八字,而是改在结婚前,用两人的八字来选摆酒的良辰吉日。

④订婚。订婚仪式是芭蕉冲一直延续到现在的习俗。订婚当天,准新郎带几个兄弟,提着两只鹅和肉、酒等礼物到女方家定亲。其他礼物可以随意,但是鹅一定不能缺,且必定要有两只。男方定完亲返回时,女方要自己留一只鹅,退还一只给准新郎带走。定亲以后,请会算命的人看好日子,就可以结婚了。

⑤嫁妆。女儿出嫁,娘家可随经济状况为其配置嫁妆。嫁妆包括各式家具,如沙发、茶几、柜子、床、桌子、椅子等;电器,如空调、冰箱、洗衣机、电饭锅、风扇等;生活用品,如被子、被套、杯子、碗、筷子等。生活用品都要是双数。父母尽己所能为新娘子购置嫁妆,最重要的是要有新制作的苗衣。嫁妆中一定要有两套女装苗服,颜色可以是不同的。男装苗服则可送可不送。

⑥结婚。在家里摆酒席。男方要准备摆酒的食材,如酒、肉、菜等,另外还要准备一些喜庆的物资。从前,苗家人结婚办酒席的时候,一般都会请自家的亲人来帮忙,现在平日在寨子里的人不多,有的人家办酒席,也会请相熟的人过来帮忙。

举行婚礼前,若是家里有家传的银帽子,可以给新娘子准备好,用于婚礼当天佩戴。现在,寨子里的人家里如果没有家传的银帽子,或是觉得帽子氧化褪色颜色不够鲜艳,就到市场上去购买。赶集的时候也可以购买到用其他金属做成的新娘帽。30年前,接新娘是用花轿抬的。村里有一台花轿,供村民使用。现在,芭蕉冲对外的水泥硬化路已经铺设好,新娘子梳头、化妆等都是在婚礼当天,早早坐车到镇上的店里,让化妆师帮忙完成。苗家新娘穿着苗服,戴着头饰和首饰,打扮好了再回家等着新郎接亲。

接新娘的时候，男方要派人拿着两把用红纸包好的火把走到队伍的前面，再派年轻人捧着新衣服、银帽子、糖果等，挑着米、菜、酒、鹅跟随在后。

女方家的年轻人去拦门，要唱对歌。先是女唱，然后男和。对歌后，新郎和兄弟们要喝酒，接着是表演才艺及新郎宣读结婚誓言，然后喝酒助兴，再进行互动游戏，方可进入女方家。现在，芭蕉冲的村民大多已不怎么会唱苗歌了，因此只要简单对一次歌就可以。依照当地的传统，女方家的年轻人还要设法把家中锅底的灰抹到新郎的脸上。新郎要带着灰回家，一路上都不准洗、不准擦。据说，把锅底的灰送给新郎官，有给新郎赠一个官位的意思，寓意新郎从此以后飞黄腾达、步步高升。

新郎和接亲队伍到了女方家里，坐一坐，吃过饭，吉时一到，就可以把新娘子接回家了。新娘嫁到了新郎家，要孝顺父母，照顾老人，勤勤恳恳。

女子出嫁后，与丈夫回娘家探亲时，夫妇不能在娘家同房睡，要各自睡一个房间。如果房间不够，则需要铺好地板，夫妇两人一个睡在床上，另一个睡在地板上。

(5) 出生礼

①生子报喜。若是生了男孩，男方家须派人带一只母鸡到女方家，女方要回赠一只公鸡。若是生了女孩则相反，男方家须派人带一只公鸡到女方家，女方要回赠一只母鸡。在苗族的传统文化里，鸡有吉祥之意，特别是啼曙的雄鸡是吉祥之喻、光明之象、奋斗之声。当地村民认为，鸡有威力和灵气，会为新生儿带来好运。

②产妇坐月子。产妇生完小孩坐月子，整整一个月都要在男家，不可以出门。产妇坐月子期间的饮食必须十分注意，不能吃辣的，也不能吃青菜。听当地老人说，产妇吃辣的后母乳对婴儿的肠胃不好，吃青菜则会多尿，对产妇的身体不利。坐月子期间吃鸡补身体，只能吃公鸡，不能吃母鸡，当地人认为吃公鸡更补，忌讳吃母鸡。产妇坐月子期间洗澡，要请长辈来帮忙，用温水洗。接生娘、男方妈妈或者女方妈妈都可以帮忙烧水洗

澡。产妇坐月子的时候，洗澡没有规定具体时间，全天都可以洗，但每天都要洗三次。待出月后，新娘要回娘家一次。若是娘家太远，则要到附近的商店买一次东西。意为生产已满一个月，出了月子。这样做了以后，才可以到别人家里走动。否则，即使是坐月子满了一个月，也不能到别人家做客。

（6）丧葬习俗

家中若有老人年事已高，儿媳妇应为老人提前准备好寿衣和绣花鞋。

寿衣应为新的手工制作的苗衣，共有三件。一件是纯白的，也可绣上花。若是绣花，定要用黑色的绣线。这一件，用于去世后穿在最里面。一件是棉衣，百年后穿在中间。还有一件，是百年后穿在最外面的苗服，定要精心制作。

鞋子要备两双，可以绣花，也可以绣龙，有的是白鞋。刺绣的鞋子，在集市上没有售卖的，要由儿媳妇亲自为老人制作。传说老人去世后穿着这样的鞋子，即可化身成龙，保佑子孙。

裤子可以不用特别准备，去世后由亲人帮忙换上平时穿的干净裤子即可。

人去世后，要为亡人沐浴后更衣。洗澡所用的水，一定要找外姓人帮忙烧，而不能找同姓的人烧。

身后的相关事宜，洗澡和穿寿衣都是由最亲的人来做。

穿寿衣时，按照儿媳妇先前准备好的，亡人里面穿一件白的，中间是棉衣，外面是苗服。衣服一定要穿单数，裤子要穿双数，鞋子也要准备双数，可以两双都穿，也可以穿一双，另外放一双在旁边陪葬。

因为芭蕉冲有黑虎的传说，所以在从前，人去世后不能打鼓，不能敲锣。自从改革开放后，芭蕉冲的葬礼也逐渐受其他地方影响，会燃放鞭炮和打鼓。

从前，家中有人去世，亲人都要穿白衣，身上绑一根稻草。现在没有这么讲究了，亲人穿衣较为随意，素净些即可。

守灵三日，亡人的女儿负责守灵。有客人来，女儿要哭丧。如果老人没有女儿,即由儿媳妇哭丧。有至亲的人来,守灵人与至亲要相互磕头,以示相互关怀和劝慰对方节哀顺变。

儿子则料理葬礼的大小事宜。法师做法事的时候,儿子还要担米、领孝和端牌位。

芭蕉冲实行土葬,各个家族都有自己家族的墓地,按家族姓氏下葬。人去世后,三个早上后即可下葬。下葬当天,子孙要到麻冲请法师来帮忙做法事。

芭蕉冲的村民认为,60岁以上的老人去世算是喜丧,要在坟头插一根上方绑有红布的竹子。60岁以下的人去世,则在坟头的竹子上方绑白布。

拦门棍(侯喆　摄)

(7) 饮食和其他习俗

在饮食方面,本地村民喜欢吃辣椒、酸辣粉、各色粑粑,节庆时还会吃炒鸡块、排骨炖海带等。

芭蕉冲的村民家中上山劳作或外出赶集,会把院子门关上,锁上小锁。旧式的木门被风吹后,容易露出一条较大的缝隙,于是村民从里到外绑一条绳子,然后在绳子上横拴一条木棍,锁好门后将木棍横着挡在门框上,用以关紧木门。

三、自然资源

(一) 香散树[①]

芭蕉冲原有3棵上千年的香散古树,树干都非常粗壮,甚至有养猪人用来装小猪拿到集市上卖所用的竹篓那般大。可惜如今,香散树已不见踪影。

① 香散树,具体树种不详,此名称为访谈时当地人对其的称呼。

（二）土地庙旁的古树①

村寨的一个土地庙旁边，有一棵古树。古树在庙的旁边历时已多年，直到其枯死。然而，无论是生是死，古树依然在庙旁。每逢祭祀，村民祭拜土地神，也会拜这棵树，祈求家宅平安、风调雨顺。

（三）板栗树

村寨中的板栗树已经有100多年的历史了，岁岁年年，每到10月，都会结出可口的小板栗。板栗树枝繁叶茂，高10多米。树干最粗的地方围起来约有3.5米。树根从石缝中深扎于地下，汲取养分。每当板栗成熟落地，村民纷纷到此捡拾，带回家细细品尝。粉嫩香糯，是芭蕉冲老板栗特有的味道。小小果子当中承载着的，更是大家共同的乡村记忆和家乡味道。

板栗树（侯喆　摄）

（本章由侯喆撰写）

① 具体树种不详。

第九章　拉毫村

拉毫村建于明嘉靖年间。因其原本是一座兵营，又被称为“拉毫营盘”或“营盘寨”。拉毫营盘作为南方长城上的一个军事据点，明清以来曾是封建王朝“边墙”体系的一个重要组成部分。随着时代的变迁，拉毫村已经由兵营转变成为农耕村寨，以其深厚的历史背景闻名于世，并于2002年正式对外开放旅游。现在，拉毫村保存有城门、城墙、碉堡、军事行政机构、保家楼等重要军事历史遗迹；其传统民居、官员府邸、古桥、古道、古井等保留了当地的特色风貌，可以说是明清时代的一个缩影。2012年12月，拉毫村被列入第一批中国传统村落名录。

一、村落概况

(一)地理生态环境

1. 地理位置

拉毫村位于云贵高原东侧的武陵山脉西支,海拔高度487米,东距凤凰县城15公里,西与贵州省铜仁市相邻,308省道穿境而过。站在拉毫村的屯堡之上,东可俯瞰全胜营、凤凰厅城,南可远眺阿拉营、黄会营,北可遥望苗族聚居区“边墙”外都里、廖家桥、落潮井的苗乡。①

拉毫村所在地区属亚热带湿润性季风气候,降雨量充沛,水量丰富,气候温凉湿润,空气清新,全年四季分明,光照充足,无霜期长。村落总面积7812亩,其中村庄面积1860亩,耕地面积1453亩。村庄面积中,古兵营占地约7.5亩。

拉毫村位于308省道北侧的山腰,背靠山峰,房屋依山势而建,两侧山峰植被茂密,绿树成荫。村庄东面入口地形较为开阔,被开辟为农田,种植水稻、玉米、莲藕等农作物。南北两侧各有一条小河,北面的名为六冲河,南面的名为教场河,两条河流在村寨东面约200米的位置交汇,灌溉着两岸的农田。村寨居于山坡之上,与山下的农田、周围的山峰一道构成了典型的山地农村聚落形态。村寨有东、南、西、北四个出入口,其中东面、西面、北面分别建有一座城门,以城墙相连接,大部分建筑处在城门与城墙的包围保护之下;西南面是一条可供车行的小路,直通省道。村寨内部有一条东西方向的石板街道与省道连接,主要建筑分布在山腰,民居依山势逐渐往上,呈现出一定的层次性,错落有致而不凌乱。

① 湖南省住房和城乡建设厅编:《湖南传统村落》(第一卷),中国建筑工业出版社2017年版,第212页。

（二）村落来源

拉毫村的形成和发展，可以分为两个阶段：一是兵营历史阶段，二是农耕村落历史阶段。在兵营历史阶段，此处作为一个军事堡垒，进行的是军事活动，没有平民百姓居住。辛亥革命推翻了清王朝的统治之后，拉毫营盘这个兵营便没有了存在的理由，兵营历史阶段就此结束。此后，由于连年动乱，社会秩序遭到严重破坏，而被城墙保护起来的拉毫营盘显得相对安全。出于安全的考虑，周边的居民陆续迁到城墙之内，与留在此处的兵丁共居一处，便开始了此后的农耕村落历史阶段。据村民介绍，拉毫营盘从建立至今，已经有500多年的历史了，兵营时代就占据了其中的绝大部分，有将近400多年。

据载，明嘉靖三十三年（1554年），筑“边墙”七十里于此，拉毫营盘由此而建。清嘉庆二年（1797年）至嘉庆五年（1800年），扩建“边墙”和东门，增设衙门、火药局和驻军，建兵房无数。民国十五年（1926年），为避匪患，附近居民迁入寨内。①

（三）村落人口

拉毫村的民族和姓氏组成与凤凰县其他村落相比相对复杂，有一定历史因素的影响。在兵营时代，驻扎在此地的兵丁来自各个地方；在兵营时代结束后，有一部分兵丁没有离开，定居在此，加上后期周边百姓的迁入，形成了目前拉毫村苗族、土家族、汉族聚居的局面。据统计，目前全村有415户1968人，其中常住人口954人，人口比例上，苗族、土家族、汉族大约各占三分之一。

---

① 湖南省住房和城乡建设厅编：《湖南传统村落》（第一卷），中国建筑工业出版社2017年版，第212页。

在姓氏上，不同于凤凰县其他村落一个或两个姓氏占多数的情况，拉毫村的姓氏分布较为复杂。目前村内有10多个姓氏，其中以滕姓为主，其他姓氏有杨姓、龙姓、麻姓、李姓、姚姓、全姓、田姓等。

（四）物产与特色产业

拉毫村以自给自足的农业生产为主，主要种植水稻、玉米、油菜、红薯、黄豆等，另有干果核桃及杏等农作物。

1. 水稻

拉毫村的水稻种植一季，为中稻，每年的5月份插秧，9月初收割；现平均每亩产量约800斤。

2. 玉米

玉米是拉毫村的重要粮食作物，与水稻同时期种植，每年5月份种植，生长周期为70～85天即可收成，亩产量700～800斤。

3. 油菜

一般在收割完水稻后，10月份播种，来年3～4月份开花，花期长达30天，每亩产量在200～300斤。每到春季，村寨外便是春光旖旎，田野被绚烂的油菜花铺满。

二、文化遗产

（一）物质文化遗产

1. 重要文物

（1）保家楼

在兵荒马乱的年代，拉毫营盘遗留下来的军事设施可以说是人们安

拉亳村保家楼(龙宥蓁　摄)

居乐业的重要保障。保家楼、城门、城墙、炮楼、碉堡、哨卡等建筑,提供了防御预警的功能。

保家楼是民间的通俗称谓,其实是碉楼或者瞭望楼。保家楼始于明朝,兴于清朝,由一个村寨的村民出钱出力修建,一个村寨通常只修建一座保家楼。

保家楼修建于进入村寨的要道,一般为三层,也有五层,多用青石块修建,每层的左、右、前三面都设有射孔,顶层有瞭望台。凤凰地处湘黔边境,历史上战乱不断,出于安全考虑,民间就自发修建了保家楼。

保家楼正门(龙宥蓁　摄)

与碉堡一般下大而上小的结构不同,保家楼垂直至顶,其基座由青石块堆积而成,各层之间铺设楼板,架有楼梯,左、右、前三面都开有小窗用于瞭望和射击。

东门井附近的保家楼,其主体建筑面向东门,坐西朝东,以便在有警情而城门巡守的人无法及时通知村庄内的兵丁的时候,可以尽早报信。目前村寨内保家楼包括东门井保家楼在内共有2座,另外一座位于北门井附近。

东门井附近的保家楼于2014年在原址上进行恢复修建,复建之前的样貌已不可见。现在,为了让游客了解拉亳营盘的历史,保家楼还作为明清边疆战事展览馆,展示明清以来发生在苗族聚居区的大大小小战事。

根据展出的资料,明太祖朱元璋称帝前四年,就开始在苗族聚居区布局,以实现其开疆拓土,扩大统治范围的意图。从永乐十二年(1414年)至万历四十三年(1615年),仅在正史记载中的战事就有30起;从洪武元年(1368年)至光绪六年(1880年)的512年中,苗族聚居区就发生63起战事,累计战争时间99年,占了这段时间的五分之一。在这些战事中,从外省调军到凤凰的就有4起,一是明宣德八年(1433年),二是明正德六年(1511年),三是明嘉靖二十二年(1543年),四是清乾隆六十年(1795年)。

(2) 城楼与城墙

拉毫村有保存较为完整的城墙和城门,在城墙的四周,还修建有炮台。除此之外,在城外还修建了碉堡,北边的叫北门碉,南边的叫南门碉,现在还有遗址留存。在营盘寨的西侧山上未到山顶的位置,修建有用来放哨的群碉。如果周边有警讯,就会用狼烟通知山下的人。①

拉毫的城门,分别为东城门、西城门、北城门,建筑样式大致相同,面阔三间,通宽8.3米,进深一间,通进深4.7米,高4.5米。箭楼为重檐歇山灰筒瓦顶,面阔两间,宽6.9米,进深一间6.5米,高3.3米;其东侧面辟两

东城门(龙宥蓁　摄)

古城墙遗址(龙宥蓁　摄)

① 以上内容由报道人提供。报道人:何XQ,男,82岁,现居拉毫村营盘寨。

层箭窗，最上层为9孔，下一层为7孔。三座城门均于2000年在原址上修缮重建。东城门不远处有一段古城墙遗址，墙高约4.5米，宽约1.2米，厚约2.5米。与外围的城墙不同的是，古城墙基本是用小型石块干砌垒成。据村民回忆，老东城门原址是在此处，修缮时为了方便起见，便将东城门往山下进行了挪移。

城墙四周、东西城门各有一座炮楼，总共六座炮楼，里面有长约2米的铜炮数门，并配备有火药房。遗憾的是，解放后铜炮被熔炼移作他用，火药也被消耗一空，现在仅有一些大炮模型摆放在此供游人参观。

(3) 南方长城

拉毫村自形成以来就与“边墙”有着密不可分的关系。“边墙”的一段从中穿过，与古兵营城墙连成一体。从功能上说，“边墙”保护着村寨的安全，同时，村寨在此也维护着“边墙”内外的安宁。

“边墙”即南方长城，2000年，国家文物局古建筑专家组组长、中国长城学会副会长、国家历史文化名城专家委员会副主任罗哲文教授在凤凰考查时，登上“边墙”永兴坪遗址，认定“边墙”就是中国南方长城。

南方长城(凤凰县住建局　供图)

南方长城西起凤凰与贵州铜仁交界的亭子关，经王会营、黄丝桥、落潮井、浪中江、鸭浪营、宜斗营、乐豪(即今拉毫)、全胜营、八斗丘、岩板井、鸭堡洞、胜华哨、箭塘、渡头坑、毛谷屯、红岩井、毛都塘、两头羊、大田、泡水、旧司坪、木林坪、湾溪、社塘坡、强虎，以及乾州境内的三岔坪、田家园、小溪桥、雅溪、沙子坳、镇溪、文溪、溪头、良章、喜鹊营和古丈境内的龙鼻嘴、葫芦寨、鱼塘到保靖的涂乍河边为止，跨山涉水，绵延430余里。

明宣德五年(1430年)，为镇压苗族聚居区反抗运动，总督萧授自凤凰西北湘黔边境起，沿凤凰边境自西向东到乾州境内，修筑24堡并驻兵

7800人进行防卫，设城门四座，炮台四座，拉毫营盘由此而建。嘉靖三十一年（1552年），三藩总督张岳又设乾州等13哨。嘉靖三十三年（1554年），麻阳参将孙贤，移驻五寨司城（今凤凰县沱江镇），据载："嘉靖季间，参将孙贤立烽建营，险筑边墙七十里"，"边墙"由奇梁隘至乾州哨望城坡。万历四十三年（1615年），由于"边墙"已"倾颓殆尽"，为防止边乱，分守湖北管带辰沅兵备参政蔡复一上书奏请重修"边墙"，并招谕民工，雇请工匠，组成一支万余人的筑城大军，历时一年多，共耗去库银45000余两。次年停工时，共修建了320余里。天启二年（1622年），辰沅兵备副使胡一鸿奏请续修加固从镇溪到喜鹊营30千米的"边墙"，历时8年，至此，明代"边墙"大致成形，长度380余里。①

清康熙二十五年（1686年），镇压苗族聚居区反抗运动后，康熙皇帝为了一劳永逸，下旨捐修"边墙"。后因所需资金巨大，国库匮乏，边荒文武，无力自捐，加上防守兵力不足，最终作罢。

清嘉庆二年（1797年），凤凰直隶厅同知傅鼐奉旨厘清界址，以"边墙"为界，勘定、清理、划分居住地及土地界线，保障各民族的基本生存权利，防止因矛盾而引发动乱，为民族团结打下了基础。嘉庆三年（1798年），全国各地战乱频生，为绥抚百姓，傅鼐在凤凰修筑"边墙"一百余里，同时修建城堡、碉楼、炮台、哨卡、关门等军事设施。到嘉庆四年（1799年）底，凤凰境内已有上述军事设施共计848座。

（4）总兵衙门遗址

在兵营时期，拉毫营盘主要有两个政府行政机构，一个是总兵衙门，当地人称总爷衙门；另一个是总司衙门，也称司爷衙门。这两个部门管理了拉毫及其周边广大区域。明朝的兵制承袭发展了历代兵制的特点，建立了卫所制度，但遇有

总兵衙门遗址（龙宥蓁　摄）

① 凤凰县地方志编纂委员会编：《凤凰县志（1978—2001）》，方志出版社2015年版，第278页。

战争,朝廷还要往下派遣总兵官。总兵为无品级的武官官名,其统辖兵士、编制定员,位阶皆无一定。总兵成为镇守地方的最高军事长官之后,改变了练兵将领不指挥作战,指挥作战的将领不管练兵的传统,提高了军队的战斗力,形成军权专一的地方政局。

现在人们看到的总兵衙门遗址,原来是司爷衙门的,后来开发旅游,为了方便起见,便把司爷衙门标记成了总兵衙门。在400多年的兵营历史期间,是有练兵场的,就在营盘寨的寨子底下,过了练兵场才进到原来兵营的寨子,现在下面已经是稻田了。①

(5)"南阳世第"老宅

"南阳世第"老宅正门
(龙宥蓁　摄)

"南阳世第"老宅,为官宦人家滕氏的宅邸,为一进式庭院,采用当地石板砌筑,高2层,建筑形态保留完整,采用了"八字开"的门楼形式。大门采用条石堆砌而成,门匾上书"南阳世第",大门两侧的墙面上分别书写着"福禄、寿喜"四字。其内部由文物部门于2014年进行修缮,大致保留了原貌。

老宅内部,充满了官宦人家的气派。其正屋为石木结构,外部以及内部墙壁为本地产小青石堆砌而成;大门两侧为两栋木质阁楼。整栋房屋门窗梁柱均为木质,正屋及阁楼一层窗上雕有花纹,其余则以普通窗框装饰,此处可大致猜测主人家的活动空间;梁柱之间不见一颗钉子,可见传统房屋建造技艺之高超。

① 以上内容由报道人何XQ提供。

"南阳世第"为滕姓家族的堂号。堂号,是家族的代称,是一个家族的重要组成部分,表明了某一家族的源流世系、族属及支派。堂号一般取自先祖的祖籍地,或者以先祖的名言、名著、传说为堂号。"南阳世第"这个堂号说明滕家祖先可能来自南阳。现在,"南阳世第"后人滕JX仍居住在拉毫。据滕JX回忆,滕家不是本地人,是从外面迁到这里来的,大致路线为江西—麻阳高村—鸭堡洞—营盘寨,至于更早的来营盘之前的家族历史,由于没有文字资料,已无法考证。

"南阳世第"老宅一角(龙宥蓁　摄)

"我们家是不是从南阳那边过来的,我也不是很清楚,以前听家里人说是从那边过来的。听爷爷他们说过,我们的祖先在江西,按文字说就是水沟旁,渠道边。从江西那边搬过来是先到的麻阳县的高村,然后又搬到凤凰这边长潭岗水库的鸭堡洞,再又从鸭堡洞搬到了这里。'南阳世第'本身就是一个家族的名称,也就是说一个姓就有一个祠堂,姓田的祠堂我还记得叫作'南岸世第',姓吴的叫作'武陵世第',姓李的叫作'陇西世第',这就是祠堂的名字。我们姓滕,我们就叫作'南阳世第'。"①

滕JX根据长辈描述以及自己的回忆,编写了滕家族谱。据族谱记载,滕家营盘寨这一支到目前已经有7代人。

2. 特色民居

由于邻近的坉上盛产青页岩,拉毫的房屋很多都是就地取材,使用石头建房,甚至道路都是石头铺就而成。正是因为这种建筑风格,拉毫又被称为"石板寨"。

特色民居外墙(龙宥蓁　摄)

拉毫村的传统民居大部分建造于清代和民

① 以上内容由报道人提供。报道人:滕JX,男,75岁,现居拉毫村营盘寨。

特色民居(龙宥蓁　摄)

国时期，占80%左右，以二层的传统民居建筑为主，多为石板、木构架结构。房屋通常做成场院的形式，场地作为晒谷物和室外活动的场所。用低矮的围墙围合，带有浓郁的地方色彩。新中国成立后建设的传统风貌的民居，多为小青瓦坡屋顶，有些外墙采用了外挂条石进行装饰，窗洞口保留原始的木窗格形式。①

作为兵营，其建筑要具有一定的防御功能。不同于大多数苗寨使用黄土砖作为墙壁的建筑风格，拉毫村的传统房屋为石木结构，墙体以青片石错缝砌成，这种结构的房屋具有良好的防御防火功能，符合兵营时代的居住需求。

屋顶有两种形式：一为小青瓦屋顶，二为青片石屋顶。小青瓦屋顶与其他地方的差异不大，青片石屋顶则使用开采出来的青片石板遮盖，从外表看，细薄的石板堆叠在房顶，完全看不到任何黏合材料的痕迹。

营盘大道(龙宥蓁　摄)

3. 古道

拉毫村东西相连接的主道，称为“营盘大道”，其修建材料来自从当地开采的青石板岩，依山势逐级修建，是典型的石板路。大道两旁石屋错落有致，还有小巷道连接大道，四面扩散通向村寨的各个角落。

营盘大道在此处经历了数百年风雨，即便进行旅游开发，其基本面貌也未曾改

① 湖南省住房和城乡建设厅编：《湖南传统村落》(第一卷)，中国建筑工业出版社2017年版，第214页。

变。各块石板之间的缝隙早已被泥土填充，路旁罕有人踩踏之处长满了青苔与杂草。

4. 石桥与跳岩

教场河从村寨南侧流过，若要进入村寨，主要通道就是河上架的石桥或者是桥边跳岩。

石桥与传统民居采用相同材质，为小青石堆砌而成，造型古朴。整座石桥不见使用水泥黏合，就这样自然地跨立在河面上，让人不得不赞叹建造工艺的精湛。

河上的跳岩，为双排，人们可以分别从两个方向踩着跳岩过河，不必担心对面来人需要避让。跳岩为整块石头间隔插建在水中，间距以人两脚之间步距为准，入水部分较深。相比桥梁过河，跳岩是一种因地制宜的过河方式，只需在水浅处建造连接两岸即可，施工方便、成本较小，而造桥成本高、难度大。

石桥（龙宥蓁　摄）

一天中稍早的时候，站在石桥上，总能看见附近村民手持农具出门干活，或者背着背篓到附近的集镇去购买东西；到晚间，忙碌一天的农夫们又从自家田地里返回，出门购物的人们也带着自己的“战利品”回到村里。

人们常说，有水的地方就有灵气，流水自东往西经过跳岩与石桥，给古朴厚重的营盘寨以丝丝灵动。在河边，时常可见附近居民到河边取水、洗衣、洗菜，孩童们在浅浅的河水中嬉戏，充满了浓厚的生活气息。

跳岩（龙宥蓁　摄）

5. 古井

营盘及其对面的垴上共有水井5处，其中村寨内共有城门井4处，分别为东门井、南门井、西门井、北门井。四口井开凿于明朝万历年间，井的选址表现出一定的规律，它们毗邻城楼，保证了在战争爆发时村寨被围困的情况下的水源安全，解决了城内驻军的饮水问题。

南门井(龙宥蓁　摄)

南门井目前处于干涸状态，井池及井上凉亭保存完好，由于时间已经比较长，其建筑显得有些老旧。不同的是，其他几个城门井都是井口在一侧，井水由内到外逐级向下流经不同的井池，而南门井的井口位于井池中央，井池建在外围，并呈现外八字。其上方为六角重檐攒尖顶构筑，造型优美，但稍有破损。井上凉亭柱子上刻有一副对联："笑看千年哑洞开金口，喜迎万代甘露降银盘。"

据了解，在1985年之前，附近居民用水大部分是从山下河边肩挑回家，虽然有四口古井，但是由于地势较高，在天旱年份时常断水。1985年，政府为了改变营盘寨用水难的困境，在四口城门井的基础上，修建了不同功能的井池以及井上凉亭建筑，并为井水接入了外部水源。起初井水水源为一处天然古洞的山洞水，到2006年的时候，井水连接了自来水管道，并且将自来水通到了村里的每家每户。

东门井、西门井之前因为各种原因逐渐破损丧失功能，后被修复。作为全国重点文物保护单位，有关部门制定了关于拉毫村营盘寨发展保护的一系列规划，其重点文物、历史建筑、风貌建筑等根据其类别不同有修缮、改善、保留、改造四种措施。在城门井破损之后，结合周边建筑风格进行了恢复修缮，但是原貌已经改变，生活功能也受到了影响。

"营盘寨的饮水是相当困难的，由于大家住得比较高，有几口自然井，但是下雨才有水，如果年份不好又天干不下雨，用水就麻烦了，只能到下面河边去挑。1985年以后，为了改变饮水困难的状况，在政府的帮助下，我们用了1000多米长的管道，从一个千年古洞'老鸦洞'里面，把水引进村庄，引到我们修的四口井里面，这样，营盘寨饮水的困难才得到根本性的解决。到2006

年的时候,自来水通到了每家每户,这样用水的问题就完全解决了。不像以前,我们洗衣服什么的都是等衣服堆了好多才把衣服拿到下面河里去洗,现在我们可以在家里就地解决。下面东门井,原来是标准的井池,人们在外面建的池子洗菜洗衣等。现在没有了,修成露天的地上原始井,就在地面上,下点雨就脏了,没人洗东西,西门井也是这样。"①

坉上的古井,是一处山洞井,有两处出水口。据村民介绍,如果一个出水口停水,另一个出水口就会出水,水流终日不绝。坉上的井池及凉亭为2019年9月修建,其功能与营盘城门井相同,井池与井池之间开一个流水槽,使井水逐个流进井池内。出水口的水流可以接回家饮用,流出来进入第一个井池的水可以洗菜、洗水果、淘米等,另外两处由内到外分别为洗衣池、开破池。这种井池的功能设置将一处井水尽可能地利用,满足了村民们多样化的用水需求。

为了保护用水,坉上还订立了井水公约,将其刻在石碑上,立在井水旁。

(1)不准放牛、鸭、鹅到池内。

(2)不准猪、羊、狗、牛开破。

(3)不准男女洗头洗澡。

(4)不准挑、戽水抗旱。

(5)故意违反上述四条罚款二元。

6. 古墓

进入拉毫城门不远处,有4座古墓,被命名为"将军冢",古墓保存完好,碑文痕迹仍在,但内容已分辨不清。

据村民介绍,这里应当是兵营时代最后一位总兵及其家人的墓地,总兵名叫"吴善德"。中华民国建立后,他们就被推翻了。

7. 古树

寨内古树数量较多,是村寨自然环境的重要组成部分,见证了村寨数

---

① 以上内容由报道人何XQ提供。

百年的历史。

村寨东城门附近有两棵古树。一棵古树为160余年的贵州石楠,位于东城门右侧,树冠硕大,树荫盖地,似一名全副武装的卫兵守卫着城门,因此被命名为守城将士树,以此纪念那些曾经守卫过村寨的将士们。另一棵古树名为千子树,树龄有500~600年,树高20米,冠幅40米。据介绍,此树自拉毫营盘建成以来就已栽种,当地居民常常在此树前祈求保佑孩童,故取名千子树。由于历经沧桑,千子树的树心已形成空洞。如果不知千子树树名的由来,树心空洞右侧就会引发联想,仿佛是一个长发童子半身像,正在山间往外眺望。

东城门古石楠树(龙宥蓁　摄)

千子树(李吉和　摄)

此外,村寨内部还有两株皂荚古树,距今200~300年的历史。皂荚是天然的洗涤原料,在物资匮乏的战争年代,守城将士摘下皂角,砸取萃汁,洗衣洗头非常方便。

(二)非物质文化遗产

1. 井水崇拜

民间相信,自然井中寄宿有精灵。村民们为了确保饮用井水的时候不被邪气入侵体内引发疾病,会在水井周围就近摆放香炉,定时焚烧香烛冥纸等进行祭祀,以祈求井中之灵的保佑。

2. 土地崇拜

村寨附近有4座土地庙，分别位于东门西侧、西门西侧、西南入口道路左侧以及坉上308省道南侧。

土地能生五谷，是人类的“衣食父母”，因而土地庙又称福德庙、伯公庙，是民间供奉“土地神”的庙宇，因其为基层信仰，多半造型简单，简陋者于树下或路旁，以两块石头为壁，一块为顶，即可成为土地庙，俗称“磊”型土地庙。

在当地，人们称“土地神”为“土地菩萨”，菩萨神位比神要高一些，祭拜土地庙主要是消灾消难、许愿家宅平安，家人健康，求财得财等。祭拜的时间为每月的初一、十五或者春节期间。

土地庙之间外观相差不大，可以看成是民居的小型化，屋顶、大门、墙壁等俱全。坉上土地庙结构较为齐全，并写有对联：富屯上金地，佑这方沃土，横批：青天父母，表达了村民们对土地神美好的愿求。

井水祭祀(龙宥蓁　摄)

土地庙(龙宥蓁　摄)

三、村规民约

为了拉毫村的旅游事业有序健康发展，经过全村村民大会商议后，拉毫于2002年9月15日制定了村规民约。

一、成立旅游业务领导小组。由滕久雄任组长，何秀生任副组长，付平清、付毛毛、李仁勇、唐茂、何秀强等7名成员组成。

二、每天保证7人上班(按全寨总户数轮流抽人)。负责村寨内的旅游业务和打扫所有大小道路的卫生，导游员由领导小组成员中每天抽一个负责当日导游和处理其他相关事件。凡上班人员每人每天补助10元，月底统一发放。

三、全村寨内务必保证24小时保持干净、整洁、卫生。提倡美化环境，增强旅游意识。各户的庭院内都必须植树、栽药，门前的摆设必须听从村旅游业务领导小组的统一安排和布置。任何家庭和个人不得作出有损于村容村貌和旅游事业发展的行为。为此，要求全体村民必须做到：

1. 各户的猪、牛、羊等家禽家畜，原则上必须栏养，需放牧的要自带粪箕、扫把等工具并当时就地打扫干净，否则罚款5元。

2. 严禁乱倒垃圾，否则罚款5元。

3. 爱护水井、河道，保持清洁卫生。凡是在井边或小河边洗涤衣物、菜、猪草等如有丢弃物必须清理干净，不得让丢弃物顺水流入河流，否则罚款10元。

4. 村寨内的各种管道安装和线路的架设，必须由村旅游业务领导小组统一规划布置，不得私设乱架，否则罚款10元。

5. 凡在村寨内建房或做其他的修建，必须先报村旅游业务领导小组审查再上报县有关部门审批后方可动工，否则罚款2万元，同时清除非法建筑物。

6. 提倡绿化和美化环境，保护旅游区内的各种草木、花卉、古迹等一切设施，特别是旧城墙上的每一块石头、每一撮土都不能搬动，凡发现有损坏古迹行为的，每一个村民都有责任加以制止和劝阻，或报告村旅游业务领导小组处理。

7. 不准欺骗和敲诈游客，一经发现罚款100元。

8. 凡来村寨拍摄电影、电视、集体摄影和写生、考察等重大活动均由村旅游业务领导小组接洽，任何人不得私自接洽，否则罚款500元。

四、以上各条望全体村民共同遵守执行。

（本章由龙宥蓁撰写）

第十章　老洞村

麻冲乡老洞村，一个苗族聚居村，凤凰县原始苗寨之一。苗寨坐落于群山之中，是一个保存相对完整的历史文化古村落，曾是凤凰县的“鱼米之乡”，是凤凰苗族文化的发祥地。老洞村有着得天独厚的自然环境和独具特色的石头建筑，还有堪称苗寨辉煌殿堂的麻家宅院，历史文化厚重，是代表湘西苗族社会历史文化发展的重要村落，也是体现苗族传统村落空间历史遗迹的缩影。老洞苗寨于2005年被凤凰县人民政府列为县级“历史文化名寨”和建设社会主义新农村示范点；2012年12月被列入第一批中国传统村落保护名录；2019年12月被国家民委命名为第三批“中国少数民族特色村寨”。

一、村落概况

（一）地理生态环境

1. 地理位置

麻冲乡老洞村地处云贵高原东侧的武陵山脉西支，位于湖南省凤凰县城的西北部，长潭岗库区中游，隐蔽在湘黔交界处的群山中，海拔高度为664米。老洞村距县城30公里，距乡政府所在地7公里，是凤凰县典型的中低山原区，处于麻冲乡的中心位置，与翻身村、椰木坪村、登高村、高通村、茶坪村、栗坳村接壤，千（工坪）麻（冲）公路穿村而过，东可经千工坪去凤凰、吉首，西可从落潮井至阿拉、铜仁，还可以由山江到凤凰，交通便利。

2. 自然环境

老洞村地处降水量较充沛的山区，水量较丰富，水质属中性淡水，自然环境宜人，四面青山环绕，植被茂密，树种丰富，森林覆盖率达68%。村内没有河流经过，村庄东南方向1.5公里处有龙塘河，是凤凰县龙塘水库的主要汇入河流。境内属亚热带湿润性季风气候，全年四季分明、光照充足、雨量充沛、无霜期长，年平均温度16℃～18℃。

老洞村地势险要，起伏较大，属于喀斯特地貌。村寨内地质土壤主要以黄壤为主，土层较深厚，结构疏松，保水保肥性较好，有机质含量较高，利于农作物或其他植物的生长。村庄区域面积共12平方公里，耕地面积2868亩，其中水田面积925亩，旱地面积563亩，山地面积1380亩。

（二）村落布局

老洞位于两山环抱的山坳内，村落依山而建，东西两面山势险峻，地势由北向南随等高线逐步升高，北向宽阔，南向狭窄，整体轮廓呈喇叭状布局。这一区域地势较平缓开阔,谷少坡缓,多分布有石灰岩,天坑溶洞较多。岗地和山丘主要用作林地,平地作为农田和村庄发展建设用地。村落建筑呈九宫八卦布局,现有街巷布局较协调,随山势而走,形态自由,走向多变,布局灵活,具有一定的趣味性。村落主要街道有两条:一条是从北侧原寨门遗址处开始,随道路一直向南,通过村寨东侧的保家楼;另一条从北侧原寨门遗址处开始,向西,然后再向东南方向延伸,到南向梯田处转向东侧,与第一条道路在村寨东侧的保家楼处交会。村落选址与布局巧妙,充分显示了历史上该地苗族先民的生活智慧和文化特色。

(三)村落来源

古寨旁有一个神秘原始山洞,据传,在汉代以前古寨的村民居住在此山洞内,因而得名"老洞"(苗语:板窟汴)。这里山势起伏险峻,群峰连绵,沟壑万千,山高谷深,到处是悬崖峭壁。苗族先民迁徙此地后,因当时条件的限制和躲避战乱,暂时住在此山洞。之后,随着条件的改善,逐步从山洞搬迁至现在的老洞苗寨内居住。老洞苗寨有着悠久的历史,自明洪武十一年(1378年)设老洞屯至今已有600多年。明初,中央王朝为了加强对边疆的控制,于洪武六年(1373年)置贵州卫指挥司,以控制湘黔驿道,老洞阁就位于湖南入贵州门户的贵(阳)镇(竿)主驿道之中段。在驿道上设有传递公文的"铺"和传递军情的"塘"。驻军于板窟汴驿道旁建屯,史称"老洞屯"。洪武十四年(1381年)朱元璋派30万大军远

老洞之源(黎红斌　摄)

征湘、黔、川、滇，大批军队进入湘西后驻下屯田，“屯”逐渐发展成军民同居的村寨。天启四年至天启七年(1624—1627年)时统领老洞土司、辖72寨、控制入番十二司的麻老官在老洞阁建石头城，时人称为“王城”，音译汉语为“兵城”或“营盘”之意，这是今天老洞苗寨的雏形。石头城居高踞险，原老洞阁寨民为避兵祸，多搬入石头城内居住，使石头城初具规模，成为南下阿拉，北上腊尔山，西入贵州铜仁地区，东走凤凰古城的十字交通要塞。经数百年的历史沧桑，多次整修扩建，石头城不断完善，石砌的街巷随处可见。清朝末年，拥有大笔财富的麻江富大兴土木，老洞的聚落形态基本定型。①

(四)村落人口

全村现有7个村民小组，由3个自然寨管辖，分别是老洞苗寨、大坪寨和新洞寨，其中属于传统村落的是老洞苗寨，辖第一、二、三、七组共4个小组，4个小组集中在一起。整个老洞现有353户1552人，其中老洞苗寨有164户，820人，绝大部分都是苗族。老洞苗寨的主要姓氏有：麻、龙、唐、吴、皇，其中有近95%的人都为麻姓；龙姓有十几户；唐姓有3户，是从翻身村迁过来；吴姓和皇姓分别有1户。

(五)物产与特色产业

老洞村主要植被用材林有杉、松、柏、椿、柳杉、樟等。主要经济林有油桐、油茶、漆树、核桃、板栗、山苍子、柑橘等。药用植物有680种，如首乌、黄栀子、益母草、金银花、八角枫等。野生动物有野猪、獐、乌鸦、锦鸡、野鸡等。村寨传统农作物有水稻、玉米、烤烟、土豆、辣椒等，主要牲畜有鸡、鸭、鹅、羊、猪、牛。

---

① 以上资料由老洞村村委会提供。

（六）经济社会发展状况

老洞村将传统产业与旅游业相结合，实现经济的发展。目前已成功创建国家3A级景区，初步构建了以旅游业为核心的"一业带四园"发展格局。所谓"一业"是指旅游业，"四园"指蓝莓园（现已不再种植）、黄桃园、奈李园、高山荷花园。现有黄桃面积100亩、奈李100亩、荷花200亩，此外还有近300亩金银花中药材基地也正在种植过程中，待产生实际利润，村民按实际参与面积分红。老洞村乡村旅游始于2014年，2016年由于千（凤凰县千工坪镇）云（贵州铜仁碧江区云场坪镇）公路施工，道路无法通行被迫暂停。2019年10月千云公路通车，乡村旅游重启。乡村旅游业涉及全村353户1552人，其中传统古村落范围内164户村民每年旅游资源有偿利用保底分红为500元/户。当前老洞村的旅游业还处于规划阶段，尚未产生实际利润，到目前为止未形成支柱性产业，因此村民收入来源以务工为主。留在村里的村民以种植水稻和其他农作物为主要产业，个别劳动力多一点的家庭靠栽种烤烟作为主要经济来源。

水稻田（黎红斌　摄）

烤烟田（黎红斌　摄）

随着老洞村旅游业的推进，村庄面貌发生了巨大变化，村内的基础设施及公共服务配套设施逐步完善，村内环境卫生也得到了很大提升。政府部门先后对传统村落进行保护性整治整修，完成苗寨基础设施建设，包括寨门重建、危房改造和院坝围墙改造。政府与旅游公司合作修建旅游标识标牌、游客接待中心（与村部合建）、旅游厕所、自驾车营地、"三月三"

“三月三”广场(范强　摄)

演艺广场、生态停车场、风雨桥等,初步形成餐饮、住宿、休闲娱乐于一体的产业链条,有效提升了老洞乡村文化旅游舒适度。同时在村寨街巷安装太阳能灯,村内公路全部硬化,极大方便了村民的日常生活。此外老洞村旅游展示中心也正在修建中,建成后将作为文化展示用地,也是游客与村民进行文化娱乐的场所。

目前村内有一所小学,有90多个学生,幼儿园到小学三年级都是在村内读书。村部旁边有一个村级诊所,卫生条件较好,居民如遇小疾病可到此就诊。在医疗保障方面,全村新农合参保率96%,其中建档立卡户参保率为100%。由于老洞村环境宜人,村寨居民平均寿命较高。①

二、文化遗产

(一)物质文化遗产

1. 特色建筑

老洞村因地势险要,成为历代官府重点管辖的苗寨之一,也是清代和民国时期凤凰苗族聚居区最富裕的村落,具有代表性的麻家宅院,以“富人多,财气大”、房屋建筑精巧、巷道宽阔交错而著称。整个建筑的布局和设施集防火、军事防御、排水排污于一体,体现了当地苗族先民的精湛技艺和聪明智慧。

老洞苗寨建筑布局较为紧凑,绝大多数的传统建筑建造于清代和民国年间,建筑大多为湘西民居,集中成片,是构成村寨风貌的主要部分。

① 以上资料为2020年数据,由老洞村村委会提供。

整个建筑群呈九宫八卦布局,家家相通,户户相连。寨内小巷街道用青石板铺就,是寨内的主要交通干道,宽1~2米,形式呈枝状,走向顺应寨子的地势和房屋建筑,蜿蜒曲折,拐进拐出,似闭还通。走在巷内,满眼的石头墙、石头门、石头路,整体呈青灰色,陌生人走进很容易迷路。用板石修砌的大大小小的沟渠同街巷一样,顺应地势分布在房屋外围,充分展现了寨内完善的排水系统。老洞村建筑有两大特色:一是"马头墙",它最初的作用是作为一种防火墙,防止邻人失火殃及自家,具有相当的实用性,后来逐渐成为一种装饰墙;二是以天井为中心的老房子,以高墙围护,外墙不开窗,仅靠狭长的天井采光和通风,类似徽派建筑,有"五岳朝天"和"四水归堂"的特点。

青石板街巷(黎红斌　摄)

古时由于当地土匪横行,老洞村民为了抵御外来入侵,在建筑布局和设施上充分体现独具特色的军事防御功能,形成了一座座"进可攻,退可守"的古老建筑群。最初在村寨外四周交通要塞都设有石头砌成的寨墙,寨墙周长2000米,高3米,顶宽0.5米左右,目前已遭到严重破坏。为了使寨内的攻防体系更为完整,在寨内的东南西北各方共建4个保家楼。为方便村寨内居民出行,同时考虑到外敌的侵犯,进寨五条大路共设有5个栅子门,现均已不在,遗址多在村寨内由板石砌筑的主要街道上。此外,各民居墙上会在隐秘的地方设置枪眼直盯巷道,能有效抵御敌人的入侵,每家每户之间还有专门的地

青灰瓦(黎红斌　摄)

清代建筑(一) (黎红斌 摄)

清代建筑(二) (黎红斌 摄)

下通道,既可打探敌情,关键时刻还能逃生。

传统建筑房屋主入口呈“凹”形,独特的吞口栏杆式吊脚木梁架三间楼居,呈穿斗式木结构,依山而建,布局合理,平面布局分为一字形、L形、U形,一栋连一栋,天井连天井,长达600多米。传统的建筑大多是就地取材,屋基全用青石块砌筑,墙体一般由板石、土坯、小青砖组成,屋顶上布小青瓦。以两层的传统民居建筑为主,通常做成场院形式,院落主要由大门、庭院、牲畜栏、配房、主房等部分组成。庭院多以石块铺地,主房大多为1~2层木结构房屋,占据院落的主要位置,且多包含厨房功能,卧室中央处通常设有火塘,主要用于取暖和熏制食物。配房多为仓储或手工制作的工厂,过去人们通常在配房纺纱或制作烤烟,有的配房也包含客房功能。考虑到风水原因,院落设有一个门楼,称为“朝门”,朝向风水好的方位,或不与堂屋正对,避免对堂屋风水的影响。院落大门有一进、两进或三进,门梁下有石刻或者彩绘的文王八卦图。老洞苗寨的传统建筑工艺精湛,其建筑群门窗、石阶、石柱雕刻、绘画技艺极其精巧,包括精雕细琢的花草人物、飞禽走兽,以及象征吉祥的卷草纹、云纹等,造型古

门扇
(范强 摄)

门梁上的八卦图
(黎红斌 摄)

朴大方,颇具特色。①

老洞村古物风貌整体保存较为完整,现今还保留有大量清代和民国时期的民居建筑,少数传统建筑由于年久失修,已遭到不同程度的毁坏,部分传统建筑在原有基础上用现代建筑材料进行了维修,整体风貌上同原有的石板建筑协调一致,具有统一的建筑风格。目前老洞苗寨具有代表性的特色建筑有保家楼遗址、地下通道、“湘西王”陈渠珍故居、麻树智故居、解放军四十七军代表与陈渠珍秘密会谈遗址、麻江富故居、万担晒谷坪等。

保家楼遗址(黎红斌　摄)

(1) 保家楼

昔日的保家楼一共有三层,高达10.8米,每层有6个枪眼。保家楼下面两层由石块砌筑,上面一层采用土砖封紧,灰瓦双坡顶。远观与普通农家住宅相似,与周围宅院完美融合,隐蔽性较强。保家楼居高临下,既能监视敌人的一举一动,方便发起攻击,又不容易被敌人发现,是保护苗寨的重要设施。位于进寨路口的保家楼是新修建的,现存的保家楼仅有一处,位于当时村寨地势最高处,虽已不同程度损坏,但依然能看出往日的建筑风格。

保家楼入口(黎红斌　摄)

(2) 地下通道

过去湘西多匪患,为了保护老洞寨民生命财产安全,先民们在建设老洞古苗寨时设置了秘密逃生通道。地下通道的洞口比较隐秘,位

地下通道(黎红斌　摄)

① 以上部分资料参考《老洞村传统村落档案》,由湖南省凤凰县住建局提供。

于村寨东南侧石板路下，紧邻万担晒谷坪，平均净高1~1.3米，净宽0.8~1.2米，两边以平均宽度0.2米的石块为基础支撑顶上石板路，可容一个成年人在其中弯腰行走。地下通道既能用于排水，又能帮助逃生，初看是普通的排水沟，细看是秘密通道口，入口经寨内可直达后山，若是有土匪来犯，村民可从后山增援或逃生，是旧时老洞村民抵御外来入侵的历史见证。

"湘西王"故居
（黎红斌　摄）

"湘西王"故居两进大门
（黎红斌　摄）

（3）"湘西王"故居

"湘西王"陈渠珍故居，位于村寨的中部。该房屋于清代中期修建，面积为422平方米，共两层，吞口式建筑，正房山墙为马头墙，中间正立面为全木质结构，门前五步台阶，通过凹口空间向两边耳房分别开偏门。右厢房正立面为木结构，辅助房用作柴房堆放杂物和喂养牲畜。房屋周围由土坯砖和板石作为围合墙体，院落作为晒谷和室外活动的场所，用青石板铺地，呈"口"字形。院墙大门朝向东，居于院落一角，不与堂屋正对。大门为"石箍门"形式，两进门，门梁上刻有八卦图。整个院落古朴精致，既有苗族传统建筑的风韵，又有汉族文化影响的印记。该建筑保存较为完好，大多数墙体进行过维修，传统门窗有所损坏，昔日的建筑门窗纹样丰富，有网纹、回纹、灯笼锦纹、步步锦纹、井字纹、工字格纹等六七种样式，且几乎个个都用"花草""龙纹""蝙蝠纹"等进行细节装饰。据传，民国时期"湘西王"陈渠珍与老洞村麻家少将参谋麻树智关系甚好，曾多次来老洞古苗寨做客，有时一住就是半个多月。苗族第一大富豪麻江富之孙麻树毅（树义），专门在此处为陈渠珍改建住所，又被称为"陈司令故居"。

（4）麻树智故居

该建筑于清代中期修建，保存较为完整，位于村寨的中东偏北部，面积为249平方米，目前已无人居住。房屋面朝村寨主要街道，院墙大门前有三步台阶，门槛石上有精美的花纹雕刻，不与堂屋正对。屋基为板石，周围墙体用板石、土坯、木板、砖合筑而成，房屋屋顶盖青瓦，院内青石板铺地。整个房屋分前后两个院落，前后院有门互通。前院呈“U”字形布局，大门位于前院院落一角，正房平面呈“凹”字形，由三间屋子组成，后院呈三合院布局。厢房共三层，是老洞苗寨内唯一一栋三层的古建筑，以前最底层是马厩，二层为会客或议事的地方，三层为木质连廊，正万字纹木质栏杆，是家中女眷绣花做针线活的地方。整栋房屋防卫严密，共有20多个枪眼分布在墙面四周。

麻树智故居
（黎红斌　摄）

正房门前一步台阶，窗前有青石板砌成的储水池。厢房与正房相连，木质骑楼造型，穿斗式木结构，万字纹木质栏杆，有垂莲柱。据说，起初该建筑门窗纹样丰富，除直棂窗外，还有灯笼锦纹、井字纹、万字纹、冰裂纹等多种样式，其中以正房的回纹棂花窗最为精致。方窗中嵌套同心圆、米字格，附以“花草纹”“方胜纹”“龙纹”及象征幸福无边的“蝙蝠纹”等装饰细节，做工非常精致，体现了古代苗族工匠精湛的技艺，也是研究我国古代苗族建筑艺术的重要资料。

麻树智故居侧墙
（黎红斌　摄）

(5) 解放军四十七军代表与陈渠珍秘密会谈遗址

该建筑位于村寨的中西偏北部，院落呈“U”字形布局，院内青石板铺地。大门内凹，院墙大门朝西，周围用砖和板石作为围合墙体，整个宅院

解放军四十七军代表
与陈渠珍秘密会谈遗址(黎红斌　摄)

麻江富故居院落
(黎红斌　摄)

万担晒谷坪
(老洞村村委会　供图)

院墙高筑,与建筑浑然一体,墙面上还留有枪眼。房屋建造年代为清代,面积为229平方米,共两层,穿斗式结构。正房青砖灰瓦,有马头墙。厢房与正房相连,墙上设置有不同样式的窗棂,有冰裂纹、网纹、灯笼锦纹窗,第二层基本为槛窗,装饰非常精美。房屋整体保存较为完整,少数木质结构受损,部分围墙进行过维修。

(6) 麻江富(压寨夫人)故居

该建筑为老洞苗寨第一代寨主夫人故居,也是湘西苗族第一大富豪麻江富的故居,位于村寨的中心位置。房屋于清末修建,120平方米,共两层,周围由土坯砖、板石、砖作为围合墙体。院内青石板铺地,正房平面呈吞口式布局,开间为三间,中间一间正立面为全木质结构。房屋为双坡青瓦屋顶,堂屋设有神龛供奉祖先,卧室与厨房的中央地面上设有火塘。建筑外立面包青砖,门前九级台阶,方格窗。大门为"石箍门"造型,开口方向遵循苗族传统,不正对街道,门前有门槛、门枕石、石雀等装饰,门梁上沿刻有周文王八卦图,围墙上也设有枪眼。该房屋之前被火烧过一次,现有房屋在原有基础上进行过新一轮的维修。

据传,从这里出生、长大的麻江富,开启了苗族对外经商的历史,乾隆五十六年(1791年)发展为"苗族第一大富豪"。老洞现存的大多数房产以前皆为麻江富及其后代所有,土地改革时期,又将这些房产分给了穷人。

(7) 万担晒谷坪

万担晒谷坪又称麻江富晒谷坪,位于村寨东北向阳处,视野开阔,是老洞村集中晾晒谷物的场地,也是村民重要的活动场所,可容纳1000多人。万担晒谷坪又称"天下第一大晒谷坪",坪面分四层,据说是预示着四季丰收,全部用石块镶砌而成。"万担晒谷坪"并不是说一次性能晒万担稻谷,而是指一年在这里晒的稻谷可达万担之多,足以说明当时麻江富的富裕程度。晒谷坪旁边有一个储粮库,曾为"湘西王"陈渠珍囤过军粮。

2. 土地庙

土地庙是老洞苗寨村民用于祭祀的场所,土地神是一村的主宰。当地人信奉祭拜土地神能消灾解难,保佑家人吉祥如意、平安健康,保佑庄稼丰收。寨内共有两处土地庙,均用岩板或石块砌成,一般立在一棵大树或古树旁。其中一处土地庙立在一棵大桂皮树下,庙前开三个拱门,分别刻"土能生万物,地可化千祥,保一方清泰,佑四季平安",中间最上方刻"威灵显应"四个大字。每逢农历初一、十五,村寨居民陆续前来烧香祭拜;过年时,全村都会在此处隆重祭拜土地神,一般会用猪头肉等祭品供奉三天。

老洞村土地庙
(黎红斌　摄)

3. 古井

村寨内目前共有两处古井。水井在村民的日常生活中至关重要,以前村民用水全靠水桶挑取,用水比较困难,现在家家户户都安装有自来水管,用水非常方便。村寨内的古井主要用于村民日常饮用;位于村寨外围农田旁的古井,主要用于村民日常洗衣

村民在古井洗衣服(黎红斌　摄)

服、洗菜、浇灌等。据说古井已有几百年的历史，大致与老洞村的历史相当。①

(二) 非物质文化遗产

老洞村非物质文化遗产丰富，但保存现状较差，甚至有大量传统文化已经消失。近几年老洞村致力于传统文化的保护，一些苗族的传统音乐、舞蹈、体育、技艺、民俗等随着旅游业的发展在逐渐恢复，但基本是作为一种表演艺术，只在特定节日活动中以节目的形式表演，日常生活中几乎很少见。

1. 传统技艺

老洞村至今保存着一些传统工艺，如刺绣、织布等，工艺精湛、形式多样、构图别致，显示了苗族妇女高超的工艺水平。此外银饰、竹编等工艺也有保留，但随着时代的快速变迁，传统工艺已很少使用。在老洞村，至今只有一位老人仍在使用传统的织布机织布。老人名叫隆妹妹，已有80岁高龄，据说她16岁就嫁到了老洞村，现在的住房是当年"湘西王"陈渠珍的住所。隆妹妹精通刺绣和纺织，她家有一台祖传下来的纯木制织布机，传到她手里已是第三代。苗族传统织布的方法是：将线上好机床以后，就可以开始织布，双脚踏在架下的脚踏板上，踩中其中的一块板，使织布架上的线呈上下分开式样，一般是左手拉木梭右手织，或是右手拉木梭左手织，双脚轮流踩脚踏板，双手轮换操纵机杼和梭子交错织布，如此重复进行，慢慢地就能织出一块完整的布。织布机不仅能织普通的经纬布，也能织各种花纹布。苗族传统手工织布的织造工艺极为复杂，从纺线到上织布机要经过大小几十道工序。据隆老人介绍，过去苗族传统服装的布料都是自家用织布机织的，现在老洞村民在日常生活中基本不穿苗族传统服饰，着装与汉族无异，年轻女子也不愿意学习纺织。作为一种传统

① 以上部分资料由老洞村村委会提供。

工艺，隆妹妹的织布技艺已成为老洞村旅游发展的一部分，在一些节日活动中她会穿着苗族传统服饰进行织布表演，吸引外地游客参观、拍照，如今她已经成为老洞村的一位名人。

2. 传统棋牌

在老洞村的传统棋牌中，打三棋很常见，村寨的街巷里、村民房屋里都能看到打三棋的棋盘图标。这是当地人常玩的一种游戏，空闲的时候，大人小孩都会聚在一起玩，属于村民日常娱乐之一。棋盘通常是用石子刻画在地板上或者纸板上。棋盘由三个不同尺寸的方形组成，棋盘上共刻画出20条直线，组成24个交叉点，这些交叉点是下棋时落子的棋点。20条直线中，每条直线上都有3个交叉点，全盘共18枚棋子，双方各9枚。打三棋的棋子没有具体的要求，碎石子、果核、小纸团、小木棍等都可作棋子。下棋时一般是两个人对下，双方会挑选不同形状、不同种类或不同颜色的棋子以做区别。在玩打三棋的游戏过程中，布子和走棋阶段的目的都是让自己的三枚棋子连成一条直线，并设法阻止对方三子连成一条直线。具体玩法是：

首先是放棋。双方手里各有9枚棋子，开始轮流放棋，棋子可以放在棋盘中24个棋点的任意一点。在放棋的过程中，若有一方棋子成三，就可以吃掉对方的一枚棋子。但此时不能马上取走被吃掉的棋子，要等到双方放完棋子之后，也就是走棋阶段才能取走，所以人们通常会用其他东西在被吃掉的棋子上做标记。

等双方放完手里的9枚棋子后就开始轮流走棋，由先放棋的人先走。每次只能移动一枚棋子，并且是移动到相邻的没有棋子的棋点上。在走棋的过程中，一方的棋子成三后就能吃掉对方任意一枚棋子。

最后，当棋盘上一方的棋子数少于3枚时，便不能再成三，即为失败的一方，棋盘上棋多的一方为胜方。若是棋盘上出现一方的所有棋子都无法移动时，则为负方，另外一方为胜方。

3. 苗医

苗族人民在长期的生活、生产实践中，积累了丰富的苗医药知识，很多病都有对症的药方。麻世炳(男，78岁)，是老洞村非常有名的苗医，其祖辈也是当地有名的苗医，医术传到他已是第五代。他不仅擅长传统中医，也精通西医，家里设有专门的药房，中药和西药都有，以中药为主，大多数中药材是他自行在当地山上采挖的。他善治多种疑难杂症，他的药方记载中涉及男科、妇科、儿科、老年病等。他最擅长治疗跌打刀伤和骨折，有自制的跌打刀伤药、接骨药和止痛药酒，当地很多人的骨伤病都是经他治好的。他家中还自制了一些用于治疗高血压、脑梗死、骨质增生等疾病的药酒。麻世炳给病人看病多是通过把脉，同时也要观察病人的神态、询问病情，还要结合发病时间来判断。他的医术受到当地人的称赞，很多人都非常信任他，几乎每天都有人来他家看病抓药，就连凤凰县城的人都会来此找他看病。

麻世炳家中存有很多医书，包括中医和西医，其中有一部分是祖传医书，都是手抄本。有手绘的人体穴位医书，里面标明了人体的所有穴位，并且标注了不同穴位的功效。还有专门记载药方的医书，里面记载了不同疾病的药方，如狗咬方、羊癫疯等，都是祖传秘方。

4. 民俗

老洞村昔日的民俗文化氛围浓厚，有走婚婚嫁习俗、赶边边场，以及巫傩文化信仰等，每逢节日举行椎牛、打猪等祭祖活动。现今老洞村的传统习俗发生了很大的变化，许多传统习俗已逐渐退出了日常的生产和生活，部分习俗已同其他民族尤其是汉族的习俗相融合，但在一些节日活动和重要场合中，苗族的传统习俗仍发挥着重要作用，苗族传统文化的内涵仍有体现。

(1) 婚姻习俗

老洞村传统的结婚习俗从相亲到迎娶有一套完整的程序，通常要举行订婚、过礼、结婚、回门等仪式，现大部分习俗已被简化，至今保留有拦门酒、拦门歌、为新人唱苗歌等风俗，形式较以前简单许多，以热闹和娱乐为主。

在老洞村，结婚时唱苗歌是一项非常隆重的习俗，一般分为新娘与新郎两边客人之间的对唱、主人与送亲客之间的对唱，还有整个寨子里的人之间的对唱。通常由男家主人先唱，随后客人们再逐一答唱，所唱的歌词都是根据苗歌固有的调子即兴发挥。一开始会唱一些祝诵辞，表示对结婚的祝福，还有相互称赞的客套话；随后唱歌的形式就比较随意有趣，内容包括谜语歌、故事歌等，类似于山歌比赛，场面非常热闹。在传统的婚俗中，唱歌要进行三天三夜，现今这项习俗已经非常少见。对于老洞苗寨的人来说，苗歌的语言朴实自然，比喻生动，所蕴含的意义也非常深刻。

当地人结婚时，通常舅舅会送新人一块喜匾，舅舅在当地被视为最尊敬的人，因此舅舅送的匾要挂在堂屋中间，若是其他亲戚送的则挂在堂屋两边。

（2）丧葬习俗

老洞村传统的丧俗有古朴、烦琐、隆重的仪式，村里每逢老人去世，要请道士做道场超度亡灵，其中最有特色的是在丧礼中由主持仪式的长老们吟唱几十首颂歌和悼歌。颂歌是对故者不同时期的经历进行追念，吟诵人间悲苦，唱词多为四言诗形式的民谣，也有对人生意义的描述与感慨。①

（3）祖先崇拜

在当地苗族人的鬼魂观念中，家先是指自己的家族祖先，屋中供奉家先能保佑家人平安、健康，保佑诸事顺遂。老洞苗寨几乎每一家堂屋中间都设有神龛供奉家先，每年大年初一和重大节日会祭拜家先。据当地人介绍，以前家中若是有人久病吃药不愈，就要向家先许愿，保佑早日康复。等病痊愈之后要举行还愿仪式，向家先表示酬谢，一般是杀猪进行祭祀。传统的祭家先仪式有诸多忌讳，程序也比较复杂，一场祭家先法事做下来

① 以上资料由老洞村村委会提供。

需要一天的时间。现今寨子里基本没有大型的祭家先活动，平日里都是以户为单位，在家中进行小型祭祀。

（4）节日习俗

老洞村的岁时节庆，如春节、清明节、端午节、中秋节、重阳节等习俗基本与汉族相同，一些苗族特有节日，如清明歌会、“四月八”等已基本不过了。近些年为了打造特色旅游村寨，老洞村逐渐恢复了部分传统节日，同时也增添了新的节日。例如举办春节“玩年”、“三月三”马兰（情人）节、“荷花节”等活动，主要以节目表演的方式展现苗族传统文化习俗。老洞村民也参与到节目表演中，让传统文化习俗在保护中得到合理利用，进而再造“实景”旅游产品，让更多的人体验苗族文化。

春节期间，村民们会杀年猪、打糍粑、炕腊肉、挂灯笼、祭拜祖先神灵。不仅如此，自老洞村“三月三”广场建成以来，每年大年初一至初三期间还会举行“玩年”活动，当地人俗称“闹年”。“玩年”活动以中华民族传统节日“春节”为背景，结合苗族特色传统文化而举办。节日期间人们身着苗族传统服装，表演唱苗歌、打苗鼓、跳苗舞、舞龙、舞狮等苗族传统文化项目，还举行篮球赛和文艺会演等大众娱乐项目，有效营造了浓厚的节日氛围，增强了群众的沟通和团结，同时也提高了老洞村的影响力。

过去老洞苗寨有过“三月三”的习俗，苗族农历三月初三（情歌节），又被称为“挑葱节”、三月节、情人节，是从苗族男女青年恋爱节日演化而来。据说这天人们会采一种野菜（汉语叫“地地菜”）煮鸡蛋，苗族青年男女借此机会一边挖野菜一边对唱苗歌，亲朋好友也会相聚在一起打苗鼓、跳苗舞、唱苗歌庆祝传统节日。现在这样的节日习俗已经消失，但老洞村已将“三月三”发展成一种旅游节日，于2016年、2017年农历三月初三，连续举办了两次大型“中国凤凰苗族‘三月三’马兰（情人）节”，凤凰苗族同胞们身着盛装相聚在麻冲乡老洞苗寨。整个节日活动以再现苗族传统文化为主旨，通过表演打苗鼓、苗歌对赛、跳苗舞、吹唢呐、拦门酒、赶边边场、苗族婚俗等节目，举办苗家长龙宴，充分展现苗族文化的魅力。目前这项节日活动已成为凤凰乃至周边地区民俗活动的品牌，提高了老洞苗寨的关注度和美誉度。

荷花节是老洞村于2017年兴起的另一个旅游节日。老洞村的荷花园是中海拔地区少有的大面积荷花观赏基地,共有200亩,已初步形成了“游凤凰古城,赏云山百荷”的乡村旅游品牌。游客们除观看古苗寨、赏荷花、采莲子外,还能欣赏苗歌、苗鼓、苗舞、唢呐、纺织、刺绣等表演,体验苗族传统的生活和生产方式。每一届荷花节都会吸引大量游客来此观赏,还有摄影爱好者专门过来采景。举办荷花节是为了推动老洞村的旅游产业发展,让广大人民群众分享旅游扶贫产业带来的经济收益。

三、村规民约

老洞村村规民约

为提高老洞村全体村民自我管理、自我教育、自我约束的能力,树立良好的民风、村风,创造安居乐业的社会环境,经全体村民代表讨论通过,制定本村规民约。

一、每个村民都要学法、知法、守法、自觉维护法律尊严,应团结友爱,和睦相处,不打架斗殴,不酗酒滋事,不侮辱、诽谤他人,不造谣惑众、拨弄是非。积极同一切违法犯罪行为作斗争。

二、严禁偷盗、敲诈、哄抢国家、集体、个人财物,严禁赌博、严禁替罪犯藏匿赃物。

三、爱护公共财产,不损坏水利、道路、树木、供电、通信、生产等公共设施,积极参与古村落保护。

四、不得私自砍伐国家、集体或他人的林木,不得损害他人庄稼、瓜果及其他农作物,加强牲畜看管,不得乱放猪、牛、羊、鸡、狗。

五、保持村容整洁卫生,村民不得以任何理由侵街占巷,各户墙壁以外属村集体管理,单户有保持卫生整洁的义务,没有占为己有的权利，一律不准阻拦公共设施的正常施工。

六、本村村民严禁参加任何邪教组织，不组织参与封建迷信活动。

七、父母应尽抚养、教育未成年子女的义务，必须保证子女接受九年制义务教育。禁止歧视、虐待、遗弃女婴。子女应尽赡养老人的义务，不得歧视、虐待老人。

八、邻里之间发生纠纷不得采用殴打、威胁、恐吓的方法，可以要求调解。对殴打他人造成伤害的，应赔偿医药费、误工费等，情节严重的，提交司法机关依法处理。

九、违反本村规民约，除触犯法律由有关部门依法处理的，村民委员会可做出如下处理：

1. 予以批评教育，用村广播进行通报。

2. 责令其恢复原状或作价赔偿并视情给予经济处罚。

3. 取消享受或者暂缓享受村里的优惠待遇。

4. 本年度不评先进、文明户、五好家庭户。

十、本村规民约有与国家法律、法规、政策相抵触的，按国家法规执行。①

（本章由黎红斌撰写）

① 以上资料由老洞村村委会提供。

第十一章　关田山村

关田山村原属于木里乡，2015年12月木里乡与千工坪乡成建制合并，设立千工坪镇。村庄位于千工坪镇东北方，坐落在209国道边，距县城18公里，距镇政府所在地18.5公里。全村共有5个自然寨，8个村民小组，占地700亩。耕地面积1423亩，其中水田1302亩。可能是村落曾经发展过旅游业的缘故，村民们更加懂得珍惜自己的文化传统，一些湘西特有的苗族文化在这里静静地传承着，古民居院落群为这青山绿水增添了一些古朴之美。关田山窖藏着岁月，蕴藏着文化，珍藏着历史……2016年12月，关田山村被列入第四批中国传统村落名录。

一、村落概况

（一）地理生态环境

关田山村，东与吉信镇的大桥村、油菜塘村隔河相望，西与柳甄村、木里村相邻，南与黄沙坪村、吉信镇接界，北与都良田村接壤。该村气候温和湿润、雨量充沛，四季分明，年平均气温16℃。

关田山村是明代形成的一个村庄，先民们因山就势修建房屋，坐落在山腰上，形成自然的村寨。整个村寨背山面水，坐北朝南，冬天有背面的大山作为天然的挡风屏障，在向阳坡设寨子，一来能获取良好的光照，二来夏日可迎来南面而来的凉风。近山而又不靠山，可有效避免山洪、泥石流等自然灾害。当年为了防御土匪，整个寨子的东南西北设有入寨门、寨墙，村头还设有保家楼。整个寨子以黄色土筑房屋为主。当年关田山村作为古苗寨开发旅游，主要也是因为这些与自然山水融为一体，好似一幅水墨画的苗族土筑民居。

胡通河（杨琳　摄）

（二）村落来源

关田山村与大桥村和油菜糖村隔河相望，这两个村落是汉族为主的村落。据当地人介绍，关田山村以前是汉族聚居的村寨，当时住在这里的汉族因故迁徙到河对岸，也就是乌巢河支流的沿岸，当地人叫胡通河，长久以来一直作为该村寨与其他村寨的自然分界线。现在关田山村依然有对面村落汉族人的祖先的坟墓。新中国成立以后，修建了铁索桥，连接长久以来近在眼前却不相往来的几个村庄，连接了胡通河两岸的苗族和汉族人民的心。

关田山村因为交通极为便利，与凤凰县旅游景点奇梁洞、西门峡漂流、“爱谷”等处于同一条国道线上，也是张家界与凤凰古城之间的中心节点，便于发展旅游。2008年到2013年，关田山苗寨曾经作为旅游景点接待过成千上万的游客。

（三）村落人口

关田山村现有406户，1728人，是一个人口多为苗族的村落。

（四）物产与特色产业

1. 贡米

关田山的“关”字，新中国成立前称为“官”，“官田”就是官府所有的田地。但这个“官田”也是当时被官府强行夺去的，官府之所以想要夺取关田山的田地，是因为这里的泉水好。关田山深山的峡谷里有一处山崖，山崖下面有一个小山洞，山洞大小刚好可以容纳一个人。

传说，远古时期，这个洞一度是干涸的。那时候的关田山苗寨田地常年遭遇干旱，百姓生活十分艰苦。一天，苗族祖先盘瓠来到这里，看到此地一派萧条，便走进这个小山洞，在里面待了一天。盘瓠出来后，小山洞里从此便流出一股清泉，泉水如碗口一般粗。盘瓠告诉村民们，因为他请神仙来到洞里施了神法才如此。自此，这股泉水四季长流，冬暖夏凉。当地人既可以饮用也可以灌溉。但盘瓠告诫大家，凡人不能踏进此山洞，若进去会玷污洞里的仙灵之气，致使泉水再次干涸，而踏进的人也会得一种终身难愈的怪病。因此，这个山洞被当地人定为禁地，禁止任何人进入。就连土匪最横行的时期，土匪也不敢踏进。据说，曾经有人偷偷进了山洞，但未深入，他出来后形容洞中空间非常大，起码能容纳上千人。

这个洞被当地人叫作“神仙洞”，洞里流出的山泉水灌溉的大米香甜可口，十分香糯，被作为贡米进贡。这个神仙洞位于关田山村六、七组，现已垮

神仙洞下的梯田(向成辉　摄)

塌。但是神仙洞下的梯田依然年年高产,种出的稻谷也一样香糯可口,在市场上可以卖到比一般稻谷更好的价格。

2. 黄金茶

关田山村还有一种特色产业——黄金茶。黄金茶是湘西的特产之一。相传在明朝时,巡视军队经过湘西某深山密林时染上了瘴气,向医师求助也无法医治,军队因此无法继续前进,带兵的将军只好带领军队原地休息。后来,一位老婆婆摘取了自家门前的百年老茶树的树叶,将树叶熬汤,送给这些官兵们服用,官兵们饮茶半个多小时后全部痊愈。带队的将军为了感谢老婆婆,赠给了她一两黄金,后来此茶也供奉到了皇宫。后人对此有多种说法,有人说是老茶树显灵,有人说老婆婆有巴代的"法术",有人说是茶叶发挥的药理作用。这便是湘西苗族的黄金茶具有清热消毒作用的故事起源。如今,关田山的黄金茶育苗基地也是村庄增收的重要来源之一。

3. 七月贡菊

贡菊基地(向成辉　摄)

种植七月菊和金丝皇菊是驻村工作队帮助当地群众脱贫增收的一个重要渠道。村庄按照一年两季的种植模式种植了近百亩菊花,由安徽的一家公司收购,干花的价格每公斤120元,而这里每季每亩可产干花150斤。通过发展菊花产业带动了贫困户中的30余人就业。

(五) 经济社会发展状况

现在的关田山村部坐落在关田山出版希望小学中,这个小学为2001

年湖南省出版局、湖南出版集团支持修建的,改变了以往小学久成危房、村部无处办公的局面。出版希望小学和教师宿舍综合楼总占地2100平方米,校名由湖南省一级作家、书法家刘鸣泰先生题写。现在村里的孩子都到镇上上学了,但是村部依然在小学中,校园内也有体育运动设施供村民锻炼使用。

二、文化遗产

(一)物质文化遗产

1. 传统街巷和传统民居

长久以来,关田山苗寨的位置都非常隐蔽。绕过池塘、水田,依然看不到寨子,因为寨子藏在树林后面。据说,当年有朝廷军队过来后,要求当地百姓缴纳当地产的优质稻米作为贡品供给朝廷,因为找不到树林后的村寨而只能作罢。如今的关田山更加开放,寨子的入口也从古树林那边换到大路边这头,村民们都愿意住在交通更方便的地方,纷纷搬到大路边的村头修建自己的房屋。古民居群依然在村落中伫立着,关田山人也用实际行动珍惜着祖先们留下的文化遗产。

古街巷(向成辉　摄)

关田山寨子刚形成时,主要是以家族为单位聚居。整个寨子的选址十分考究,但是寨子中每一套民居的布局却多了些许随意。房屋几乎都是顺应地势,随高就低,自然延展的。

古民居都顺着山势层叠而上,进入古村寨有一条自下而上的石板台阶路。关田山寨子里的主要道路沿着民居密集的方向延伸,而寨内其他道路则随意分布着,无规律可循,每家每户都有道路相通。村民们也常常利用这些台阶日常休憩。

夹杂着现代民居的古民居院落(杨琳　摄)

每家每户的房屋朝向，总的看来与村寨总的朝向一致。每户民居都有自己的院子，院子充分向阳，利于晒谷子。远远望去，房屋顺着山势层叠分布，高低错落。古寨的房屋都是青瓦，屋顶都是六面，墙都是土筑墙，防水透风，冬暖夏凉。村寨中有的是四合院式的民居，这类民居的特点是将大门45度安置，大门的入口处采用重檐。

关田山的古井分成几个水池，离水源近的池子主要用作淘米、洗菜；另一个水池用来洗衣。寨子里的村民都严格遵守这些约定俗成的规矩，爱护环境卫生。

自从柏油路通村以后，关田山村旧的街巷用得少了，村寨内的小商店都转至村口公路旁。在当地有的民居的前方有小渠，这种小渠既可以预防山洪，也可以作为放养鸡、鸭等家禽的场所。

传统民居(杨琳　摄)

墙筛(杨琳　摄)

关田山村的民居都是夯土墙，即以土为材料。一般选择黏性较好的黄土，如果黏性不够，需要加上其他材料，如加上水田下层未曾耕作过的黏土。用净黄土制成的土砖干燥后容易裂开，所以一般选择含砂的泥土或掺些老墙泥减少开裂的情况。夯土墙的墙脚一般用石头干砌形成，以防被水浸泡。墙的厚度从下到上逐渐变薄，以使墙体的结构更加稳定。土墙的内部还需要配筋，也就是在水平的方向设置墙骨，有的使用竹片，有的使用小松木枝或小杉木枝，若使用竹子，就将竹片夹在夯土墙墙体中间。修筑夯土墙需要一副上好的墙筛，墙筛一般以老硬杉木制作,内部平整。

传统民居金包玉墙体(杨琳　摄)

关田山村一方面可能是出于这里历史上长期有土匪出没,民居在修建时着重考虑防御功能,另一方面可能由于木材可利用率降低,岩石有一定需求量,所以,民居的外墙多采用土墙,有的采用“金包玉”(指在土墙外部包砌一层薄薄的青砖)的方式,“金包玉”的墙可以防止墙体被雨水腐蚀,看起来与青瓦颜色相近,增强装饰效果。还有的民居下部用石块干砌起来,上部采用土墙。选择石头当地人也有讲究,喜欢选择规则的六边形的石头作为砌下墙体的材料,石头在当地还可用作门庭走道等。

传统民居上土下石墙体(杨琳　摄)

由于湘西苗族多生活在山区,植被丰富,木材自然而然成为重要的建筑材料之一。在关田山村,传统民居与凤凰县其他苗族传统民居一样,大多采用木材作为承重、围护构件。对于木材的选材,在当地一般选择柏木、松木、杉木等。柏木的质地细腻且坚硬,不怕雨水侵蚀;杉木质地疏松不易变形。

2. 保家楼

关田山村在解放前一共有3个地主,地主的保家楼都在以前的寨子的寨门口。整个寨子由寨墙包围起来,进寨子有寨门,以前有五六个寨门。每一个寨门由地主联合几家人一起来守护以抵御土匪。那个年代寨子还比较小,只有30户人家。解放时拆掉了这些进寨大门,现在只剩下唯一一个进寨大门的遗址。

在土匪横行的年代,地主会给村里的年轻人发放枪支以对抗土匪。土匪在进寨之前会放三枪,大声叫三声,打着火把进寨子,以制造恐怖气氛。土匪除了抢东西还会抓人,抓寨子里家户中的小儿子或者最受宠爱的儿子。年轻的守寨人在保家楼上瞭望,当发现土匪时,就第一时间通报村民,村民

古寨门和保家楼
（杨琳　摄）

保家楼墙体
（杨琳　摄）

们接到通知后，通常由地主组织大家各就各位。有时会增加守寨的人数，有时会藏入保家楼，有时会藏于自己家中。地主家的保家楼与旁边住户的民居相通，户户相连。土匪害怕保家楼，保家楼内有枪支和手榴弹等，所以一般只短时间进攻，至多不超出半小时。

这种保家楼的防御优势在于垂直防御，在保家楼的上层可以居高临下，察看敌情，下层有地下密道，可以在内躲避。保家楼墙体厚约1.2米，能防火，子弹也不能打入，中间则是高墙和枪眼。据当地人介绍，当年这座保家楼有地下密道，且地下密道的入口很隐蔽，一般人很难察觉。地下密道在当时可供老弱妇孺躲避，或男子窥视敌情，或遇到困难情况时全村人躲避。这些防御用的遗址让我们现在也能清楚想象出当时当地的苗族先民们是怎样运用自己的聪明才智和团结一致的精神来对抗匪患的。据关田山村其中一个保家楼的主人的后代吴姓老人叙述，在解放后还在保家楼中发现了枪支、手榴弹等。

4. 古碾坊

关田山村的古碾坊位于胡通河的河边，一条溪流从碾坊内穿过，这个碾坊主要是运用水流的冲力带动机器来碾米。当地在有水力碾米坊以前是靠人力舂米，水力碾米坊的效率则高出人力舂米百倍有多。这个碾坊是一间土木结构的房屋，里面空间很大，整个机器由碾槽、碾磙、碾架等构成。碾槽由若干节弧形的石槽连接成一个大圆圈；碾磙是用坚石打磨成车轮状的两个石盘构成，然后靠碾架固定并分前后嵌在碾槽里；碾架由一根粗壮的直木从碾圈的中心牵出，控制碾碌始终绕着碾槽运转。碾碌靠水力来拉动。上方有个闸门，下方是一个水轮机，只要一打开闸门，水力冲击，水轮机立刻快速转动起来，齿轮带动碾米机旋转，齿轮是木质的。碾米时，先把稻谷均匀地倒入碾槽，然后打开闸门，碾碌在碾槽里不断地对稻谷进行磨碾，稻谷在碾碌的滚动下纷纷脱壳分离滚落下来。时间把握非常关键，碾的时间不够，米粒脱不了稻谷壳，碾久了又容易成碎米。这种水碾坊是我国早期利用自然资源的典范。

古碾坊（杨琳　摄）

石碾（杨琳　摄）

（二）非物质文化遗产

1. 传统服饰

（1）传统服饰、帽子

苗族的传统服饰因为地域不同细节处有一些区别，关田山村的苗族服饰有自己的特色。上衣为圆领的云肩式，肩部有两道滚边，外面再加上一条绣花的花边。在上衣外面通常还要再佩戴高绣花围裙，围裙上部的绣花像船头的形状，以装饰本身素净的上衣。下半身着绣花裤。在当地还盛行将银片贴在衣服上作为装饰。传说姑娘穿着它们在山林中行走时，银饰发出的声音可以吓跑野兽。苗族各个地区的头帕也各有特点，在关田山村，苗族妇女们的头饰是一层层向上缠绕，在脑后形成高筒形状，帽桶以高为美。

当地的头帕统一以青黑色为主色，帽桶高高的像只水桶一般，帽桶内层是当地妇女自己织的斑布桶帕，帕子中间空心，可放十来斤花生。因为戴着

身穿当地传统服饰的调研人员
（杨琳　摄）

狗头帽(隆冬花　摄)

这个帽桶，她们走路需要硬着脖子，支撑着桶帕的平衡，不致过大摆幅。这种头帕有它独特的民族文化底蕴，头帕还能起到保护头脑、增加温暖的作用。再说当地女性习惯编发、梳发髻，帕子裹住发辫，既固定了头帕不易脱落，也保护了头发。

关田山的童帽样式也有自己的特色，其中狗头帽在关田山用得比较多，因造型似狗头而得名。狗头帽帽顶的两旁各做一个狗耳朵，狗耳朵的缝隙处做一圈皮毛或者流苏或者禽鸟的羽毛。狗头帽的装饰由帽身的刺绣和银帽花组成。刺绣一般使用多种色彩，常用红、绿、黄、黑、褐色的绣线，将颜色有对比度的绣线放在一起。狗头帽的两个帽翅的刺绣呈对称分布，刺绣的图案有动物纹、植物纹，或者绣字，一般一顶狗头帽上要有动植物的刺绣呈现，通常以组合的形式出现。调研时在当地看到的狗头帽帽身是芍药花的刺绣，配的银帽花是龙的造型。狗头帽的银帽花一般设在前额、后部、护耳部分和钉缝的部分。可以做成神仙佛像的造型、神兽动物的造型或者花卉植物的造型，调研时在村落中还见到了二龙戏珠造型的狗头帽，二龙戏珠做在头顶帽缝处。童帽后部一般还会设计一些体积较小的银帽花，这些小的银帽花造型各异，可以是铃铛，可以是荷包，也可以是方印，这些饰物使得小孩在走动的时候发出清脆悦耳的银器响声。现在纯银的银帽花少见了，一般是由白银与其他金属的合金制成。

(2)银饰

苗族银饰传说是蚩尤发明冶炼技术后形成的。蚩尤部落在战争中失败,被驱逐,开始了漫长的迁徙之旅。为了铭记祖先和自己的故地,人们在自己的衣服上刺绣,在银饰上绣制各种花纹符号,以将本民族的历史和文化记载下来。因此,苗族的银饰也蕴含了丰富的文化内涵。

当地妇女传统银饰(杨琳　摄)

在关田山,女子的传统服饰中必不可少的帽饰就是“银花大平顶”,这种帽饰是直径60厘米左右的圆形,重量在470克左右。银花大平顶在关田山村一般是女性装饰包头帕的银质装饰品,日常生活中不戴,一般是有节庆或活动时戴。在佩戴银花大平顶的时候,稍短的须在前面,稍长的须在后面。银花大平顶是由两块半圆形的银皮各围绕前后制作而成,帽顶一般焊有花、鸟、鱼、虾、龙、蝴蝶等,中间间以绿色和桃红色的丝线花束,颜色鲜艳,与银色相互映衬,显得大气美观。

在关田山,女性常用的装饰物还包括项圈,其中扁圈是当地用得较普遍的项圈,因为其呈扁状,故名“扁圈”。扁圈的表面有各种花卉样式的纹饰,两头小中间大,两端设有公母套钩,特点十分鲜明。扁圈是较受当地妇女欢迎的一种饰品,佩戴扁圈时当地的女性一般是将扁圈扣戴在脖子后面,刻花的部位则戴在胸前。苗族人自古以来就喜欢在脖子上佩戴这类厚重的银圈,民间信奉套银圈套得越多越实,就越不会被恶鬼伤害。

总之,苗族妇女喜爱银饰,尤其是手镯和颈饰,遇到节庆时看到她们脖子上层层叠叠的项圈直逼嘴鼻也不奇怪,各种风格的银饰都可以集于一身,有的轻柔小巧,呈现玲珑之美,有的厚重粗壮,呈现粗犷大气之美,正如苗族民歌唱的“无花无银不成姑娘”。总体而言,当地的这种配饰的搭配方式从视觉上呈现出一种重头轻脚的感觉。因为苗族妇女重视自己的头饰，会精心地打扮自己的发饰、包头之类的。重头轻脚的习惯可能与苗族是一个迁徙民族有关，迁徙的生活要求人们必须将自己的财物随身携带，将银制品佩戴于上半身，可以使苗族先民们在迁徙的途中腿和足部没有负重压力。这种历史文化的遗俗，一直沿袭到今天未变，从而形成苗族女性装饰中特有的美，即上半身与下半身的繁中有简、繁简互补、有起有伏、动静相见的和谐美。

2. 刺绣工艺

在以前，苗族姑娘一般从六七岁开始就需学习绣花，如果一个姑娘不会绣花，在村寨里会给他人留下不好的印象。女子绣花绣得好，代表能持家、贤惠。女子的绣花技术在一定程度上决定她能否嫁一个好的郎君。

湘西苗绣深受当地百姓对外部环境认识的影响，当地百姓在生产生活中的所见所闻正是他们绣花的素材。沈从文先生在谈到塔户剪纸花样时说，花样创作“既不必受底稿严格拘束，可在一定部位上发挥，年轻人想象力旺盛，又手巧心细、大胆好强，自然容易出奇制胜、花样翻新，产生种种健康美丽的作品”①。苗绣设计创作也是如此。在关田山村，苗绣依然是很多妇女的一项技能。姑娘出嫁时，母亲都会将自己以前保存好的手工绣制的嫁衣送给女儿作为传承和纪念。一件嫁衣，姑娘往往会从刚学绣花起开始绣，直到出嫁，所以一针一线都蕴含着苗族姑娘对自己未来的美好憧憬，对爱情和家庭的美好期待。出嫁以后，当地的妇女们会把这些嫁衣收拾好，在重要的场合才拿出来穿一下，其余时间都会精心保存好。嫁衣一般春夏、秋冬各一套。

总体来说，当地的刺绣作品是自由灵动的。人们随心所欲地将花朵与任何物象相结合，再根据实际需要进行各种变形。

当地的人工刺绣中有大量的蝴蝶图案，这和当地的蝴蝶崇拜有关。在苗族古歌中，蝴蝶妈妈是从枫树中长出来的，是他们的祖先。因此在关

---

① 沈从文：《沈从文谈艺术》，江苏人民出版社2019年版，第172页。

田山的苗绣中，可以见到造型各异的蝴蝶，常常与花朵、鸟类搭配，呈现“花蝶”“鸟蝶”的组合样式。在“花蝶”的组合中，刺绣时常常将花瓣作为蝴蝶的翅膀，蝴蝶的触角拿花蕊来替代，如果看的人不仔细分辨，是看不出来蝴蝶在哪里、花在哪里的。蝴蝶与花朵融为一体，看上去像蝴蝶正绕着花朵翩翩起舞或者是蝴蝶正停留在花瓣上享受芬芳。

当地的苗绣植物刺绣以牡丹花居多，其次有莲花、桃花、芍药花、石榴花等。植物的生命力旺盛，春华秋实，常与生命或后代繁衍相联系。

当地的苗绣中还经常使用其他具有吉祥、美好寓意的图案，最常见的是喜鹊、鸳鸯、孔雀等。在当地的民俗中，花与鸟的搭配有生殖崇拜的含义。在苗族人的心中，鸟与凤有着相同的含义，因此就不难解释为什么我们常在苗族妇女的传统服饰的衣边、袖口、裤腿、胸口、围兜上看到各类鸟的刺绣图案。另外，表达长寿的寓意多采用寿字的纹样，用在衣物中既能起到装饰作用，也能表达美好寓意。在关田山，寿字常被用作高围裙中的扣襻，这种扣襻很多时候是一个银制的寿字。

围兜（隆冬花　摄）

湘西苗族的传统服饰一般以蓝色和深蓝色为主，而苗绣的色彩一般是选择与蓝色能形成强烈对比的颜色，这些用鲜艳的色彩绣成的自然界中的各种花和动物，再配上银色的银饰品，整体看起来明快和谐。人称湘西苗绣是装点大山的花，因为苗族姑娘穿上这些传统服饰站在大山中，远远望去就犹如一朵朵漂亮的花朵在大山中绽放。

关田山人隆冬花，是苗绣的非物质文化遗产代表性传承人。在与隆冬花的交流中，调研人员了解到许多富有当地特色的刺绣文化。

隆冬花送给女儿的结婚礼物包括一对刺绣枕头，这对刺绣枕头是以凤凰与牡丹花的组合为主图的。凤凰是鸟中之王，牡丹为花中之王。两

苗绣非遗代表性传承人隆冬花

只凤凰相对朝向牡丹花枝丫，牡丹花朵朵盛开着，凤凰张着漂亮的翅膀飞舞在牡丹两侧，嘴巴作唱歌状，整幅构图富有生命力且给人以雍容感。凤凰与牡丹的组合蕴含着母亲对女儿美好的祝福，祝福其爱情美满、多子多福。这对刺绣枕头的细节还可以看出牡丹花是用花坛盛起来的，花坛的坛身是使用网绣的方式绣成的，与石榴的绣法一样，与石榴一样有祝福多子的寓意。

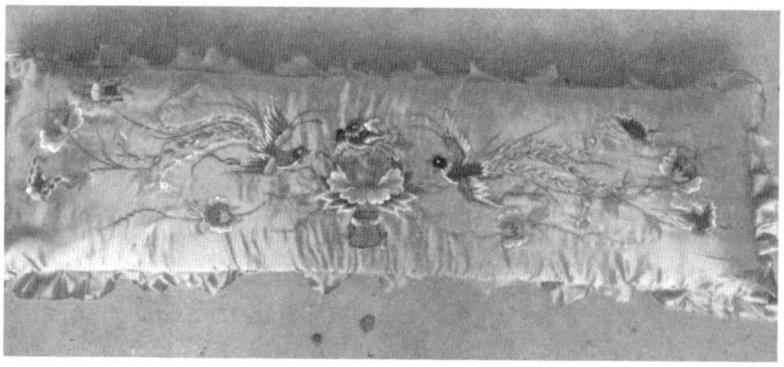

刺绣枕头(隆冬花作品)

在整个湘西地区的刺绣中，凤凰是经常出现的图案之一。凤凰的图案在苗绣中是爱情的象征，常常与其他植物组合，造型千变万化，是湘西苗绣中的经典。湘西苗绣中还喜爱用坛罐来表达人们对繁衍后代的期冀，因为在苗族文化中坛、瓶、壶等这些器件的形状与母腹有相似性，象征生命之源、生育之器。

在关田山，刺绣的技艺还体现在帐檐上。帐檐用于悬挂在床架上，能起到美化房间的作用。在当地，很多新婚家庭的床体装饰会使用红色的帐檐。在调研时我们看到的一顶新房的床的帐檐就是以红色缎面为底子，绣“凤戏牡丹”的图案，边缘用小花朵来装扮。整个帐檐由中间的“凤戏牡丹”和右边的“鱼戏莲”两部分构成。“凤戏牡丹”为对称的刺绣，牡丹花花体用粉红色线，叶子用粉绿色线，与凤凰身体的颜色呈鲜明对比。

在关田山，背小孩用的背裙通常也有大面积的精美刺绣，也叫“背儿带”。背裙的两端各有一条带子，用背裙时将这两根带子从肩膀绕到胸前，在胸前作一个交叉，再从腋下向后拉出，拉出后系在小孩身体上。背裙主要是方便当地的妇女能够背小孩和干活两不误。这个背裙的上端贴着一个三角形，底布用黑色，三角形上的刺绣用与底布颜色反差较大的线来做刺绣。这个刺绣的图案是双凤戏花，作为小孩用的物品，这样的纹样寄托了家庭对小孩的爱和祝福。

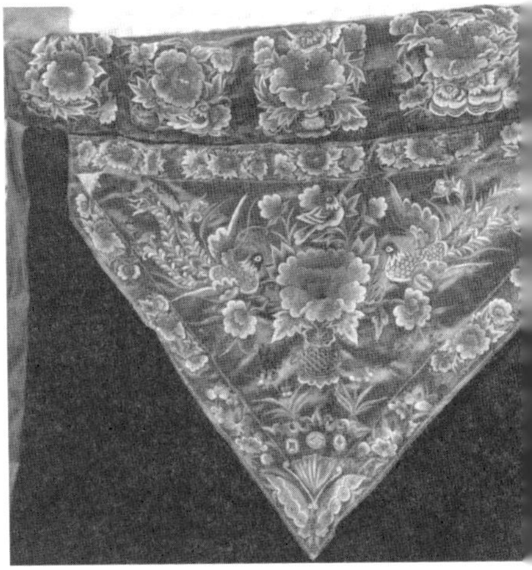

背儿带（隆冬花作品）

3. 傩文化

傩一般被视为“娱人娱神”的活动，属于地方宗教的一部分。在许多地方傩和戏总是一起出现，叫“傩戏”。在关田山苗寨中我们看到的傩有特定的功能，主要是民间用来祈福避祸，娱乐成分较少。苗族的傩文化与其恶劣的生活环境相关，起初的祭祀活动主要是苗族社会用来维系宗族制度的一种工具，即通过祭祀的诵辞来唤起大家对祖先的记忆和情感，增强内部团结。在关田山村，当地人祈福消灾，或求子、解蛊、驱鬼、求财、求寿，均与傩相关。

傩公傩母塑像（杨琳　摄）

传说在一场洪水后，天地间只剩下两兄妹，此后他们相依为命并结成了夫妻，繁衍了人类。这两夫妻便是苗族所崇拜的祖先傩公和傩母，现在在关田山村还普遍存在着“还傩愿”以祭祀祖先傩公傩母的习俗。

（1）祭司巴代

在农忙时，巴代和普通百姓一样要下地干农活，农闲时举行一些祭祀活动。在当地，巴代具有“巴代扎”和“巴代雄”两大支系，“巴代雄”主要主持大型的传统祭祀活动，如“接龙”和一些与自然神灵相关的祭祀活动，如祭祀雷神、风神等。“巴代扎”主要主持“跳香”“追魂”“赶魂”“还傩愿”等活

巴代欧JZ
（杨琳　摄）

动。巴代在举行仪式时有诵唱神辞，有固定舞步，有固定服饰、手诀、咒语等。巴代穿着的法衣为红色袍子，无领、对胸、长襟，背后绣有蟠龙。当地人区分这两个支系的方式是："巴代雄"是在堂屋门背后作法的，"巴代扎"是针对挂在堂屋里的傩神结作法的；还有一种区分方法是，"巴代雄"作法时只讲苗语，不讲汉语；而"巴代扎"作法时常常两种语言共用。

巴代手中拿的物品是他做法事时常用的工具。巴代一手拿的叫牛角号，一般是用水牛角制成的，也有铜、银制的牛角，保持原生态"尖角"造型。苗族认为牛角是蚩尤的象征，牛角号专门用来在做法事时召唤并集中自己的兵马，牛角号常用循环换气法吹奏，音色低沉、浑厚。另一手拿的是刺刀，也叫"刀鬼"，由刀口和环圈焊接而成，一般用铜制成。刺刀的刀柄处有一个铜环，这个铜环可手持，环圈结构较复杂，由主环和扁环构成。主环是两股直径为0.5厘米的铜线绞合编结而成，主环上套有3小9大共12个扁环，分别代表三山九州，也是法力无边的象征。刺刀的作用是杀鬼。在祭祀仪式过程中，配合着步法，扁环上的铃铛发出"叮叮"之声，同时需配以驱鬼的口诀，这样能发挥最大的威力。披在肩上的是绺巾，绺巾由12～24条绣花布巾连缀而成，长约40厘米，上

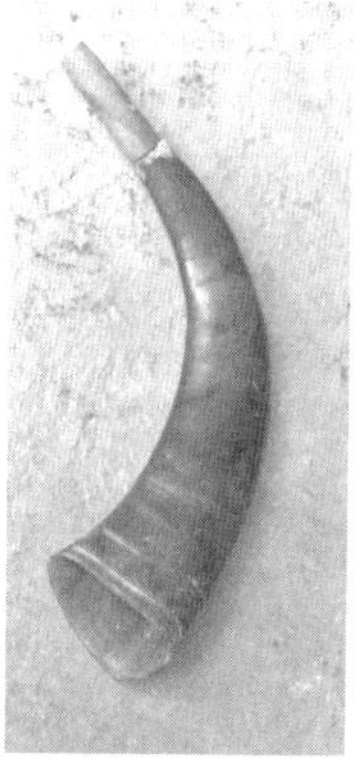

牛角号（杨琳　摄）

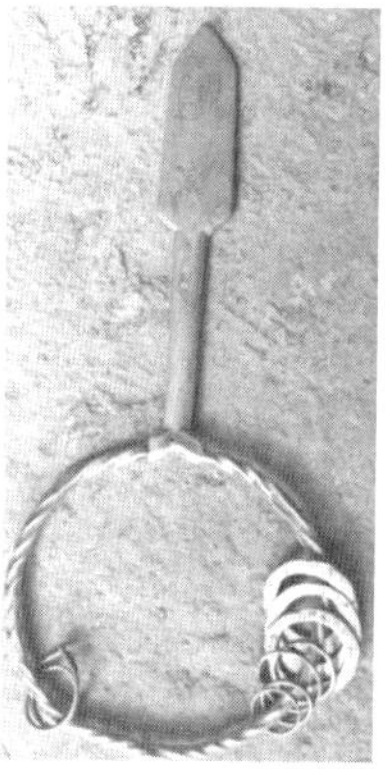

刺刀（杨琳　摄）

绺巾（杨琳　摄）

端宽3厘米,下端宽7厘米,由一根长30余厘米的木棒穿上作柄。每做完一堂法事,户主会馈赠一条绺巾。因此,绺巾也是巴代功果的见证。

木篆(杨琳　摄)

一般的法事活动中还需要两块菱角状的木块——木篆,也叫“九孔八卦”筶。其命名有着特殊的含义,其中“九”为单数中最大的数字,取“满”“盛”之意,“八”代表八个方位,二者结合则寓意能占卜宇宙间的万有、万事、万物。一般是一阴一阳成对出现,象征各种自然现象和人事现象。在占卜过程中,出现一阴一阳,为吉卦,诸事皆利;两阴或两阳,为凶卦,诸事不便。木篆呈扇形,大部分也是用牛角制作,经过长时间的打磨而成。木篆常常在法事的前半部分使用,作用是“问神”,也就是征求祖神的意见。木篆是连接祖神和凡间的重要纽带,在辨正邪、明是非方面发挥着重要作用。

在关田山村巴代是神圣的,据当地人说,如果有人快要去世的时候,有巴代在场,这个人就不会马上死亡,因为前来带走亡灵的阴间的鬼神是害怕巴代的。

在当地,要想成为巴代必须经过筛选和重重考核。一是传承人必须信仰巴代并且自愿;二是身体素质要合格,记忆力要好,否则完成不了仪式活动中的种种动作;三是必须通过一场关键的仪式考验。也就是说巴代的弟子除了具备基本的技能外,还必须通过一个“过法”仪式来最终完成身份的转换。关田山的“过法”仪式一般要举行三天三夜,有上刀梯、吞木炭等仪式。如上刀梯,先在一块平坦的场地内竖一根数丈高的木柱子,一左一右相互交错插36把钢刀,有时还会在柱子的顶部竖一把钢叉。预备成为巴代的徒弟脱去鞋袜,踏刀而上,一直到达柱子的顶端。吹三声牛角,摆各种各样的姿势,如“倒挂金钩”“观音坐莲”“大鹏展翅”等。在顶端还要腹卧钢叉，在空中旋转，做完这一系列动作后，沿刀而下，上刀梯仪式完成。巴代的传承一般是父亲传承给儿子，如果家中没有儿子也必须在家族堂兄弟的儿子中找一个传承下去。

在关田山还有一种情况依据常理必须继承巴代，就是生出来有6根脚趾或者6根手指的小孩按照习俗须继承巴代的职业。因为这样的孩子是被视为傩神选中的继承人。如果这样的孩子长大后不愿意继承巴代，还必须靠作法来解除这种神意。

傩神崇拜在关田山村现在还很盛行，尤其是过年的一段时间巴代特别忙，每家每户杀猪的时候都会请巴代做法事。

(2) 巴代经书中的伦理观念

巴代的信仰在关田山当地有悠久的历史，巴代经书中的内容深刻影响着一代代关田山人的思想，他们的社会伦理观念和巴代经书中的内容有很大的一致性。

比如对于婚姻伦理观念，当地人秉承“夫妻和睦，勤俭持家”的观念，这和巴代经书中把夫妻关系放在极为重要的地位有重要关系，如经书中的“夫妇和顺，贤淑予人厚道”“夫妻和来生贵子”“和得妻贤夫祸少”“一家和气值千金”的内容。

在关田山村的村规民约中可以看出，当地人是非常重视孝道的。一个人孝敬父母是他在当地能够得到人们尊重的先决条件，反之，连孝敬父母都做不到就会受到村里人的鄙弃。而父母对子女，也提倡要关爱、亲近子女。巴代的经书中也有相关内容。

(3) 杀猪仪式

每年年末，尤其是十冬腊月期间，巴代比较忙，主要就是忙于各家各户的杀猪仪式。这种杀猪仪式和传统的大型“椎猪”仪式不一样，这种以家庭为单位的杀猪仪式用当地的话来说属于“小搞”的仪式。这种仪式可以祈求家庭平安，可以祈求家道兴旺、家庭和睦，也可以将一些特殊的祈求行为顺带加入仪式中，如可以还愿，可以安放家庭祖先神位。总的仪式内涵还是祭拜祖先。有的家庭每年都要“小搞”一次，有的家庭数年“小搞”一次。地点在堂屋。以前举行的时间主要是上午,现在由于寨子里的巴代数量有限,所以上午、下午举行仪式的都有,只要巴代时间来得及。杀猪仪式需要家庭成员和关系最近的亲戚参与,在当地主要需要男性家族成员,如堂兄弟、姑父、舅舅等。

仪式开始之前,要摆好三炷香和若干纸钱,香横放在纸钱上,当巴代将香点燃,就代表仪式正式开始了。第一阶段是请神阶段,通过巴代的唱词来请祖先,唱词的意思大概是告知自己的师父和主人家的祖先,今天来做法事,什么时候来的,做这个法事是为了什么事。告知好的东西不要怕,告知牛鬼蛇神都让开,师父和祖先都来主人家里了。接着开始用木篆打卦,将木篆绕左手划一个圈,然后将其抛在空中待其落地后观察卦象,根据卦象来判断是否得到了祖先的许可。其间巴代除了看卦时不念唱,其余时间嘴里一直不停念唱词。念唱的主要意思是:巴代的师傅来了,杀猪神也来了,主人家的祖先也都来了。要把猪送给他们吃,问他们同意不同意。巴代把猪抛过去给诸神吃,让诸神把猪关好,他就准备开始杀猪了,等会儿会把猪的内脏都煮熟了送给诸神。如果主人家还有要祈祷的具体事宜或者还愿,也要在接下来的唱词中一一向祖先和神灵们诉说清楚,让祖先和神灵们了解清楚情况以保佑他们。请神阶段以卜到顺卦为结束,在杀猪仪式中只有打到顺卦就才意味着祖先和神灵们答应主人家的祈愿。请神阶段后开始杀猪,一般杀自己家喂养的老猪,由屠夫屠宰,屠宰后将猪的内脏取出来,各部分截取一些煮熟后用来祭祀。进入仪式的第二阶段,巴代向祖先和神灵们讲述主人家的情况和作法的原因,一边念唱词一边打卦,打出顺卦就代表主人家的愿望得到先人和神灵们的应允了。仪式的第三阶段是送神,主要是将开始请到的祖先和神灵送回去。整个杀猪仪式结束后,主人一般会将少许猪肉、内脏送给巴代,同时,将装米的碗里插上钱交给巴代作为仪式的报酬,一般是100元、160元、180元、200元不等。主人家也会在杀猪仪式结束后请亲朋好友一起到家中聚餐。

忙完一天后,巴代回到自己的家中,还要在自己堂屋中的祭坛前祭拜自己的师父和祖师爷们。在神坛的中央插3炷香,在火盆中烧纸钱,作揖感谢祖师们的帮助和保佑。

(4)亡灵祭祀

在关田山当地对于死亡有十分鲜明的二元分类:一类是正常死亡,俗称善终;一类是非正常死亡,或凶死的,用当地人话说是死时见了血的。凶死的亡灵在当地被认为有污染和侵害性质,是危险的;而正常死亡的亡灵对家族有庇佑作用,是洁净的。

关田山这种对于善终的亡魂的信仰,实质是一种祖先崇拜。因为他们认为善终型的亡灵是可以回到祖先生活的“故地”的,与祖先一同庇护家族中尚在世间的人。

在当地几乎每家都有一个祭祀祖先的“人”字形状的傩神结,这是关田山的祖先崇拜,在当地人看来,逝去的亲人的灵魂在里面,是祖先聚集的地方。一个“人”字代表的是祖先的衣裳,上面伸出来的枝条一般都是白色的,有的家庭傩神结上面的枝条是红色的,是因为此人家中有病重的人。红色的代表傩神回来时将带走家中的一个人,第三、六、九年傩神回家时,家里有一个人要去世。傩神结用钉子挂在堂屋的墙上,据说里面至少有三代先人的灵魂。据村里的巴代欧JZ介绍,最初,按照规定应该将傩神结摆在堂屋正中的位置,但是随着社会的发展,大家对位置渐渐不讲究了,现在很多人在摆的时候都会结合家中堂屋内的空间合理安排,因此在关田山看到的这些傩神结位置都是不一样的,能确保的是都摆在堂屋的墙上,而且十分牢固,一般不会轻易掉落。傩神结由巴代来摆,摆好后不能随意挪动,若需挪动也必须请巴代来挪。如果有人家需要搬家,必须请巴代来挪动傩神结,神龛不能见光,必须用伞遮蔽阳光,用背篓背着去新家。

巴代家中的傩神结设置与普通人家中的不一样,相同的部分是巴代家中也要设置火塘边的神龛和堂屋大门边的神龛,不同的是巴代家中还要设置代表他们职业的一个“坛”,这个坛的寓意主要是对职业祖师的崇拜。关田山的巴代欧JZ家的坛中横插着五面白色小旗子,一面旗子代表着传承了一代,欧JZ是家族中的第四代传人,还有一面小白旗子代表着第一代之前的那些最遥远的开创了巴代神坛的祖先们。这个神坛是巴代家族内一代代传承下来的,欧JZ的父亲即是他的师傅。传承的谱系向上追溯依次是:欧JZ(第四代)、欧DH(第三代)、欧QG(第二代)、欧FS(第一代)。在当地,巴代的徒弟可以有多个,但是最终得以继承衣钵的徒弟只能有一个。

从当地的丧葬仪式中可以看出当地人对善终型的亡魂是十分崇敬的。在安葬当天请巴代操持仪式将这个新的亡魂请入家庭的傩神结中,同时召集所有的祖灵会聚。仪式过后巴代会告诉这个家族的亲人们什么时候该再一次祭祀亡灵。在当地,有的每隔三年,有的每隔一年或两年,有的每隔五年祭祀一次。日子大致都在当年过年的前后几日,具体会择日进行,祭祀时必须杀一头陈年的猪来作为供品。当地一般人家要摆五碗肉用来祭祀,每一碗都包括猪腰、猪肺、猪肚、猪心、猪花油、五花肉,缺一不可,如果缺一样就会不灵。

非正常死亡的亲人或者死亡时见了鲜血的亡者的灵魂,在当地被认为是邪恶的、污浊的。这些亡灵也具有庇佑功能,但是若生者受到他们的另一种方式的庇佑的话,当地人认为会身处险境甚至会重蹈他们的死亡之路。所以,当地人在处理这类亡灵时采取驱出屋内的做法。埋葬时请巴代跟随抬棺队伍行驱出亡灵的仪式。做驱出亡灵的仪式时,巴代需要五色糖(摆成五堆、颜色各不相同的糖)、公鸡一只、五花肉一块、桃树枝一支、一些糍粑。作完法回去时巴代要亲自关门,主人不准帮忙,而且都不能回头。因为在当地人的意识中巴代走在前面,寓意的是非正常死亡的亡灵也在跟着他走,若一回头,那亡灵又会回来。

亲人死后三天,巴代会在堂屋门后打竹子,帮助主人家询问死去的亡灵需要什么东西,询问好后亲人便会帮亡灵烧过去。

(5) 龙宝

关田山村每一座民居中都有自己的龙宝,龙宝一般镶嵌在堂屋最中心位置的地面中,直径为7~8厘米的圆形,整座房屋的龙脉就在这里。

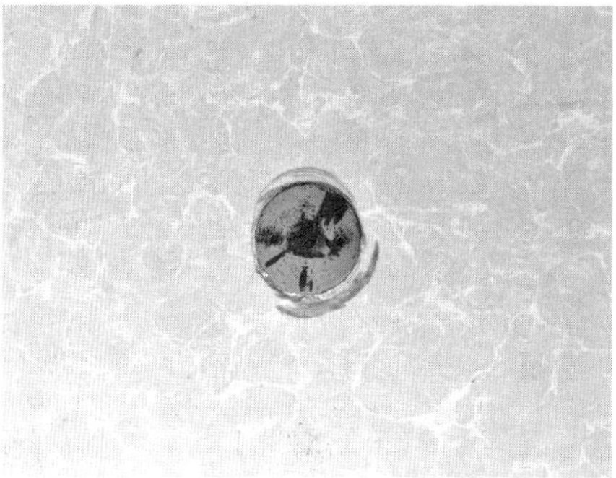

当地村民家中的龙宝(杨琳　摄)

有的人家的龙宝是可以从镶嵌的地面中取出来的,每逢过年主人会将龙宝取出来加上酒;有的人家的龙宝是固定的,不能取出,最中间的一个圆点就是这座房屋的龙宝,四面环绕着的四个小圆点是保护龙宝的;还有一种龙宝是凸出来的。在关田山无论是传统的古民居还是现代的楼房,都会在堂屋的中央埋好龙宝,并且在修建房子前就需把龙宝的位置定好。房子刚修建好时,就要将朱砂、茶叶、酒放在龙宝里面,请巴代作法。重要的一点是,要随时保持龙宝的洁净,关田山人觉得龙住的地方一定要很干净,所以,如果龙宝里灰尘多,不洁净了,还必须请巴代来作法重新清理。

(6) 寄拜习俗

苗族万物有灵的观念表现之一就是将植物神圣化,在关田山表现得最明显的就是寄拜的习俗,有寄拜石头的,有寄拜古树的。在当地人的心中,石头的坚硬正是长寿的寓意。一般而言,命中缺金的小孩拜石头;命中缺木的拜大树;命中缺土的可以拜山。

被寄拜的古树(杨琳　摄)

古树的坚硬和茂盛的生命力也是长寿且富有灵性的寓意,因此,在当地,有的人会把自己的孩子寄拜给古树,那么孩子也会像古树那样长寿、坚韧且无病无痛。寄拜的时候家里人领着自家的小孩到将要寄拜的古树面前说明寄拜的原因,并磕头“认亲”。在寄拜时需要准备酒、肉、粑粑等作为供品,在古树上挂上红布,具体找哪棵树寄拜,根据小孩子的生辰八字看命中缺什么,命中需要走哪个方向比较顺利，与东南西北哪个方向相冲等来决定。在关田山，关于孩子寄拜的原因多种多样，有的寄拜是请求保佑孩子平安健康、茁壮成长；有的寄拜是请求保佑孩子学业顺利；等等。不同的小孩也可以寄拜给同一棵树，但是要在同一树上选择不同位置来寄拜。

（7）民间禁忌

①修高墙封住尖状建筑。在关田山村，如果房屋对面有比较尖的建筑，或者有角对着房屋，需要在院子里正常高度的围墙上修建更高一截的围墙。在当地人看来，有尖角状的建筑或物体在房屋的对面，如高压电塔、电线杆之类，就犹如一把利剑插入人的肚子，必须修筑高墙将其“封”起来。

②忌讳提“蛊”这个字。在别人家中不准提“蛊”这个字，村寨里面的人再怎么生气也不能随意说别人是“蛊婆”之类的话，若说了，就必须请巴代来作法解“蛊”。巴代解蛊时需用五种动物，黑狗、牛、羊、鸡等，请整个寨子里的村民前来吃，在众人的见证下才能将蛊解掉。

③除夕之夜直至第二天早上不能吃东西。当地人传言说巴代家中有一块石板，有几千兵马盖在里面，除夕之夜过了12点会将他们放出来寻找吃的，如果村里的人碰上他们就会中邪。所以当地的习俗是除夕之夜过了凌晨不能吃东西，吃东西就意味着与巴代的这些兵马在抢东西吃。正月初一早上家家户户会拿着煮熟的鸭子、猪头、豆腐，还有酒等去祭拜土地庙和山神庙，完成祭祀代表着神灵先吃好了，待到出去祭拜的人都回家了，一家人才坐下来开始吃饭。如果不幸碰上这些兵马，中邪了，如家里有小孩无故发烧或者拉肚子，就要请巴代来作法。有的病情不严重，可以自己从家里弄些肉等去祭拜土地庙。病情严重要请巴代作法，准备满盘子的猪肉、一碗米，法事结束后要给巴代100元、160元、180元、200元不等的钱。以前日子清贫时，巴代都要将这些肉、米等和钱一起带回家。现在很多时候巴代只将钱带走，肉、米等留给主人家。但是祭祀用的肉、米等必须经过巴代诵辞解咒后自己家才能食用。

④如果碰过死者，或者摸过死者，在关田山要请巴代作法帮洗眼睛和

洗脸,否则晚上会做噩梦。

⑤走夜路不能回头。在关田山晚上有走夜路不许回头的习俗,因为他们认为夜晚时,寨子里因为事故非正常死亡的亡灵在外面活动,若回头,便会招致这些亡灵跟着到自己的家。

4. 婚俗

湘西苗族传统的婚礼从"相识"到"提亲"到"定亲"到"催婚",再到"交礼""接亲""送亲""入门""拜堂""回门"等都有一定的仪式和礼俗。

苗族是一个崇尚婚恋自由的民族。虽然现在关田山的婚恋大多由媒人介绍或者自己在外打工认识,但在20世纪90年代以前,关田山苗族青年的相识方式一般有两种。一种是赶边边场,在赶边边场时男生若看到自己心仪的女生就可以拉女生的衣服,而如果女生用脚踩了男生的脚,也代表这个女生心仪该男生。还有一种认识的方式是"偷婚",即青年男女在赶场的日子,躲在场外的山洞或者竹林中,男女三五成群,互相对歌,遇到情投意合的对象,就一起隐入山洞或密林深处,去单独幽会,如果双方有意还可以经过几次幽会后再正式举行婚礼,这是私定终身的一种相识方式。

在关田山虽然恋人间认识的方式相比以前变化较大,但是在当地依然流行着苗族传统的婚礼形式。婚礼一般举行3天。第一天是男方到女方家去接亲,男方带几个年轻的男子,通常为自己的兄弟(一般选择比较通晓礼仪和能对歌者,最好是父母健在或长寿且兄弟姐妹多的),抬着一整头猪,挑着彩礼担子,挑着柴(寓意财),挑着一担鸭子、一担鸡,来到女方家门口。猪的身上绑着红布,彩礼的担子里装着礼金、银饰、苗族传统服装、带银饰的帽子等。到了女方家门口,必须对歌、喝"拦门酒"才能进屋。最开始是男方的苗歌者开始唱歌,唱词一般以今天是吉月吉日,是添人添喜的好日子开头,紧接着是一些祝福的唱词,总之婚礼第一天的第一首苗歌是预祝婚礼圆满的曲目。女方这边有10个左右的身着苗族传统服饰的女性陪伴新娘,进行"拦门",这些女性一般是唱苗歌的高手,通晓婚礼礼仪。在拦门对歌的这个环节主要是双方通过对歌来对话,取得对方的信任和好感。唱过苗歌后,通常女方亲戚会出一些游戏为难男方，这些游戏常常会引得人群哈哈大笑，现场气氛十分热闹。进到女方的家中，开始婚礼的第一个宴席，在宴席中苗歌也是不可或缺的。女方一般会唱苗歌感谢男方，歌词大意是“谢谢男方那么大方，什么都给，辛苦了”。而女方启程到男方家的具体时间是通过男女双方的生辰八字来计算的，通常是半夜，有时半夜一点，有时半夜两点。出发前，男方送给女方的衣服、银饰等彩礼全部都挂在堂屋中间，让女方的亲戚、朋友都来看，在这个过程中女方唱歌感谢男方，歌词大意是“男方贤惠、大方，什么都给”。这一过程之后，男方接新娘回家时，男方送来的猪、鸡、鸭、柴都要返还一些给男方带回家里，猪留半只在女方家里，男方带走半只，鸡鸭各带走一只，柴带走一半，啤酒白酒也要带回去一些。在关田山人的观念中，不能留下男方给的所有东西，女方要把男方给的东西的一半返还给男方，寓意“男女双方都要一样好，男女双方都要发财，就像太阳刚刚出来那样好”。女方唱罢，男方苗歌者对歌，大意是“感谢女方家人和亲戚来看这些礼物，这些都是应该的”。

婚俗之对歌环节（隆冬花　摄）

在堂屋里看完彩礼后，就到了“出亲”的环节。出亲之前新娘的娘家人和亲人一一送来祝福，有的直接送红包送几句祝福的话，老一辈会唱苗歌的会在送红包时唱几句祝福的歌。出门时需要打火把和马灯，打两把火把，出门点燃以后要将其中一把留在女方家，另一把由男方带走。寓意新郎新娘两家都一样好，红红火火的。马灯主要由新郎的妹妹和弟弟（或者表妹和表弟）各一人提着，寓意照亮黑暗。新娘出娘家门时，会有一把半打开的红伞为新娘“遮羞”，一般由新娘的嫂子帮忙撑伞，寓意保护新娘。就这样，新娘在亲戚朋友的陪同下被送到新郎家。现在一般用轿车送亲，下车后，新娘脚不能挨地，要新郎一路背着新娘到家门口。

到了新郎家，第一步先要“入门”。按照习俗，新娘要先跨左脚再跨右脚，顺序必须要正确。进门后，新郎新娘喝交杯酒，没有“拜堂”这个环节。

进入新郎家后，男方苗歌者又会开始唱苗歌，大意是“感谢大家来到这里”。还要请到来的宾客吃米粉，相当于消夜。

第二天早上，新郎和新娘又出发到新娘家去将女方家的亲戚都接到男方家来。女方的家人和亲戚会携带一些被子和家用电器等送给女方当嫁妆。到了男方家，不同阶段也有不同的苗歌对唱，进男方家门前也有一次拦门歌。这个拦门歌的歌词大意一般都是接客，欢迎客人的到来。在关田山，新郎的舅舅送的礼物较为特殊，一般会送一个大大的匾，上面贴满钱。当天晚上，大家都不睡觉，彻夜唱苗歌和跳舞。当晚有一个重要的苗歌环节是新郎家会给新娘的妈妈和奶奶礼金，新郎的家长将现金交给苗歌者，男女苗歌者一边互相对歌，一边将礼金交到新娘的妈妈和奶奶手中，男方苗歌者唱词的大致意思是“从小到大抚养长大不容易，现在嫁到我们这里来就是我们的人了，感谢你们的养育之恩”。

第三天新娘妈妈在离开时也会唱苗歌，大意是“我女儿来到你们这里，什么都不懂，现在做你们的媳妇了，有不懂的地方请你们多教教她”。女方苗歌者在离开男方家时会再次在男方家门口唱苗歌，大意是“感谢你们，我们来到你们这里做客，让你们操了很大的心，你们辛苦了，我们很满意，感谢大家”。

可以看出关田山的传统苗族婚礼中全程穿插苗歌，这些苗歌的歌词一般内容简单但风趣幽默，有一种在对歌中双方互相调侃的意蕴，既充满了美好的祝愿，也让婚礼现场的气氛十分喜庆，参加婚礼的宾客也喜欢听喜欢看。这可能也是当地依然流行着这种传统婚礼的原因之一。

三、自然资源

（一）影视剧中的关田山

关田山村是《边城》《湘西剿匪记》《血鼓》《血色湘西》《湘西往事》《湘女萧萧》《神枪血恨》等众多影视剧的外景拍摄地。

拿《湘西往事》来说，此类具有深厚历史文化背景的电视剧，将湘西当地百姓的精神、文化传承等融入剧中。剧中反复刻画了湘西人眼中的“孝字大过天”，还刻画了湘西的文化特色，将一众角色都刻画成当地的山歌高手。他们为了感化土匪还组织了一个山歌队，“正月里望郎山上走，山歌越唱越忧愁。蜘蛛结网心吐丝，想起哥哥实难受，我的哥哥哎。五月里望郎上山坡，哥哥掉进虎狼窝。爹娘想你白头发，妹妹想你泪成河，我的哥哥哎。十月里望郎在山背，妹在村头盼哥归。山岭岭望成路，路边石头望成灰，我的哥哥哎”。这些优美的山歌为这部剧增添了更多的感染力。剧中的山歌、傩神舞等习俗将湘西传统文化很好地展现出来。关田山作为外景拍摄地，为剧中美好景色的营造增添了不少亮点，村中有清澈的河流，有成片的田野，有起伏的稻浪，有翠绿的古树林，有石板路、石围墙，通过电视剧的呈现给予观众数不尽的美的享受。

（二）护寨林

长久以来，关田山苗寨的位置都非常隐蔽。以前寨子的入口处，就是一片古树林，也叫护寨林。护寨林中有很多古树，其中一些古树缠着红绳子，就是上文所讲的被寄拜的树。先民们在村寨的坡头种植树木作为护寨林，最初应该是考虑到防止山石滑落的需要。在当地是禁止砍伐护寨林里面的树木的，即使有树木枯死或者倒在地上仍然不能砍伐或拿回家，一旦有人砍伐护寨林里的树木的，全寨子的人会认为砍伐者得罪了树神并遭到唾弃，因此为了得到树神的原谅，砍伐者要请巴代做法事向树神道歉。

护寨林一角（杨琳　摄）

护寨林中还有一些地窖，这些地窖通常深度为两三米，具体深度依具体位置而定。挖的时候挖掘者自己感受温度，觉得地窖下面温度合适了，就停止挖掘。地窖主要用来储存红薯、生姜等农作物，内部冬暖夏凉，可有效防止变质。

（三）古树

在关田山有一句民间谚语“明坟暗屋”，意思是房屋最好选择在有树木遮蔽的地方。在今天关田山村的村口依然矗立着一棵“夫妻树”，这棵“夫妻树”是湖南省挂牌保护的古树，位于村庄的入口处，也是村民日常交往、劳动歇息、纳凉的地方。“夫妻树”在古时也叫“连理枝”“生死树”，是一种同根生的树，犹如人类夫妻般相依存而生。

村口的“夫妻树”
（杨琳　摄）

四、村规民约

关田山村村规民约

为打造省级文明示范村，把关田山村建设成为特色鲜明的产业发达村、生态优良村、文体活跃村、民主和谐村，经村民议事会讨论通过，制订本村规民约。

一、村民自觉学习习近平新时代中国特色社会主义思想。积极参加技术培训，努力掌握一两门专业技术。

二、村民加强道德修养，尊老爱幼，勤俭持家，弘扬中华民族传统美德，践行社会主义核心价值观。

三、父母尽抚养、教育未成年子女的义务，子女尽赡养老人的义务,禁止家庭暴力和虐待行为发生。

四、村民之间要团结友爱,和睦相处,严禁侮辱诽谤他人,严禁造谣惑众、搬弄是非。

五、遵纪守法,自觉维护法律尊严,积极同一切违法犯罪行为作斗争。

六、自觉遵守计划生育法规、政策,实行计划生育,提倡优生优育,严禁无计划生育或超生。

七、自觉维护社会秩序和公共安全,不扰乱公共秩序,不阻碍公务人员执行公务。

八、加强人畜饮水安全,不得损坏水电、交通、通信、生产等公共设施。

九、加强防火防盗,严禁毁坏、盗窃国家、集体、个人财物,严禁赌博,严禁打架斗殴、酗酒滋事。

十、关心集体,支持公益事业,积极参加村民会议,服从和执行村民会议和村民代表会议的决议决定。

十一、遵守文明村整体规划,全村所有的田土、山林,村民只有使用权,所用权归村集体统一管理。

十二、依法使用宅基地。村民建房实行一户一宅,先申请,村民小组评议通过,村委会初审,镇政府审核。不乱搭乱建。服从统一规划。自觉拆除一切违章建筑。

十三、保持自家干净整洁,维护公共卫生和村容整洁,做到垃圾不乱倒与渣土不乱堆,污水不乱排。

十四、门前“三包”义务投工,按户定责。包设备完好、包树木花草成活、包卫生清洁。

十五、崇尚科学反对迷信,移风易俗,婚丧从俭,控制在200人以内,树立良好的社会风尚。

十六、积极参与文体活动,活跃乡村文化生活,培养健康生活情操。

十七、严格执行信访条例，不违法违规上访。

十八、对违反村规民约的村民，村委会有权给予下列处分：

(1) 责令停止违规行为；

(2) 给予批评教育；

(3) 责令赔礼道歉；

(4) 责令恢复现状；

(5) 责令赔偿损失；

(6) 对违法犯罪行为有权移送治安管理和司法机关。

十九、各自然寨的风水林地，一律归集体所有，任何单位和个人不得侵占。

二十、本村村民18~59岁每年要出义务工10天以上。

（本章由杨琳撰写）

第十二章　黄沙坪村

黄沙坪村隶属凤凰县千工坪镇，距209国道较近，与吉信镇相邻。黄沙坪村是一个苗族聚居的村落，有将近400年的历史，村民以吴、欧两姓为主。由于地处山区，位置较为偏僻，村内传统民居保存良好，村民大多还保留着传统的生产生活方式。此外，在黄沙坪村还保存有传统工艺、祭炯仪式、傩神信仰等非物质文化遗产。2016年12月，黄沙坪村被列入第四批中国传统村落名录。

一、村落概况

（一）地理生态环境

黄沙坪村位于千工坪镇东部，209国道吉信至凤凰段旁，距209国道3公里，距县城10公里，距镇政府25公里。东与沱江镇接界，西与官上坪村接界，南与新坪村接界，北与关田山村接界。

从209国道往凤凰方向，路过关田山村约2公里便可见到前往黄沙坪村的村道入口，往东沿村道直行约3公里即可到达黄沙坪。209国道为黄沙坪村村民前往周边地区的主要通道。由于地处山区，在国道建成以前，步行是村民唯一的出行方式，由小石块垫成的山间小路成为村民前往吉信、凤凰的主要通道。每逢赶集，村民们清早就带着自己需要交易的货物前往集市，到集市散去的时候，又陆陆续续回到家中。现在，这种景象已经很罕见了，平常外出只需前往村口国道旁等车，不必再花上几个小时走山路。

黄沙坪村一角（龙宥蓁　摄）

黄沙坪村属于典型的喀斯特地貌，石灰岩广布，天坑溶洞众多。村落处在群山环绕之中，平均海拔420米，地形以山地丘陵为主。整体上看，村寨被两排山峰夹在中间，顺着地势逐渐向下，层次分明。各个村小组有的分布在山脚下，依山势显现出明显的层级；有的沿村道分布在道路两侧，房屋朝向道路。

黄沙坪村域面积为3.6平方公里，其中，村庄占地面积600亩，土地面积5400亩（其中耕地面积2000亩，林地面积3400亩）。村寨内绝大多数的传统建筑建造于明清时期，占75%左右，建筑大多为传统苗族民居，总体规模约有1.8万平方米。其中，黄沙坪村二组传统民居分布最为集中，是传统建筑保护完好的一个村组。村组坐西朝东，背后有3座山峰，中间被当地人称为老鼠坡，左右两侧分别为马龙坡和野狗坡，前方为一片平地，用于种植水稻。

（二）村落来源

据传，黄沙坪村先民为了躲避战乱，大约在明朝时来到这里，因此地有水源且地形适宜耕种，便定居下来。黄沙坪村以吴、欧两姓居多。据了解，吴姓来源分为两支。一支在清咸丰初年（约1853年）从火炉坪村迁到这里，另外一支为19世纪80年代左右迁入。

吴姓，最远可以追溯到延陵。吴姓的祖先从延陵首先迁徙到凤凰县禾库镇，然后再从禾库迁到了黄沙坪。不仅仅在黄沙坪，在凤凰县其他村落，吴姓很多都以“延陵世第”为其堂号，以此标志着他们的起源。

距离最近的吴姓祠堂设在雅溪吉首大学沙子坳公交车站附近，虽然在该村吴姓没有祠堂，但是其寻根祭祖活动从未中断。包括黄沙坪村在内，周边起源于延陵的吴姓族人联系较为紧密，在20世纪90年代，还曾组织过前往延陵的祭祖活动。

欧姓，除了黄沙坪，主要还分布在周边的火炉坪等村寨。传说祖先原本为汉族，从贵州迁徙到麻阳县，而后发展繁衍，某一代中有7个兄弟，因为麻阳人口众多，因此最小的弟弟便从麻阳搬到今凤凰县麻冲乡，最后逐渐迁到了黄沙坪。因此，欧姓在附近分布比较广泛。据记载，由于封建统治者禁止麻阳苗族穿苗衣、讲苗话，一些不愿意接受禁令的人，就背井离乡，迁徙到凤凰山江、腊尔山和贵州黔东南一带。① 直到20世纪80年代，麻阳苗族才恢复其民族身份，黄沙坪村的欧姓苗族应该是当时离开麻阳众人中的一支。

---

① 参见本书编写组编《凤凰县民族志》，中国城市出版社1997年版，第40页。

（三）村落人口

全村共有5个自然寨，5个村民小组，现有248户，1100多人，是一个以苗族为主聚居的村落。黄沙坪村到现在已经有400多年的历史了，主要姓氏有吴、欧、龙、梁等。

（四）物产与特色产业

黄沙坪村以果树、苗木为特色产业，外加生姜、蔬菜等传统种植产业为支柱产业。2019年，全村发展特色和传统产业种植面积上千亩。

2013年，现任村委会主任吴合先在桃子种植基地发现一株变异的桃子母本，经过3年实验，成功培育出“合先一号”品种，并通过湖南省质量检测检验。2014年，吴合先牵头成立水果专业合作社，并且对加入合作社的农户传授技术，减少农户的技术失误。截至2019年，黄沙坪村水果产业基地已有1000多亩，带动了周边村镇水果产业发展3000多亩，共带动和帮助500余户村民发展产业，形成了产值2亿元以上的水果产业。

另外，为了帮助贫困户脱贫，黄沙坪村充分利用自然条件发展种植、养殖产业。2020年发动建档立卡户55户270人，种植水稻、生姜、玉米等传统作物372.2亩，养殖猪、牛、羊、鸡、鸭、鹅等家禽家畜约500头（只），有力地促进了黄沙坪村的产业发展。

（五）经济社会发展状况

黄沙坪村在脱贫攻坚期间，结合凤凰县的具体实施政策，通过“两不愁三保障”“一超过、两完善”等措施，对贫困户开展帮扶工作。工作过程中采取“一月一走访、问题一月一清零、情况一月一上报”的方法，实施户、村、事“三清零”。2014—2019年期间，黄沙坪村累计脱贫82户360人。

截至2020年，黄沙坪村的贫困发生率由2013年的31.97%下降到0%，实现了全村贫困户脱贫，人均收入由2014年的3000元增加到2020年的11000元。①

2015—2020年期间，黄沙坪村适龄儿童入学率为100%，教育助学100%到位。教育帮扶单位凤凰县职业中专学校为黄沙坪村就读的贫困学生减免了除一切上缴的费用并组织学生利用寒暑假外出实习，减轻了学生家庭的经济负担，帮助学生顺利完成学业。截至2021年底，全村有博士研究生4人、硕士研究生7人、本科生46人、大专生149人。

医疗卫生方面，黄沙坪全村建档立卡户100%参加农村合作医疗，非建档立卡户95%参保，实行建档立卡户"先诊疗，后付费"的制度。此外，全村有1—2级残疾12人，享受残疾人补贴。这些措施，解决了村民就医的困难，有效保障了村民的健康。另外，为了提高整村的人居环境条件，扶贫工作队和相关帮扶单位解决资金70余万元，对村内136户村民家中的厕所进行改造。

二、文化遗产

（一）物质文化遗产

1. 特色民居

黄沙坪村的传统民居是凤凰县内大部分苗寨民居的基本样式，具有明显的地方特色，为小青瓦顶，石基木框架黄土砖结构。

传统民居（一）
（龙宥蓁　摄）

由于地处山区，地形高差较大，且平地基本用来开垦种植，采用石块地基的营造方式，应当算是一种因地制

① 以上数据由黄沙坪村村委会提供。

传统民居(二)
(龙宥蓁　摄)

传统民居大门
(龙宥蓁　摄)

宜的创造。在建造房屋时,如果将高地削平,花费的材料较多,工时长,难度大。因此,多以开采容易、大小形状不等的石块堆砌为地基,将低处垫高,以形成一片较平的区域。石质地基外露部分30～50厘米,这是常见的情况,在极端情况下,由于地形太差,外围垫高的石基有两人多高。

房屋内部为梁柱框架,多以本地出产的杉木为材料。梁柱之间,不见钉子,以榫接为主。屋柱为主要受力结构,起支撑固定房梁的作用,房梁从中间开槽的屋柱穿过。一层顶板即为二层楼板,使用常见木板制作,直接搭建在房梁上。此外,屋柱多垫以圆石,防止因气候潮湿屋柱受潮腐烂。

作为墙体的黄土砖,多以水田土制作,用模具压制干燥而成,成本较低,工序简单。

小青瓦的屋顶具有良好的透烟性,早晚烹饪或天寒取暖,便可见缕缕青烟从屋顶升起,燃烧柴草产生的烟雾能够从屋顶透出,不会滞留在房屋内。

传统民居在平面上多为"一"形、"L"形或"凹"形布局。无论是哪种布局,中间的一定是正屋,两侧或为柴房,或为牲畜房及厕所,也有将三者置于一间的。

正屋是会客、祭祀的场所，中间安置大门，两侧及大门上方开侧窗及顶窗三扇，分为上下两层，下层住人，上层放杂物农具之类。侧窗与大门等距，安装木质框架，框架内侧安装向内开的小窗两扇，白天可开启，晚间关闭，兼具通风、透光、透烟的特性。在正屋一层一侧顶上，会留有上二层的入口，或装固定楼梯，或使用活动楼梯。

畜栏及厕所是一对“黄金组合”，通常两者挨在一起。在没有修建卫生厕所的人家，“两板一坑”即可形成一个厕所。人畜粪便是重要的农家肥，平常堆积在一起自然发酵，在需要时，只需挪开石板或者木板即可取用。

柴房的设置就较为随意了，有些人家会将收集回家的柴草堆积在厕所或者牲畜房的一侧，有些直接露天放置在庭院之中。在村民家中，柴草是农村日常生活的主要燃料，用于烹饪及火塘取暖烧水，获取简单。在没有燃气的年代，村民们一根矛杆、一把镰刀，就能从山中取得，再将砍伐好的柴草捆成两捆，矛杆的两头分别串上一捆，用肩挑的方式挑回家，等待自然晾干。即使在今天，柴草也占据了农村生活的重要地位。

此外，“一户一院”是基本配置，这种安排将房屋的空间结构利用到了极致。院落为较大的青石板拼接而成，常用来晾晒衣物、稻谷。如果几户人家住在一起，则院落相通。在院落靠道路一侧，一般修建大门，以条石为框，木板为门。也有不建大门的人家，一道木栅栏即是大门，道路直通院落。

2. 传统生产生活用具

(1) 猪食槽

在外出打工还不普遍之前，养猪是家家户户必备的副业之一。现在如果问一个中年人孩童时代最常做的农活是什么，答案很大概率是割猪草。割猪草强度较低，稍大的

猪食槽(龙宥蓁　摄)

孩子就能胜任，以分担家中繁重的农业劳动。

与猪草相关的必然要数猪食槽了。猪食槽一般位于庭院一侧，是用来储存猪食的地方，人们将山上割回来的猪草(不限于猪草，作物收获后遗留下的根茎也可)切碎存入槽中用来喂猪。当然，喂猪不一定要猪草，米糠拌饭、厨余废水、潲水等都可以。

现在，出于对美好生活的追求，大部分年轻人或者还有股子力气的中年人都外出打工了，剩下老人和小孩在村里，承受不了繁重的家庭养猪业，因此，养猪的人家大为减少。猪食槽长满青苔，槽中杂草丛生，是以往苗寨中家庭养殖业的一个见证。

水缸(龙宥蓁　摄)

(2) 水缸

水缸是屋内的诸多陈设之一，各家各户水缸样式基本一致，为整块石板四面围成的一个水池，唯有正面雕花稍有不同，有雕花草树木的，有雕“福禄”二字等。水缸上方还配有木板盖子一个，防止一些杂物进入水缸之中污染饮水。

在没有自来水的年代，人们需要从水源处挑水回家，将水倒入水缸以备使用。现在，即便村里通了自来水，水缸也没有就此退出人们的生活，只是储存的不再是肩膀挑回来的水了，而是自来水。

火塘
(龙宥蓁　摄)

(3) 火塘

村中家家户户都有火塘。火塘主要用于冬季烤火取暖，其主客老少的坐向是有讲究的，一般靠墙是长辈坐的位置，主要是为了长辈在冬天烤火时不被影响到。

在火塘上方,都会悬有炕架,用来熏制腊肉。人们将猪肉用盐和香料腌制好了以后,用两头弯的铁钩,一头从猪肉中穿过,一头挂在炕架上,冬季利用烤火的烟和余温将猪肉熏制成腊肉。这样熏出来的腊肉带有原本香料的味道和特有的烟火气息,是在外游子念念不忘的家乡风味。

炕架(龙宥蓁　摄)

此外,从炕架上还可以延伸下来一根木钩子,称为“鼎罐钩”,可上下升降,用来悬挂鼎罐,在烤火的时候顺带烧水,以便随时有热水用。其上下升降的功能仅靠一片中间开孔的小木板就可实现。将小木板定距固定在炕架上,鼎罐钩从木板中间孔中穿过,在自然状态下,木板圆孔与鼎罐钩有两个接触点,这两个接触点起到卡住鼎罐钩的作用,需要升降的时候可以进行手动调整。

(4) 灶台

在凤凰,灶台通常建造成弧形,一个灶台通常开三个灶眼放三口锅,这是当地灶台的基本样式,方便在农忙时节家庭妇女同时操控三口锅的火候。

在用途上,三口锅也有区别,通常中间和外侧的锅用来煮饭、炒菜,在家庭养猪还较为兴盛的时候,最内侧的锅子用来煮猪食喂猪。

灶台的摆放方位与苗族姓氏有关联,在凤凰,苗族主要姓氏有吴姓、龙姓、麻姓、石姓、廖姓,麻、龙二姓设置在正屋进门左手边,其他姓氏设置在右手边。做客苗家,可以直接通过灶台的设置方位来大致了解主人家的姓氏。

(5) 锄头

锄头是重要的农业生产工具,分为锄身和木柄两部分。锄身由锄头箍和锄刃组成。锄头箍是与木柄的接触部分,木柄从中穿过,起到固定的作用。根据劳动目的的不同,锄头有不同的样式:锄刃较窄,锄身较长的可用于小面积的深度挖掘，常用于土质坚硬的地方，也常用来挖掘埋藏在土壤里的块茎植物如土豆、红薯等；锄刃较宽，锄身较短的主要用于较大面积的浅度挖掘，比如翻松土地。

锄头
（龙宥蓁　摄）

木柄与锄头箍接触部分为“D”字形，形状与锄头箍相合，如果木柄较小，则插入小木块以使木柄与锄头箍自然箍紧。在市场上，可以看到新锄木柄为原木色，手持部分虽为圆形，但线条轮廓还较为明显。多年使用之后，木柄因为老化，呈现出灰黑色，内侧的线条也被磨平，更有甚者，手持部分会有一层包浆，油光发亮。

锄头是杠杆原理的简单应用。农人挥舞锄头，将锄刃砸到土地中，锄头箍与地面接触，起到支点的作用，这样就可以不费多少力气将较深的土翻出地面。

（6）石臼

石臼是一种砸、捣工具，用来捣谷物、草药等，由于容量不大，只能满足日常所需。石臼原为一整块青石，由石匠师傅一点点凿成外方内圆的形状。

石臼最为常见的用途就是捣辣椒。将晒干的辣椒放入石臼内，手持石杵往臼中砸，反复动作，直至干辣椒被捣成辣椒粉。石臼在凤凰又叫“擂钵”，这个称呼形象地体现了石臼的用途。

（7）石磨

石磨是苗家人常用的磨粉工具，材质以青石为佳。

石磨（李吉和　摄）

石磨由上下两块磨石结合而成，下块薄而上块厚，磨石结合面凿以八字阴阳齿相啮合，以便石磨旋转时碾碎食物。在结构上，下磨石中心处开凿一眼，安装硬质木桩，留出少许连接上磨石，称为磨心；上磨石除了要有与下磨石对应的磨心之外，还要在磨心旁侧凿一眼孔，用以放入需碾碎之物，称为磨口。除此之外，上磨石还需要凿一四方孔用来安装磨柄，以推动旋转石磨。

在更先进的生产工具应用之后，石磨完成了自己的历史使命，被放置在房子的一角，逐渐荒废。

3. 古桥

在黄沙坪村二组入口不远处，有一座古石桥，长约2米。石桥用较大的石块堆叠成为拱形，再在拱上铺小石块成为平面。据介绍，这座石桥有100多年的历史了，从石桥的结构可以看到先辈们的建造智慧，没有使用黏合物填充的石桥，整体平稳使用了百年之久。

源自山涧的溪流从古桥下方流过，静立在桥上，体会着石桥诉说百年光阴的故事，脚下的潺潺流水，仿佛在与不远处的村庄相互呼应。

古桥（龙宥蓁　摄）

4. 古井

黄沙坪村二组有两处古井，井水甘甜冰凉，两处古井水在古桥处汇聚成一条溪流自从桥下流过。

井水旁为山涧，与井相通，水从山涧中流出，进入井池。此处古井挖有3个井池，井池之间以流水槽相通。井口水可以直接打回家饮用，第一个井池可以算是初级井池，水从山涧和水井中流出进入初级井池，可以淘米、清洗蔬菜水果等直接入口的食品；中间的井池为次级井池，清洗过蔬菜水果之类的水再利用来清洗衣服；外侧井池为末端井池，由于已经清洗过衣服，末端井池的水通常用于禽畜的开破清洗或者便器清洗；最后，井池的水再流出进入水沟溪流，可算是将一

古井（李吉和　摄）

方井水利用到了极致。

据介绍，这两处古井水流经乾州，汇入洞庭湖，最后进入长江，是长江众多支流中的源头之一。

通过饮水工程，古井得到了整修，保存比较完整。

（二）非物质文化遗产

1. 民间传说

相传黄沙坪村有一条龙脉，在名为狮子山的山上。据说在山上有一块石头，像狮子口，有两头狮子在侧，一头从山下往山上攀，一头从山上往山下扑，狮子山由此得名。

结果，此地为皇帝所知，认为如此显荣的龙脉，这里是要出皇帝，顿时觉得自己的统治受到威胁，于是便派兵到此将龙脉从中凿断，并将铜剑留在了断口之内①，以此防止龙死而复生，再来挑战自己的统治地位。

这个传说可能确有其事，从狮子山的断口来看，切面不似天然形成，有人为破坏的痕迹。村里面的老人说，狮子山的断口很神奇，有六七尺宽，人过不去。后来，断口逐渐靠拢，到现在没有多宽了，想要过去的话抬腿一蹬就行了。②

2. 传统音乐

（1）苗歌

苗歌，以地域和腔调来区分，有禾库腔、山江腔和贵州腔等。结构上，苗歌有奇句歌和偶句歌。奇句歌七个字为一句，三句为一组；偶句歌七个字为一句，两句或四句为一组。苗歌多数以三组为一首歌，也有四组以上为一首歌的。苗歌也讲究句式押韵，各组歌的第一句、第二句、第三句等分别押韵。

据村中老人介绍，从内容来看，当地苗歌多见于情歌，属于经典题材，

① 民间传说龙惧怕铜器。

② 以上内容由报道人提供。报道人：吴Q，男，退休教师，现居黄沙坪村。

这是由于他们对自由恋爱非常推崇。①

狮子山断口(龙宥蓁　摄)

苗歌的创作,类似古代诗人,没有专门的学习方法和教育机构,一般由歌师根据临场需要即兴创作。

苗歌有四忌②:一忌歌中主要词语连用;二忌一组歌中句末字同韵;三忌对歌时,主要词语和韵脚相同;四忌选取相同事物作为编歌题材。违背了这四忌,就有重复他人作品的嫌疑,歌师就会遭到他人的嘲笑。

随着时代发展,生产生活方式发生改变,苗族青年走出校门就进入社会,苗歌创作及演唱面临后继无人的困境。

(2)唢呐

唢呐
(李吉和　摄)

唢呐由哨片、气盘、芯子、管身和碗五部分构成。通俗来讲,哨片是唢呐的第一部分,气体从这里被吹送进入唢呐,哨片通常由芦苇秆制成;气盘,是一块圆形铜片,接在哨片和芯子的连接处,以防止吹唢呐时跑气;芯子为铜制,形状像一只葫芦;管身,一般为木制,也叫杆,是一只唢呐的主要部位,上端较细而下端较粗,与铜碗连接时正好可以卡住铜碗;碗,为铜制,形似喇叭。

唢呐的音调因地区差异会有不同,且应用

① 苗歌内容详见本章最后附录“苗歌歌词”。
② 参见本书编写组编《凤凰县民族志》,中国城市出版社1997年版,第126页。

场景也会有差异,多用于红白二事。“汉人结婚嫁女等喜事,多乐用之。惟苗乡举行猪牛祭典和接龙时更不可少。”①

山江这边的唢呐,跟大田那边不同,样子是一样,但是山江的唢呐音调一只音调要高,另一只要低;大田那边两只都高。而且山江这边吹唢呐是接亲送亲啊,喜事好事;大田那边的老人去世都会吹。②

走在凤凰大街上,如果听见有吹唢呐的声音,不妨驻足静听,这是有人准备前去接新娘了。唢呐师傅坐在以皮卡为头车的车斗里,婚车队伍跟在头车后面,师傅一路吹奏,曲调节奏欢快,向众人宣告这家人要办喜事了,这是唢呐在当地应用的经典场景。现在,唢呐不再局限于红白二事,凤凰县开发旅游以来,唢呐也经常用于民俗表演。

唢呐传承主要靠手把手教,口口相传,无书面记录,使用“宫商角徵羽”的传统五音来标音,而不使用简谱,因此很多人看不懂。学唢呐的时间短则三四个月,长则半年,而现在后辈们在城市都有自己的工作,且大多事业有成,这些因素导致现在唢呐技艺无人继承。

3. 服饰

(1) 苗服

清代以前,苗族男女服饰差别不大,一律为色彩斑斓布,上着花衣、下着百褶裙。改土归流后,清政府指令“服饰宜分男女”,但上装差别不大,为无领满襟,衣袖短而大,唯女装胸前袖口绲边绣花。民国时期,男装改为对襟衣,衣袖长而小,裤脚短而大;女装上衣过腰,大而长,为无领、衣袖短而大的满襟,胸前及袖口绲边绣花,或缕纱,加上阑干花瓣图案,下装改百褶裙为裤子,裤筒短而裤脚大,裤筒边缘绣花绲边。③

在凤凰,除了县城的山水风光、苗寨的民族风情,最让人留下深刻印

① 石启贵:《湘西苗族实地调查报告》,湖南人民出版社1986年版,第373页。

② 以上内容由报道人提供。报道人:欧BY,男,巴代、唢呐师傅,现居黄沙坪村。

③ 凤凰县地方志编纂委员会编:《凤凰县志(1978—2001)》,方志出版社2015年版,第661页。

象的，应当要算苗族妇女们身着节日盛装迎接八方来客了，银饰华丽，服装绣花精美。

传统苗服
（龙宥蓁　摄）

与节日盛装不同，日常生活中，苗族妇女们多穿着宽大的上衣及裤子，因地区差异，颜色以白色、青色、蓝色为主，头缠黑色布帕，保留服装绣花，花边图案简单清雅，不配银饰，造型较为简朴。

（2）苗绣

苗服上的绣花，是苗族妇女一针一线绣成，在苗语中，苗绣被称为“补花”，可见花在苗绣中占了极为重要的位置。

苗服上的蝴蝶刺绣
（龙宥蓁　摄）

苗绣主要依附苗服而生存，主要集中在苗服的胸口、袖口位置。其图案采用苗族信奉的图腾，有龙、凤、牛、野猪、犬、鹰、猴、燕、鱼、竹、枫树等。画面上以水波纹、山脉纹、蝴蝶纹、花蕾鸟兽来表达民族迁徙、生命崇拜、民间信仰、神话传说等意蕴。①

黄沙坪村居民日常劳动所穿的苗服女装，胸口部分的刺绣为蝴蝶纹，表达了蝴蝶在花丛中飞舞劳作的含义，象征着苗族人民吃苦耐劳、热爱劳动的特质。

① 凤凰县民宗局：《凤凰县苗绣的传承与发展》，载湘西土家族苗族自治州民族宗教事务局官网，http://mzzjj.xxz.gov.cn/mzzs/201912/t20191220_1489578.html，最后访问时间：2019年7月26日。

据村民说，苗族人民在长期的生产劳动中，将常见的花鸟鱼虫图案化、抽象化，并将之运用于自己的饰品当中。但是，不像是单纯的素描绘画一般，如果相似度极高，放在衣服上反而不好看。

（3）花带

花带编织是苗族工艺中较为复杂的一种。一般花带宽2～4厘米，长度视用途而定，主要用于制作苗服装饰、巴裙背带、围裙带等。花带的花纹取材于各种花草或者文字，没有图样，一切都是依靠心灵手巧的苗族妇女手工编织而成。

关于花带，有一个动人的传说：很久以前，生活在崇山峻岭中的苗族人民，经常受到毒蛇的伤害。那时一位心灵手巧的苗族姑娘受到蛇不咬蛇的习性启示，用彩色的丝绵，照着蛇的纹路，织成了一条与蛇长短宽窄一样的带子，遇到蛇以后，就将花带晃动，蛇以为是同类，就溜了。姑娘把这个办法传授给其他姐妹们，从此，苗家织花带的技艺就流传下来了。[①] 现在，花带不仅仅是苗族的装饰品，还是一种工艺品。

袖口花带（龙宥蓁　摄）

原来村里男耕女织，制作苗服从棉花种植、纺线织布等都需要亲力亲为。手中出活不仅仅是衡量一个苗族妇女是否勤劳的重要标准，同时也是一家人生活水平的重要保障。如果手上活不好，或者比较懒，那么全家人的穿衣就会成问题，同时会招来同村人的非议。

随着现代生活方式的普及，以及机器生产方式的应用，传统手工苗服在生活中越来越罕见了，都是在商店里面按照标尺买机器制作的成品，上面的绣花、花带等装饰也是机器制作。人们也较少在生活中穿着苗服，平常都是锁在衣柜里面，只有在重大节日或者办喜事时才会穿。

① 参见本书编写组编《凤凰县民族志》，中国城市出版社1997年版，第319页。

“过去在我们这里，衣服全部都是自己做的，不会做就没衣服穿。一家人自己种田栽棉花，自己纺纱织布，每家每户都有纺车。那个时候每天晚上都要纺线，一家人才有两套衣服穿，有一些家庭妇女不会做的就没有衣服穿。过去不像现在大机器生产的。现在去山江赶集，很多人衣服都是外面买的，年轻人基本都是这样。外面买的专门帮你缝好，按标尺来买。现在在外面穿苗服的很多都是老年人，年轻人只有在结婚的时候才穿一次，他们在外面工作的时候穿苗服的话不是很方便，影响劳动。”①

4. 草鞋编织工艺

草鞋在我国已经有很长的历史了，关于草鞋就流传下来“竹杖芒鞋轻胜马”的诗句。在革命史上，红军也留下了穿草鞋、过草地的故事。

草鞋，顾名思义，由稻草编织而成。在水稻收获脱粒以后，秸秆晒干即可使用，不限于稻草，麻、树皮等材料也可，结实耐用，材料易得。草鞋也体现了循环利用、生态环保的理念。

把剪刀、一个木架、稻草、麻绳就是编织草鞋的全部工具和材料。以麻绳为框架，将稻草编成鞋底，再将麻绳串起来打结以勾住脚趾，一双鞋就完成了。

草鞋（龙宥蓁　摄）

209国道凤凰至吉首段通车前，凤凰县内所有居民的生产交易、走亲访友、工作学习等都是靠徒步行走，那时有一双结实耐用的草鞋就非常重要。直至20世纪90年代，一些上了年岁的老人在村里劳作，或者进城访亲，脚上穿的都还是草鞋。

随着生活水平的提高，现在穿草鞋的人已经很少见了，草鞋这种以前普遍的生活必需品，成为一种带有时代特色的工艺纪念品。

① 以上内容由报道人吴Q提供。

苗师欧师傅，同时也是一名唢呐艺人，91岁高龄仍然外出替人做法事，业余的时候就钓鱼、编草鞋，当真是一个多面手。据了解，草鞋目前一双市价15~20元，他一人一天可以织12双草鞋，很多人慕名到他这里订货，收入较为可观。

5. 民俗

(1) 民间信仰

①巴代。巴代是苗族祭祀仪式、习俗仪式及各种社会活动仪式的主持者。有两大类，即“巴代雄”和“巴代扎”。“巴代雄”是苗族原始本有的巴代，其神辞全为苗语，祭祀中以静态或坐或站进行，民间称为苗老师。“巴代扎”是苗汉聚居形成的产物，神辞多是汉语，也有夹杂一些苗语，其祭祀礼仪是基于“巴代雄”的模式形成的，在祭祀中以动态进行，民间称为客老师。①

绺巾(龙宥蓁　摄)

绺巾，是巴代做法事的重要法器。在做法事时打绺巾，其上的金属条会相互碰撞发出清脆的声音。同时，绺巾也是他人了解一个巴代主持祭祀活动数量的一个外在标志，巴代到哪一家人做完法事后，那家人就要给绣一条绺巾，并且留下名字。因此，经验丰富的巴代持有的绺巾上面都绑满了写有主人家名字的布条。

当地的巴代欧师傅还保留了一套完整法器，他家自他往上已经有9代人从事巴代职业，目前有一个徒弟接班。

②天地桥。部分人家会在正屋跨过门槛的位置设置地桥，在地上安置一块方形石板，上方刻画有线条，似棋盘，有经无纬。一般一块地桥包含的桥数以单数3、5、7、9为主，以5座桥、7座桥居多，3座和9座较少。如何选择地桥数，与主人家的生辰八字相关。据说也有木质的地桥，采用吉

① 石寿贵：《巴代文化及其功用》，《湖南省社会主义学院学报》2011年第1期。

木[①]制成，如果是3座桥，则使用3种吉木，如果是5座，则使用5种，依此类推。据传，地桥的主要功能是求子，桥面的形象象征着引导男性后代到这一家来投胎，祈求发子发孙；也兼具为主人家解灾解难的功能。

地桥（龙宥蓁　摄）

天桥（龙宥蓁　摄）

既有地桥，必有天桥，本是一对，但现在苗族人家中很少设置天桥，只能在博物馆中才能一窥天桥样貌。天桥以竹子制作，一根竹子劈成数条，一条便是一座桥，再用竹篾固定置于房梁上，从正屋门口延伸到屋内。天桥数与地桥数相当。不同于地桥，天桥的作用比较纯粹，只是用来求子。

③傩神信仰。在正屋中间，几乎每家每户都会悬挂人字结，每逢初一、十五就要焚香烧纸祭祀，祈祷家人平安、风调雨顺。

人字结，苗语音译为“噶愿耨（傩）”，称为傩愿，因此也叫作“傩愿结”，是傩神的标志。从外表来看，傩愿结是一个人字，对此有一种解释：类似于其他动植物图腾，如盘瓠大神，因为傩公傩母都是人，因此以人字结为标志。

傩神即傩公傩母，为傩祖，有一种说法为伏羲女娲，是苗族巴代所祭祀的对象之一。据说，傩公傩母兄妹二人为人类祖先，在苗族神话中，雷神和天神相互斗法，导致漫天洪水，洪水消退后，世间已经没有人烟。为了繁衍人类，神明降下指示，要兄妹俩成婚结合，后兄妹诞下一个肉团，惊

① 吉木，为象征吉祥、带来好运的木材，具体使用何种木料不详。

恐之下哥哥便将肉团分成148片，从而演化成为148姓人类。①

当地人认为如果家中诸事不顺，特别是家人身体不好，久治不愈；或者祈求平安；或者家中无子，需向傩神许愿。如愿之后，再择吉日还愿，整个程序称为还傩愿。② 还傩愿的主祭神为傩神兄妹。

还傩愿的举行日期，据介绍，从重阳节之后到春节之前20天皆可，具体时间以巴代的推算为准——还傩愿就是许愿一家人气运好，做什么好什么。

在凤凰县内，包括苗族、土家族、汉族在内的群众，都有求傩神保佑还傩愿的习俗。还傩愿需要猪、羊、鸡各一对，前后耗时三天。第一天，巴代将还傩愿所需的贡品、道具、神像之类的准备好并且放置妥当；第二天正式开始作法，巴代在还傩愿的人家堂屋中进行一套还傩愿的仪式；第三天送傩，白天在堂屋作法，晚上在大门外搭台唱傩堂戏。

傩愿结一般有白色和红色。据介绍，在第三天送傩神的过程中，就要确定傩公傩母谁在后面看家，护佑主人家。如果是傩公看家，就用红色的傩愿结；如果是傩母，就用白色的。一般认为送傩的时候如果求得傩母看家就很好了，因为傩公喜欢喝酒，随时要醉酒，就不能履行职责。

“还傩愿，实际上就是祭伏羲女娲，苗族是崇拜伏羲女娲的，以伏羲女娲为始祖。祭祖的时候祭傩公傩母，就是祭伏羲女娲。现在有些汉族也会还傩愿，就是苗族传过去的。但是没有人字结，那些套路都没有，就改成唱戏了，唱傩愿戏。苗族就比较原始，有傩神的标志，就是人字结，有一套具体的套路。”③

④祭炯。在一些村子的山高林密处，人们往往会发现由小石块堆砌而成的塔状建筑，不知者常会认为这里是土地庙。这里确实是一处庙堂，但是供奉的不是土地神，土地庙一般为四方的房屋形建筑，里面供奉有土地神的神像或者是牌位，而这里供奉的是苗族的祖先——蚩尤。

---

① 石寿贵：《苗族巴代文化：远古飘来的神迹》，《中国民族》2009年第3期。

② 霍晓丽：《传承与发展：湘西苗族祖先崇拜研究》，《宗教学研究》2018年第3期。

③ 以上内容由报道人欧BY提供。

塔状建筑被称为“炯”“觉凳炯”，或者“堡寨塔”。“觉”相当于汉语中的“九”；“凳”指的是地方、土地的意思；“炯”相当于汉语“宗支”“祖宗”的“宗”。传说蚩尤是管理九方土地和九九八十一个苗族支系的始祖，因此，“炯”通俗地称为“蚩尤坛”或者“蚩尤堂”。祭炯的时间，为每年的农历二月初二或者农历冬至时节。新中国成立前，凤凰苗族最大的一次祭炯活动是湘西革屯抗日救国军开赴抗日前线前夕，在山江镇蛤蟆洞后山顶上举行的“离乡抗日誓师大祭”，敬请兵主武圣“保佑子孙，旗开得胜，得胜凯旋”。据学者调查，在山江、腊尔山地区（“两山”地区），9个乡镇127个村有298个炯，平均一个村有2.5个炯。①

2018年，凤凰县民宗局在黄沙坪五组旁的老鸦坡山上修建了祭炯台。2019年，在凤凰县有关单位的支持下，苗族同胞在老鸦坡高峰上举行了大型的祭炯活动。②

（2）节日习俗

集场：虽然黄沙坪村归千工坪镇管辖，但是从村里到镇上有25公里左右，反而吉信镇较近，总路程约13公里。因此，黄沙坪村的村民前往吉信镇赶集较为方便。吉信镇的集场为每5天一次，每月农历逢五、十为赶集日。在赶集日这天，周边居民都会早早出门前往集场，将自家出产的农产品拿到市场上售卖，或者购买自己需要的东西，商贩们也会卖力地兜售自己的商品。早上的成交量一般是最大的，人们认为早上的农产品都比较新鲜，早点出门可以买到自己想要的东西而不是别人挑剩下的。到中午的时候，集场便逐渐散去。在吉信镇，一次赶集一般有2万多人参加，日成交额为25万～31万元。

①春节。凤凰县各族群众都有过春节的习惯。春节的筹备时间相当长，从进入腊月开始筹办年货。这时城乡居民们根据自家条件，自己杀猪

① 杨元崇：《蚩尤文化今犹在》，《湖南日报》2018年1月6日，第6版。

②《凤凰千工坪“二月二”苗族祭炯，从一场祭祀看特色民族文化》，搜狐网，https://www.sohu.com/a/300315333_488491，最后访问时间：2019年3月10日。

或者购买猪肉来熏制腊肉，乡村还开始做甜酒、打糍粑，在临近除夕的时候，会集中购买鸡、鸭、鱼、水果、糖果等。除夕，俗称“三十夜”，早上家家户户都贴春联、门神，并开始煮年夜饭，中午过后，一切准备就绪，便在门口燃放鞭炮，全家开始吃年饭。夜晚，全家老少围坐在火边，等待着第二天的到来，届时鞭炮齐鸣，迎接新年。

②赶年节。时间从农历正月初一到十五，是苗族的休息娱乐时间，人们呼朋唤友、拖儿带女云集于当地赶集的地方舞龙舞狮、打鼓、对歌、玩杂技。赶年节举行活动的时间因地方不同而有所差异。现在，由于过完春节以后，很多人都要准备外出打工，赶年节大多和平时的赶集无异。

③祭祖节。时间为农历二月或者八月，具体由苗族巴代根据传统选择决定，多在“二月二”举办。以家庭、村寨、地域或宗族为单位，举办接龙、祭土地以及修祖坟的活动。

④“三月三”。农历三月初三这一天，苗族多从坡上采集本地叫作“地地菜”的野菜煮鸡蛋吃。

⑤“四月八”。农历四月初八是多个少数民族的共同节日，但是各地的内容不尽相同。凤凰苗族的“四月八”，又称为“跳花节”“英雄节”。由于苗族崇尚爱情婚姻自由，男女双方多在节日集会中寻找自己的意中人，因此四月八通常以“情人节”为人所知。

⑥“六月六”。农历六月初六，是苗族的一个传统节日，据说这天是一年中太阳最大的一天，可以晒死很多不祥的东西。“六月六”还是苗族的苗歌节，起源于苗族神话英雄的纪念活动。传说凤凰县廖家桥镇满江村有一个风水先生，育有一男一女，男的人称“天龙相公”，经常率领村民与官府抗争。风水先生病危之前，告诉女儿要光身入殓，用铁丝悬棺在皇帝岭的天坑上，并且要在第三天或者第七天，石公鸡爬到山顶鸣叫时，用箭射月亮，可以保佑天龙相公起事成功。但是，父亲入殓时女儿给父亲穿了一双绣花鞋，并且第三天，石公鸡由于听见母亲筛簸箕的声音，到半山腰就鸣叫了。天龙相公以为时候到了，对着月亮射箭。箭射到京城皇帝龙椅上，但是因为时候没到，没有射死皇帝。后来皇帝调查到是天龙相公所为，便派兵来剿。据说官兵

到了以后终日大雾弥漫,找不到天龙相公,巧合的是一个士兵不小心割断了葛藤,结果葛藤流血七天七夜,官兵顺着葛藤找到了风水先生的坟,但是无论怎么挖,到第二天都会恢复如初。后来官兵得知使用苏麻油和铜钉可以打开棺材,结果刚一打开棺材,风水先生就跳出来了,往河边跑准备跳入河中(传说女儿不给过世之人穿鞋,身体入河就可以变成龙神),就在脱鞋的时候,被官兵抓住了。大雾因此散去,天龙相公也被抓到,并被砍掉了头颅。但天龙相公没有死去,他抱着头往家跑,遇见一个小姑娘,问:“我的头被皇帝砍了,能再长回来吗?”小姑娘回答说:“能。你看我们割过的猪草,不到三天又恢复如初。”见到母亲,他又问:“妈,我的头被皇帝砍了,能再长回来吗?”母亲回答:“我的儿啊,头被砍掉只有死了,怎么能够复原?”天龙相公听到后,轰然倒地,死了。这一天正好是六月初六,所以为了纪念他,苗族在这天举办活动,久而久之,演变成了苗歌节。①

三、自然资源

村中尚存有两株180余年的枫香树。先辈们当初栽下这两株枫香树,应当也不会想到,它们可以在此矗立逾百年。现在古树参天,正好应了俗话所说的“前人栽树,后人乘凉”。

枫香树具有一定的药用价值,其树叶、树皮、树脂、树根、果实皆可入药,对消化不良、肠炎、头晕头痛、腹泻等具有一定的疗效。

古枫香树(龙宥蓁　摄)

① 刘莎:《凤凰苗族传统节日》,载《凤凰县苗学会论文集(2018)》,第210页。

附录　苗歌歌词①

情定山江

男：

兄弟相邀山江赶集，一路盯着美丽姑娘，

暂且放下手中活计，赶紧找人料理厨房。

女：

姐妹一起赶山江，贴心闺蜜结队成群，

好似蜂群出蜂房，花开二月多么鲜亮。

男：

步子紧跟在身后，盼你将糖果来施舍。

女：

讨糖需得看清楚，我两手空空多无奈。

男：

今天相遇荣幸极！

女：

日月同升来相会，交相辉映照人世。

男：

我求问约期盼回复！

女：

下一场山江再相聚，不见不散君切记。

合：

你有情来我有意，月季花开喜无比。

女：

① 龙建杰：《经典苗歌选译》，载《凤凰县苗学会论文集（2019）》，第183页。

既然让我如此倾心,决定就此托付终身,
相依相守啊没了烦忧。
男:
二月花开引来蜜蜂,精心护侍不使分离,
憧憬着蜂蜡蜂蜜双收。
女:
好比画押签订合同,辞去不忘海誓山盟,
相敬相爱啊相伴白头。
男:
蚌壳姑娘来到凡尘,我在岸边苦候久等,
等待着与你结为佳偶。
女:
相恋的人儿离多聚少,今日相见是多么欢喜,
让我把这满腹爱恋倾诉。
男:
吹响木叶把你寻找,抛头露面亦是为你,
我的思念是如此铭心刻骨。
女:
好比行船有了航道,蓝色的海洋不见边际,
携手同行啊我们忘了归路。
男:
今世结发啊我郑重相约:我们野外相识、深深相爱,
遂心如愿啊是拜天所赐。

汝若垂怜定百年

我自热恋,何故抛离?
久未谋面,如隔三秋。

恩爱缠绵，历历在目，
形影相伴，难忘当初。
深陷相思，莫辨早晚。
思而不见，痛裂心肝。
为伊倾心，失魂落魄。
低首蹙眉，稼穑劳作。
四次五番，入市赶集。
排碧不见，寻往乾州。
熙攘人群，不闻笑语。
好汉人海，难觅芳踪。
有如龙女，嵌入深渊。
灵芝仙草，隐于绝巘。
鱼肉不香茶饭不思，无心料理诸般物事。
一心一意只去寻觅，路途再远也不畏惧。
稻田干涸渴盼清流，怜彼秧苗日见枯萎。
久盼不见降甘霖，晴空无云也无雨。
寻她不遇长叹息，心生忐忑似擂钵。
烧水做饭忘下米，酸菜酸汤忘放盐。
诸般炊具放一起，每将水瓢当汤勺。
好似中了朦胧鬼，晕头转向在山坡。
睡不成寐夜阑珊，夜夜思之心凄凉。
相见难来梦亦难，念念不忘美娇娘。
想她那娇俏模样，梦境里举案齐眉。
未料五更雄鸡唱，倏地梦碎日光齐。
如患重症人恍惚，四肢酸痛软无力。
莫道女儿思郎苦，我思娇娘憔悴极。
唯有重逢慰相思，方诉尽万般眷恋。
汝若垂怜复眷顾，我必相携定百年。

如鱼在渊成双对，如鸟在林比翼飞。
我把心事娓娓诉，愿吾所爱永开怀。

相思歌

飞鸟在天来比翼，比翼双飞在苍穹。
世上聪慧无双女，安能辨其是雌雄？
爱汝至深唯有吾，唯我思汝这般浓。
思汝三天未出户，三日卧床不起身。
不信秤上瞧仔细，思汝瘦了小半斤。
相思成疾真正苦，肝肠寸断为玉容。
我今纠结直欲死，未知汝心可悲恸？
可怜家中老父母，白发人送黑发人。
汝在心中无可替，除却家中父母亲。
相交望汝来眷顾，山伯需要英台痛。

（本章由龙宥蓁撰写）

第十三章　扭仁村

扭仁村是湘西苗族保存最为完整的古老、传统、原始、神秘的苗寨之一。这里自然风景绝美，文化底蕴深厚，被誉为“天上苗寨，云中村落”，是体现湘西传统古村落社会文化发展不可多得的典型代表。2019年6月，扭仁村被列入第五批中国传统村落名录；2019年12月，扭仁村被国家民委命名为第三批“中国少数民族特色村寨”。

一、村落概况

（一）地理生态环境

扭仁村位于凤凰县麻冲乡东南方向，坐落在长潭岗水库左岸的青山白云间，距离杭瑞高速黄丝桥出入口35公里（绕落潮井镇），距麻冲乡政府7公里，是一个苗族聚居村，也是长潭岗水库移民村之一。村庄的东、南是长潭岗库尾，西与高通村接界，东北与茶坪村接界。

扭仁村地理位置独特，河溪纵横，奇峰突起，森林资源丰富，全村森林覆盖率高达73%，是一颗藏在深山人未识的明珠。村落平均海拔600米，属于亚热带季风性湿润气候，年平均气温15.5℃。

扭仁村属于喀斯特地貌区，古老的苗族民居一律依山势而建，统一的青瓦屋顶，石头垒起一米多高的民房基脚上是黄泥巴筑成的土墙土砖。房屋整体上错落有致，自然美观。全村总面积2539亩，其中，耕地面积500亩，林地面积2000亩。

（二）村落来源

1. 村落形成的原因

传说，蚩尤战败后，南退长江中游的九黎部落余部为遵循祖先“其余部南下”的遗训南下，先后建立“三苗国”和“苗的楚国”。秦灭楚后，三苗各自迁徙，其中一苗迁往东吴；二苗迁徙路过湘西进入贵州、云南、海南岛等地，有的还去了日本、东南亚地区；三苗殿后，迁徙到湘西武陵山脉。代卡（一个苗族姓氏）的祖先，历经数番迁徙，进入沱江上游的峡谷，看见满山遍野的蜡梅盛开，带队的“阿剖”（老爷爷）高兴地说：“对了，祖先托梦寻找的梅花谷、梅花坡、梅花坎就是这个地方了。”“剖卡”[①]（麻公，领头人）披荆斩棘，爬到了山顶，看到迎面而来的九个山峰，正像九黎先祖结伴行走。祖先的英灵到了这里，这里就是安家的地方。“剖卡”把随身携带的枫树籽撒在肥沃的土地上，树苗见风长高，遇雨长粗，造就了满山遍野的枫树林。现在扭仁村还保留了大量的“枫树坡”“枫树坨”等古老地名，还有一片保留完好的“母亲林”。

2. 村名由来

扭仁村，又叫猪崽坡。当时，“剖卡”召集大家商议村寨的名字时，一个跟随风水先生多年的老伯说“比高比仁”，就是高山高坡。我们在高山高坡上世世代代繁衍生息，安营扎寨，寨名要有一个“仁”字。这里的高山高坡，有两个天然生成的像极大嘴巴的岩石。不管像大猪嘴，还是像大牛嘴，苗话都叫“把扭”。从中取一个“扭”字，寨名就成了“扭仁”。“剖卡”心想，“扭仁”好是好，但是单讲“嘴巴”，怕别人骂我们嘴馋。如果叫牛嘴坡，太张扬祖先蚩尤的精神，怕暴露了我们是蚩尤后裔的身份。我们的祖先把猪读成蚩，用猪字最好。“剖卡”口里喊着猪嘴坡，心里想“剖业剖尤”（蚩尤祖公）。他边说边指着山势，请大家看，群山拥立，像活龙成群，像猪马牛羊，人畜兴旺。喊“猪崽坡”比较好，叫“猪正坡”也行。风水老人听到“猪正坡”三个字，兴奋得顿了一脚插话说，好！“正”与“镇”同音，拜托蚩尤大帝的英灵，永远镇守这个宝地，保佑我们子孙后代。有人说，你们这样咬文嚼字，难记难解，麻烦得很，干脆对着地形，告诉我们哪里叫猪嘴坡、猪正坡、猪崽坡就行了。“剖卡”觉得他讲得有理，就指着三个地方定了三个地名。一传十，十传百，一直流传到现在。苗族迁徙歌和祭祖词的传承者们都能够自圆其说，风水先生也附和自如，“扭仁”的来龙去脉就这样传承下来了。1950年，调整行政区划时“扭仁”正式作为村名确定下来，曾

---

① “剖”是爷爷的意思，“卡”即麻姓。苗语多为倒装句，先称谓，后姓氏，“剖卡”，直译为爷爷麻，汉语叫作麻爷爷。湘西地区改土归流后，改苗姓为汉姓，如苗族卡姓改为汉族麻姓。

称“扭仁大队”。

现在的扭仁苗寨坐落在一个呈“R”形的山坡上，山脉从东北向西南方向延伸，至村后停顿到山顶，又扭转向东南方延伸，然后左右分叉，左边向东延伸，右边向东南延伸，中间形成一个四五十米深、百余米宽、两千米长的峡谷——蜡梅谷。听村里的老人说，现在的扭仁村是从猪崽坡迁至这里的。原因是有一年冬天，气候恶劣，大雪下了七天七夜。而当时村里的第一位老人去世，因天气原因无法出殡，其后代就将此处的一座废弃的旧房子推倒，将老人埋在此处。后来逝世老人的子女也随之迁到这里，往后越来越多的村民在扭仁村定居下来。

（三）村落人口

扭仁村由2个自然寨组成，分别是扭仁寨和竹子坳。全村6个村民小组，第六组在竹子坳，有10户人家，人口42人，第一至五组在扭仁寨。全村一共134户526人。村中主要姓氏有麻、石、吴、龙，其中姓石的有4户，共有18人；姓龙的有2户，共有9人，其中一户4人居住在竹子坳；姓吴的有3户，共有16人；剩下的村民全是麻姓，约占全村总人口的92%。

（四）物产与特色产业

1. 主要物产

扭仁村主要种植水稻、苞谷、红薯、土豆等传统农作物，主要牲畜有鸡、鸭、鹅、黑猪、羊、牛等。这些物产在满足村民日常需求后，剩余部分会被售卖至阿拉营镇边边场，这是村民的日常收入来源之一。

2. 特色产业

2017年中国建设银行湖南省分行定点帮扶以来，扭仁村大力发展特色产业，先后成立凤凰县猪崽坡养猪合作社、凤凰县猪崽坡水果种植合作

猪崽坡黑猪养殖合作社远景
（龙建华　供图）

猪崽坡黑猪
（龙建华　供图）

社、凤凰县天龙生态鱼养殖合作社等，打造出黑猪、猕猴桃和银鱼三大扶贫产业成果，帮助村民脱贫致富。

（1）凤凰县猪崽坡养猪合作社

扭仁村自古就有养黑猪的习惯，采用原生态放养，黑猪都是喝天然山泉水长大。扭仁村经纬度适中，海拔适当。地处北纬28度左右，海拔600米左右，在云贵高原东岭，武陵山腹地，益生菌繁殖丰富，特别适合腌制腊肉。“外黄内红”是猪崽坡苗家腊肉的特色，这个特色缘于苗家火塘挂架。猪崽坡的苗家腊肉“三野一长”，即野菜喂、野坡放、野花椒腌和生长周期长。

冬至过苗族新年，一户人家会杀一头年猪，但一次吃不完一头猪，为了便于储存，人们用盐腌，用火熏，来制作腊肉。扭仁村腊味制作简单，没有什么秘籍之说。盐、野生花椒等，配料用量全凭主人口味轻重调配。猪肉在石缸里腌制5～7天，中间上下翻动一次即可出缸，挂在火塘上熏制30天左右就可以食用。腊肉吃法多种多样，扭仁苗家吃腊肉更简单，没有讲究，一切以原味为主。主要有腊肉炒鳝鱼、下莴笋叶、农家大锅饭蒸腊肉、胡葱（野葱）炒腊肉等吃法。大碗喝酒、大口吃肉、大声唱歌，是苗族最惬意的生活方式。

2017年扭仁村猪崽坡养猪专业合作社的新款黑猪腊肉参加“建行善融爱心扶贫助力湘西”线下线上展销活动，受到了不少人的欢迎。

（2）天泽有机红心猕猴桃基地

红心猕猴桃具有在不同海拔高度拥有不同酸甜度的特性，虽然理论上在海拔300～1000米之间都可以种植，但以海拔500～900米为最优种植区域。低于这个海拔,猕猴桃酸度适中却不红心,而超过这个海拔,虽红心但酸度较大,两者口感都不佳。湘西虽非红心猕猴桃的传统产区,但湘西红心猕猴桃主要生长在海拔500~900米的山区,独特的地理位置以及气候与土壤条件造就了湘西红心猕猴桃优良的品质。凤凰是目前湘西红心猕猴桃的主产区,主要集中于凤凰西部的落潮井、麻冲及其周边乡镇,这里海拔高度512~941米,经湖南省农科院分片区抽查化验,各项微量元素指标均达到红心猕猴桃的种植标准以上,是红心猕猴桃最佳种植地区。这里种植出的红心猕猴桃不仅红心,而且含糖量比国内其他几个红心品种都高,因而具有肉质红嫩、口感鲜美、酸度适中、香味浓郁等特点,深受广大消费者喜爱。

天泽有机红心猕猴桃基地
(龙建华　供图)

红心猕猴桃
(龙建华　供图)

扭仁村特有的富硒土壤,加上凤凰县饮用水一级水源,使其成为红心猕猴桃得天独厚的生产地。在省建行支持下大力发展猕猴桃产业,产业规模已达到429亩,全村35户贫困户参与猕猴桃产业发展,以土地流转或土地入股合作社参与分红,土地流转资金为一年一付,按每年300元/亩标准支付,分红为签订合同后三年再按入股分红。村支“两委”及驻村工作队为大力发展猕猴桃产业努力引商,于2016年引进湘西州天泽农业发展有限公司加盟,统一管理猕猴桃产业。该公司管理至今,猕猴桃产业发展较好,为全村民众增加收益。

2019年10月19日,扭仁村的红心猕猴桃还登上了“湖南省现代农业(水果)产业技术体系猕猴桃‘三减一增’品质评价及学术研讨会”大堂,且受到了品评专家们的一致好评。

(3) 长潭岗野生银鱼

银鱼，又名白小。生长于淡水水域，对水质及生存环境要求高，具有极高的营养价值。这种鱼个头小且通体剔透，体长6厘米左右，农历九月出水，肉质细嫩，味道鲜美。

在扭仁村长潭岗水库，有年复一年自身繁殖的野生银鱼，是银鱼科中个体比较大的一种。此前，当地人称“固苗”（苗语，直译为“洞苗”），因银鱼生长在深水处和暗河里，很少得到阳光照射，除眼珠外浑身透明银白。库区位于沱江上游，无污染，水质清澈，酸碱度适中，溶氧量充足，富含多种矿物质和人体所需微量元素，水质经检测为国家一级饮用水，有天然矿泉水之称。

野生银鱼生长快，肉味鲜美，肉质细嫩，营养丰富。银鱼是极富钙质的鱼类，营养学家将它列为长寿食品，它有“补肺清金、滋阴补虚”的功效，因此成为水中珍品。银鱼吃法有多种，可做银鱼蔬菜汤、银鱼紫菜汤、银鱼炒鸡蛋、银鱼鸡蛋羹、香酥麻辣小银鱼、青椒炒银鱼，还可以给宝宝做银鱼泥。不得不说，野生银鱼是老年人、孕妇和婴幼儿营养品的上好选择。

干银鱼（龙建华　供图）

后来因凤凰县为了保护长潭岗饮用水源以及支持村落旅游发展，村落没有进行规模养殖及捕捞野生银鱼，不过一些村民仍会少量捕捞，作为节庆会客的佳肴。

（五）经济社会发展状况

扭仁村有一所扭仁小学，建立于1954年春，随着学生被集中教学，教师被调走，学校场地部分被村部征用，现已停止办学。村里的部分小孩去麻冲完小就读，另一部分小孩跟着父母在县城上学。村内有一个卫生所，地点在村部一楼，配有两名乡村医生，能解决村民日常看病需求。

扭仁村紧跟乡村振兴的步伐,坚持农业农村优先发展,成立多个农业合作社,提高乡村集体经济效益。同时大力发展乡村旅游经济,推动扭仁村一、二、三产业深度融合。扭仁村村民通过参加合作社、开办农家乐、经营民宿等形式,其收入从单一种植庄稼所得向多元收入转变。自2015年起,省建行扶贫工作队对村内危房、旧房进行了一定规模的翻修。扭仁村村民过上了收入多元、保障多重、生活多彩的美好生活。

二、文化遗产

(一) 物质文化遗产

1. 传统民居

扭仁苗寨民居的布局与当地其他苗族民居布局大同小异。在风水宝地中,挑选傍山依坡临水的向阳地,民居以蜡梅谷为中心,依峡谷北、西、南三面山脊以及房屋风水宅运而建。北坡的房子坐北朝南,多为壬山丙向;西坡房子坐西朝东,多为辛山乙向;南面的房子坐南朝北,多为午山子向。这样就形成了三面相望、互为照应的格局。有的房屋之间相距很近,有些甚至墙体相连,有利于防盗抗匪的同时彼此照应。为了防火和防盗的需要,一寨经常分成多个相对独立的小区域,形成易守难攻的格局。扭仁民居的另一个特征,就是追求坚固、简单、适用、居防结合。

传统民居(黄婷婷　摄)

一直以来,当地人就地取材修建房屋。他们以木头为架,青石、水田

传统民居院落（黄婷婷　摄）

传统民居墙面雕花（龙建华　供图）

黄土砖为墙，青瓦盖顶，保留了古朴的“小青瓦、土砖墙、花门窗”原貌，形成苗家干栏式、楚派建筑群，被称为湘西最后的世外桃源。扭仁村的建筑保留了苗族的传统特色，又有其独特个性。村内道路为传统青石板铺就，村庄坐落在半山腰，依山而建，具有传统的排水系统。扭仁村民居大门的朝向很讲究，当地俗称“七两大门三两屋”。大门是指庭院的大门，而不是主屋大门，一般是“打坳不打尖”，有的民居为了避尖，大门选在极不方便出入的地方，大有曲径通幽之感，甚至有村民把正对主屋门前的围墙加高作壁照。“门前有案山，后人好做官”，一座好的案山，万户挖空心思求之。房子整体大多以条块青石筑基，粗实的木柱支撑搭梁，传统的榫卯结构，配之以雕龙画凤，土砖或木板为壁，再以青瓦盖顶，依山而建。相较于很多传统民居楼下猪牛、楼上人居的建筑格局，这里的民居把人畜分区做得更好，基本上家家都有独立的院落，家禽家畜的养殖则位于屋后或屋侧。男人下田用的农具，一般放在牛栏和厕所处，便于牵牛挂犁出门。

扭仁苗寨分为老寨（老扭仁、猪嘴坡），上寨（猪崽坡），对门寨（猪正坡）。后来，由于人口增加，分家缺少屋场，逐步向周边延伸，上寨和对门寨连成了大寨，对门寨还修了小寨（都帮）。扭仁苗寨与其他苗寨不同的是，房屋更加讲究，修得更加规整，保护得更好一些。尤其是那些标志性建筑，把以水砖（用水田泥巴制成的砖）为主要建筑材料修筑的传统民居元素全盘保存至今，与湘西苗族的独特爱好有机结合起来，显得相对完美。村寨内绝大多数传统建筑建造于清代，占60%左右，集中成片，是村寨风貌的主要展示。上百年的老屋代表，就有麻心佐、麻求南、麻泽高和麻林照家老屋等。

2. 麻心佐故居

麻心佐故居（扭仁学馆）是一栋五间正房旁连厢房的建筑，已经有100多年的历史，目前由其第四代传人麻MY老人居住和守护。

麻心佐（1831—1907），字星惧，号勋衢，是嘉庆年间“田字号举人”。他自幼聪明好学，求学不辍，文思敏捷，18岁便考中秀才。咸丰七年（1857年）参加清政府补行壬子、乙卯两科乡试，乡试及第，名列前茅，两科中举。后来麻心佐赴任湖南黔阳和永绥司学教谕。在外为官期间，他时刻不忘家乡的教育事业，一方面屡次向厅、县建议在凤凰、乾城、永绥、保靖等地设廪生、增生员名额，以激励当地苗族子弟读书；另一方面不断敦促县乡办学，鼓励家乡子弟读书，将省吃俭用所剩的薪俸用来修建故居兼做学馆，开创了一个偏僻苗寨在短短时间内出了十一个秀才兼一个举人的奇迹，为扭仁村近现代人才辈出奠定了深厚的文化根基，深受家乡人民爱戴。村内现存仅清光绪年间的门楣牌匾有八块之多。村民麻ZG家正屋门楣上的横匾，是乾城社塘坡乡苗族举人中举时赠送给麻心佐的。

麻心佐故居正屋（扭仁村村委会　供图）

故居正屋平面按苗族民居“吞口式”布局要求，中间的三间稍退后，东

麻心佐故居花窗(黄婷婷　摄)

西两边较突出,构成凹形状态。两边凸出部分的楼上,可以对视并形成互动交叉的火力点,有利于打击盗贼。左右和后面三方,用土石筑墙,牢固耐用,且挡风保暖。前面装饰花格门窗,精致美观,通光透亮,有利于村民纺纱织布、挑花刺绣,也方便读书写字、绘画剪纸,一举多得。所有花格门窗十分讲究,雕刻着鸟兽图腾、吉祥图案或人物故事,展示户主继承文化传统的美好愿望和美观实用相结合的价值取向。正中间为堂屋,通常兼作客厅。正面板壁上有祭祀的神龛,祭天地国君亲祖和恩师。这是吸收汉文化影响的佐证。很早以前,扭仁苗族占山自卫,没有户籍,不建神龛,就在大火塘左边的“夯果”,也就是凉柜上面或木柜下面,放三五个土碗斟酒摆物,祭祀祖先。麻心佐中举后,神龛的神台中间,端端正正地放着装有圣旨的“宝匣”。两边各有一个精致的蜡台,逢年过节,甚至初一、十五,都要点燃红色巨烛的长明灯,驱除黑暗,传承文明。两边板壁挂有饰品,下面排列太师椅和茶几,供贵客使用,同时也彰显主人的雅兴和爱好,显示户主的社会地位和经济状况。

堂屋左一间是主人卧室,摆花床一架,衣柜、书柜、钱柜和梳妆台各一个,并有多种相应摆设。左二间后部挖火坑,前半部作厨房,在相关地方安放适当的家具。右二间后半部本是客房,开学时供老师作寝室,前半间有书桌、书箱和部分桌椅,便于老师对学生因材施教时,单独谈话,面批作业,重点辅导。右一间是重点的教学室,根据人数调整桌椅,组织教学。在孔子圣像前,放蒲团垫子供学生跪拜之用。屋外的坪坝是课余活动场所,供学员做操、跳舞、打陀螺、练武术、骑高脚马、滚铁环,可以锻炼学生的身体,增进学生间的友谊,加强团结。

3. 私塾

扭仁村文化历史悠久，自建寨以来，苦学文化一代传一代。解放前，扭仁村先后设有3所私塾，其中一所“仁斋”（扭仁学馆）至今保存较好。有一所在“东门”，1983年冬天失火被烧毁；一所在“都帮”，民房现已改修变样了。这3所私塾一直激励着村民要好好学习，掌握文化知识。私塾整个建筑也是采取下石上砖的建造方式，里面分正房、木栏杆等构造，如今正房已经垮塌。

扭仁村原来的私塾（黄婷婷　摄）

4. 乌主苗寨

扭仁村乌主苗寨（现已淹没在长潭岗库底），是唐朝渭阳县城（黄丝桥古城堡）通往外地的水陆码头，是通往松桃、山江、腊尔山的必经之地。

唐睿宗垂拱年间，这里商业发达，热闹非凡，沿河的吊脚楼延绵数里，把扭仁乌主、地潭江、满江3个苗寨连成一片。乌主苗寨坐北朝南，地势相对平缓，人口最多，街道也较宽阔，四水相汇之处最大的乌巢河就从后街流过，河滩宽广，是踏街跳花的最佳场所。苗族每年的“三月三”情人节、“六月六”英雄节的踏街跳花活动都在这里举办。白天，苗族青年男女尽情对歌选偶：吊脚楼里歌声飞，乌巢河边应声响；顺音寻去不见人，只约相见月亮升。晚上，天刚麻黑：河边岩板排排坐，街后草堆齐齐躺；松树林里笑声脆，山坡草坪洪浪起。

民国时期，扭仁的河边有中转货物的集市。湖南的茶叶、烟草、盐巴、大米、布匹等物资，均从这条躲避山贼水盗的大峡谷运往贵州、四川、云南等地，这里因此被誉为“乌巢河上的丝绸之路”。

由于20世纪90年代修建长潭岗水电站，湖水水位上涨，乌主苗寨以及乌主码头都被淹没在长潭岗库底，该苗寨的多数村民也移民安置到阿拉营镇，乌主苗寨的辉煌历史也被永久地尘封了起来。

5. 麻家弄

扭仁村有一地叫作麻家弄，被当地村民称为“长安街”。麻家弄地处扭仁村二组和五组，南可通至长潭岗水库，北可达三组都帮苗寨，东通蜡梅谷，西达村部。麻家弄是扭仁麻姓民居文化的典型，南部设有闸子门(已毁)，东、西最高处有保家楼，弄子里民房相连但排水畅通。过去，“一家炒肉十家香，绣楼苗歌满弄荡；晨读诗经晚练武，百岁老人放牛郎”。麻家弄历史久远，人才辈出，这里曾走出了麻心佐、麻林照等30多位杰出的苗族后生。目前，扭仁麻家弄的民居空置率达80%，大多是因库区移民搬迁和外出打工而闲置。

麻家弄(黄婷婷　摄)

6. 隋唐烽火台

扭仁唐燧台，是隋唐时期留下的烽火台，位于扭仁村“母亲林”后山的老营盘，此燧台与黄丝桥古城堡同属唐朝时期管控边陲的军事设施。据当地老人讲，扭仁有灯塔，老营盘有驻军，是外地人，讲话当地人听不懂。老营盘有老屋基遗址，有炼火药的器具。来到老营盘可以看到，巨大的石板足有500多平方米，旁边还保留有3个岩屋及遗址，靠最高处应该是燧台原址了。岩屋是驻军居住以及堆放柴火、牛粪的地方。大石板是用来晒牛粪的，柴火是晚上烧火发信号用的，牛粪是白天烧狼烟发信号用的。这里是黄丝桥古城堡每天向朝廷报平安的第一站，接下来应该是对岸山头的拉毫营盘了。因为拉毫营盘看不到黄丝桥，必须依靠扭仁的燧台传递信息。

扭仁唐燧台的发现，证明在唐朝时扭仁就有苗族驻防，且当时苗族与其他民族和平相处,也为扭仁苗寨为什么人才辈出找到了依据。扭仁厚重的历史文化有待专家进一步挖掘。

隋唐烽火台(扭仁村村委会　供图)

7. 土地庙

土地庙是扭仁村村民供奉土地神的地方。村中有好几处土地庙,其选址一般在山林树丛中或是古树旁,这些树木起着遮风挡雨的作用。因此,土地庙旁的树木是不准砍伐的。村民会选择就近的土地庙祭拜,有的村民还会请道士来做法事,保佑子孙平安健康。虽然扭仁村不少村民已经搬迁至阿拉营镇或者外出务工,但如果有人身体不好或是生意惨淡以及其他方面生活不如意,也会托家里人来土地庙烧香祭拜,祈求得到土地神的保佑。

8. 觉凳炯

“觉凳炯”,苗语“觉”音意为汉语的“九”。苗族“巴代雄”(祭祀人员)祭祖辞祭的“觉离苟尤”,就是“九黎蚩尤”。苗语“凳”音意为汉语的“土地”“地方”。“板不板凳”就是“普天遍地”。苗语的“炯”,相当汉语祖宗的“宗”、坟墓的“墓”。“奶炯”译成汉语就是最大的宗墓。“觉凳炯”是纪念统管九黎地盘和统管九黎百姓的最大祖宗,即蚩尤的圣地,也称“蚩尤堂”“蚩尤坛”“蚩尤庙”。

千年扭仁苗寨,苗族历史文化厚重。猪崽坡坡头有一座神秘的觉凳炯,是原生态的蚩尤庙,内藏先祖遗物。据当地90多岁的老人讲,此觉凳炯非常灵验,可保扭仁千年长存,子孙发达,一般外人不能随便靠近。扭仁“觉凳炯—奶炯”是蚩尤遗部在南迁时随身带来的蚩尤遗物安藏之地,没有庞大建筑群,只保留神台,故称“蚩尤坛”,即祭祀蚩尤的魂坛,也叫神坛,是苗族“蚩尤祭”的场所。神坛建在一块巨石上,用三块大青石板构成，构筑物体现了苗族“一生三，三生万物”的哲学思想。炯居高临下，险峻诡秘，可呼风唤雨、揽星挂月，炯的周围古树参天，层层的野生蜡梅花，一到冬至，争相绽放，提示着九黎百姓每年祭祀蚩尤的时候到了。

每到初一、十五，逢年过节，特别是龙抬头的二三月，龙神飞腾的七八月，经常有个人小祭或村民大祭，既简便又隆重地祭祀祖先蚩尤。祭词很长，全用苗语，译成汉语大意是：弟子诚心，跪在炯前；请师引路，祭拜祖先。阿剖透炭，头硬额坚；阿仰透炲，公正清廉。铁面无私，法力无限；一统九黎，八十一贤。五大发明，敢为人先；南征北战，拓疆中原……身遭摧残，英魂康健；荫佑子孙，百载千年。劳苦功高，普天同念；今有裔民，上牲许愿。敬请祖师，神通大显；扶正压邪，除恶锄奸……以求祖先秉公办事；驱恶除邪，降福赐瑞、全家请吉、全寨平安、五谷丰登、六畜兴旺、大吉大利、大发大旺……总之，这是约定俗成的祭祀仪式，也是所有乡规民约的签订仪式、监督仪式，以及总结奖惩仪式的最高仪式。①

9. 晒谷坪

晒谷坪，是扭仁村村民公用的一块晒稻谷、苞谷的地方。晒谷坪旁边建有石头屋，是供村民纳凉、躲雨的地方，也是村中小孩的乐园。听村民麻QS②讲，小时候，他经常与小伙伴们在晒谷坪玩耍，追逐，时常也帮忙驱赶偷食的麻雀、鸡鸭等。大人们也会来到晒谷坪，拉拉家常。如今，随着田地的减少以及村民多外出务工，晒谷坪也就慢慢废弃不用了。

10. 古井

接龙井，又叫蚩尤井。传说蚩尤先祖的灵魂盘踞在扭仁村。接龙井，是扭仁村的生命源泉。山泉水一年四季从不干涸，且出水量很大，水质甘甜，冬暖夏凉。古井离坎上人家不远，除供应全村人畜饮水外，还灌溉谷底的百十亩稻田，然后流向峡谷东南汇入长潭岗库区。2014年9月15

---

① 内容参见扭仁村传统村落申报资料，选用时稍有修改。

② 麻QS，男，扭仁村村民，现在是麻冲乡完小任教老师。

日，扭仁村对古井进行改建，水井自然流出的山泉水被分为三块流通的区域，最靠近水井的区域用来洗蔬菜，剩下两块区域用来清洗衣物。在村里没有开通自来水之前，村民都是来接龙井挑水用。

接龙井（黄婷婷　摄）

11. 古桥

扭仁村曾有几座古桥，最后一座石拱桥也淹没在长潭岗水库了。

拦河坝（麻QS　供图）

由于《满江亲桥》[①]的故事传遍了满江两岸，为了纪念媒人大叔以及方便两个寨子的人过河，两寨人共同修了一座木桥，木桥长20多米，宽2米，高4米，有5个桥墩，每节由8根方木拼成，后人称为“满江木桥”。但是满江木桥经常被洪水冲垮，于是村民们打算建一座石拱桥，南北两边的石桥墩已经建好，但因各种原因没有建成，至今北岸还保留着桥墩。1945年，为方便村民去阿拉营市场赶集，扭仁村

昔日满江石桥近景
（麻QS　供图）

① 《满江亲桥》讲述苗家青年男女恋爱的感人故事，后文有介绍。

昔日满江石桥远景
（麻QS　供图）

的铁匠麻WQ主持修建满江木桥和铁索桥。木板桥在乌巢河上，铁索桥在龙塘河上，两桥之间跨越一个半岛。这座木桥离跳岩西300米，有6个桥墩，每个桥墩长4米，宽3米，高7米，两边围一米高的木栏，桥长60多米，这座桥比原先的木桥高大许多，且很少有江水漫过。人们在木板桥上行走，桥会发出哔哔叭叭的响声。从北往南走过木板桥，再走100多米，登上10多米高的小山鞍，便踏进了铁索桥。这座铁索桥高5米，宽2米，长30米，由8根粗大的铁链拉纤，中间铺上木板。走在桥上摇摇晃晃，别有一番风趣。

20世纪60年代，农村实行集体所有制，改河床为田地。根据地形，将龙塘河水改道1000多米，变成10多米进入乌巢河，把原来的铁索桥改为拦河坝。河水改道落差4米，下面形成“马颈潭”。两条河流汇聚，形成了强大的水流。

1973年的夏天，一场大雨导致河水泛滥把木板桥冲垮，只剩3个桥墩。1975年，部分桥墩的石条被拆去修石拱桥。1975年，在麻冲公社干部石ZW的主持下，公社所辖大队来修建石拱桥，不到一年的时间就修成了双拱大石桥，方便了周边村民过河。这座桥长80多米，宽3米，高10米，是一座坚固而又美观的石拱桥，距离跳岩200米，距离木板桥100多米，至今保存完好。不过现在石拱桥常年被长潭岗水库库水淹没，令人可惜。

12. 扭仁古道

扭仁通往满江的古道，是由梯级石坎搭成的一条蜿蜒曲折的小路，过去是村民逃难求生的通道，也是扭仁寨与乌主苗寨连接之路，更是村民去往满江赶边边场的必经道路。古道全长1500米左右，海拔落差约为300米，整条道路多为险峻的弯道。随着1938年满江市场遭遇土匪的一次大骚扰而关闭以及后来乌主苗寨村民支持修建长潭岗水库而搬迁至阿拉营镇之后，过去的50年，扭仁古道犹如一条沉睡的青龙，盘踞在丛林中。现如今，随着乡村旅游的开发，这条古道逐渐恢复了生机，站在岩壁冲那边，望着扭仁村的方向，可清晰看见古道盘山绕岭，随后钻入村庄。扭仁古道是扭仁乌主苗寨和满江市场热闹繁华到冷清黯淡的见证者，也是现在扭仁乡村旅游开发不可缺少的一道亮丽风景线。

13. 椎牛合鼓图

扭仁村村口的文化墙上是一幅手绘的黑白画——椎牛合鼓图。整个图案为黑白基调，采用剪纸般的绘画风格，展现出来的人物形象欢快灵动。图上演绎出苗族人民椎牛、踏街跳花、打鼓的生活场景，呈现了苗族丰富的娱乐活动。右下角的石碑雕刻着椎牛合鼓图的文字说明，是由龙GJ作图，龙WY、龙JH写文，彭JA雕刻篆书。石碑上的内容大致为：扭仁，昔日湘西苗族聚居区腹地的典型山村，古迹遍地，风情迷人。至今还有九黎山、蚩尤坛、蜡梅谷、“母亲林”、唐燧台、鼓社楼、椎牛坪、椎牛柱、天龙冢、接龙井、跳花街、举人宅、楚民居、花果园等大量遗址和无数新景，不愧为苗族古代文明的“活化石”，现代苗族聚居区新农村的缩影。特绘椎牛合鼓图，供观赏唱吟：

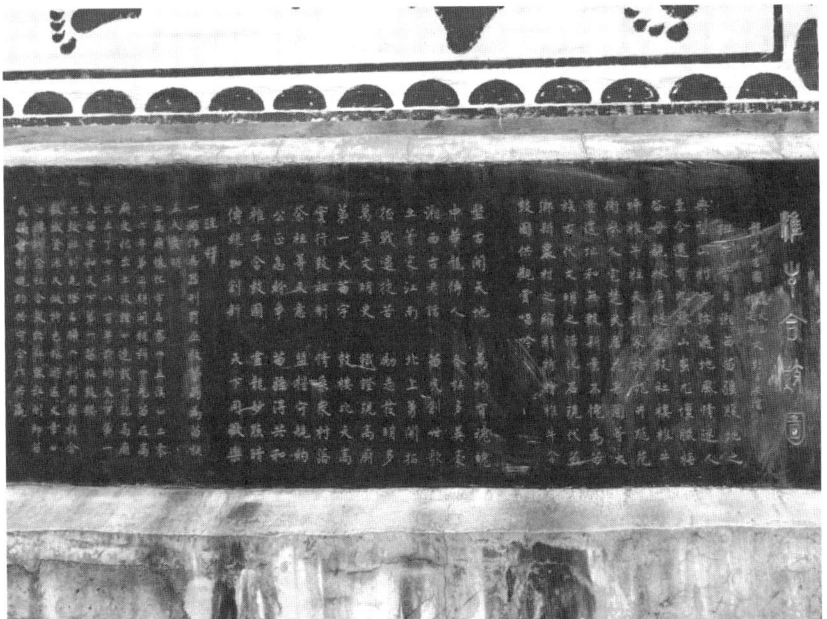

椎牛合鼓图碑文（黄婷婷　摄）

盘古开天地，万物有魂魄；
中华龙传人，各族多英豪。
湘西古老话，苗民创世歌；
土著定江南，北上勇开拓。
征战迁徙苦，励志发明多[①]；
万年文明史，铁证现高庙[②]。
第一大苗字，鼓楼比天高；
实行鼓社制[③]，情系众村落。
祭祖尊天意，盟誓守规约；
公正息纷争，苗疆得共和。
椎牛合鼓图，画龙妙点睛；
传统加创新，天下同欢乐。

14. 椎牛柱

椎牛文化广场舞台中央的八卦图
（黄婷婷　摄）

椎牛柱——苗族重大祭祀活动的法物。相传300多年前，苗族用椎牛方式歃血为盟来凝聚斗志。椎牛柱是用来拴牛的立柱，柱的顶端有十二道法杖，根据法杖的方向不同分别代表不同含义，母在上父在下，上为天下为地，中间代表日月。苗历的二十四节气、十二个月、四季等都可以通过立柱顶端的法杖推算出来。

① 稻作、兵器、刑罚、巫教、医药为苗族五大发明。

② 高庙：位于怀化市。据阎朝科《先苗在高庙文化出土考证》（《五溪》2016年第3期）记载，高庙出土了7800年前的“天下第一大苗字和天下第一苗族鼓楼”。

③ 鼓社制：据隆名骥《利用苗族合鼓城资源，大做特色旅游区》一文介绍，椎牛祭祖，合鼓结社，鼓社制即苗族的“议会制”。规约共守，合作共赢。

苗族自古就是一个骁勇善战的民族，在上战场之前，也会进行椎牛仪式，其作用是振奋士气，激舞斗志。法师在椎牛祭祀前要敬祖先、敬天地、敬母父。椎牛场面宏大、气氛肃穆，一般由两个人椎牛。椎牛结束后，士兵们飞快地向娘舅家奔去，告别养育他们的母亲，投入抗击外敌入侵的战场。

椎牛柱
（扭仁村村委会　供图）

椎牛祭祀活动，是苗族祭祀活动中最盛大、最隆重的一项仪式，是苗族古老民间信仰的重要组成部分。清嘉庆年间，朝廷以保护耕牛为名，颁布禁止椎牛令，昭告天下私藏椎牛柱将受重刑。从此，椎牛柱被砍的砍烧的烧，椎牛祭祀活动也逐渐失传。能保存至今的椎牛柱大多藏于屋檐下的挡风板后面。所以说，扭仁村发现椎牛柱实属不易，这期间经历了多少代扭仁村民的担当。椎牛柱承载了苗族悠久的历史，同时展现了苗族人民勇敢无畏、勤劳奋斗的品质。

扭仁村能发现300年前的椎牛柱，证明该村在当时十里八乡中是苗族人的居住地。目前，全国仅发现三根椎牛柱，分别在贵州松桃县正大乡；湖南凤凰县吉信镇火炉坪村和山江镇扭仁村。扭仁椎牛柱的重大发现，为该村申报全国苗族传统文化村落提供了重要物证。同时，也为扭仁村打造全国苗族文化传承基地奠定了基础，为扭仁村的苗族文化旅游项目增加了鲜活的内容。

15. 传统生产生活用具

（1）石臼

石头材质，用来打糯米粑粑，一人用木槌捶打，一人翻动糯米粑粑。

（2）小石兑

石头材质，日常用来捣蒜泥、辣椒等的器具。

石臼(黄婷婷　摄)

磨刀岩(龙建华　供图)

(3) 磨刀岩

石头材质,村民用来磨刀面的工具,在村间小路石阶旁,邻里可以共用。

(4) 狗食槽

石头材质,半圆形,直径约30厘米,高约20厘米,是家养狗吃食物的盛具。

(5) 拉银丝机

机器主要为木制,其中拉丝板上有各种尺寸的孔,需要什么尺寸的银丝,就从哪个孔中拉出来。拉丝板一般分52个直径不同的眼孔,若一根银条经过52次拉丝,其直径与人的头发丝差不多。

(6) 火塘三脚架

三脚架,苗语为"夯果",是生铁铸成的架子。三脚架上面是一个圆形的铁圈,下面是三根微微外敞的铁脚。平时烧水、煮饭就放在这三脚架上。火塘里的三脚架,也有借以纪念送火种、送温暖、送幸福的人的意思,因此是不准人用脚踩的。

(7) 石缸

石头材质,是装水的器具。石缸表面刻着精美的花纹。

(二) 非物质文化遗产

1. 民间文学

扭仁村人才辈出,村中流传许多文学作品,例如讲述苗族人民反抗压迫的《武陵传奇》、描写苗族青年爱情故事的《满江亲桥》《凤凰苗族青年恋爱故事》和研究苗族民歌的《苗族民歌解读》等作品。这些作品都是麻QS老师所写。麻QS老师是扭仁村村民,是20世纪80年代走出扭仁的高才生,现在是麻冲乡完小的任教老师。麻老师在村小、完小任教30多年,在教学之余收集、整理了大量的当地苗家故事、传说、风俗和苗歌,一字一句写下了这些作品。虽然作品尚未出版,但足以表明扭仁村深厚的苗族文化底蕴。

(1)《满江亲桥》

《满江亲桥》是由扭仁村村民麻MY讲述、麻QS撰写的一部作品。书中讲述了凤凰县西部的扭仁寨和满江寨的一个美丽动人的爱情故事。龙麦农是满江寨的一个美丽的姑娘,麻努卡是扭仁寨的一个英俊的后生。他们以满江桥为纽带,自由恋爱,唱着情歌结为伴侣,用智慧和情感与富家子弟相争取胜。故事中有惊心动魄的情节,有媒人大叔为他们的婚事而遇难的感人泪下的情景,有山洞幽会的佳影,有激烈歌赛的场合,有婚庆拦门、对歌、卡歌等苗家奇特礼节。他们的故事还影响了当地青年的婚恋方式,即扭仁满江两寨青年恋爱自由,不受老人干涉。这个故事独特,可以带读者走进神秘的湘西,了解武陵山脉中的乌巢河与满江风情,了解苗族青年唱情歌三天三夜的别样婚庆。

(2)《武陵传奇》

《武陵传奇》主要讲述苗族人民与敌人斗智斗勇的热血故事。故事中讲到吴八月、石柳邓等英雄人物奋勇杀敌的场面,地点涉及黄瓜寨、鸭保寨、苏麻寨等地。文章描述生动,文字中可以感受到双方激烈的抗战。例如第六篇写道,“柳邓驻守黄瓜寨,福康安引兵来偷袭。一场惊天恶战起,壮士们前仆后继。雷鸣电闪大夜雨,天赐良机暗转移。康安扑了空城计,穷凶极恶将火举……”虽说故事的结局是悲壮的,但是将苗族人民敢为天下先的精神展现得淋漓尽致。

(3)《板天龙》

苗族古诗《板天龙》,是关于苗族人人皆知的天龙相公的传说。

《板天龙》(忆天龙)(节选)①

天龙相公点古叉(天龙相公成古传),
明纠明绕就多弄(多年多代忘不了),
独散传搬代雄棉(留歌传遍苗乡间);
保问就骚干肉嘎(拍簸骚扰岩鸡叫),
想明急忙目梆拱(天未黎明去射弓),
王帝就响炯金殿(皇帝尚未坐金殿);
操腾果军劳几保(拿刀与官军厮杀),
几东爸善丢东耸(不听父嘱丢身躯),
咪歌奉八东难变(母奉错语难改变);
…………
排略大实乱就果(祭日大家同挂念),
聚拢散歌又保傩(集中唱歌又跳鼓),
纠纠才坎六六节(年年才赶六六节)。

(4)“五马归槽”的传说

扭仁村寨西南角叫“满江”(又称“马江”)的地方,有乌巢河、龙塘河、天龙溪和岩门溪,两大两小共四条河溪汇入,形成了猪崽坡、大头坡、太平山、天龙山、白马坡等四龙会师、五马归槽之势。传说“五马归槽”,即五支山脉从四面八方奔向满江潭来抢槽夺宝。扭仁龙脉最先抢到栖身宝地,它翻滚着矫健的身躯,气势磅礴地从东北往西南方猛扑下去,抢占满江潭,此后盘踞在满江潭。稀稀疏疏的村落掩映在99个大大小小的山峦及苍翠的森林里,而众多的山峦,扭头朝向东北方的高山。扭仁大龙争得了天意民心,郁郁葱葱,长生不老。其他四条龙脉来迟了,只能远离满江潭,低头护着扭仁大龙。此后,扭仁村寨兴人旺,源远流长,并留下“九十九只猪崽赶猪娘,谁人拥得可称王”的俗语。

① 括号内为汉语意译。

(5)《击鼓》

《击鼓》由麻QS老师作词作曲,曲调朗朗上口。歌词有汉语和苗语(音译成汉字)版本。歌词的内容讲述了苗族人民祖祖辈辈男女老少都会击鼓。击鼓是苗族人民的日常娱乐方式,由此可见苗族人民对苗鼓的热爱之情。

2. 传统技艺:苗绣

苗绣蝴蝶图案(龙建华　供图)

扭仁苗寨与其他苗寨民俗民风类似,皆有苗绣。从苗绣作品中可以看到各式各样的图案,其中"蝴蝶"图案最为典型,也是最具代表性的纹样。蝴蝶纹样除了美观,还有更深层次的含义。那就是苗族人民把"蝴蝶"作为自己的创世始祖,尊称其为"蝴蝶妈妈"。将蝴蝶绣在服装上体现了苗族人民对"蝴蝶妈妈"的崇拜以及祈求得到"蝴蝶妈妈"保佑的心愿。

3. 传统体育:"碉棋山"

"碉棋山"(苗语,意为下苗棋),是扭仁村每年农历六月十八日在大井水边举行的苗族棋类比赛活动。苗棋分为:牛角棋、打三棋、鸡娘棋等,玩法多样。比赛根据棋的复杂程度和村民年龄段进行分组比赛,年久月深便形成了固定节日。

4. 民俗

(1)婚姻习俗

苗族青年在恋爱中会自发地结成一个个小规模的群体,以择偶为目的开展社交活动。在过去,一个村寨基本都是同一姓氏,而同姓的苗族青年不能结婚,因此一般都是和邻村的异性进行交往。一般是该村的十几位青年男子与满江寨的十几位年轻姑娘提前约定好时间,一同到爱情洞或者是晒谷坪进行对歌或交谈，相互熟悉了解，用歌声表达感情。具体以在爱情洞的一晚为例，青年们在洞内铺上提前准备好的稻草，用作休息的地垫。一个大集体一般有一个主持人，一对主恋人，其余的都是伴恋人，伴恋人通过交谈和唱歌的形式各自选择心仪的异性。如果能谈得来，可以相互约定，日后成为主恋人。这一夜，大家对歌，跳舞，表演才艺，笑声不断。其间所有人都在遵守约定俗成的规则，如果有某个小伙子有不当的行为，主持人以及主恋人会共同阻止。如果有大的动作，则会有人大喊一声，引村中人前来，还会影响这晚主恋人的好事。因此，大多数伴恋人要顾及主恋人的面子以及自己的良好形象，基本上每晚都很安分，这样分手也体面。苗族青年择偶的标准不是财产和家境，而是看重个人才华和人品。找到合适的恋人后，双方即可交换定情物。苗族青年男女经过恋爱情投意合后，父母便为他们选择吉日结婚。

扭仁村苗族婚嫁仪式隆重，设三道拦门酒。一道是寨门拦门酒，由村里最年长的老人把持，接亲队伍中也由同等辈分的长者上门求亲，通过老苗歌师及老苗歌手对唱、喝酒。二道是弄巷拦门酒，由新娘的叔（伯）把持，通过中年苗歌师及中年苗歌手对唱、喝酒。三道是进屋拦门酒，由哥（弟）把持，通过青年苗歌师及苗歌手对唱、喝酒。

扭仁村苗族男女结婚的时候，要有两位主婚人，不限性别，主婚人不是简单地在场宣念几句，而是禀告家仙，用苗歌对唱几个时辰，传达两家情谊的同时祝福新人婚姻幸福，并且代赠两家礼物。两个主婚人一唱一和，互相竞技口才，逗趣观众，引得大家一同参与，造就一个欢乐气氛。他们传颂苗家文化，主持婚事永固。他们用长歌唱人类起源，唱苗家历史故事，唱寻找伴侣、自由恋爱、喜结良缘、养儿育女的经过。鼓励青年要勤劳做事、孝敬父母，并祝愿两姓联姻、百年好合、万年兴旺。通过他俩的巧妙口技，使得众人都认同这一婚姻，更使婚庆达到美满的效果。①

---

① 内容参见麻QS《满江亲桥》，节选稍有修改。

(2) 架桥求子

在苗族聚居的地方,“架桥求子”是一项具有特色的习俗。“桥”在当地人的观念中是用来连接两个不同世界,在民间也有过“奈何桥”的说法,过了桥之后代表死亡,在出生前也要过桥,因此“桥”是一段生命的结束,也是新生命的开始。扭仁村村民会在路上“架桥”以求子传代。“桥”一般都集中铺在人们通行较多的某段路上,有的用几根小杉木条铺设,有的用一块小石板铺设。桥两头扎两节红布。多数桥的一旁还会用石块垒一个土地庙,意为土地神守桥。架桥除了求子,还可求一段美好的婚姻。

(3) 敬门神

扭仁村居民会在其房屋大门旁石墙缝中插香祭拜,当地人称之为敬门神,一般在逢年过节时进行,其目的主要是保佑家里人旺财旺,全家平安。

三、自然资源

(一) 自然景观

1.“母亲林”

“母亲林”(枫树:苗语称“东名”,意为“母亲树”),位于扭仁村前的道路旁。在苗寨里,广泛流传着一种特殊的民族情结,有“一棵枫树寓意着一位祖先”的说法。扭仁村“母亲林”共有一大九小10棵古

“母亲林”(黄婷婷　摄)

枫树，象征着蚩尤圣祖和九黎兄弟。古枫树是历史的见证，历经风吹雨打，保护着扭仁村及村中居民。这片“母亲林”就是护寨林，具有神圣的意义。

“母亲林”旁还有一棵300多年树龄的金弹子树，据当地老人讲，这棵树是麻心佐中举那年，村民送举人赴京做官时种的。金弹子树茎干刚劲挺拔，自然虬曲，色泽如铁。金弹子树在4月开淡黄色花，花形似瓶，香气若兰，故又名“瓶兰花”；花后5月挂果，10月后，绿果变橘红色或橙黄色，形似弹丸，故称“金弹子”。

“母亲林”，古树成群，参天蔽日，绿荫葱葱，是夏天乘凉的绝佳之地。因此，2015年县政府在“母亲林”周围铺上了青石板，方便村民及游客前往游玩纳凉。

2. 蜡梅谷

扭仁村的后山有一个蜡梅谷，那里有上万株野生蜡梅。蜡梅开花时，非常壮观，特别是寒冬腊月，满谷花开，全村芳香。如果遇上下雪天，那景色无法用言语来形容。走在蜡梅谷的小石阶上，看着山缝中形成的小瀑布，又是另一番风景。

据说明朝时期，扭仁与茶坪一带盛产茶叶，经各条古道汇集于凤凰，后用船只下洞庭湖，再用大船经长江、京杭大运河送达北京，再改用马匹送至今蒙古国、俄罗斯等地。相传蜡梅谷有一位名叫腊梅的姑娘，在扭仁村至长潭岗古码头的茶马古道最险峻的地方修了一个水榭，名叫“水榭腊梅”。这位腊梅姑娘整天用山歌鼓励后生赶马送茶。她的歌声清脆悦耳，男人听了沉醉其中，树木听后花色改变。即使在寒冬腊月，光秃秃的树枝上也能开出黄花，且香色久远。现如今，仙人已去，水榭不存，但满谷的蜡梅花世世代代争先开放。

蜡梅谷的两边山坡还有许多兰花，品种主要有春兰、蕙兰（九朵兰）、寒兰、剑兰和豆瓣兰。这些兰花有香气足、花期长的特点。目前，蜡梅谷及两边山坡被列为扭仁村村级生态保护区，禁止人们私自采挖兰花。

3. 古树

黄连木(黄婷婷　摄)

扭仁村的古树参天,种类也有很多。经县林业局挂牌保护的有15棵,主要有枫树、柏树、榆树、桂皮树、枫香树、金弹子树、楠木、青冈树等十几个国家及省级保护树种。村中有一棵130年的黄连木,是漆树科黄连木属,2017年已被录入湖南省古树名木保护名录。这棵树枝叶茂盛,郁郁葱葱,因此也被村民定为建立土地庙的不二之选。

4. 爱情洞

湘西地区多为喀斯特地貌,导致山中易形成大大小小的山洞。山上的洞很深,洞口小,山水雨水易堆积,不适合作为爱情洞。而山腰的洞较浅,多半在悬崖下,洞口大,洞内小,不易积水,这样的山洞容易被选作爱情洞。有一句话叫“天生一个爱情洞,结缘成双在其中”。爱情洞是扭仁村年轻男女谈情说爱、互诉衷情的地方。他们在洞里谈天说地,尽情地唱着苗歌,有时候还会跳狩猎舞和丰收舞。这里发生了许多美好的爱情故事,也促成了许多美好的姻缘,因此被大家唤为爱情洞。爱情洞也见证了那个年代苗族青年恋爱的方式。

爱情洞入口(麻QS　供图)

5. “望江牛”

扭仁村去满江的路上,有一块石头,形状非常像一头回头望江的牛。

过去，有的村民家里小孩半夜哭个不停，只要来祭拜它，小孩立马就不哭了。也有村民说这石块是牛郎，隔着江河盼织女，愿鹊桥飞架，结了千年夙愿。

6. 神奇的森林带

在扭仁村三组有一段长500米、宽50米的森林带，常年无冰雪。周围冰天雪地而这里柚子树上果实挂满枝头。关于这神奇的自然现象，也流传着不少传说。其中一个传说，据当地地理先生讲，扭仁村地下有一条火龙在护卫扭仁的天象。还有一个传说，说的是蚩尤先祖的灵魂盘踞于此，保护着村庄。

以前，扭仁村天干物燥，经常失火。这里的人们心地善良，但讲起话来大声大气，火气十足，只要顶住了火气，过不了多久就恢复如初。可见，这里的人性格特征也与这条火龙有关。冬天的柚子也有很大的用处。柚子肉虽然不甜，但酸而不苦，维生素C含量极高，可以入药。村里的姑娘出嫁前用冬天的柚子水涮口，几天工夫牙齿就如玉一样洁白。冬天用柚子水为老人和儿童擦手、脸，可以防止冻伤，不生冻疱。

（二）动植物资源

“三伏一碗羊肉汤，不用医生开药方”，这是扭仁村90多岁高龄麻大爷的长寿秘诀。扭仁地潭江两岸野草丛生，麻三七、七叶一枝花、地蛋、续断、黄金、川芎、土茯苓等上百种草药漫山遍野，羊吃百草，百草是百药。地潭江的山药羊是吃草药、喝天然泉水长大的，营养价值极高。地潭江的山药羊肉一刀切去颜色鲜红无比，就是在三伏天放在屋外，也能蚊虫不叮，三天不腐。地潭江山羊体型不大，成年羊的体重约为50斤，羊产量不多，全年不足500头。俗话说“冬病夏治”，在夏天连续喝上5日羊血稀饭和羊汤，就能将老病根除，活力无限，登山下涧，健步如飞。

四、村规民约

扭仁村依照《村民委员会组织法》的相关规定，根据该村实际情况详细制定了社会治安、消防安全、村风民俗、邻里关系等村规民约。

扭仁村村规民约

严管子女正家风，尊老爱幼扬美德；
家庭邻里要和睦，诚信团结互谦让；
破除迷信讲科学，移风易俗倡文明；
红白喜事简单办，迁建节约反铺张；
自家娃娃要爱护，九年教育是义务；
生育国策不能忘，夫妻和谐勤商量；
有钱不沾黄赌毒，不滋事端不惹祸；
严惩乡痞和村霸，扫黑除恶扫到底；
遵纪守法刹歪风，依法办事记心上；
出行不坐三无车，自己违规自担责；
水电火雷均无情，安全第一不能忘；
护好绿水与青山，变为金山与银山；
村容整洁共参与，垃圾分类不乱放；
传统村落保护好，今后旅游靠它了；
房子修建不违规，按照程序经审批；
非法占田好地方，罚款一万全折光；
扶贫扶志又扶智，摒弃等靠要思想；
莫把扶贫当救济，自尊自立又自强；
村务财务要公开，民主集中不独断；
廉洁自律做表率，群众心间树威望；

村民义务主动做，公共事务一起忙；
同甘共苦齐努力，幸福安康村兴旺；
省级美丽示范村，今后项目紧紧跟；
村规民约大家订，人人遵守美名扬；
乡村振兴靠你我，扭仁大步奔小康。

（本章由黄婷婷撰写）

第十四章　老家寨村

老家寨村位于云贵高原东部边缘，坐落在山江镇西北部，距山江镇政府所在地2公里，距凤凰古城24公里，交通十分便利，是国家级武陵山区苗族文化生态保护试验区的核心。2013年8月，老家寨村被列入第二批中国传统村落名录；2014年被列入首批全国乡村旅游富民工程重点村；2017年3月被国家民委命名为第二批“中国少数民族特色村寨”，同年获“全国美丽宜居村庄示范”称号。

一、村落概况

（一）地理生态环境

老家寨村海拔680米左右，属中亚热带向北亚热带过渡的季风湿润地区，四季分明，光照充足，无霜期长，植被茂盛。

村庄周围地势起伏较大，山上植被丰富。村庄背山面水，依山而建，平地为农田，坐西北朝东南方向。地表组成物质中石灰岩占95%，峰峦连绵，谷深坡陡。老家寨前有一座清澈见底的千潭水库，面积约11.7公顷，山中常年有山泉水。

（二）村落布局

老家寨青石板小径
（李吉和　摄）

老家寨布局精湛，寨内的古板小径，清一色青瓦古墙，曲巷通幽。寨内的道路全部用青石板铺成，八卦式布局街巷，外围是石砌城墙与带刺植物。屋子也全部用石头堆砌而成，最主要的材料就是石块，山间、田边、水边，人迹所至之处，到处是用石块堆砌起来的矮墙，一块一块整齐划一、方方正正。寨子外围还修建了护寨墙。

村寨地势西高东低，平面呈椭圆状，为封闭式的聚落，设寨门一个，寨墙一道，墙长300余米、残高1.5～2米、厚0.8米。主村道沿寨墙外环绕，通达至各农户家门。该村最有特色的是那一栋栋依山而建，以青片石或黄泥土砖为墙砌筑的小青瓦明清平房建筑，朝向多为坐西北朝东南，三开间，系典型的苗族农家小院。

老家寨村有一条4～5米不等宽的公路延伸至村寨门口，未进入村内。村寨内部主要为青石板道路，宽约1～1.5米，顺应地形的高低起伏与建筑的错落有致，院坪村巷四通八达，自成一体，形成独具特色的道路空间。

（三）村落历史

关于老家寨吴姓来源，该村村民吴茶山说，最初吴姓住在凤凰县禾库一带，后来先祖吴志林、吴志华去贵州镇压“叛乱”，经过老家寨时要煮饭。张姓老人家就说，我们这个锅子小，煮不了，你到前面刘家去吧。于是就到了刘家。刘家人多势力大，拒绝给他们煮饭。于是吴志林、吴志华就说，借你们这里炒菜煮饭，你们不准，不准就打架。于是把刘家赶走了。后来吴姓与张姓互相结拜为兄弟，并相互通婚，人口逐渐增多。这里以前不叫千潭，叫漩潭，后来才改成千潭。以前只能说千潭，不能说老家寨，老家寨是官方称呼。以前的老家寨村现在成雄龙村了。①

关于张姓来源，据说张家是从山那边迁过来的，刚来的时候住在下千潭。到今天已传好多代了，也去过很多地方。最初张姓祖爷爷叫张雄辉，来自江西，后迁移到麻阳县城。因在麻阳高村那边做生意，与人发生纠纷，对方人多势众，要赶他走，不走就杀掉他。没有办法，他才从那边坐船，叫船夫救他。高村人用弓箭射他，他用手挡箭，没射中，最后就落脚在麻阳羊角垴。祖爷爷有3个孩子，后来一个去了山东，一个去了岩门镇，剩下一个就在羊角垴看家。岩门镇这一支又迁到了麻阳县的井河。井河的人多了，张家寨的张姓才迁移到这里。最初张姓以烧炭为生。他们之所以能够落脚在这里，是因为毛都塘那边的人要过来攻打老家寨，张姓爷爷帮助了他们，最后被接纳住了下来。②

村民吴梅青说，因为苗族没有文字记载，所有的事情，都是用故事一

① 内容根据调查组对村民吴茶山的访谈资料整理而成。

② 内容根据调查组对村民张金安的访谈资料整理而成。

代传给一代的。老家寨以前叫上千潭，以寨前湖水的名字为寨名。祖先刚搬迁过来时，因地处偏僻，到处是石头山，土地较少，种的庄稼收成也不好，生活较艰苦。为了生活，家中年轻健壮的青年就外出当起了挑夫、走脚，在外面碰到好的人家之后，被招为上门女婿，就在外面安家了，只有在逢年过节的时候才会带着家人回来探望这边的亲人，久而久之，在外的亲人，就把寨子称作老家寨。

民国时期因土匪侵袭，大部分人举家背井离乡。1996年，修通了连接山江镇的村级公路。

（四）村落人口

老家寨现有82户人家，共325人，以龙、吴、张三姓为主，是一个以苗族为主聚居的古村落。

（五）物产与特色产业

村寨的粮食作物以水稻、玉米、黄豆、红薯为主，经济作物为烟叶。主要植被用材林有杉树、松树、枫树、椿木、榛木、漆树等。主要经济林有核桃、板栗、猕猴桃等。药用植物有首乌、益母草、金银花、八角枫等。野生动物有獐、乌鸦、野鸡、野猪、野兔、野鸭、野山羊等。

湘西历来就有种烟的传统，早在明朝万历年间就开始种植晒红烟，烤烟生产则始于20世纪60年代初。老家寨气候适宜，四季分明，光照充足，无霜期长，是烟草的最佳生长地区。烟叶亩产在250～300斤，每年2月育烟苗，4月进行移栽，7月底便可收成。“淡雅、香气细腻、配伍性强”的湘西山地特色烟叶，已成为多个知名卷烟品牌的重要原料。

老家寨种植的水稻以口粮为主，根据各家拥有的田地而定，一般每户种植1～5亩地，所种植的水稻为中稻，仅种植一季，每年5月下旬开始插秧，9月收割，每亩产量为300公斤左右。

（六）经济社会发展状况

目前老家寨村大部分青壮年均外出打工，留在村里的人还是以种植水稻等农作物为主要产业，另外有少量的烟草产业。旅游业刚刚起步，经济来源较单一，人均纯收入较低。传统建筑村寨处医疗卫生、教育设施等基础设施相当缺乏。村内水源主要是山泉水，村民需自行挑取，已有排水设施。各户自行采暖，家中有火塘，燃料为树枝、秸秆等。村寨内可使用无线电话，但信号不稳定，电视信号可基本满足生活所需。电力已覆盖全村。

二、文化遗产

（一）物质文化遗产

1. 特色民居建筑

老家寨村内的建筑依山傍水，集中成片，绝大多数为苗族传统民居。老家寨村现存的建筑遗产非常丰富，共有明、清、民国时期的各类历史建筑约6398平方米，土砖结构民居50余栋。其中，20世纪50年代前建造的建筑占有一定比例，是苗族古民居的代表。新中国成立后修建的房屋，多为居民自建的低层住宅，也属于传统风貌建筑，与村落的传统风貌较为协调。20世纪80年代后建造的新建筑，一部分沿用了传统材料和传统工艺，与传统风貌相协调，另有一部分采用了砖混结构，与村内传统建筑环境不太协调。

老家寨村现存建筑年代分类统计表[①]

时代	明清时期	民国时期	20世纪50—70年代	20世纪80年代后	合计
建筑面积（平方米）	1919.4	4478.6	1540	2482.5	10420.5
所占比例（%）	18.42	42.98	14.78	23.82	100

注：数据来源于凤凰县中国传统村落申报资料。

老家寨古民居建筑为硬山式，木构架，三开间，基石均为青石干砌，基石以上砌封黄泥土砖，系典型的明清苗家建筑，且保存基本完整。

传统土砖结构民居（李吉和　摄）

老家寨传统建筑的基础全部由较规整的青石板垒砌，高50~80厘米，部分建筑用青石板垒砌至窗台底，后期居民为稳固房子，也会用青石修补脱落了的土砖。墙体由规整的土砖垒砌，土砖保留了原始的土黄色，由于年代久远，部分土砖已经开始脱落，居民用青石进行修补。门全部是木结构，颜色为暗红色，由于民风淳朴，居民并没有刻意加固门窗。窗户是墙上开的通气透光的方形洞孔，即为窗洞，不能开启，窗中间用约5根竖向木头进行隔断，用塑料膜密封遮风挡雨，房屋的密封性较差，采光效果一般，保暖性较差。屋顶全部是双坡屋顶结构，用青瓦铺盖。

老家寨民居建造工艺保留了传统风貌。房屋内都是用木头搭建的阁楼，这些木头搭建结构有点像树杈。据村中老人讲，是因为苗族的祖先刚来的时候因为潮湿，便住在古老大树的树杈上，住得多了久了之后，就用这些大树来修建房屋。因为这里是喀斯特地貌，都是石头山，祖先靠着双手开采，大部分的房子都是用石头建造的，但也有部分房子是用土坯搭建在石头上方的。就是用两块石头交扣着一层层叠起外模，里面用木头搭建。交扣的石头没有借助任何的方式进行加固，其上面部分砌上用土坯制成的土砖。如果哪家的土砖比较多，就代表这家人比较富裕，因为土砖必须要用稻田里的营养土才可做成，如果家里土地较少，是没有这么多的土可以用来做土砖的。刚垒起的房屋屋顶是石板盖成的，但因为内部用木头作支柱，石头太重，容易压坏木头，在修护的时候不好修整，为此后期就改用瓦片，瓦片也是用稻田里的土烧制而成。

屋内房子布局，一般是三间正屋，右是灶房，前有三锅一鼎弯月式土灶,后部铺有床,靠墙有特制的花碗柜等。中间是堂屋,中堂正壁是神龛,楼板地面架有求子的天桥,地面中柱中线处有按龙石盖在安龙池上,据说接龙回家安于室内可保平安,且设有祭祖祈福、朝傩还愿的“傩堂”。左边房铺地楼板。前部有长条石围成的火坑,火坑上安有三脚架,放大鼎罐,用于烧水、做饭、取暖。后部是主卧室,陈设箱、柜、床三位一体具有多功能的大花床,床上通常挂有帐子,为了防烟熏,一般是黑色的。

不同的人家灶台所摆放的位置是不一样的,这是根据姓氏的不同而进行布置的。老家寨村中,吴姓、张姓人家的灶台均建在进门的右手边,龙姓人家灶台建在左手边。灶台摆放在不同的方位,以便于祖先辨认,因为在苗族是禁止同姓通婚的。在姑娘家待嫁的时候,媒婆到家里来提亲时,首先要看的是灶台建在哪个方位,如果灶台方位与姑娘家的一样的话,就不会再提亲了。

老家寨村民居建筑文化最具代表性的是龙家大院、张家大院和吴家大院。

(1) 龙家大院

龙家大院占地面积152.7平方米,建筑面积161平方米。该院建于明朝,建筑保存较好,龙氏后代依然居住于此。宅子由主屋和两侧的附属屋两部分组成“U”字形布局。前为石板铺砌的庭院,作为晒谷和室外活动的场所,围墙用石头和土砖围合成场院形式,前面入口设一座小型吊脚门楼“朝门”。正房由三间屋子组成,房屋内部分隔为两层,一层主要作为日常起居之所,二层主要作为仓储使用。堂屋大门为暗线色的六扇木板大门,拼装精细,上方门窗有镂空雕饰。通往两侧厢房的门为封闭的平板门,门上无

龙家大院入口(李吉和　摄)

任何雕饰图案。房屋正面右边开有一扇直棂木窗，便于屋内的采光通风，系最典型的明清苗家建筑。现为欧盟对华援助项目“老家寨妇女中心”，也是当地苗绣传习所。房屋为硬山式屋顶，用小青瓦铺设。内部为木框架结构，四周墙体的基石用青石垒砌，基石以上砌封黄泥土砖。宅子青灰色和土黄色的色彩与寨内整体风貌相融合。该宅坐西北朝东南，正房左右侧各有一间附属屋，左侧附属屋为两层灰砖楼，一层两间房分别为厕所与小卖部，二层为两间卧室；右侧附属屋内部与正房相连通，用于苗绣银饰等工艺品展示和售卖。正房面阔三开间，正堂向退进，在入口处形成凹口，又称为“虎口”或“吞口”。大门位于吞口正中，左右侧开一扇侧门。室内不做分隔，因苗族节日、祭祀和集会较多，很多活动需要在室内进行，所以堂屋与卧室、厨房没有墙作隔断，只有用作支撑的木柱，站在堂屋门口便能将室内一览无余。堂屋位于中央，作为日常起居、劳作、休息、接待客人的场所。堂屋右边一开间后部摆放床铺，常年用厚布蚊帐悬挂、遮挡，保持一定的私密性，前部靠窗位置设有一火塘，主要用于取暖和熏制食物。堂屋左边一开间，后部用于放置杂物；前部用作为厨房，设有灶台等相应的厨房设施。

（2）张家大院

张家大院入口（李吉和　摄）

张家大院占地面积845平方米，建筑面积620平方米。始建于明朝，为苗族张氏宅邸，张氏为当地寨子的大户人家。建筑保存较好。共有四间正屋、两间阁楼、一间柴房，东南面各一扇大门，东侧入口有片小竹林。张氏后代依然居住于此。正房前为石板铺砌的庭院，作为晒谷和室外活动的场所。围墙用青石材围合成场院形式。四间正房均由三间屋子组成，房屋内部分隔为两层,一层主要作为日常生活之所,二层主要作为仓储使用。堂屋大门为木板门,通往两侧厢房的门为封闭的平板门,门上均无任何雕饰图案。房屋正面左右两边各开有一扇直棂木窗,便于屋内的采光通风。两间阁楼经过重新装修,现作为"凤凰县老家寨苗绣展示中心"使用。房屋为硬山式屋顶,用小青瓦铺设。内部为木框架结构,四周墙体的基石用青石垒砌,基石以上砌封黄泥土砖。该大宅院坐西北朝东南,正房对面为两间阁楼,由于地势的原因,阁楼一层在南侧,与院楼在一个水平面,作为牛栏、猪栏和鸡舍,阁楼上为展示传统苗绣制作工艺的地方。正房布局与龙家一样。

(3) 吴家大院

吴家大院占地面积220平方米,建筑面积172平方米,为苗族吴氏老宅,建筑保存较好。宅子由主屋与左侧附属屋两部分组成。前为石板铺砌的庭院,作为晒谷和室外活动的场所,围墙用石头和土砖围合成场院形式。前面入口设一座小型门楼"朝门"。正房由三间屋子组成,房屋内部分隔为两层,一层主要作为日常起居之所,二层主要作为仓储使用。堂屋大门为暗线色的木板门,通往两侧厢房的门为封闭的平板门,门上均无任何雕饰图案。房屋正面左右两边各开有一扇直棂木窗,便于屋内的采光通风。房屋为硬山式屋顶,用小青瓦铺设。内部为木框架结构,四周墙体的基石用青石垒砌,基石以上砌封黄泥土砖。该宅坐西北朝东南,正房左侧有一间附属屋作为厕所。正房布局与龙家一样。

吴家大院
(李吉和　摄)

2. 古寨墙

古寨墙修建于明嘉靖年间。为抵御外侵、防范匪患,老家寨四周建有青石堆砌的防御寨墙,环村而建,从外而内,有两道护寨墙,转弯处的制高点竖立有坚固碉堡。一般高4～5米,部分墙体上有瞭望台和射击孔,并有寨门

古寨墙(李吉和　摄)

数余座与之相接。墙体砌筑方法十分讲究,下段用平整石块铺砌,坚固牢实;上部用竖式斜排筑垒,添加方式灵活。古寨街巷为八卦迷宫式设计,易守难攻,易进难出。道路多为“丁”字路。由于风雨侵蚀以及人为破坏等原因,剩下来的护寨墙只有100多米了。

3. 碉堡

寨内苗族同胞为了抵御野兽和土匪侵扰,在寨中修建了大量的碉堡,雄踞在寨内高处。碉堡用石块堆积而成,一般分上下两层,四面都开有窄窗,

老家寨碉堡(复建)
(李吉和　摄)

用于瞭望和射击。石启贵在《湘西苗族实地调查报告》中对碉堡建造以及具体情况进行了详细的调查和描述:“建筑地点,多择高处险要山势,凡属往来冲道,林立设置,数莫可计。……碉堡形如方塔,以石砌成,向上递狭,高约三丈。四壁陡峭,一般每座上、中、下三层。下层高六尺,宽一丈六尺。中层高六尺,宽一丈五尺。上层排墙垛口,高五尺,中空一丈,顶宽一丈四尺,立屋盖瓦。每层留枪眼八个,共枪眼二十四个。枪眼外宽二寸,内宽二尺。随时都有哨兵,登而瞭望。士兵居寝以及长官司令部,都在中层。挂枪悬弹,各有定所。底层背敌一方,开有一门,以通要道。并有枪兵守卫。一如平常之营门。或掘地洞,以与他处相通。有的碉堡,四周还挖壕沟,壕沟外面,排插竹签,除留出入道外,余皆连接成连环式。竹签外,

再排鹿砦。所谓鹿砦,即将形似鹿角的树枝,砍伐而成。若在平地,可把根端向地栽下,若在坡地,根端向上丫杈向下,以阻敌人通过。”①今天的老家寨碉堡碉楼位于村部东北处,是在旧址上重新修建的。

4. 土地堂

土地堂是老家寨村民烧香祭拜的场所,一直延续至今。现存土地堂基本保存完好,延续原有的祭祀活动。

古井(李吉和　摄)

5. 古井

古井位于山脚下,紧靠山体,用青石垒砌而成。有山泉水流入井中,并储存于此,村民从这里挑水以供饮用。

6. 背篓

背篓是湘西人劳作最基本的工具,无论赶集、干农活还是上山砍柴都背上背篓才出门,是刻在湘西脊背上最古老的符号。背篓的整体造型种类较多,一般底部呈圆形、方形和椭圆形三种;后侧面呈方形、喇叭口形、U形、圆筒形等。其中以底面为圆形或椭圆形,后侧面呈喇叭口形和U形的居多。这类背篓使用方便,适用范围广,一个背篓可以同时承载多种不同的功能,既可以做洗衣背篓,也可以做购物背篓,因此平常见的也相对较多。由于竹篾或竹片容易加工成型,无论是背篓的人体曲面,还是圆、椭圆或月牙状等各种形面均可加工,从而使湘西的背篓富有动感,显得轻快活泼,富有工艺性和欣赏性。

7. 石臼

舂米用的器具,圆形,上宽下窄,安在土里,只把臼口露出地面。随着木碓一上一下捶捣,稻谷便在石臼里脱了壳,蜕了皮。小的石臼可用于砸、捣、研、磨药材。现在,石臼逐渐被淘汰,成为人们怀旧的对象。

① 石启贵:《湘西苗族实地调查报告》,湖南人民出版社1986年版,第205页。

蓑衣(李吉和　摄)

8. 蓑衣

用粽叶制成,厚厚的像衣服一样能穿在身上用以遮雨的雨具,也称为棕衣。蓑衣一般制成上衣与下裙两块,穿在身上与头上的斗笠配合使用,用以遮雨。这种雨具穿在身上,劳动十分方便。20世纪60年代后期,随着化纤产品的出现而结束了它的历史使命,转而成为旅游纪念品和室内装饰品。据说,把蓑衣挂于墙上,可以“镇邪驱魔”;用蓑衣包裹木炭,放置在井底下,除了能杀菌过滤外,还能镇住“邪气”。

9. 冲担

冲担(李吉和　摄)

它用的是笔直的小毛竹或是大一点的龙须竹,根据所需的长度截断,再用刀把两头削得尖尖的,便于“冲”柴。中间与肩膀接触之处的几个“竹节”,必须用刀削得光光的,以减少对肩部皮肤的损伤。上山砍柴后,先用冲担戳进小把的柴,再用柴绳把整捆的柴捆得结结实实,就可以挑着回家。冲担除了挑柴,还用于挑稻草、麦秆之类。

10. 碗柜

苗族人家里一般在床与灶之间放有碗柜,用于放置食具、储藏食物和粮食。有的碗柜有手工雕刻的花鸟纹饰,很是精美。

11. 织布机

苗族妇女用于将线编织成布匹时所使用的工具。传统织布机有一个类似木床的框架,一端是布满经线的机头(线柱子),机头两端有六个翅,可控制机头运转。离机头不远处安装着竖立的框架,其作用是通过上方的横木棒向下牵引提拉两个缯,缯是与机头等宽、高约20公分的长方形线刷,缯的下方通过引绳连接两个踏板,轮流踏下踏板,缯便分出高下,均匀穿过细细缯眼的经线,便被分为两层,织布梭子从两层经线中间穿过,带领纬线与经线交错,再通过机杼的挤压便形成了布匹。

织布机(李吉和　摄)

12. 石磨

石启贵在《湘西苗族实地调查报告》中,对石磨有详细的描述:“用两块磨石,俗谓之磨岩,普通以青石为佳。磨是钻打做团圆形。上块厚而下块薄,上下两块均开凿八方形之阴阳齿。相合自如,下块中心点,凿一眼,安以硬质木桩。桩约三四寸。露端留寸余,以贯穿连于上块,谓之磨心。磨之上块,除于中心凿一磨心眼,以与下块之磨心木相连合外,另于偏旁凿一眼孔,俗称磨口,以喂物入磨。平面琢齿,旋转以碎物者也。上块磨边,凿一方四方形眼孔,约一二寸深,以安装磨柄。柄亦凿一圆形眼孔,以套磨钩而推转之。全磨安于较稳重之木架上,有的专装磨架槽,可以代替簸箕作用。有的只配磨架,架下摆簸箕一个,以便粑粉磨出时接之。乡人多吃杂粮,用磨较多。”① 现在有了机器,石磨很少用了。

(二) 非物质文化遗产

1. 工艺

(1) 苗绣工艺

湘西苗绣多用于苗族服饰中的袖口、衣襟、后肩、裤脚、腰裙,以及帐

① 石启贵:《湘西苗族实地调查报告》,湖南人民出版社1986年版,第101~102页。

帘、门帘、被面等生活用品的装饰。苗绣以五色彩线织成，题材选择非常丰富，但较为固定的有龙、凤、狮子、鸟、花卉、蝴蝶。苗绣艺术有粗犷、秀丽、素雅等风格。图案讲究对称、平稳、严谨、紧凑，丰满而疏密虚实得当。在绣法上有好多种。从针法上来看，有平绣、挑绣、破线绣、锁绣、贴布绣等。老家寨内已少有会苗绣的绣女，只有为数不多的年长者保留着这一技艺，有许多苗绣工艺正在面临失传。2008年，湘西苗绣入选第二批省级非物质文化遗产名录。

苗族妇女在做苗绣（李吉和　摄）

（2）纺纱工艺

纺纱是苗族传统手工业。当地每户均有纺车，妇女多善纺纱。纺车是用木、竹、麻线三者构造成的。木作座，竹装车轮架，麻线绷绞车轮圈之边缘。轮中上一横柄，以手握旋。纺者坐在车旁，右手旋车柄，左手同时扯纱。每纺出二三尺长，则倒旋卷纱一次。不善纺者，出纱时粗时细，松紧不匀。抽纱速度，亦快慢不等。善纺者，日出细纱三四两。①

纺纱车（李吉和　摄）

（3）织布工艺

石启贵在《湘西苗族实地调查报告》中写道："苗乡织布，全系旧日成法，用本地自制之木机织之。织布工序，先将纱洗绞数次，上浆后倒好纱锭，牵成纱幅，按纱序套综穿筘毕，即可上机床织之。左手标梭右手织，右手标梭左手织，使线上下交错织之。除织经纬粗布外，尚能

① 参见石启贵《湘西苗族实地调查报告》，湖南人民出版社1986年版，第107页。

织成种种花纹。苗民谓之‘题明题敬’，汉译为苗锦。织速日出一二丈布止矣。”①

苗族手工织布从纺纱到成布要经过15道工序，其中纺纱、牵幅、梳纱、卷经、贯综穿筘、上织床、织布这七道工序，技术含量高，操作难度大，要完成这七道工序需技术熟练、心灵手巧的有多年经验的人才能胜任。苗族手工织布的织物分为大布(即白布)、花格布和苗锦，其中以苗锦为上乘，至今仍为有识之士竞相收藏的珍品。苗族手工织布技艺不仅为人们带来了温暖，而且具有重要的历史价值、文化价值、民族精神价值和社会价值。目前，老家寨村寨内60岁以上的老年妇女才会纺纱织布，60岁以下的已没有人会纺纱织布。村民很少用这种传统繁复的手工织布来制作服饰，一般是直接到集市上买机器纺织的服饰。

(4)织花带工艺

苗族花带，手工精巧，图案别致。族人不仅用于自身装饰，如系围裙、巴裙和袜子等，且常作礼品赠人，寄托情谊。花带图案，用经纬线织成。经线分单经与束经两种。单经仅独线，束经需线三根。单经线与纬线同色，做带底，束线用异色线，织花纹。牵带时，经线一上一下，间隔并列，长度一般1.3~2.7米。束经线多寡以带宽窄和花纹繁简而定。丝线细花纹繁，三十七束左右；棉线粗花纹简，二十五束左右。牵毕经线，结耳做综，套上小木架，用牛骨削成板筘织之。花带图案多变，在一条花带上，可有花果、蝴蝶、鱼虾等同时出现。但不添枝加叶，而用对称形式将各种形态构成一格一格之主花，两边再以简单的二方连续或几何

花带(李吉和　摄)

① 石启贵:《湘西苗族实地调查报告》，湖南人民出版社1986年版，第107~108页。

牵线架(李吉和　摄)

龙岩(李吉和　摄)

图形作为陪衬。棉线带多是白底黑花,丝线带绿底黑花或紫色花。构图巧妙,色彩对比强烈,具有独特的民族风格。①

在老家寨村:村中妇女利用牵线架、绷架、牛角扣板等简单器物,通过牵线、上绷架、挑综、编织等几道工序织出花带。其中编织最难,因为图案有简单有复杂,有动物有植物,图案虚实结合,编织出来要求形象生动。

2. 习俗

(1) 祭龙岩

龙岩是设在堂屋内地下中正方位的鹅卵石。这是进行接龙祭祀时所制。苗族在新居建成后,请法师到家里来作法,后到河边捞取鱼、虾等小动物接至家中,安置在室内堂屋。虾,寓意龙接到家中,保佑平安、消除灾难、五谷丰登、六畜兴旺,被视为神灵地位的象征,忌踏踩。

(2) 祭神

在堂屋后墙建有神龛。以红纸写着"天地国亲师位"六个大字,贴于中堂壁上,两旁写"是吾宗支,普同供养"等小字。上贴签,边贴对联"兴家立业财源立,治国安邦福禄神"。神龛横条写"国泰民安",神龛下面写"天地阴阳年月日时,春夏秋冬四季

① 石启贵:《湘西苗族实地调查报告》,湖南人民出版社1986年版,第108页。

大利”。每逢农历初一、十五,装香奉敬。

(3)挡箭碑

在老家寨西北岔路口有数量不等的挡箭碑。这是南方少数民族信仰的一种地方文化。民国年间的《渠县志·礼俗志下》中说,该县民间“初生子命犯独木关者,支一木于桥下;犯将军箭者,立指路碑于三岔路口”。这种路碑的材质是石头,制作比较简洁而粗糙,基本上不设浮雕图案,简单明了、朴实无华;碑身呈长方形,长六七十厘米,宽四五十厘米。立于三岔路口,给行人指示方位、距离。其内容一般为:碑的正上端雕琢“挡箭碑”三个大字,中间刻上“弓开弦(箭)断”,旁边两端刻上“左走老家寨,右走上千潭”,通常还有立碑人士的姓名籍贯、生辰八字和立碑时间等信息。根据岔路分岔的情况,指路碑有指一处的,有指两处的,也有指三处的,最多的有指四五处。所谓“男怕将军箭,女怕阎王关”,挡箭碑只论男命,不论女命,而且是男命中最忌讳的第一要煞,甚至还流传着这样的命煞口诀——“酉戌辰时春不旺,未卯子时夏中亡;寅午丑时秋并忌,冬季亥申巳为殃。一箭伤人三岁死,二箭须教六岁亡;三箭九岁儿难活,四箭十二岁身亡”,令命主身心残疾。轻者,不伤大雅,无外乎弄个伤疤之类;重者,脸破大相,缺手少脚,瞎眼少耳,一生残疾;与日俱增者,夭折短命,遇凶而亡。若小孩犯了关煞,须依照算命先生所指方向,在桥头或岔路口立碑冲煞。届时,家人带上小孩,备上香烛酒菜,及竹制的弓箭,等候在路旁。若见路上有人走来,即上前拦住,请其射箭为小孩去除关煞。并请此人吃点酒菜,以表谢意,有的还要小孩拜其为“干爹”,说这样才能使小孩长命富贵,易养成人。一般多理解为这是一种修善积德的人类道德行为,与修桥铺路等积善习俗的意义相类似。

(4)架地桥

苗中无子者,向神许愿求子后,尚不生子,则做架地桥。以为子在天上,地下架桥,即可下降。主人择一吉日,斋戒沐浴。先期预备石板一块,长约60厘米,宽30厘米,厚5厘米,上凿四条直线,分成五格;又准备五种结了果实的树枝各一条,每条的大小约等于石板上的一格。至正日,即将石板与木条埋在门内近槛的中间。以方桌一张，上摆纸钱五叠，米一升，内插香三支与烛一对，米粑五堆，烧熟豆腐一碗，酒五杯；又以钱币数枚放在米里面。法师穿便衣，手持师刀与筶子，念咒卜筶，斟酒说原因，再卜何时可得生子。然后烧纸送神。法师休息后，接做暖傩。时间在白天，用方桌一张，置于正屋后半间。桌上放酒五杯，米粑五堆，米一升，米上放钱币与香烛，纸钱二叠，肉一碗，上放盐少许，搁筷一双。法师穿便衣，头裹红帕，手执师刀与筶子，念咒卜筶，做完，烧纸送神。①

3. 节日

苗族民间传统节日比较多，主要有赶（年）节、祭祖节、“三月三”、“四月八”、“五月五”、苗歌节、挂年、吃新节、“七月七”、重阳节等。许多节日大同小异，无外乎祭祖、联欢娱乐。现择其要者予以介绍。

（1）赶（年）节

时间从正月初一到正月十五，与汉族节日一样，但赋予新的内容。在此期间，人们到附近集市上赶节，集市上有舞龙、舞蹈、打鼓、对苗歌、玩杂技等活动。

（2）祭祖节

时间在农历二月和八月。届时，举办接龙、祭土地、修祖坟等活动。

（3）“四月八”跳花节

这是苗族的祭祖节、英豪节和联欢节。相传，“四月八”是苗族同胞为了纪念英豪“亚努”，追思他的勇敢成绩的重要节日。据石启贵在《湘西苗族实地调查报告》记载，“四月八日，苗乡节日，一班男女群喜看之。此为苗乡集会之一种。……爱唱歌之人，相约该处，比赛唱歌之优劣，有吹喇叭以角胜负者。在旁观听之人亦多，赞声掌声较为欢腾。老少踏青游乐，或坐或立，或蹲或卧，任其自便。……有男女青年，每藉此日，约为佳

---

① 参见凌纯声、芮逸夫《湘西苗族调查报告》，民族出版社2003年，第125～127页。

期”[①]。每逢这一天，苗族同胞披戴银饰，穿戴盛装，从十里八乡的山寨集聚在一起，举行对苗歌、打花鼓、吹唢呐、舞狮子、吹木叶等活动，他们击节敲鼓，翩翩起舞，纵情对唱，载歌载舞表达对美好生活的向往。

(4)“六月六”苗歌节

“六月六”这个富有诗情画意的传统节日，就是为纪念苗族英雄而举办的最隆重的苗歌节，是苗族祭祀祖先的节日。传说苗族英雄天灵，经三年苦练，一箭可射到京城。功夫到家那天，为养精蓄锐，天灵早早就睡了，嘱咐母亲鸡叫头遍时叫醒他。谁知老母亲半夜后簸米，不经意拍响簸箕，“啪、啪”之声引起鸡叫，天灵听见鸡叫后急忙爬上将军山(山在贵州松桃、铜仁和湖南凤凰的交界处——大兴尖坡)，他两脚各踏一座山峰(至今该地有两座高度一致的平顶山)，弯弓对准北斗星连射三箭。三箭射中了皇帝的龙椅靠背，皇帝此时登殿正准备就座，但见龙椅上三根刚插入靠背的箭矢尚微微弹动，吓出一身冷汗。皇帝查知刺客是天灵，天灵因此被害，据说被害这天是六月初六。于是，每逢此日，苗族同胞便云集将军山下，吹唢呐、唱苗歌、跳鼓舞，祭奠先辈，祈祷吉祥，祈祷幸福，祈祷未来和希望。

(5)赶边边场

苗族风俗中，湘西苗家姑娘逢赶集，都要花一天半天时间修眉毛、备新衣、戴金银，打扮得花枝招展，成群结队地唱着歌赶场，在赶场中对着歌，寻找她们称心如意的意中人，谓之“赶边边场”。歌唱的内容包括相见、讨糖、问姓氏、催请、赞美(亦不乏讥讽、笑骂)、定情、分离等方面。有时唱至通宵达旦，这是苗族青年男女进行社交，寻找意中人的一种方式。湘西的赶场聚集场所，一般选在较集中的乡镇所在地，而赶场日则是由俗定民约而成的。山江镇的赶场时间是农历“逢三”和“逢八”，5天一场。

(6)吃新节

每年农历六月的第一个卯日，当田里的稻谷长穗的时候，苗族家家户户

---

① 石启贵:《湘西苗族实地调查报告》，湖南人民出版社1986年版，第155页。

举办“吃新节”,以庆祝度过青黄不接之日、丰收在望。是日,“除办鱼肉酒饭外,还将禾胎、新苞谷、豆荚、茄子、辣子、苦瓜陈列于家龛之前及当坊土地神祠前祭之。未吃饭前,将所有菜肴各取一份并盛饭一碗,先敬送狗吃。传说狗有大恩,救济吾人,吾人之谷种,是狗带来的。故敬之以表酬报之盛意也”①。

4. 服饰

传统苗服(李吉和　摄)

身穿苗服的当地妇女(李吉和　摄)

苗族服饰在色彩方面具有尚青和装饰配色艳丽等特征。苗族服饰丰富多样,有的雍容华贵,有的古朴庄重,有的粗犷豪放,尤以女装最为丰富多彩。在手工完成的绣衣中,即使是同一种类的服饰,也很难找到两套完全一致的。苗族服装大多遍施图案,共有130多种,刺绣、挑花、蜡染、编织、镶衬等多种方式并用,做工十分考究,令人眼花缭乱。苗族服饰不仅式样繁多,色彩艳丽,而且富有浓郁的民族特色。有一种传说认为苗族的祖先是盘瓠,而盘瓠是五色神犬,所以苗族后人喜欢五色服饰。衣裙颜色以红、蓝、黄、白、黑为主,保持了苗族先民“好五色衣裳”的传统。《后汉书·南蛮西南夷列传》中就有五溪苗族“好五色衣裳”的记载,唐代大诗人杜甫也有“五溪

① 石启贵:《湘西苗族实地调查报告》,湖南人民出版社1986年版,第153页。

衣裳共云天”的诗句。

老家寨村民平时着极简朴的苗服便装。每逢隆重的节庆日便着盛装,习称“花衣”,五彩斑斓,精工制作,极富民族特色。苗族服饰作为女红技艺的显示,是苗族女性文化审美观念的集中和传承。

湘西苗族服饰保持了浓郁的民族文化传统和特色,体现了苗族人民独特的审美心理与审美理想。苗族服饰作为苗族历史意识与乡土情结的一种传达,是一种原始的符号和象征,一本无字的历史书,一种无声的语言和标志,是我们传统民族文化中的宝贵财富。

三、自然资源

(一)千潭湖

千潭湖是地下水形成的天然湖泊,最深处达183米,水可直接饮用。传说湖中有水怪(苗语“勾龙”),为苗族祖先蚩尤化身。依苗族习俗,赴苗族人家做客,从此湖泛舟而过,或用此湖水洗浴,可免灾辟邪,长命百岁。20世纪70年代初,一场百年不遇的干旱,老家寨周边上千口小水井全都干枯了。村民连基本的生活保障用水都成问题,更别说种植水稻、饲养牲畜了。因为这里是喀斯特地貌,地下溶洞很多,长辈们流传着这样的谚语:水在地下流,人在地上愁。无奈之时,当地政府组织村民们四处寻找水源,村民们下到地下溶洞去找水,发现了一个大溶洞,为了储备用水,村民们把地下溶洞的一个漏口堵住,水奇迹般地往上升了起来,解决了当地苗族群众的吃水问题。随着时间的流逝,第二年雨季到来,老家寨周边的大大小小千余口山泉井水注入溶洞内逐渐形成了现在的千潭湖。千潭湖形成

千潭湖(李吉和　摄)

之后，当地苗族人把它视为神湖、风水湖。

（二）风水林

据老人说，以前这里是一块光秃秃的石头山，有一只小鸟到此处栖息后，掉下了一根羽毛，变成了小树苗在此生长。自从有了这棵小树在此生长后，寨子的生活有所改善，人口有所发展，老人觉得这里有神灵，就到此来祭拜山神。最初时，小鸟栖息在哪个位置，村民就在哪祭拜；后期小鸟飞走之后，村民就选择小鸟留下的树苗进行祭拜。20世纪80年代初，国家实行分田到户政策，为了保护寨子风水，保佑子孙后代平安幸福，寨子的村民经过商议，一致同意把眼前的这片风水林作为村子里的共同财富，没有分林到户。现如今作为旅游区后，就不再继续祭拜，而是另外在此山中间修建了凤凰女塑像，作为祭拜山神的地方。

风水林（李吉和　摄）

（三）迎宾树

该树是一棵胸径2.3米、高12米、冠幅8米的800年核桃树。

四、村规民约

老家寨村村规民约

清洁家园、和谐乡村；绿化庭院、美化村居；村容村貌、整洁有序；人人支手、治理环境；倡导文明、讲究卫生；肮脏可耻、清洁光荣；约束自己、带动他人；人畜分离、集中圈养；房前屋后、保持干净；垃圾分类、袋装入桶；服从规划、保护民居。

（本章由龙宥蓁撰写）

第十五章　凉灯村

凉灯村位于凤凰县西北部，山江镇的西南边，距凤凰县古城28公里，距山江镇8公里，北与腊尔山镇接壤。“凉灯”在苗语中的意思是“老鹰落脚的地方”，充分说明其地理位置遥远，地势险峻。凉灯村境内重峦叠嶂，奇峰独秀，海拔落差极大，多悬崖溶洞，山势陡峭。由于自然地理环境较为闭塞，与外界交流受限，凉灯村苗族村落文化保持完好。2013年8月，凉灯村被列入第二批中国传统村落名录。

一、村落概况

（一）地理生态环境

凉灯村海拔平均700米，其中最高海拔995.3米，最低海拔444.1米。凉灯村属中亚热带湿热季风气候，四季分明，热量较足，雨量充沛，水热同期，温暖湿润，年降雨量1345毫米，无霜期283天，年日照1300小时左右。夏无酷暑，冬少严寒，因海拔高低差异，立体气候特征明显，小气候效应显著。凉灯村山上多灌木及小乔木，兼有亚灌木、草本植物及蕨类，除一些风水树及一些次生树木外，缺少成片的高大乔木，悬崖上少或无植物分布，中大型动物稀少，但鸟类较丰富。

凉灯村村貌（李吉和　摄）

凉灯村是典型的苗寨，总面积为4.11平方公里，有土地面积16432.5亩，其中耕地711亩（旱地166亩、水田545亩），山林14149.5亩。由5个自然村组成，即5个村民小组，一组称为“下凉灯”、二组称为“上凉灯”、三组称为“消水龙”、四组与五组称为“后雀儿寨”和“前雀儿寨”。5个自然村分散在各个峡谷中，现在有公路相连，但开车也需要10～20分钟。

正是自然条件限制，凉灯村历史上没有可通行车辆的道路，对外交通主要靠步行羊肠小道。2014年村民义务开山劈石，历经艰难，在国家扶持下，于2016年修通了一条通往外界的公路。2017年政府又投入1000多万元硬化了路面，真正实现了与外界地理上的连通。公路的开通极大地方便了村民生产生活，以前去山江镇上8公里的路程需步行3个多小时，而现在坐车只需要20分钟左右。

（二）村落人口

凉灯村有5个自然村，共224户1019人。村民以吴姓、龙姓、王姓为主，除了少数娶进来的其他民族媳妇外，大部分是苗族。据传说，他们的祖先是为了躲避战乱，追寻安定的生存、生活环境而搬迁至此。吴姓是300多年前从山江镇毛都塘迁移来的，龙姓则是从老家寨搬过来的。

（三）物产与特色产业

由于交通条件、经济条件限制，过去凉灯村主要从事传统的农业，虽然水稻、竹笋、烟叶等物产丰富，但却很少形成有规模的加工业。但随着对外交通的便利，思想观念转变，特色产业很快发展起来。

1. 竹笋加工

凉灯村周围几十里都是漫山遍野的野竹笋，过去因为交通不便，缺少加工工艺，城里人喜爱的好东西只能长期“养在深闺”，变不了商品。2018年开始建起竹笋加工厂，竹笋加工产业逐渐发展起来。村民采集竹笋，公司统一收购，然后加工成冷冻食材或干竹笋。加工后的小竹笋身价倍增，市场热销。一般人每天可以采集50公斤笋子，收入200元左右。为了改变原生竹笋采集加工的季节性限制，形成持续的产业，凉灯村栽种了一年两季长笋的雷竹，2019年实现雷竹产业种植面积2000余亩，辐射周边3个乡镇。

2. 传统酒业

为了加快凉灯村经济发展，充分利用当地无污染稻米资源，逐渐发展起酿酒业。湘西一家食品科技有限公司，建了一条黄酒生产线。如今，高山优质糯米、清纯的山泉水和凉灯村世传的酿酒工艺，结晶出了独特品质的高山富硒黄酒。① 这种黄酒用的是村里产的糯米和凉灯富含锶、硒的

① 朱永华：《凉灯之魅》，《湖南日报》2019年5月21日，第3版。

山泉水，半年产销白酒、黄酒数万斤，10个村民就近就业。同时，凉灯村已发展1500亩糯米基地，带动300多户建档立卡贫困户增收，带来了可观的集体经济收入。

3. 烟叶和水稻种植

由于村民比较嗜烟，因此烟叶种植一直是凉灯村传统的产业。石启贵先生在《湘西苗族实地调查报告》中讲道，苗族人不讲究饮茶，唯烟、酒两项，嗜好已极。成年男子好吸者，几乎百占九十七八人。相习成风，已有巨癖。故烟之栽培成为传统生产。① 由于凉灯村自然条件好，无污染，气温高，光照充足，雨水丰沛，气候条件适宜种植烟叶，所产烟叶品质好、产量高。过去种植面积比较大，曾经是"千亩村""百亩组"，但由于近年来大量村民外出务工，常年不在家，烟叶种植面积大大萎缩，目前全村只有200多亩，每亩产量200多公斤，每公斤可售30多元，每亩年收入6000元。不少农户通过烟叶种植摆脱了贫困。

烤烟房（李吉和　摄）

除此之外，凉灯村种植水稻历史悠久。凌纯声、芮逸夫在《湘西苗族调查报告》中指出，苗族人除种畲田之外，亦种水田，水稻四五月插秧，八九月收获。苗族地区山多，真正的平原水田甚少，仅在山间小盆地中及溪河沿岸有若干水出，余均为梯田，山间盆地灌溉多引山水泉水。② 目前凉灯村种植水稻420亩，每亩产量400公斤，糯谷每公斤6元，每亩收入2400元左右。糯谷主要用于自食以及作为造酒的原料。

① 参见石启贵《湘西苗族实地调查报告》，湖南人民出版社1986年版，第103页。
② 参见凌纯声、芮逸夫《湘西苗族调查报告》，民族出版社2003年，第40页。

（四）经济社会发展状况

由于历史、自然原因，凉灯村经济社会发展比较滞后，贫困问题比较突出。

为了解决贫困问题，凉灯村基础生产、生活设施条件不断改善。2018年向县住建部门争取了100万元用于村基础设施建设，包括该村二组学校前的200米公路建设，连接到户的青石板路及户坪坝青石板铺设、户围墙维修。2019年县林业局拨款12000元用于该村四、五组水管改造，保障村民生活用水。2019年初，凉灯村一、二、三组饮水困难，向县水利局申请建设资金约为100万元，将饮用水送到村民家室内，满足了全村村民多年来的饮水入户愿望。2018年县林业局为村道绿化，共栽植紫薇5000多株、枫香10000多株。2019年开通了移动网络站，使全村78户连通了移动无线网络。

凉灯村二组有一处村卫生室，有一位苗医学继承人为村民诊治。凉灯村二组有一所希望小学，仅开设低年级课程，但由于教师资源匮乏，教师学历水平有限，现在已经废止。目前凉灯村学生都需到山江镇就读。电力已基本覆盖全村，能够满足使用。

二、文化遗产

（一）物质文化遗产

凉灯村物质文化遗产主要体现在传统的苗族村寨布局保持依旧，民居建筑传统特色浓郁，特别是传统的民居建筑群规模大，且保存完好。

1. 传统民居

（1）传统的村落布局保持完整

凉灯村坐落在悬崖之上，交通极其不便，造成凉灯村贫穷落后的同时，也使凉灯村的特色民居得以完整保护，没有遭到破坏。20世纪30年代，凌纯声、芮逸夫对当时苗族村落布局进行了详细描述，"苗人的聚落叫寨，多靠山傍水而筑，其形式不一。多以土坯或石板为墙垣，寨门多寡不定。寨中街道曲折，或上或下，街之两旁多小巷，每巷之中，数家聚居。小巷又互相可通，如无熟人引导，进寨门之后，左转右弯，一时便觉无门可出。有时汉人通过一苗寨，往往不见一苗人。因为多已避入小巷，闭门不出。苗寨的分布多不在交通要道，常在山谷深处，只有小径可通。远处虽可望见，但多可望而不可即。如无近代的火器，颇不易攻破"①。目前凉灯村传统村落布局依然保存完好。各个自然村呈扇形散布于山上，主街巷穿村而过，一般宽1.5～2米；其他小巷呈网状环绕主街巷，沿山势走向连接众多分散在不同等高线上的建筑院落。村内院坪村巷四通八达，自成一体，全部采用整齐古石板铺成，多伴有下水沟，清幽古朴。村内尚无专用的公共活动场所，在节日期间，村民便选择部分较为宽敞的庭院用来聚集娱乐，作为大家对歌跳舞的公共空间。

传统民居外墙和石板路
（李吉和　摄）

（2）苗族传统山区民居建筑特色保持完好

凉灯村苗族传统民居建筑群坐落于山中，依山而建，北高南低，呈扇形分布。凉灯村建筑风貌整体的延续性较好，从明清时期、民国初年，一直到新中国成立之初，再到20世纪七八十年代，中国传统建造工艺一直被沿用，传统建筑所占比例大，且与自然山水关系协调。房屋的建造皆就地取材，建造工艺世代相传。村内现存的若干明清时期的古民居，仍处于使用状态且维护基本良好。其外观形式与平面布局均严格传承了苗族传统生活习惯，是典型的湘西苗族民居模式。民居多采用穿斗式木结构，双坡屋顶，建筑高

① 参见凌纯声、芮逸夫《湘西苗族调查报告》，民族出版社2003年，第34页。

传统民居建筑群(李吉和　摄)

传统民居(李吉和　摄)

长卿饭店(李吉和　摄)

度约6米。墙基使用大块的青石垒砌,墙体用土砖填充,有的山墙也全部用青石块垒砌而成,屋顶覆盖青瓦,最后将牛粪与泥浆混合后涂抹于外墙面。木质门窗雕刻简洁,窗口开设较小,多用塑料膜密封。房屋的密封性较差,采光效果一般。

凉灯村村内的建筑一般分为一层、二层,以二层的传统民居建筑为主。村内的二层传统民居建筑,一般一层用于日常的生活起居,一层与二层通过室内木梯连接,二层用于储存杂物。建筑总高度在6米左右。绝大部分房屋内部,堂屋与卧室不做分割,或用木板做简单隔断,卧室与灶房分居于堂屋两侧,以方便室内进行集会、祭祀等活动。堂屋中央埋设“龙珠”;卧室后部摆放床铺,常年用厚布蚊帐悬挂、遮挡,保持一定的私密性;灶房中央设火塘,做取暖、熏烤所用。院落中除了起居使用的主屋,通常还有附属的小间,主要用作牛栏、猪栏、储藏、烤烟棚和厕所等。一般与主屋并排或垂直,单独开门。

凉灯村比较有代表性的传统民居是凉灯长卿饭店。凉灯长卿饭店又名“黑骑教头饭店”。该建筑是民国时期著名苗族武术家、苗医龙长卿及其子龙乔龄所建。该饭店是穿斗式梁架,平面三开间,其中明间向内凹收,右次间附带阁楼式吊脚楼,外围墙体以土坯砖与模板装砌,是吊脚楼与低层建筑的完美结合,在湘西地区苗族民居中实不多见。

(3)不同时期传统建筑风格都有展现

从整体而言,最早的传统建筑建造于明清时期和民国年间,即20世纪30年代前建造的建筑占有一定比例,是苗族古民居的代表。新中国成立后新修的建筑,即20世纪50年代至70年代的建筑占主体,是村内风貌的主导部分。这些建筑多为居民自建的低层住宅,建筑风貌与村落的传统风貌较为协调。凉灯村核心区为保存完好的明清式自然寨,即1组,共有60多户,建筑面积在10000平方米以上,均为清一色的凉灯古民居。这些建筑以青石、土砖、椿木、泥巴为主要建筑材料,多为悬山顶穿斗抬梁式结构,青瓦屋面,翘脚飞扬,其木雕石刻,柱础、窗花、彩绘等多姿多彩,特色鲜明,充分体现了苗族工匠丰富的想象力和思维能力,是凤凰县境内典型的苗族传统民居建筑。新中国成立后建造的新民居,风貌保存较好。这些新民居同样就地取材,使用传统的木结构、板石、青瓦屋顶等,与村寨的风貌协调统一。

2. 梯田

凉灯村主要以农耕为业,因其境内万山蟠结,平原稀少,村民往往于森林茂密、山溪湍流之处,垦山为田,增加耕地,以资多种增产。凡可耕者,尽量开发。故其田畴,由山麓以至山腰,层层垒叠而成,上为细长之阶梯形。田塍之高度,几与城相若,蜿蜒长而屈曲,依山萦旋如线,而烟云时常绕之。其田开垦,工程浩大,而开成之田亩,面积狭小,犁田耙土,需工又多,每次走至田边处,不适容牛转旋也。因地势较高,离河溪又远,要水极是费力,无法利用天然水车水灌溉。① 当地的梯田,工程颇大。于有水源的山坡,挖土作塍,层级而上,或于溪涧两岸,砌石作堤而成。此种人工造成的梯田,修造既

---

① 参见石启贵《湘西苗族实地调查报告》,湖南人民出版社1986年版,第77页。

费工夫，而又易闹灾荒，因其自山麓筑至山腰，重叠而上，其形如梯，田水泻泄最易。但一遇雨水稍缺，山水来源断绝，则无法灌溉，易成旱灾。① 梯田遇到水灾虽不至于如旱荒那样颗粒无收，然常因山水暴涨，易于冲塌梯田，破坏田身。且往往石堆沙压，一时不易修复，甚有一变而成陡坎深沟，非人力所能整理者。②

3. 土地庙

据凌纯声、芮逸夫的《湘西苗族调查报告》所记载，苗寨都有土地庙一所，用岩板与石块砌成。相传土地生时精于卜卦，信之者甚众，凡民间造房修庙，多请土地拣选吉日。但他一世卜卦，所选日期，总有不利处。自己欲选一个无破败的吉日，盖造自己的房屋，至死也未能选到。故至死土地都没有房屋，死于岩板底下。临终时嘱咐寨人云："如祭我时，只除杨公忌日，余均可。"后人念土地之德而怜他无屋可居，乃砌一矮屋为庙。苗族人相信土地为管野兽之神，祀之可免野兽伤人。每年农历二月、八月初二，合寨人共同祭土地。用酒二杯，刀头（猪肉）一块，装在碗内，上放盐少许；筷一双，香纸若干，均置于上庙前地上。庙内点蜡烛一对，香三支，法师背后地上亦插香一支。法师穿便衣，左手摇师刀，右手执筶子，面对土地庙立。念咒、卜筶、斟酒、说原因。再卜筶，然后烧纸送神。③

凉灯村5个自然村每个村都有一座土地庙。土地庙一般位于村口或村落中心，往往与古树、山林相伴。土地庙主要用于祈求消灾消难、保平安和祭拜火神。每逢农历初一、十五，村寨的居民陆续前来烧香祭拜。遇重大节日时，会进行隆重祭拜，祭品丰盛。

4. 水井

凉灯村内古井共有5处，位于山脚下，紧靠山体，用青石垒砌而成。

---

① 参见凌纯声、芮逸夫《湘西苗族调查报告》，民族出版社2003年，第40页。

② 参见凌纯声、芮逸夫《湘西苗族调查报告》，民族出版社2003年，第40～41页。

③ 参见凌纯声、芮逸夫《湘西苗族调查报告》，民族出版社2003年，第113页。

有山泉水流入井中，并储存于此，村民从这里挑水以供饮用。古井多与村庄同时修建，历时上百年，从未干涸，至今仍是村民生产、生活用水的主要来源。

古水井(李吉和　摄)

5. 古道

凉灯村处在崇山峻岭、深山沟壑之间，交通极为不便。在公路开通之前，对外交通主要依靠长年累月行踏出来的古道。这些古道“时起时伏，蜿蜒曲折，居高眺望，若断若续，交互纵横，茅茨蔽塞，挑担行走，左钩右联，生人经此，凡不能行。苗人于斯，朝暮耕凿，日所必由往来也”①。走古道到山江镇8公里的路程需要3个多小时，去一次山江镇早起晚归，村民们形象地表述为“两头黑”。

古道(李吉和　摄)

6. 竹器用具

苗族最普通的手工业为编织竹器。用篾编制篮、筐、背篓、鱼篓、篾垫、斗笠等物。斗笠与背篓制作最为精致。斗笠男女均用来戴在包头之上以代伞。背篓有两个背环，用时穿在两肩，篓负背上，内装各物。妇女下田，常置小孩于

① 石启贵:《湘西苗族实地调查报告》，湖南人民出版社1986年版，第9页。

其中,可照常工作。①

犁耙(李吉和　摄)

7. 犁耙

犁是一种耕地的农具,是由一根横梁及其端部厚重的刃构成。其通常系在一组牵引它的牲畜或机动车上,也有用人力来驱动的,用来粉碎土块并耕出槽沟从而为播种做好准备。耙是用于平整表层土壤的农具,较大,耕作深度一般不超过15厘米。耙在中国已有1500年以上的历史。北魏贾思勰著《齐民要术》称之为"铁齿楱"。

(二) 非物质文化遗产

1. 民间传说

(1)吴姓、龙姓起源传说

乌巢河源东北有龙角洞村,史志上叫龙鲛洞。凤凰各地的吴姓人都认为这里是他们的祖居地。相传,从前有一个儿童正在放牛,一个外乡人,鹤发童颜,在一片岩丛中转悠。他这头踩下岩尖,那头张开一个洞口,抬脚,洞口闭合。外乡人叫牧童帮忙踩着岩尖,好让他靠近洞口。小孩不理。外乡人悻悻而去。小孩回家将此事告知爷爷。第二天,爷爷跟随孩子放牧上山,找到那片岩丛。孙子踩着岩尖,于是洞口开启。爷爷径直跳入洞中,洞口随即闭合,人怎样踩动岩尖都再没开启。此洞,即龙鲛洞。后来有风水先生道破玄机,说龙鲛洞是处好穴位,活埋九十九代发,死葬九十九世败。传说中的爷爷对风水略通一二,看出是宝地,只是找不到穴

① 参见凌纯声、芮逸夫《湘西苗族调查报告》,民族出版社2003年,第45页。

位，多亏了那位外乡人，才成就了他的“活埋”，成就了吴家子孙绵延。迁出去的吴家子弟，家乡人临行前送给他一只鸡，吴家子弟负鸡南去，在南边繁衍生息。

乌巢河源西南不远，又有一处地名叫吉欧比边，相传是凤凰境内龙姓中小龙分支的祖居地。明朝末年，龙山龙波两兄弟在吉欧比边以耕作为生。两兄弟上山垦荒，山上缺水。口渴时，兄弟俩就下到乌巢河谷取水。龙山在山上挖出了一眼泉，可他暗藏私心，用棕树叶盖着不让龙波知道。两兄弟自此产生嫌隙，龙波顺水而下，迁居他乡。毕竟兄弟分开难分心，到老来两兄弟又和好了。龙山死后葬到龙波迁居地，龙波死后埋骨回乡。

这说明八公山是吴龙两大姓苗族的祖居地。八公山主峰下有一眼泉叫明柳，附近老家寨村的龙姓苗族至今沿袭旧俗，不能直接饮用该泉水，传说他们的先祖到此历经艰难险阻，与在此横行的巨蛇大战，最后斩杀巨蛇，自损兄弟七人，尸骨没于泉眼之中。①

(2)古墓地传说

在老家寨村的一些人中还口口相传着一个传说。相传古代有一对爷孙乞讨来到凉灯村。当他们快到村子时，爷爷坐下说要休息一下，让孙子独自到村里面去。村民见他就问“你家大人呢”，孙子说，在树下休息呢。村民跟着孙子来找爷爷，却发现爷爷早已过世了，就跟孙子说，再过两天就过年了，你就待在村子里面过完年，我们再来埋你爷爷。过完年后，当孙子和村民再来到爷爷过世的地方，发现爷爷已经被蚂蚁搬土埋葬好了。这个孙子名叫田金树，以后，田金树逐渐发迹，当了大官。有村民认为，这个地方相当灵验，前来祭拜烧香一定会使人心想事成。

2. 苗族武术与苗医

苗族武术源远流长，武术的苗语为“勾动”。它是一种以提高搏斗技能为主旨而又能“健体延寿”的全能运动，是湘西苗族民间传统体育项目

---

① 龙生池：《八公山的坐标》，载《凤凰县苗学会论文集(2018)》，第352~353页。

之一，具有气势刚烈、步法稳健、招法多变、劲力突出、发招狠绝的特点。它和“劳动生产”“功夫”“技术”属同音异义。谁的武艺好，则称谁为“汝勾动”。苗族武术起源于战争。人们为了提高格斗、械斗的技能和技巧，寻找一些方法与形式，湘西一带苗族称之为“舞拳舞棍”。在苗族地区，“舞拳舞棍”蔚然成风，不管男女老少，几乎每人都懂得技击的常识和几手过硬的武功。其开展之经常及广泛，实为罕见。近代凉灯村武术文化代表就是龙长卿(1863—1948)。龙长卿系清末民初湘西著名拳师杨金膀高徒，一生习武行医。在听闻其武艺后，“湘西王”陈渠珍以苗族大礼延请龙长卿为保镖。1922年，陈渠珍就任湘西巡防军统领后，龙长卿作为保镖随行。1933年，为扩充军力，陈渠珍仿照傅鼐“八千练勇”故例，招募耕种屯田的苗族子弟，组建专事近攻夜战的特种部队——黑旗大队(因苗族敬奉天王的习俗而打黑素旗，士兵都穿黑底白色衣，故命名为黑旗大队)，又增聘龙长卿为黑旗大队武术总教官。龙长卿一生追随“湘西王”陈渠珍近20年，晚年乞老归乡后在此开堂授徒。其创制“苗家拳基本功十二式”，概括起来就是“拳打‘四门’脚踩‘品’，进退走‘之’似蛇行，胸要含来膝要紧，步要立稳手要狠，立足之地能伸展，打穴击要鬼神惊”。其第四代传人曾孙龙正云是湘西州非物质文化遗产代表性传承人。为了更好地弘扬、传承苗族优秀武术文化，2020年1月15日，在凉灯村挂牌成立了“苗族传统武术文化保护基地”。

苗族武术(李吉和 摄)

龙氏家族在秉承苗族武术传统的同时，还兼通医术。龙长卿后人龙承风说,很多西药都是草药加工来的,但是传统草药也不会失传,用的人感觉西药方便,但是可能有副作用。苗医用药各人都有各人的方法,不是说什么病一定用哪种药。草药的苗语名,不一定跟汉语名对应。关于苗药的书籍,他们都口口相传,他爷爷没有,那就绝对没有,不经过书写传承。老一辈通过口口相传,也是让徒弟记得住,如果用写的,写完就放一边了,要用的时候才看书,记好了随时要用都可以。书籍的话就是好在有文字,可以画图在里面。

3. 习俗

(1)“接龙”安室

在凉灯村,跨门进堂屋,正中都埋有“龙宝”,又称“龙珠”,是一处略突出堂屋地面的球形饰物,为镇宅、保家平安之用,任何人不可踩踏侵犯。接龙安室一般在农历九月至十一月之间举行。拣定了日期以后,在一个月或半个月之前,就要闹龙。寨中人于夜晚常至主人家打锣鼓、吹号筒、吹唢呐等,动辄闹至更深而罢。在接龙的前几天,须请人去舅母家专程报信。主人亲自去请法师来家里,并把寨中亲族都请来帮忙。事前预备做雷粑、龙粑、客人粑三种,并须做米龙一条。雷粑共有七堆,每堆有大中小三个,层叠成堆,摆在门外的桌子上。龙粑五堆,摆在正屋内的桌子上,龙粑之上放米龙一条,龙身上又装上米粑做的桃子三个。到了正日,过了夜半子时后,即开始接龙。接到以后再在正屋的地上挖一小坎,内放朱砂水一碗,用一岩板盖上,岩板上放一大石卵,谓之龙室,法师摇铃念咒,主人家中男女绕小坎走三次,又放炮作乐,然后用土掩上;唯龙室的上端露在土外,以作标记。①

苗族做过接龙之家,正屋中心地下,埋置有龙室,为龙神所在之处。谢土又名安龙神,使龙安于其室,则家道兴旺。谢土时即以龙室为中心,外以石灰粉画八卦,封内写中央二字,卦外画一圆圈,圈外再画弓箭五个

---

① 参见凌纯声、芮逸夫《湘西苗族调查报告》,民族出版社2003年,第111~112页。

及九宫八卦四字。用碗二十三只，计酒十一碗；米五碗，每碗内插一香一烛。米粑五碗，豆腐一碗，刀头一碗，上搁筷一双，再用纸钱十沓，圆圈内每卦上放一沓，九宫及八卦字上各放一沓。诉箱六个，四方每弓箭上一个，中央弓箭上一个。再用簸箕一只，置于圆圈中，箕内铺以谷粮，上摆酒五杯、米粑五堆，又灯碗一只，内装茶油，以灯草五根点成五个火头，再插香五支，内夹大中小纸马三张，叠在一起，前二香后三香夹住，又放朱砂一块。另燃香五支，插成五处。又在正屋中间近大门处的弓上放方桌一张，上摆酒五碗，米粑五堆、米一升，内插烛一对、香三支，钱币数枚，法师印一方。桌前又放法师的安龙神经一本，清水一碗。

法师穿青色或蓝色长衫，头戴道帽，右手执筶，向神先念安神咒。念毕，法师拍钹，同时帮忙人打锣击铙，法师口念请神经，时或夹以铙钹锣声。念毕卜筶，卜得神已降临，即斟茶（第一次用茶，以后用酒）。念诉，并请神收领祭品，为一家大小卜筶毕。再卜问龙神有几分力，视属何筶。问毕，即念咒送神，念咒至东方，即一箭射东方龙神，帮忙人即将东方诉箱焚化，依次至其余各方，最末焚化中央诉箱。焚毕，法师乃取纸马对之念咒，以大者裁成五张，依东、南、西、北、中五个方向，贴在壁角。其次大者悬于梁上，最小者贴在中央。再以朱砂一块放在杯内，和酒研细，将龙室之土挖开，取出岩板，以朱砂酒倾入，再依旧盖好，烧纸于其上，并念咒语，再焚化各处的纸钱送神。①

(2)傩公傩母崇拜

在走访村民过程中，发现每家每户堂屋神龛或梁柱下都放置或悬挂着一个标志。汉语名叫作神龛，苗语音译过来叫“噶愿傩”，称为傩愿，是傩神的标志，用来祭祀傩公傩母(苗语叫“奶傩爸傩”)。相传古代发大水，没有人了，只剩下一对兄妹，后来他们结合，就是傩公傩母。一般放在进家堂屋正中间，如果正中间悬挂的东西较多，或者做红白喜事之类的，神

① 参见凌纯声、芮逸夫《湘西苗族调查报告》，民族出版社2003年，第123~124页。

龛占用了空间,也可以将其移动至墙边。从外表来看,此物类似三角形,上面竖一根带纸花的竹竿。上面的竿子是一根竹筒,里面放的是米,而起到固定及悬挂作用的三角形是一个人字结,因为傩公傩母都是人,不像其他类型的动植物图腾,比如盘瓠大神,标志就是狗的形象。

本地有QV(类似“球”音,四声)傩之说,一般指还傩愿,与巴代相关。巴代有两种类型,分为巴代雄和巴代扎。巴代雄一般主持杀猪祭祖,说苗语,“傩愿”是巴代扎的;巴代扎说汉语,不做白事。QV傩这种活动,从农历九月过完重阳节可以一直到过年,到过年之前腊月二十日都可以做。QV傩就是祈求一家人气运好,做什么好什么,有时三年做一次QV傩。

关于人字结的颜色——QV傩完成了,就要送傩神,看谁在后面看家,如果是傩公看家,就用红色的傩愿,如果是傩母,就用白色的。送傩的时候如果求得傩母看家就很好了,因为傩公喜欢喝酒,随时要醉酒。

(3)烤火塘习俗

在堂屋一侧的房屋中央处通常设有火塘,主要用于取暖和熏制食物。苗族对于火塘有着特殊的感情,各地不论哪种样式的苗族民居,都设有火塘。据传,过去苗族人祭祖是在火塘旁边,在位于现在卧室内的火塘靠山墙的一角,在山墙中柱的下面供奉祖先的神灵,火塘中有用来放置锅的三脚架,被视为神物。如有亲朋好友来访,大家围在火塘边饮酒放歌,情趣无限。

有的房屋安置大火炉一个,冬寒可以烤火暖身。但火炉安法有序,要以中柱屋脊相对为标准,偏前偏后,俱非相宜。左边一排的中柱下方,是安家先之位置,苗语谓之“夯高”。平日供祭时,向该处烧香纸奠酒敬之。围炉烤火时,主宾有别,伦常有序,立规以循。即以中柱一边为上方,对面为下方。上方长者坐之,下方坐主家晚辈,其他两方不论。苗俗忌讳较多,用陶罐煨开水,也有一定的方向。煨于上方为生水,即活人吃的;煨在下方为死水,因为苗族人死时,要煨菖蒲水浴身,一开始是煨在下方,故谓之死水。此最忌也。通常煨饮食开水,均于上方煨之。

古树(李吉和 摄)

三、自然资源

(一)古树

村内现存百年以上的古树15株,以及4处古树丛。古树生长茂盛,与村子一同生活生长,见证着村落的历史。其有代表性的一棵古树高20米,胸径2.39米,冠幅14.2米,树龄1023年。该树盘根错节,干、根连理,被当地人尊为"夫妻紫薇神树",时常过来祭拜。

(二)"剿匪崖"

20世纪50年代,在剿匪过程中,曾有战士登上凉灯村南边的高山崖,向河对岸的土匪藏身地射击。此山崖后被村民们称为"剿匪崖"。

(本章由龙宥蓁撰写)

第十六章 竹山村

雾气缭绕的群山脚下，长潭岗静若处子、清澈如玉，与充满神话色彩的“革大罗”山紧密缠绕，哺育着如诗如画的古老苗寨——凤凰竹山。“竹山”，在苗语里的意思是，村寨周边那一波波、一片片、一坳坳充盈眼帘的青翠山竹。自然村寨竹山与现在的建制村竹山村同名，与3个自然村寨大坨、栗木、岩洞相邻。[①] 2014年11月，竹山村被列入第三批中国传统村落名录。

① 本文调查对象传统村落竹山，指的是自然村竹山，是现在的建制村竹山村一组，为了不与建制村竹山村混淆，本文竹山村均指传统村落竹山，也就是自然村落竹山。

一、村落概况

(一) 地理生态环境

竹山村坐落于凤凰昆仑峰山中,全村平均海拔500米,东南北三面环水,西面群山叠峦,形成西高东低走势。山中谷深幽秘,到处都是悬崖峭壁、溶洞奇幻、古树参天、苍翠连绵、泉水叮当、山花烂漫,景色十分秀丽。寨中苗寨堡楼、苗歌扬醉、石路云田,历史文化绚丽多彩、悠久灿烂。竹山位于凤凰古城西北角,二者相距28公里,在山江镇麻冲乡东北部,距离乡政府5公里,属亚热带季风性湿润气候,全年云雾缭绕,是一个具有500多年历史的苗族聚居村落。①

在县道上,可窥见竹山村全貌。只见一栋一栋的土石结构民居,聚于半山坡上,层层叠叠、错落有致,沿山坡就势而建,坐西向东,呈弧形分布,是典型的半坡部落建构。县道千云公路自东北侧穿梭而过,加快了竹山苗寨现代化的步伐。

(二) 村落来源

据寨中80岁的吴姓老人回忆,因寨子四周山上都是竹子,故该寨以竹山为名,旧时村名为"竹山落",解放后改为竹山村。1948年,该村只有12户人家,全部为吴姓。后因有几位鳏夫娶寡妇为妻,寡妇嫁入该村时,带来了与龙姓前夫生的孩子,这些孩子长大以后就在本寨分家而过,故现在村寨里有几户龙姓人家。关于竹山村村名的由来有另一种说法,因苗族人民起义所用的旗杆多为凤凰县昆仑峰中竹子,为纪念苗族人民反抗封建压迫的精神,故而以"竹山"命名此地。

据湖南省凤凰县申请传统村落的文献记载,竹山寨始于明代。寨中

① "凤凰竹山"公众号上,在介绍竹山村时,称竹山村寨有800多年的历史。

老人回忆,寨中的部分先民为躲避祸乱自现麻冲乡所在地迁入竹山,另一部分先民来自竹山村东北面,现只剩下几许断壁残垣的古老苗寨“蜂桐寨”。

(三) 村落人口

竹山村是一个以苗族为主聚居的传统山寨,村民大部分是苗族。全村共89户,374人。村域面积1.2平方公里,村庄占地面积47.7亩,现在是湘西闻名的古寨旅游点。

(四) 物产与特色产业

竹山土壤中富含锰、硅、硒等微量元素,野生八月瓜非常出名,全身上下都是宝。八月瓜属于四季常青植物,4—5月开花,7—9月结果,其叶可观赏,其瓜可食,微甜且香,是很好的蜜源植物。八月瓜亦可用来酿酒、制作果汁和饮料,其种子可以榨油,其根可入药。

竹山在政府、“脱贫攻坚”工作队和农业科技院校的帮扶下,分别种植了红心、黄心、绿心猕猴桃共500多亩,油茶160多亩,一期懒汉梨采摘园100多亩。这些特色产业属于扶贫产业,村民以地入股、贫困户以劳力入股,村集体参股,收成以后按股分红。在湖南省文旅厅和凤凰县住建局的帮扶下,引进凤凰县旅投开发公司打造“爱在竹山”的沉浸式体验景区,着力打造古寨景象,重塑古寨苗家人原生态生产生活文化。

(五) 经济社会发展状况

竹山旅游工作人员以该村村民为主,现有82位村民(建制村竹山有120位)从事导游、歌舞表演、传统作坊表演、保洁、维修等职业,平均年收入在2.7万元。旅游业吸引了部分外出打工的人员返乡,带动了如民宿、零售、运输等相关产业的兴起。部分村民参与民族传统工艺制作，产品由公司统一收购、统一销售。村民人均年收入从2014年的1800元，上升至2019年的1.26万元，增长了6倍，贫困发生率从2014年的37.2％降至0.6％，实现了脱贫摘帽。

村中有一所建于1890年的学堂，当时名为“竹山民族私塾”，学校校训为“天行健，君子以自强不息”。这一学堂成为竹山苗寨了解汉文化的窗口。民国时期改为“竹山学堂”，后因战乱被迫停办。湘西解放后，改名为“竹山小学”，校训随之改为“世上无难事，只要肯登攀”“为中华之崛起而读书”。学校编制改了三次，1950—1990年为小学一、二、三年级编制，1991—2000年为小学一、二、三、四年级编制，2001年至今为小学一、二年级编制，老师为夫妻两人。该小学正门面北而开，居村落主干道南面，位于村落中部，沿石梯而上，与农家毗邻，建于独立成体的石壁之上。教学楼坐西向东，为一层小楼。院墙上设有校园文化宣传栏，简洁而庄重，历史厚重感十足。

竹山小学校园（张丽美　摄）

二、文化遗产

（一）物质文化遗产

1. 古民居

竹山村内至今有10余栋保存完整的明清建筑。房子以当地随处可见的灰白石头为基，黄色土砖为体，青瓦为顶，古老、独特、淳朴，与四周山水融于一体，湘西苗族风情味十足。

传统民居(张丽美　摄)

古民居青瓦屋顶(张丽美　摄)

(1) 竹山村寨布局

竹山村整个寨子设了两道门,第一道门是进寨的大门,一条独道沿村脚蜿蜒向山坡上延伸,左边是一块田,现在正在改建中,据说要建成荷花池和牛耕体验地。右边是一两米高的石壁,石壁顶的缓坡上杂草丛生,古树参天,成为村寨的天然屏障:走在下面看不到村落,但是村落南面的人家则可以把村口看得一清二楚。第二道门设在村内主干道约三分之一的地方,村民称为"二门"。以二门为界,二门前的每一户村民家的后墙上,都有用新石砖砌过的痕迹,与四周的石砖对比,明显是后期填上的。据村干部龙银凤介绍,这是后门,与该户后面的

竹山村二门(张丽美　摄)

石板路和民居院墙(张丽美　摄)

另一户人家的大门隔道而对,是战争防御设施,土匪来时,前面的村民可以迅速地通过后门向后撤离。

二门左角处有一瞭望窗,可以观察敌情,也可以向外开枪或射箭,村民称为“箭孔”,今已用石砖填平。下为门,战时关闭,可以为撤离的村民争取时间。竹山村后山高且陡,山中石洞纵横交错,非常适合藏身。

竹山村的道路全部由石头铺砌而成,干净整洁,沿缓坡蜿蜒而上,平坦之处曲折迂回,穿梭在所有民居之中,把独院独栋的民房衔接成一个迷宫般的聚居部落。院墙基本上由石头镶嵌而成,院子地板全部是石板镶砌的。房屋外墙以石头为基,略占墙壁的三分之二,顶端三分之一用土砖垒砌,屋顶全部是青瓦。民居内部和家畜圈正面墙体是木材和土砖结构。每一户人家的院墙上,正对堂屋大门处,有一牌坊,以石头为基,青瓦为顶,屋檐两端上翘,村民将之视为镇宅牌坊。

民居院内牌坊(张丽美　摄)

(2) 民居结构

从房子的结构和颜色来看,当地村民喜“就近取材”,能“随遇而安”,也可以“开天辟地”。民居置于山中缓坡地段,石砌院墙把自家房屋围起来,成为一个独立的小楼。每家每户都有一个院门,沿村道而开,或者向北,或者向南。小楼由三间房并排构成,堂屋居中,左右各有一间厢房,共2层,一楼为居所,二楼为堆放生产工具和其他杂物之地,旧时也是粮食存放之地、未婚子女居所。

三间房屋一般只在堂屋开一道大门供进出,进门右边即左厢房,为吴姓灶房,龙姓等其他非吴姓灶房设在右厢房中,即进门左边。竹山村的灶房所在地即为家中长辈的寝居,居中挖一方形地坑,四周用石头镶嵌,是为火炉,取暖所用,当地人称为“火塘”(有的书中称为“火堂”)。火塘靠外墙一面为尊,吴姓为北,其他姓为南,属于家中长辈专属之位,靠墙摆放着各种储物柜,也是彰显“家长”权威的摆设。火塘上方用麻绳吊着一竹排,由竹片拼接而成,用来熏肉等。灶房和火塘在一个房间,这是竹山村民居有别于其他苗寨民居的独特之处。

(3) 保家楼

保家楼是竹山村至今保存最古老、最完整的两栋房子,属于村民吴治峄两兄弟所有,始建于明代。吴治峄民居处于寨子最顶端,后面靠山,与

吴治峄民居全景,右侧为保家楼(张丽美　摄)

其堂兄弟的房子一前一后,互为犄角。吴治峄民居的保家楼建在院门一侧,居房子北面,其堂兄吴培忠家宅的保家楼也靠北,但其院门自南而开,正对保家楼。保家楼是身居深山的苗族人民为了保家而修建的四层小

吴培忠民居全景(张丽美　摄)

楼,1～3层楼全部由石砖修建而成,四楼是土石相混的墙体,即一半是石砖,一半是土砖,青瓦盖顶。保家楼的二、三层均设有三个瞭望窗,四层有四个。通过瞭望窗,可以俯瞰整个村落的情况。瞭望窗同时也是射击窗口,民国年间,竹山村民依仗居高临下的优势,击退了多次土匪的侵扰。据户主介绍,一个保家楼可以容纳四五十人,土匪来袭时,二门前面撤离的人会躲在保家楼里。如果土匪攻破二门,大家会弃寨而逃,往后山藏匿点撤离。在土匪横行的时代,保家楼发挥了“指挥中心”“零时安置点”的作用。在竹山村民的心中,保家楼不仅仅是“避难所”,还是“镇宅安魂”的风水建筑。

(4) 带有时代特色的门

竹山村的门窗均是木质结构,窗户基本上用木条拼成网格状,大部分村民的木门是两扇对开,门上并无装饰。不过,吴治峄家的门窗比较独特,不仅有雕花,还有文字,带有浓浓的时代感。大门有三道,每一道均有两扇木门对开。正中间的大门上刻“古为今用,推陈出新”,下刻“祖国万岁,人民万岁”,另两道门的顶端均有镂空雕花,大门左右两边墙上嵌有用木头雕刻的镂空的“囍”字窗口。据女主人说,这道门是湘西解放后更换的。从门的做工和质量来看,造价较高,一般是大户人家或者富户才会有。

吴治峄民居正门(张丽美　摄)

2. 传统作坊

(1) 传统生活作坊

竹山村有一个保存较为完整的生活作坊，位于村子西南侧，里面可以进行传统手工豆腐制作、舂米、打糍粑等。为了发展旅游业，现在正在重新装修。

竹山的豆腐很出名，源自500年前苗家古法手工制作而成，以竹山天然富硒黄豆为料，用富硒矿泉水浸泡，人工石磨出浆，放入铁锅，柴薪煮沸，过滤豆渣，点浆，压模，这样制作出来的豆腐香、嫩、脆、滑，营养极佳，曾经盛极一时，附近十里八乡的人都争相购买。磨浆的石磨形状比较独特，磨槽为木质结构，成V状砌在石磨下磨盘外。石磨小巧轻便，一人单手即可推动，整体面积比较小，节省空间，适合住房面积普遍较窄的半山居民。豆腐模具是长方体木盒，盒内刻了49个长方形图案。作坊制作的豆腐品种比较多，除了水豆腐、老豆腐，村民们还喜欢制作烟熏豆腐、霉豆腐等。

豆腐模具(张丽美　摄)

通电以前，竹山的舂米工具是用木头做成的，远看像一个十字架。主杆是一根长约2米的木头，一端是脚踏，脚踏下的地面有一个土坑，是为了防止脚踏与地面相触。离脚踏10厘米左右有一木槽，刚好和横在其上方的横轴吻合，可防止木头不受控制，左右晃动。

舂米工具(张丽美　摄)

石兑（张丽美　摄）

木头的另一端有个铜钱大小的圆孔，内嵌一根木头，是为臼棒，臼槽是一个圆锥形石兑，脚踩脚踏，一踩一松，臼棒与石兑摩擦即可舂米，亦可磨粉。这样的舂米臼，一人单脚踩踏即可发力，轻松省力。

石兑和兑棒是湘、黔、川、云等地农家传统糍粑制作的必备工具。石兑大体相同，均是将一整块石头中间挖空，口宽底窄，成漏斗状。竹山的冲兑与其他地区的冲兑一样，也是木制的，两端比中间粗，中间打磨成圆柱形，成人单手可握，但是其中一端的冲头更粗，单独成体，是后期把冲棒嵌入形成的。糍粑的制作程序简单，即先浸泡糯米，放入蒸笼蒸熟，倒入石兑，先用较粗的冲头来回捣，变成泥状以后，再换成较细的冲头击打，可以让糯米泥变得更糯更软。然后把糍粑泥倒入簸箕，用手揉成圆形状，即可食用。如果想吃硬一点的糍粑，可以把它放在铁锅里，用微火慢慢烘烤。旧时糖比较珍贵，竹山村民喜欢把南瓜籽洗净滤干，用盐翻炒至熟，冲兑为粉末，作为糍粑蘸料，当地人称为“南瓜末”。

兑棒（张丽美　摄）

（2）坛酸作坊

新中国成立之前，盐对于地处深山的竹山村民来说非常珍贵。由于盐的价格高，山民贫穷，盐价对于他们来说是很重的负担。而且卖盐之地路途遥远，山路陡且险，人迹罕至，时刻面临着动物或者土匪的威胁。基于以上原因，盐是竹山村民最为匮乏的物资之一。村民习惯把食物晒干制成各种干菜、酸菜作为盐的替代品。“酸”是缺盐的山中村民家家必备的食物，也是闻名遐迩的美食。干菜主要原料是竹笋、豆类、茄子等，经沸水烫后，用太阳晒干即可。竹山的酸菜制作原料主要是大白菜和青菜，洗净

制作酸菜的坛子(张丽美　摄)

后,放入沸水翻烫一下,装入坛罐,倒入适当的"酸浇",密封,放置5日即可食用。腊肉是竹山重要的盐来源,制作简单,用盐腌制生肉,在盆里放一至两天,待肉完全吸收盐后,悬挂或者平放在火炉塘上方的竹排上,用带香味的柴火熏好即可。熏肉和制作干菜、酸菜不仅是为了替代盐,同时也是苗家保存食物的重要方式。

(3) 编织屋

村民在编织草鞋(张丽美　摄)

利用寨子周边的自然草藤植物,编织生活用具,是生活资源匮乏时期竹山村居民必备的生活技能。在竹山民居中,最常见的编织物是草鞋、扇子、草墩、簸箕、箩兜、饭篓等生活用具。这些用具的原材料比较易得。草鞋和扇子一般采用棕叶、稻草、麻等编织。编织之前要用沸水烫一下,提高韧性,然后放在太阳下晒干,去除水分。簸箕、箩兜、饭篓等用竹篾制作,工艺比较烦琐。

(4) 织布坊

苗族服饰具有很明显的辨识度。盛装华丽,有繁重的银饰,常服轻便淡雅,与所居所处的青山绿水融为一体。苗族服饰保持着民间织、绣、挑、染的传统工艺,色彩对比强烈。竹山比较常见的是苗绣、蜡染、花带。苗

身着苗服的村民在织花带(张丽美　摄)

绣是国家级非物质文化遗产,曾登上巴黎秀场的舞台,被称为“藏在深山里的高定”。蜡染属苗族民间传统纺织印染手工艺,古代称为“蜡”、绞缬(扎染)、夹缬(镂空印花),用蜡刀绘花于布后,以纯植物蓝靛浸染,布面呈现特殊的“冰纹”,尤具魅力,被称为我国古代三大印花技艺之一。蜡染图案丰富、色调素雅、风格独特,村民用其制作服装和各种生活实用品,在竹山比较常见。花带是竹山老年妇女最爱编织的手工艺品,用在衣服袖口、裤子脚边,点缀服饰,是女性苗服不可缺少的装饰品。花带的原材料是丝线,用手工编织而成,制作流程比较简单,竹山的成年女性基本上都会。

纺线车(张丽美　摄)

蜡染(张丽美　摄)

织布坊里展示的纺线车、织布机、蜡染、苗服花带编织机等,是从村民家中收集的。坊里陈列的衣服色彩绚丽,配饰带有很明显的民族风情。院子里晾晒的蜡染清新脱俗。在现代化的冲击中,尤其是青壮年人口外出务工,这些传统编织、纺织技能的传承出现了断裂。据村干部龙银凤介绍,竹山村自发展旅游业以来,尤其在“脱贫攻坚”政策的推动下,苗绣、蜡染、花带编织等迅速成为竹山发展的重要文化项目,虽然已经仪式化,但仍然发挥了社会价值。事实上,目前在家的竹山中年人只会很简单的纺布和花带编织技艺。85岁的龙姓老太太说,“手工制作苗绣伤眼,做衣服费时而且造价太高。机绣简单,造价便宜。加上年轻人不爱穿苗服,所以都不愿意学(苗绣、蜡染)。等七八十岁的老人们去世,这些技艺就没人会了”。

3. 传统生活用具

竹山村村民的生活用具带有浓厚的历史色彩,最能唤起人们的共同记忆。

①桐油壶。在无电灯的时代,竹山村村民照明用的是桐油,于是桐油壶成为家家必备之物。桐油的来源有两种渠道,一是村民在山上采摘油桐果子,自制桐油,这种桐油质量不高,所得量比较少;二是将油桐果子拿到镇上榨油坊榨,用所得的部分桐油抵作榨油费,到手的桐油量也比自制的桐油量多,而且油品更好。

桐油壶(张丽美　摄)

②马灯。又称防风灯,因挂在马身上照明而被竹山人称为“马灯”,又因其可防风雨而又取名为“防风灯”。马灯一般用于夜里赶路或室外照明,高度约23公分,主要材质是铁,灯罩是毛玻璃,价格不便宜,并不是每户竹山苗家都有。

马灯(张丽美　摄)

③竹筛及火炉塘。竹山家家户户的火炉塘上方都有悬空吊着的竹筛,用竹子编制而成,密密麻麻的小孔通风透气,主要用来熏豆腐等比较脆弱的食物。两个竹筛的上面,是用竹片拼接的竹排,主要用来熏猪肉、牛肉或者羊肉等肉类食品。地上用石头围砌的土坑是火炉塘,苗族人民制作腌制食品一般是冬天,一

饭篓(张丽美　摄)

家人围在火炉塘四周,一边烤火聊天,一边熏肉熏豆腐等,适用且节省柴薪。

④饭篓。竹山的饭篓有两种,一种有收口,像沿海一带渔民打鱼时用来放鱼的鱼篓,竹山村村民把它当成“打包盒”,农忙时,村民为了节省时间,一般会用它带饭上山。另一种饭篓是在家里用的。竹山村民习惯一日两餐,为了节省时间和柴薪,竹山村民习惯于在做早餐时,把午饭也做好。夏天天气炎热,米饭不易保存,村民就会把剩饭放在敞口的饭篓里,用竹盖或白纱布盖上,透气、散热,挂在灶房中间,可防老鼠虫蚁等污染。

⑤筷筒和洗锅刷。竹山村民家的筷筒有两种,一种是用木块镶砌而成,这类筷筒经久耐用,在村干部龙银凤家发现了一个,原本的木色已被烟熏色覆盖,据说,这是其丈夫的太爷爷传下来的,估计有100多年的历史。另一种筷筒是用竹子编织的,轻巧美观,比较容易损坏,但造价低廉,竹山村的很多村民都会编织,用的人家也比较多。竹山的洗锅刷是用竹枝捆扎而成,在农家比较常见。

筷筒和洗锅刷(张丽美　摄)

石冲兑(张丽美　摄)

⑥石冲兑。用整石挖空而成，内呈圆锥状，非常耐用，常用于冲兑辣椒或蒜泥，几乎家家户户都有一个。

⑦箩兜。类似于麻袋的粮食运输工具，也是旧时竹山村民的粮食丈量工具。

⑧粮柜。用来存放粮食的柜子，一般用来存放大米。在通电以前，村民吃的大米是人工舂兑的。舂米是一件大工程，费时费力，所以人们会在农闲时集中准备，一次性舂满一整柜，故而米柜是竹山村民家中必备的生活用具。

⑨推耙。翻晒粮食的工具，制作简单，用一根长2米的木头嵌入一块长40厘米的弧形木块即可。

⑩地窖。地窖在竹山村并不常见，调查组走访了所有的民居，只发现了一家有地窖，深2米，宽1米左右，主要用于存放红薯。

推耙（张丽美　摄）

⑪石凳。石凳是竹山村民居比较常见的家具，每家大门口都有一两个，置于大门两侧。

⑫水缸。竹山依山而建，水资源利用困难，水井位于山脚下，居民用水必须下山担水，极其不便，所以储水是竹山人的日常事务，水缸就成为必备的储水器。竹山的水缸比较精致，多为四块石头镶砌而成，水缸正面有雕花或刻字。雕花并刻“福”字的水缸较多，偶有几家的水缸刻有繁纹和“自力更生”等励志用语。

⑬潲水缸。潲水缸是养猪人家必备之物，用石头镶砌而成，大部分是整块石头，挖空形成的，做工粗糙。潲水缸用于“泡猪草”。红薯藤和土豆藤是竹山重要的养猪原料，在红薯或土豆收割季节，大量的红薯藤、土豆藤不易保存，村民们便会将其背回家，用刀切细，放入潲水缸，倒入适当的清水，用木板和石块压紧，这样，红薯藤和土豆藤可以保存一至两个月。

夏天干旱，冬天雪冻，猪草供应不上，竹山村的村民会在春天或者秋天上山采集大量的野草，切细后泡在潲水缸里，以备不时之需。

⑭床帘。随便走进竹山的任何一户人家，都会看到绣工精美的床帘。旧时苗族人结婚，新娘会在母亲等人的帮助下手工缝绣床帘。一般是红布作底，以示喜庆；金黄色绸布作边，显得富丽堂皇；黄色彩线作帘，美观大方。红布上用金黄色、淡绿色丝线绣了5种代表天地人和的花纹，花纹之间有“金玉满堂”“不怕困难”“自力更生”“荣华富贵”之类的成语。这些花纹和成语，是娘家人对出嫁女儿的殷切希望。现在，会苗绣的人越来越少，而且更多的人采用现代主流简约婚礼，很少有年轻新娘用这样的传统床帘了。

（二）非物质文化遗产①

1. 民间传说

竹山村坐落在凤凰昆仑峰中，群山环绕交错的山坳、缓坡地带孕育着4个自然村寨。在600多年的历史长河中，凭借一代又一代村民的口口相授，群山守护村民的故事仍是那么鲜活、感人。

(1) 被耽误科考的“革大罗”山

“革大罗”山起源于麻冲乡政府的西北部“巴啃”，向东穿越全乡各个村落，缓缓而下，朝东延伸，降伏在竹山，如游龙回身，以保护之姿形成一个山坳，竹山便稳稳地扎根于此处。后两山脉奔行入长潭岗，回延之处耸立一座大山，当地人称“革大罗”。传说它在去东海参加科考途中，走累了便在满是竹子的山头休息，天明时迷迷糊糊地赶路。走了一小会儿，对面一座大山高喊“‘革大罗’，去东海考场的路已经挤满了人，你别去了”。“革大罗”又累又困，压根听不到外界的声音，所以没有听到对面大山对它的

① 以下故事整合了竹山村村支部书记龙求等的口述资料及手稿，手稿的采用取得了龙求等的同意，在此表示感谢。

告诫,继续埋头赶路。另一座名叫“格介度”的大山瞧此状况,一着急便向“革大罗”扔了一块大石头,误砸到“格代”,即蜜蜂。一时,受惊的蜜蜂嗡嗡地飞向“革大罗”,在其身上蜇了好多大包。被群蜂蜇了的“革大罗”顿时清醒,听到“格介度”的转述,便停止赶路,原地休整,同时给东海龙王写了一封信,解释了自己不能参加科考的原因,并请求东海龙王告知自己该何去何从。不久,东海龙王回信,让它在此地居住,要自力更生、勤劳勇敢,机缘到时,会有四方来客汇聚于此。自此,“革大罗”扎根于此,成为竹山村的主山脉,人称“革大罗”山。

(2) 祭祀圣地“保格里客”

“保格里客”是“革大罗”山上的一个小矮山,山顶平坦,站在山顶,可看见清澈的长潭岗,远眺竹山、大坨、栗木、岩洞4个自然苗寨。“保格里客”处于竹山村的西北面,是四周村民祭祀祈福的圣地,后在“文化大革命”时期被摧毁。“保格里客”,在苗语里是“听不到”“请留下”“请住一个晚上”的意思,是留客之意。苗族人民敬鬼魂,信巫教,习惯用水牛、猪、羊、鸡等祭祀、祈福。据竹山村支书龙求等介绍,古时,比较富裕的农家常到此山举行祭祀活动,久而久之,“保格里客”就成为远近村民祭祀、祈福、聚会的场所。活动一般在丰收之际举行。每当此时,组织者会在各村寨张榜通告各方人士、男女老少前来参加。一方面庆贺当年风调雨顺、五谷丰收,一方面祈祷来年继续如此好运。活动开始时,主人和法师头戴红巾,手持铃铛迂回斗转数次,杀牛跪拜,奏请牛魔大王和居于“保格里客”的土地公公,保佑四方村民和睦友好、大吉大利。后共享饮食,欢庆一堂,直至第二日方散去。如今此地因荒废多年,野草蔓藤遍地,竹山村在进行旅游开发时,建成了露营基地。

(3) 英雄结义之地“过凑合情”山

“过凑合情”山,是位于“革大罗”山南面山脚半坡处的一处缓坡地带。长潭岗静静地环绕在它的前、左、右三方,使其三面环水。站在山上,既可欣赏河两岸的秀丽风光,亦可看到山中的各条通道,是不可多得的军事防御基地,旧时成为当地英雄好汉的集会点。清末年间,四处战乱,官府横征暴敛，腐败不堪。深受吴八月事迹熏陶的有识之士，密集于此，杀鸡饮血，结成联盟，共商起义之事，苗语称为“过凑合情”，此山因此而得名。后成立了一支起义军反抗官府暴行。辛丑事件后，这支起义军把刀剑转向了入侵的外国侵略者，分散到各地进行救国运动。

(4) 坑棉

在“革大罗”山的东北半山腰，有个深不见底的天坑，扔一块大石头进去，发出的声音可以持续1分多钟，在洞口附近，可闻怪声，令人毛骨悚然，当地人称为“坑棉”。苗族崇信鬼神之说，见此情景，以为有鬼怪在此作乱，遂不时宰羊，请法师主持送魂之礼，但怪声依旧。2019年，竹山进行旅游开发，修建的观光山道途经此洞，便把修路不要的碎石、泥土填进洞穴，洞口修防护墙，至此，怪声消失。坑棉现在已经成为附近村民倒垃圾的天然掩埋洞。

(5) 龙鱼共栖之地神龙谷

神龙谷是著名的湘西风景区，古树参天，老藤缠绕，峡谷飞瀑，美不胜收。据说，神龙谷原身是一个万丈深潭，潭中有雌雄两龙共同栖息。后因双龙不和，雌龙打开谷门飞离此洞。从此深潭水位逐步降低，直至水干，变成了峡谷。雌龙飞走后，雄龙和美人鱼共居洞中，曾化身现于洞口，故人称神龙谷。谷内石笋千姿百态、自然秀丽，曲径通幽，其中一线天和三龙腾飞景观闻名遐迩。

龙乃苗族信奉之神，主宰人间雷雨布施。故而每逢天久不降雨，竹山村民会到此洞口，杀猪宰羊，焚纸烧香，磕头作揖，祈求洞主神龙、鱼母仙娘降福施雨、救其信徒。

(6) 兵器制造地盘霄

竹山村山洞密布，洞洞均是美景。距离长潭岗约100米的湖边，“革大罗”山东部一悬崖处，有一深不见底的洞穴，洞内有三条通道，通道两边的景观独特而壮观，有的像喷泉，有的像珊瑚，有的像柳条……洞穴幽深神秘，只有两个洞口。置身洞内，人可听到附近道路上的人声……据寨中老人说，正因为盘霄洞隐秘，离水源近，很容易观察周边环境，旧时成为制造兵器的秘密基地。至今，盘霄洞门仍然有门框，至少可以证明曾经一直有人居住在这里。

2. 古寨的故事

(1) 蜂桐寨

在竹山村西北部一平地，千云县道路边的荒草丛中，有几处残垣断壁，是古寨遗迹，当地人称为“蜂桐寨”。据村支书龙求等介绍，蜂桐寨迄今为止有600多年的历史。乾嘉起义时，凤凰首领为吴天半，与乾州(今吉首)首领吴八月、贵州松涛首领石天保等一起，在天星山商讨对抗清兵，后因叛徒告密，起义失败，吴八月躲藏在此地，福康安带兵追击，吴八月在离蜂桐寨一里地的背子岩受重伤。吴八月逃离此地后，清兵对蜂桐寨进行了大清洗，把参与起义的头目及家属全部抓捕，并押送进京。许多寨民害怕被牵连，陆陆续续向四周山寨迁移，其中就有部分迁入竹山村。后来蜂桐寨人去楼空。事后，外迁的村民想搬回蜂桐寨，故请风水先生来考察，风水先生说蜂桐寨背靠的两座山像青龙游走之姿，苗族素有“青龙走了不回头，出来的子孙跑外头”之说，意思是这个寨子留不住人。苗族非常重视落叶归根，喜欢子孙绕膝，一听后辈子孙外出不归，就放弃了迁回蜂桐寨的想法。慢慢地，在岁月的侵蚀中，无人居住、无人打理、无人维修的古寨逐渐破败。湘西解放以后，政府鼓励大家开荒种田，四周的百姓就把这个无主古寨拆了，夷为平地，变为粮田，房子的石基变成了田地的保坎。

(2) 神鱼飞天之地屋诚阁

屋诚阁在“革大罗”山山脉嵌入长潭岗的山坡，地势平坦，三面环山，形如圆盆。相传，屋诚阁所在地西面有一哗哗淌水的山泉，泉声清脆，泉水甘冽，沁人心脾，自成一个水潭，当地人称为“库塘”，偶被一上山割猪草的苗族妇女发现，妇女惊喜地回村告知村民，引来很多算命先生、风水先生查看此地风水，纷纷认为此地聚财，是福泽之地。自此，该地慢慢地聚集了许多村民，形成得天独厚的苗寨，取名“屋诚阁”。屋诚阁曾出现过两个富户，名为金山、银山，后名声慢慢传开。地方官府误以为此地有金、银两座矿山，便上奏朝廷。皇帝深信不疑，遂派遣军队到此考察，经调查，发现此“金山”“银山”非彼“金山”“银山”，只是两个富户的名字罢了。白走一趟的士兵恼羞成怒，撤离时在屋诚阁的“库塘”南面凿了一条沟，水慢慢地从库塘流出。几年之后，库塘干枯，逐渐被荒草掩盖。入夜后，村民们常见“鬼影”现身，偶尔敲门喊人，一时间人心惶惶、人人自危、魂不守舍、坐立不安。村民们手足无措之际，突然从库塘中飞出了一条大鱼，慢慢地消失在西方。自那之后，村民们认为这是鱼神抛弃之地，便慢慢地搬离屋诚阁。屋诚阁所在地荒草重生，目力所及之处，看不出丁点人迹。据村支书龙求等介绍，前几年，站在山上都可以看到古寨留下的石基，后附近村民把大部分石基搬走，用来修坟或修田坎了，遗留了些许残壁。

(3) 埭阁

埭阁是唯一被炮弹摧毁的千年古寨。传说，埭阁是“革大罗”山脉中建造最早的古寨，至今仍有残余墙基。该寨南临长潭岗，西面与移民安置点竹山新村相邻，山形如乌龟下潭，坐落在云雾缭绕的群山之中，置于峡谷之上，时时可听到神龙洞哗哗的瀑布声。在其东面有座远近闻名的公安神庙，是全寨大年初一祭祀祈福之地。相传，这里曾经出过一名武艺高超的能人，交友甚广，为人仗义，颇得乡里人赞叹。传说，在战乱年间，他曾带领寨民无数次击退过入侵者。有一次，敌方在长潭岗河对面的山上架了两门炮，试图摧毁埭阁。在大家的认知中，土炮射程有限，埭阁不在它的射击范围，因而没有引起该能人的重视。算命先生告诫他，此次战役只能从西南方向敌人发起进攻，不可以往东南方向打。获得多次胜利的能人不听劝告，仍然坚持往东南方向抗击敌人，最后被土炮轰炸，寨子被摧毁，能人战败被抓。自此以后，该寨小孩总是在夜里啼哭不止，有时无故失踪。大胆的寨民寻找时，发现有小孩哭声从神龙洞内传出，不明状况的寨民惊吓过度，纷纷往外迁移，千年古寨沦为空寨，逐渐荒芜。村支书龙求等说，2015年，他还能慢慢地探路到埭阁，那里还有一些石头砌的墙基，如今，去埭阁的道路已经完全被荆棘淹没，成为荒山，无法进入。

3. 民间故事

很久很久以前,有一个叫吴二林的“潭波虎”村民,天天跋山涉水到黑潭云钓鱼,由于离家太远,他想在黑潭云买一个地方作为临时休息之地。村民见他想买的地方经常闹鬼,没有人居住,便欣然将地卖给了他。吴二林不知其故,感恩村民的包容之恩时,迅速地用稻草修了一个茅草房,倒头就睡。晚上时分,村民们看见茅草房灯火通明,误以为吴二林被鬼吃了,结队前去勘查。结果发现,吴二林酣然入睡,毫发无伤。吴二林就这样在黑潭云住下了。

黑潭云地处山坡,前方临水,晚上很冷,所以吴二林每天晚上都要用打火石取火,取火时会用很多纸作引线。潭底的龙王以为吴二林在给它烧纸钱祭拜感谢,认为吴二林是一个知恩必报之人,深受感动,便作法让他每天都能钓起很多鱼。就这样,吴二林钓的鱼越来越多,多到他吃不完,于是他把鱼卖了,去买了一头猪,4个月后,这头猪就长到了600斤。然后他把这头猪卖了,又买了很多小猪饲养,这些小猪也会在短短的几个月长到几百斤。以此循环,吴二林在短短的一年内变成了闻名乡里的富翁。手里有了银钱,吴二林就到处买田,据说,他最富之时,有可收9999担稻谷的田地,一旦稻谷有4斗,一斗稻谷有25斤,可见其富裕程度。

有一天,村民告诉吴二林,临水的稻田里有一头水牛正在吃他的稻谷。吴二林一听,说道:“牛吃了好啊,我年年都需要牛耕田,不给它吃给谁吃。”龙王听到后,认为吴二林心地善良,暗暗决定要继续保护他,让他风调雨顺,五谷丰收。村民走后,吴二林来到被水牛吃光的那块田,发现水牛在这块田里拉了一堆牛粪,然后他把牛粪捡回家,放在房子后面,用簸箕盖好,准备用作来年的肥料。

第二年,他掀开簸箕一看,牛粪变成了金光闪闪的金子。他拿着这些金子四处购买田土。从那时候起,吴二林就聘风水先生四处考察,选安家之地。吴二林深信,风水宝地一般在河边,因此,他从贵州的盘信镇开始寻河,先到了阿拉的大湾,选了一个潭,他下水查看,认为龙王不会在这个潭里停留，便继续寻找，最终选了黑潭云，并在黑潭云一个叫“疙瘩秀”的地方安家。疙瘩秀在苗语里是“不开口”的意思，可以聚富。“搁到布”山看到吴二林很富裕，就把山脉分支延伸至潭底，把潭围起来，以此保护吴二林。吴二林死后，其子孙分家，导致财产分割、资产减弱，吴家实力顿减，富贵不再。寨民们认为，吴二林家只富了一代，是因为保护他的“搁到布”山上有一座山包叫白虎，而黑潭云左边有一处山脉像青龙，白虎比青龙高，苗族有一句谚语叫“白虎压青龙，一代富九代穷”，吴二林房屋犯了这个风水忌讳，所以他只富了一代。

4. 苗歌

苗族能歌善舞，喜欢通过唱歌的方式来表达情感。他们的歌曲一般是根据当时的环境、情境、心理活动现编现唱。苗歌调子相对固定，乐律基本一致。竹山是风情万种的苗族寨子，这里的苗家人以歌传情、以歌为媒、以歌联姻。

(1)《竹山村村歌》

竹山曾经是一个深度贫困，交通不便，远离城市，人口稀少，生产资源匮乏的苗族山寨，如今成为“脱贫攻坚”的榜样。词作家曹雅璐就地取材，为蜕变后保持良好发展势头的竹山村创作了村歌，词曲带有浓厚的国风色彩，体现了湘西苗家的风情。歌词如下：

> 一条小路在云雾中蜿蜒，一条小河在山下歌唱，几个小童在欢笑着追逐，几处炊烟在微风中飘荡，呼……哈……几处炊烟在微风中飘荡，牵一缕春风我来到竹山，采一幅画卷我装点思念，端一碗美酒美醉了心窝，携一轮明月我进入梦乡，啊……弯弯的小路，弯弯的月亮，弯弯的思念，梦里的故乡，竹山啊竹山，向往的地方，你永远住在我的心上。

(2)情歌

情歌以叙事、思念为主。不管男女，只要相中对方，会大胆地以唱歌的形式把对对方的喜爱之情表达出来。下面是苗家女子赶集时碰到心仪

的男子,对男子唱的一首情歌:

今天碰到你,非常高兴;

不知为什么,不能忘记你;

如果有缘分,我们下次再相聚。

(3) 叙事歌

苗歌开放、大胆,男女对唱比较常见。苗族人民勤劳、勇敢,对生活充满激情,对大自然充满感恩。下面是一首收获季节男女对唱的歌词大意:

辛苦勤劳的人民犁田插秧;

到了五六月,田里绿油油的;

到了秋天,丰收的季节,粮仓满满的。

(4) 拦门歌

由于历史原因,绝大部分苗族人民聚居在生态环境比较差的地方,险山恶水、山道险峻、路途遥远、语言不通,少有客人上门拜访。封建时代,苗族居住之地非常偏远,安全纯靠村民自我防御,所以苗族喜聚集而居,设有寨门,对陌生人的警惕性很高,久而久之养成唱“拦门歌”,敬“拦门酒”的风俗。即在寨门或家门口拦住客人,以歌唱的方式,询问来者之意,是敌拒之,是友以酒迎之。在苗族文化里,粮食酒一般由玉米或者糯米酿造。在缺衣少食的年代,用粮食酿酒本就是奢侈之事,因此用粮食酒招待客人,是苗族人民表达对客人尊敬、欢迎、喜爱情感的最好方式。现在,伴随民族文化旅游的发展,拦门酒已经仪式化了。

拦门酒鼓手表演击鼓(张丽美　摄)

竹山村的拦门酒设在村

脚入村的桥边，有客到时，守寨门的鼓手击鼓通知村民做好迎客准备。鼓声落，身着盛装的男女会到寨门前倒酒，双手端着，置于胸前，唱欢迎歌。主家唱完后，客人要对歌，对歌结束，客人喝掉碗里的酒就可以进寨了。下面是竹山村一首迎客的歌词：

尊敬的客人们，欢迎你们的到来；
谢谢你们不嫌苗家偏远，不远万里赶来；
今天天气很好，你可以看到美丽的风光；
希望你们饮完这碗酒，玩得开心。

5. 戏曲表演

苗族的戏曲淳朴、直观，里面杂糅了苗族的独特山歌唱法、舞蹈动作，也融入了对大自然的崇拜。竹山村旅游已成规模，表演的戏曲带有商业性。

(1) 戏曲《农耕小戏》

参加表演的演员均是竹山村的村民，有男有女，年龄在30～50岁。《农耕小戏》表现了苗族人民种植水稻的过程：春回大地，优美的苗族山歌响起，苗族男女开始耕田、耙田、插秧、施肥、除虫。在金灿灿的秋天，用镰刀割稻穗，在“虎头”即传统的打谷机中脱粒，在院子里翻晒等。稻谷运回家后，苗族人民欢聚一堂，载歌载舞，庆贺丰收，祭拜山神。《农耕小戏》把农耕社会苗族男女合作的劳动状态完整地呈现给了观众，用仪式体现了农耕劳作的辛勤，用歌舞表达丰收后的欢欣，用祭拜感恩大自然，邀请观众参与欢庆，体现出对现实的满足。一曲小戏展现了竹山苗族人民热情、勇敢、勤劳、乐观的珍

《农耕小戏》演员正在接受采访(张丽美　摄)

贵品格。

(2) 村落剧《爱在竹山》

该剧以村子为舞台,采用沉浸式体验的行为艺术,以农耕文化生活为背景,讲述苗寨姑娘的爱情传说。《爱在竹山》是竹山村流传千百年的爱情故事,展现了苗家人的爱情观、婚姻观。通过该剧,可以窥见湘西苗族倡导的恋爱自由、婚姻自由的价值观。

6. 民间信仰

(1) 独具一格的"迎子桥"

湘西苗族村寨里,"迎子桥"是比较常见的求子设备。竹山村的"迎子桥"带有地域特色,分为两种。一种是最普遍的镶砌在地上的"迎子桥"。据村里老人介绍,"迎子桥"并不是家家都有,一般是婚后久无子嗣,请算命先生上门查看,根据查看得出的久无子嗣的原因,在合适的地方安置"迎子桥"。安置的地点有可能在堂屋入门处,有可能在村道上,有可能直接在村道两边的石头上刻痕即可。地点选定后,主人会去请法师做法事,请娘舅(如果无娘舅,就请妻舅)参加。法师作法需要祭祀刀头(一小段煮熟的猪肉)和香烛纸钱,在指定地点安置好"迎子桥"后,请舅舅踩第一脚,当地人称为"开踩"。竹山村安在地上的"迎子桥"类型一样,都是一个长方形的青石,在其石板表面刻一道痕,表示一代人求子,两道痕表示二代人求子。另一种迎子桥人称"天桥",在竹山只有吴治峄家宅中有,用竹子编织而成,当地人称为"天桥"。从堂屋神龛左侧沿天花板延伸至堂屋大门口止。"天桥"由一根南竹编制而成,从竹节处把竹子劈成9个竹片,用竹丝编9个阶梯,阶梯处镶砌一个竹片,共9个竹片,表示长长久久。开头的竹节

吴治峄民居内的"天桥"(张丽美　摄)

尽量保持原状,整个“天桥”像口袋一样,朝内开口。开头的竹节像个口袋扎口一样,有两层含义:一为表示从天而降、投胎而来的孩子们,来了就别出去了,长久地在此家生活;二为对孩子身体健康、长寿平安的祝愿。宅子主人说,“天桥”是迎接从天上下凡投胎的孩子,而安在地上的迎子桥,迎接的是从阴间来投胎的孩子。安了“天桥”之后所生的孩子身体更健康,智力更高,前途无量。

淳朴的苗家至今仍沿袭了以物质答谢算命先生和法师的习惯。给算命先生的酬礼很随意,一包烟,或一瓶酒即可。但是给法师的谢礼就比较隆重了,对于苗家来说是一件不轻的负担:除了当日请法师吃饭之外,临走时需要给法师一套新衣服,一只公鸡。如果礼物不重,来投胎的孩子会觉得主家没有诚意,对他的到来并不重视,他们就不愿意来此家投胎,或者投胎此家后也不会长久待下去,会离开,意味着孩子无法成人。求子成功后,有的人家会再次备礼送给法师以示感激。

(2)祭土地公公

漫步竹山,总会看到几座修葺完整的土地公公祭坛。这些土地公公祭坛镶砌在村道路边,临坡而建,用石头搭建而成,高、宽、长均在20公分左右。竹山村的土地公公祭坛上方修葺了类似于小房子的祭坛,是生活好了以后,为了感谢土地公公的护佑,几个村民集资修建的。旧时的土地公公祭坛就只有一层,呈“∩”形。土地公公祭坛里并没有供奉神像,只有一个简易的碗或杯子,用来烧香燃烛,偶有水果等供品放置顶层。土地庙四周树木葱葱、草丛茂盛,得益于村民敬重土地公公,祭坛一旦建成,周围的树不会有人砍伐,故而,从树木的粗细可以推断出这个祭坛修建的大致时间。

据村子的老人介绍,村民一般居住在半山腰,自然环境比较恶劣,土地贫瘠,水利设施匮乏,人们以雨养农,当地人称为“靠天吃饭”,所以对土地非常崇敬,节庆祭祀土地公公是惯例。笃信的人家在每个月的初一和十五都会去祭坛给土地公公上香烧纸,祈求土地公公保佑自家风调雨顺,保佑庄稼丰收、无病虫灾害,保佑家人出入平安等。家中偶有不顺之事,或做了噩梦时,他们也会去祭坛祈福祭祀,请求土地公公的庇佑。随着现代化的推进,现代旅游业的发展,青年人对土地公公的信仰越来越淡了。

(3)风水习俗

苗族信道,道家重视“风水”。竹山村的村民尤其看重风水。比如进屋不可以踩踏门槛,门槛与家中主梁一样,属于镇宅之柱,如果踩踏,就意味着风水被破。竹山村遇到家中大小事情,需要请风水先生帮忙挑选吉日吉时, 比如安新家、婚丧嫁娶、长时间外出、购买新车等,以求安稳、安全。

7. 民俗

(1) 大端午文化节

端午节是苗族非常重要的节日之一,节日庆贺方式隆重且带有浓厚的民族色彩。苗族把农历的五月初五称为“头端午”,农历的五月十五称为“大端午”,农历的五月二十五称为“末端午”。竹山村民非常重视大端午节,一般是集体过节,所以从准备到节庆结束一般要持续1~2周。当地发展旅游业之后,竹山开发了“中国·凤凰竹山苗寨大端午文化节”,吸引了不少游客慕名而来,与当地村民一起过大端午。大端午文化节期间,全寨男女老少着苗族盛装,分工合作,准备饮食,排练节目等。大庆之日,齐聚一堂,参加各种庆典活动,其中必不可少的是“神龙取水”“撒糖”“包粽子比赛”“歌舞表演”。

“神龙取水”是竹山苗寨大端午节中的开场节目,系竹山传统风俗。舞龙队由金龙队、青龙队、蓝龙队、红龙队四对舞龙组成,节目包括“请龙”“神龙赐福”“舞龙大典”三个环节。请龙之后,各队会到长潭岗湖区取水,返回苗寨,给每一户苗家进行“神龙赐福”,最后回到广场进行“舞龙大典”,也是“斗龙”。“神龙取水”是竹山村民每年祈求“神龙”保佑苗家风调雨顺、国泰民安、生活安康的一种节庆活动。

“撒糖”是苗族节庆中很能凸显苗族人“好客”“热情”“大方”的活动。一般由着苗族盛装的年轻女性担任这项工作,她们一手提着装满了糖果的竹篮,一手抓着五颜六色的糖果向参加节庆的村民或外来客人撒糖,接糖者双手将衣服向上卷起呈漏斗状接糖,接得越多表示福气越多。

“包粽子比赛”在很多少数民族地区都会看到。粽子以糯米为主料,辅之以各种馅,用箬叶(又称粽叶)将糯米包成圆锥形,用干稻草系好即可。这个活动一般由女性村民参加,最终以绑在木架上的粽子数最多为胜。

“歌舞表演”。苗族人喜欢热闹,能歌善舞,每到节庆,总会用歌舞来表达情感,寄托希望。竹山传统的苗鼓舞是这类节目中不可或缺的项目。竹山大端午节庆的歌舞表演还包括情歌对唱、苗歌独唱、苗家小戏等节目。

(2) 过年杀猪习俗

竹山苗寨至今仍保持了传统的“杀猪过年”的习俗。每到除夕日,或临近除夕日,竹山各家会请算命先生择吉时,请屠夫到家里杀猪。左邻右舍会主动来帮忙,男的协助屠夫杀猪剖肉,女的帮忙用盐腌制猪肉,挂在火塘上方的“竹排”上,焚火烟熏。这一天,主人家一般会办宴席答谢大家的帮忙,俗称“杀猪宴”。

三、自然资源

(一)“无边界温泉泳池”

在竹山神龙谷的苗岭上,有一个温泉眼,旧时苗族人称为“神泉”,水质温和。竹山人以此为依托,引入“神泉”水,建成远近闻名的“无边界温泉泳池”,面朝峡谷,背枕青山,一眼看去,犹如悬于悬崖之上,成为竹山苗族庆贺节日的重要场地。

“无边界温泉泳池”凝聚了竹山村民文化风俗中阳光、纯净、积极向上的品质,分为三个部分,即“太阳”“月亮”“苗岭山泉”,层叠而上。“太阳”泳池以天空为镜,意沐阳光之躯。“月亮”泳池形如月亮,意浴纯洁之身。“苗岭山泉”,采大地之水,能洗涤灵魂,康养身体。2019年,竹山借中华人民共和国成立70周年之际,举行了“无边界温泉泳池”的开放典礼,吸引了很多游客参加。竹山无边界温泉泳池夜景更是竹山景色一绝。现在,“无边界温泉泳池”成为远近闻名的景点,也成为竹山旅游景观必到之处。

(二) 石洞

竹山四面环山,风景秀丽,云雾缭绕,山中四处都是岩洞。竹山东北方还有一个保存较为完整的,建在神龙谷悬崖上的自然村寨岩洞寨,寨子四周洞穴密布。石洞中石乳形状千奇百态、美不胜收。洞内曲径通幽,偶有瀑布或小溪。

(三) 神龙谷

竹山四周,群山交错,形成峡谷,人称神龙谷。谷内古树参天,飞瀑如练,石笋千姿百态,一步一景,风格各异。谷底静卧着承载千年传说的长潭岗,是竹山唯一的水资源,穿梭在群山交错之中,水质清甜,湖水清澈,湖面平静,许多竹山村民口口相传的传说就起源于此。

竹山以神龙谷为中心,建立了“神龙谷风景区”,可从长潭岗风景区乘船游十八弯水路进入。十八弯水路风景秀丽,山峡奇景,既可观光,亦可探险,车船两通。

长潭岗(张丽美　摄)

(四) 老洞寨露营基地

露营基地位于竹山东北部,沿千云公路行驶32公里即可到达。露营基地分为四个露营区:一为野奢露营区,二为草坪音乐酒吧,三为野奢烧烤吧，四为生态泉水餐厅。

四、历史事件

（一）发展旅游业

2014年竹山村村支“两委”及竹山村民向山江镇镇政府提出开发竹山旅游的申请，并获批。2015年9月，竹山村村支“两委”及村民向凤凰县递交了要求开发竹山村旅游业的申请书。2016年3月18日，凤凰县相关部门派人组队到竹山进行调研。后湖南省文旅厅、凤凰县住建局等单位引进凤凰县旅投公司对竹山进行旅游规划，修建道路和旅游设施，组织村民进行培训后成为旅游区工作人员。2019年10月，竹山旅游业正式运营。

（二）修建移民点

为了更好地发展竹山民族文化风情旅游业，保护传统民居建筑，凤凰县决定在竹山修建移民点，把传统民居内的村民迁入移民安置点。2016年8月5日，该安置点在长潭岗边的悬崖巅动工，并于2018年竣工。由于部分居民不愿意迁移，导致移民点的房子大部分空置，后旅游公司接管，改成了旅游民宿，取名“竹山乡居”。竹山乡居前有栈道，临水而建，背靠大山，风光旖旎，环境清幽，具有浓厚的苗家乡村风情。

（三）成为微电影《腊月》拍摄地

2014年，还在中国传媒大学读书的凤凰县苗家女儿田叶舟获得“大学生创新创业计划”的资助，拍摄微电影。她想拍摄“一个关于故乡、关于自己民族——苗族的故事”，于是《腊月》的故事就在其脑海中浮现。田叶舟构建的《腊月》讲述的是“一个关于‘去’和‘留’的故事”，辗转寻找，选定竹山为拍摄地。《腊月》是个微电影，由竹山村留守老人、留守儿童和竹山小学王教师一家出演，在朴实中上演了信息时代苗家山村老人和小孩守望故乡的动人故事。该片于2016年获得第四届中国国际微电影节优秀奖。

（四）成为2020年全国乡村春晚分会场

2020年1月8日，“2020年全国乡村春晚”湖南凤凰竹山分会场“竹山赶年”在竹山村综合文化广场隆重举行，现场有1000多名村民参加。“竹山赶年”全国直播，多家主流媒体转播，竹山村借此享誉全国。这是一场文化盛宴，以竹山苗寨为背景，以湘西苗族特色文化为切入点，将文艺、旅游、精准扶贫、乡村振兴与民族村落振兴路径相融合，以节目的方式展现出来。晚会以独具民族特色的《苗鼓庆丰年》开场，之后有苗歌、非遗文武茶灯、苗傩鼓词、苗族舞蹈、舞龙舞狮、吹唢呐、上刀山、唱民歌等具有浓郁湘西苗寨文化特色的节目，其中彰显湘西苗族文化的舞龙舞狮、吹唢呐、上刀山等节目由当地苗寨村民出演，展现了竹山独有的民族文化资源。

（五）成为2020年“中国—东盟共建”考察点

2020年10月28日，第六届“中国—东盟共建21世纪海上丝绸之路”参访团在竹山村考察减贫合作领域新机遇。参访团成员在村民吴武林家走访，听取他的脱贫故事，并参观了竹山村的编织屋、竹山扶贫展览馆、无边界温泉泳池，考察了竹山乡居，观看了农耕文化戏剧。

（六）成为文旅融合助力乡村振兴的榜样

竹山脱贫之路形成了“竹山路径”，“学习强国”湖南学习平台将其纳入“让共享实现振兴”系列报道。湖南学习平台对“竹山路径”进行了三次系列报道，报道了竹山由一个深度贫困的苗族村寨变成游客心驰神往的

"网红打卡地"的经过。竹山用两年(2018年、2019年)的时间,在"路不通、网不通、水不通、思想也不通"的情况下,搞旅游,实现了脱贫,塑造了"竹山品牌",探索出精准脱贫的"竹山路径",成为文旅融合助力乡村振兴的榜样。"竹山路径"是竹山村民在扶贫队伍的帮助下,调节村寨矛盾,利用本地资源,引进市场主体,实行"公司+旅游合作社+农户"的运行机制,打造出了"互利共赢"的竹山旅游可持续发展道路。

(七)获得多项殊荣

竹山村于2014年11月被列入第三批中国传统村落名录,打开了竹山振兴之门。2019年12月,竹山村被国家民委命名为第三批"中国少数民族特色村寨"。2020年4月,竹山荣获"全省文化和旅游扶贫示范村"称号。2021年1月,竹山成为中国首批"全国脱贫攻坚交流基地",基地旨在讲好中国故事,开展国际减贫交流合作,展示中国脱贫攻坚成就和经验做法,交流分享国内外减贫经验。

五、村规民约

竹山村村规民约由湖南省文旅厅驻村帮扶工作队制定。

雨露阳关,润我村庄,党的恩情,永远不忘,
饮水思源,自立自强,遵纪守法,爱国爱党,
道德为先,文明常讲,管理民主,大事协商,
关爱妇女,礼敬尊长,家庭和睦,友邻互帮,
诚实守信,公私不伤,抵制迷信,远离赌场,
谣言毒品,不传不尝,扫黑除恶,恶尽善扬,
红白喜事,切勿铺张,公益事业,人人担当,
家畜家禽,严禁放养,垃圾分类,莫乱堆放,

房间物品,有序摆放,房前屋后,整洁清爽,
勤劳致富,家兴业旺,生态家园,主客共享,
保持风貌,不滥建房,党员干部,树立榜样,
农旅结合,以旅兴乡,游客采访,热情礼让,
旅游商品,保质保量,农家餐饮,卫生必讲,
民居民宿,服务至上,拉客宰客,严抓不放,
共同维护,旅游市场,村规民约,牢记心上。

(本章由张丽美撰写)

后　记

凤凰县位于湖南省湘西土家族苗族自治州西南部，是一个由土家族、苗族、侗族、汉族等民族组成的多民族聚居区。凤凰县有深厚的历史底蕴、秀美的山水风光和浓郁的民族风情，曾被新西兰作家路易·艾黎称赞为中国最美丽的小城。凤凰县人杰地灵，涌现了如田兴恕、郑国鸿、著名画家黄永玉、文坛大师沈从文等名人。

从2012年到2019年，在住房和城乡建设部公布的五批传统村落名录中，凤凰县先后有22个村落名列其中。本次调查选取了凤凰县16个传统村落，主要从文化遗产（包括物质文化遗产和非物质文化遗产）、自然资源等方面来进行全面的调查。

本次调查始于2019年暑期，当时中南民族大学部分师生对这些传统村落进行了初步调查。在此基础上，2020年7月，中南民族大学湘西土家族苗族自治州传统村落调查——凤凰县调查组（成员包括：中南民族大学李吉和教授；2018级博士生、云南民族大学教师范强；2018级博士生龙宥蓁；2019级博士生、成都信息工程大学教师杨琳；2019级博士生、贵州大学教师张丽美；2020级博士生、广东省民族宗教研究院侯喆；2019级硕士生黄婷婷；2019级硕士生、重庆三峡医药高等专科学校黎红斌）再次对凤凰县16个传统村落进行了调查，最后形成了本书文稿。

本次调查能够顺利进行，得益于凤凰县各方的大力支持。特别要感谢的是:凤凰县文物局、住房和城乡建设局;茶田镇塘坳村村委会主任李成友、村民杨胜佳;山江镇驻凉灯村干部王成伟、驻老家寨村干部龙志广;山江镇凉灯村村委秘书王如金,竹山村村支部书记龙求等、村卫计文教专干龙银凤,老家寨村村委秘书龙云恩、村民龙莲英、刘金美,扭仁村村委会主任麻云森、村民麻桥送,中国建设银行湖南省分行驻扭仁村扶贫工作队队长龙建华;千工坪镇关田山村村委会主任向成辉、村民隆冬花;千工坪镇黄沙坪村村委会主任吴合先、村民吴沁;腊尔山镇苏马河村村委会主任吴俊文、副主任欧明珠,村干部龙汉珍,村医吴六生;廖家桥镇塘头村干部石秋凤、村民张中全,拉毫村村委秘书麻桥保,拉毫村营盘寨村民何秀强、滕久雄;禾库镇米坨村禾若村村委会主任吴超冲、村民隆兴国;阿拉营镇舒家塘村会计杨正志、杨勇;吉信镇政府干部、吉信镇原两斗羊乡党委书记龙中森,高塘村支部书记吴元香,村民吴真权;麻冲乡老洞村村委秘书麻寿星等。

2019年中南民族大学部分师生对凤凰县传统村落进行的初步调查,为本次调查提供了一定参考。其中廖家桥镇塘头村芭蕉冲、拉毫村营盘寨内容参考了张好、冉萱莎、王庆调研组的部分调查资料;山江镇扭仁村内容参考了温世甜、文柳泉、王庆调研组的部分调查资料;茶田镇塘坳村内容参考了罗兰、金宁调研组的部分调查资料。除此之外,在调查写作过程中,还参考了中国传统村落数字博物馆网站、凤凰县住房和城乡建设局提供的《凤凰县中国传统村落申报资料》中的有关文字和图片资料。在此一并表示感谢!

由于水平有限,调查和写作中难免存在一些不足甚至讹误,敬请读者批评指正!